KB249225

잃어버린 역사, 이슬람
Lost History

18세기 페르시안 모형에서 볼 수 있듯이 무슬림 천문학자들은 천문학과 시간에 관련된 자료들을 측정하는 아스트롤라베를 만들었다.

잃어버린 역사, 이슬람

Lost History
The Enduring Legacy of Muslim Scientists, Thinkers, and Artists

마이클 모건 지음 | 김소희 옮김

차례 CONTENTS

연대표 (진하게 표시된 부분은 왕조 통치를 나타냄)

A.D. 570 예언자 무함마드가 메카에서 태어남.

622 무함마드와 신도들이 메디나로 피난을 감. 무슬림 달력으로 1년이 되는 해.

630 무함마드가 메카를 장악함.

632 무함마드 사망.

632 아부 바크르가 무함마드의 뒤를 이음. 무슬림 군대가 아라비아 반도에 힘을 결집함.

634~644 우마르가 아부 바크르의 뒤를 이음. 무슬림 군대가 페르시아와 비잔틴 제국까지 진출.

636 야르묵 전투. 비잔틴 제국의 헤라클리우스가 시리아에서 무슬림 군대에 패함.

637~651 아라비아 국경선에서의 접전이 이라크와 페르시아로의 원정으로 이어짐.

642 아랍이 비잔틴 제국에 속한 이집트를 정복하고 북아프리카로 진출.

644 우스만이 아무르의 뒤를 이음.

656 무함마드의 사위인 알리가 이슬람의 통치권을 물려받게 됨.

661 알리가 암살당함. 이슬람은 경쟁 관계인 수니파와 시아파로 분열됨.

661~750 우마이야조(朝)가 다마스쿠스에서 시작됨.

661 우마이야조가 다마스쿠스에서 권좌에 오름. 무아위야 1세가 칼리프가 됨.

711 아랍인과 베르베르인 혼성 군대를 타리크가 이끌고 스페인을 침입함.

712 무슬림은 신드(현재의 파키스탄)와 중앙아시아로 진출.

715 우마이야조가 다마스쿠스에 세운 모스크가 완공됨.

721~815 자비르 이븐 하이얀은 연금술사, 약제사, 철학자, 수학자임. '화학의
　　　　아버지'로 불림.

725 무슬림이 프랑스의 님므 정복.

732 프랑스 투르 전투. 찰스 마텔이 압드 알 라흐만 알 가피키가 이끄는 무슬
　　　림을 격퇴함.

750 아바스조가 우마이야조를 전복시키고, 몽골부터 스페인에 이르는 넓은 영
　　　토의 제국 건설.

750~945 아바스조(朝)가 바그다드를 지배함.

대략 750 이브라함 알 파자리가 첫 무슬림 아스트롤라베를 제조함.

754 알 만수르가 동생의 사망으로 아바스조의 두 번째 칼리프로 등극.

756~929 우마이야조의 에미르들이 스페인을 통치함.

762 알 만수르가 바그다드를 세움.

대략 780~850 무함마드 이븐 알콰리즈미는 수학자이자 천문학자로서 인도의
　　　　숫자 체계를 받아들임. 알고리즘의 아버지로 알려짐.

786 하룬 알 라시드가 바그다드에서 칼리프 자리에 오름.

786 메카의 시아파 봉기 이후 많은 시아파들이 북아프리카의 마그레브(리비아)
　　　로 피난을 감.

대략 790 하룬 알 라시드의 지배하에서 바그다드는 아랍과 페르시아 문화가
　　　　혼합되어 위대한 철학적, 과학적, 문학적 작품들을 만들어내는 지식의 중
　　　　심지가 됨.

792 무슬림 제국의 첫 제지소가 바그다드가 세워져 문서 기록이 더 활발해짐.

801 베르베르인 카와리지파(派)가 북아프리카에 독립 무슬림 국가를 세움.

802 하룬 알 라시드가 샤를마뉴 대제에게 선물로 코끼리와 비단과 향수와 여
　　　러 금제품을 보냄.

809 하룬 알 라시드 사망.

813~823 내전 그리고 동생과의 전투를 겪은 후 알 마문이 바그다드를 차지함. 무슬림 제국이 오늘날의 투르크메니스탄과 아프가니스탄까지 영토를 확장함. 지혜의 집을 세워 학자들이 그리스어, 시리아어, 산스크리트어, 팔라비어 작품을 아랍어로 번역.

823 무슬림의 시칠리아 정복 시작.

829 알 마문은 바그다드, 이라크, 팔미라, 시리아에 관측소를 세움.

대략 830 후나인 이븐 이스하크(809~873)는 네스토리우스교도 의사. 지혜의 집에서 갈레노스, 아리스토텔레스, 히포크라테스와 다른 그리스 고전들을 시리아어로 바꿈. 안과학에 관한 중요한 자료인 『눈에 관한 열 가지 논문들』을 씀. 서구에 조아니티우스로 알려짐.

830 알 킨디(801~873)는 철학자, 약제사, 연금술사, 수학자, 음악가로 지혜의 집에서 연구. 저서인 『광학에 관한 책』과 『치료에 관학 책』은 훗날 서구에 많은 영향을 미침.

대략 833~849 알 무타심이 바그다드에서 등극한 뒤 수도를 이라크의 사마라로 옮김. 궁정에 투르크 노예를 고용함.

840 알 무타심은 바그다드와 바스라에 비누와 유리 공장 건설을 촉진함.

847~861 알 무타와킬이 수도 사마라에서 통치.

852 아르멘 피르만이 날개를 붙이고 코르도바의 탑에서 뛰어내린 뒤 낙하산처럼 착지함.

856 이븐 카시르 알 파르가니는 아스트롤라베에 관한 중요한 논문을 쓰고, 카이로에서 수위계(水位計) 건설을 감독함.

875 아바스 이븐 피르나스는 화학자, 의사, 천문학자. 일흔 살에 첫 행글라이더를 만들어 산에서 뛰어내렸다가 착륙할 때 부상을 입고 12년 후에 사망함.

대략 900 아부 바크르 무함마드 이븐 자카리아 알 라지 또는 라제스(865~925)
는 바그다드 병원의 총 책임 의사이며, 처음으로 천연두와 홍역을 정확하
게 진단하고 처방전을 내림.

대략 900 아부 나스르 알 파라비는 철학자이자 과학자로 음악에 관한 책을 썼
는데, 오늘날의 아랍 음악에서도 사용됨.

909~1171 파티마조(朝)가 북아프리카로 진출함.

912~961 알드 알 라흐만 3세가 에미르로 지배하다가 929년 코르도바에서 이
슬람 전체의 칼리프로 스스로 선언함.

929~1031 우마이야조의 칼리프가 스페인에서 등극함.

945~1055 부와이조(朝)가 바그다드에서 통치함.

969 이스마일파(派)의 신도인 파티마조가 이집트를 정복하고, 973년에 수도를
카이로로 옮김.

대략 960 코르도바의 알 자흐라위(936~1013)는 당시 가장 위대한 외과의사로
치의학부터 분만에 이르는 새로운 치료법을 개발함.

976 알 아자르 대학이 카이로에 설립됨.

대략 990 알 비루니(973~1048)는 수학자, 천문학자, 철학자임. 지도제작법, 천
문학을 발전시키며 중력을 측정하는 방법을 고안해냄. 더불어 120권의 책
을 씀.

대략 1000 아부 알리 알 휴산 이븐 압드 알라 이븐 시나 또는 아비센나는 의사,
철학자, 과학자이며, '근대 의학의 아버지'로 여겨짐.

대략 1020 이븐 알 하이삼 혹은 알하젠은 수학자이자 천문학자로 광학이론, 빛
의 굴절, 인간의 시각을 자세히 설명함.

1037~1307 셀주크조(朝)가 중앙아시아와 아나톨리아를 통치함.

1050 말리의 왕들이 이슬람으로 개종.

1054 기독교 교회가 로마 가톨릭과 동방 정교회로 동서 양분됨.

1058 셀주크조가 바그다드를 차지함.

1072~1092 말리크 샤가 셀주크조의 술탄이 됨.

1076 모로코의 가나 점령.

1090 코르도바가 알모라비드조(朝)에 포위됨.

1096 첫 십자군 원정이 일어나고 1099년에 기독교인들이 예루살렘을 통치함.

1100 수학자이자 시인인 오마르 하이얌이 시집 『루바이야트』를 지음.

1145~1232 알모하드조(朝)가 스페인을 지배.

대략 1160 이븐 루시드 또는 아베로즈(1126~1198)는 철학자이자 의사로서 아
    랍어로 된 책들을 히브리어로 번역함. 특히 아리스토텔레스의 작품을 많
    이 번역함.

1171 살라딘이 이집트의 파티마조를 전복시킴.

1171~1250 아이유브조(朝)가 이집트와 시리아를 통치함.

1187 살라딘이 예루살렘을 다시 무슬림 통치하에 둠.

1175 첫 무슬림 인도 제국의 설립.

대략 1200 이븐 이스마일 알 라자즈 알 자자리가 크랭크 축을 발명. 물과 추로
    작동되는 기계적 시계와 물 펌프를 처음으로 선보임. 50가지의 발명품들
    중 다이얼 자물쇠도 있음.

1206~1406 몽골 제국 시대.

1206~1526 델리 술탄 제국.

1207~1273 시인 알 루미가 활동함.

1218 몽골의 정복 시작.

대략 1230 이븐 알 나피스(1213~1288)는 다마스쿠스의 의사로 카이로에 있는
    병원에서 근무함. 혈액의 폐순환을 설명하고 안과학을 확장시킴.

1232~1492 나스르조(朝)가 스페인에서 통치함.

1250~1517 맘루크조(朝)가 이집트에서 권력 획득.

1258 몽골이 바그다드를 약탈함.

대략 1270 나스르 알 딘 알 투시(1201~1274)는 수학자이자 마라게 관측소의
　　천문학자. 별과 행성이 순환하는 위치에 관한 천문학 별자리표를 만들고,
　　삼각법을 하나의 수학 분야로 발전시킴.

1285 하산 알 람마흐는 로켓의 화약 사용에 관한 글을 남김.

1325 이븐 바투타는 탕헤르를 떠나 세계를 여행. 여행담을 기록으로 남김.

1336~1405 티무르가 오늘날의 아프가니스탄, 페르시아, 인도, 터키, 시리아,
　　이집트에 해당하는 영토를 정복하고, 사마르칸트를 수도로 삼음.

1336~1506 티무르조(朝)가 중앙아시아와 중동을 통치함.

1492 기독교인들이 스페인을 수복함.

1453 메메트 2세가 비잔틴 콘스탄티노플을 점령하고 오토만 제국의 수도로 정
　　함.

1453~1922 오토만 제국.

1526 무굴 왕조가 인도에 세워짐.

1587~1629 샤 아바스가 페르시아 고대 영토의 상당 부분을 재획득함.

1494~1566 오토만 제국의 술레이만 1세가 모로코에서 카스피 해와 페르시아
　　만까지 영토를 최대 확장. 발칸 반도와 헝가리를 점령하는 등 유럽까지 진
　　출.

1922 오토만 제국의 멸망.

글머리에

___ 암만(요르단의 수도) 2007년 2월 12일

친구들에게

누구나 '기독교'와 '기독교 문명권'이라는 단어의 차이점을 쉽게 구별할 수 있을 것이다. 하지만 종교로서의 '이슬람'과 세계 문명으로서의 '이슬람'을 구분하는 말은 서양 언어에 없다. 더구나 요즘처럼 혼란스런 시기에는 이슬람이 만들어낸 위대한 지적 전통과 문화를 잊기 쉽다. 1400년이 넘는 역사를 통해 무슬림들은 예술, 건축, 시, 철학, 과학의 최고봉을 세계에 보여주었다. 이 모두가 코란의 가르침과 이슬람의 종교적으로 경건한 분위기 덕택에 영적으로 번성한 결과다. 과거에는 이슬람의 문화적 지적 업적이 유럽에 잘 알려져 있었다. 유대와 기독교 출신의 철학자들, 과학자들, 시인들, 음악가들, 심지어 신학자들까지도 무슬림 학자들의 업적을 적극적으로 이용했다.

이 책은 그동안 언급되지 않았던 이야기들을 전하려는 의도로 씌어졌다. 또한 서양과의 관계뿐만 아니라 이슬람의 문화적 지적 역사에 관한 문학 자료까지 추가했으니 여러모로 도움이 될 것이다. 이슬람 문명의 업적과 서구 문명과의 밀접한 연관은 학자들의 저서나 학문 저널에 한정되는 경우가 많다. 그리고 실제로는 서구와 이슬람이 상호의존 관계로 문물을 주고받았음에도 불구하고, 그간 만들어진 대다수의 작품에서는 문명 간의 대결이라는 극단적인 모습으로만 그려지고 있다. 따라서 이 책을 통해 서구인들이 이슬람을 보다 잘 이해할 수 있기를 바란다. 그리고 과거에 서구와 이슬람이 건설적인 방식으로 서로 연결되어 있었던 것처럼, 미래에도 역시 그렇게 될 수 있음을 깨닫는 데 도움이 되길 바란다.

압둘라 2세 이븐 알 후세인.

들어가는 말

상실이란 본질적으로 인간이 반드시 겪는 경험들 중 하나다. 실제 세계에서 영원히 지속되는 것은 아무것도 없다. 그렇기에 잃어버렸던 것을 기억해낸다는 것은 고귀하면서도 고통스러운 일이기도 하다.

역사는 문명이란 번성한 뒤에는 서서히 몰락하다가 마침내 사라지는 것임을 가르쳐주었다. 급격히 사라지는 경우도 있고, 천천히 시간을 끌다가 최후를 맞이하는 경우도 있다. 그리고 로마를 비롯한 여러 문명들처럼 문명의 영향이 훗날 미래에 새로운 형태로 되살아나기도 한다.

그러므로 하나의 문명 전반에 대한 의식적 기억을 없애는 것은 매우 비극적인 일이며 위험스럽기까지 하다. 왜냐하면 각각의 문명은 위대하든 그렇지 않든 상관없이 모두 인간의 사상, 이상, 꿈, 악몽의 실습장이기 때문이다.

미국에서 911 테러 사건이 있은 지 며칠이 지난 어느 날, 나는 유명한 미국인 비즈니스 중역으로부터 연설문을 써달라는 부탁을 받았다. 원래 주제는 그녀의 사업과 산업에 관한 것이었다. 하지만 국가적으로 큰 비탄에 빠져 있는 상태에서 직면한 주요 현안을 언급하지 않는다는 것은 일종의 모욕이었다. 나는 그녀에게 무슬림 세계가 낳은 위대함과 그것이 우리에게 얼마나 많은 의미를 주는지를 기억함으로써 무슬림과 비무슬림 간의 간격을 메워보자고 했고, 그녀는 이에 동의했다.

나는 현재의 어두운 모습에 중점을 두기보다는, 이제껏 독서와 연구를 통해 베일을 벗긴 매력적인 무슬림 역사에 관한 내용으로 연설문을 작성했다. 즉, 발명, 창조성, 위대한 사상들, 관용, 공존에 관한 이슬람 역사였다. 이슬람 역사는 당시의 기독교 유럽보다 지적으로 더 많은 업적을 남겼다. 과거 무슬림 세계는 기독교인, 유대인, 힌두교인, 불교인들이 함께 번영을 누리고 일했던 곳이었다. 또한 유럽의 르네상스와 계몽시대의 씨앗을 뿌렸고 근대 유럽과 세계 문명의 많은 측면을 가능케 해주었다. 하지만 무슬림 세계는 21세기 초반까지 잊히고 무시당하고 오해를 받고 억압당했다. 심지어 다시 조작되기까지 했다.

나는 집필 당시 그녀의 연설이 상당한 관심을 끌 거라고 예상했었다. 또한 기독교 국가 내에서는 비판을 받을 거라는 생각도 했었다. 그러나 내가 전혀 예상치 못했던 반응 또한 일어났다. 해외의 무슬림들이 그녀에게 글을 보내 연설 중에 언급한 역사적 인물들에 대해 더 자세히 알고 싶다고 요청한 일이다. 어떻게 하면 그들에게 더 많은 걸 알려줄 수 있을까?

나는 그때 서구와 이슬람 간의 커다란 오해의 간극이 시급히 메워져야 한다는 것을 깨달았다. 만약 무슬림 역사에 대해 좀 더 깊이 이해할 수 있다면, 새롭게 등장한 쟁점인 '문명 간의 충돌'의 전제 조건들이 재조정될 수 있을 것이라 기대하는 것이다.

그 결과 이 책이 나오게 되었다. 일부 비무슬림들은 내가 복잡한 문명의 밝은 부분만을 강조하는 식으로 역사를 왜곡하고 있다고 말할지도 모른다. 하지만 나는 우리 같은 비무슬림들이 받아들였던 불완전하고 부정적이며 편향된 생각을 바로잡고 균형을 맞출 뿐이라고 대답할 것이다.

이런 비판가들의 주장을 제대로 공평하게 적용한다고 가정해보자. 그렇다면 서구 기독교 문명의 역사에는 볼테르나 토머스 아퀴나스의 사상뿐만 아니라, 히틀러와 스탈린의 사상과 행동 역시 포함되어야 마땅하다.

또한 일부 무슬림들은 내가 잊혀야 마땅한 불순한 이슬람들과 이단들을 되살려 명예롭게 만든다고 말할지도 모른다.

이슬람 문명의 위대한 사상가들, 발명가들, 예술가들이 하나같이 창조적인 마음을 가진 건 우연이 아니다. 그들은 오늘날의 과학 연구자들과 상당히 비슷하다. 더 높은 차원의 진실을 찾기 위해 끊임없이 의문을 제기하도록 다양한 훈련을 받았다. 그들 가운데는 다른 종교의 신도도 있었다. 모두 자신의 신앙 철학과 교리에 정통한 사람들이었지만, 경직되고 교조주의적인 사상가는 거의 없었다. 그들은 우리가 현재 보는 것과는 매우 다른 정치적 맥락에서 움직였다. 무슬림의 지식에 대한 탐구정신 때문에 신실한 지도자들과 종교학자들은 자유롭고 경험적인 과학적 탐구를 후원해왔다. 하지만 지성을 추구하는 이러한 노력은 9세기부터 계속 공격을 받아왔다. 이성을 통해 신성한 진실을 찾으려는 '이성주의자들'과 예언자의 진술 기록과 행동을 좁게 해석하려는 '원문주의자들' 사이의 분쟁 때문이다. 미국에서 오래전부터 계속된 진화론 지지자들과 창조론 지지자들 혹은 반(反)진화론자들 간의 논쟁과 그다지 다르지 않다.

『잃어버린 역사, 이슬람』을 쓴 이유는 단지 예전의 눈부신 문명이 기여했던 공헌만을 밝히려는 것이 아니다. 칼리프 알 마문이 내린 결론처럼 이성과 신앙은 같은 것일 수 있음을 보여주고 싶다. 열린 마음을 가지고 인간의 창조성을 제약하지 않는다면, 평화를 포함해 많은 경이로운 일들이 일어날 것이다.

이 책은 이슬람을 비롯한 그 어떤 종교 서적도 아니다. 즉, 신학이나 종교적 교리를 다룬 것이 아니다. 이 책은 이슬람이 주도적으로 이끌었던 문명에 관한 책이다.

학문적 목적보다는 대중적으로 읽히기를 바라는 마음으로 이 책을 쓰면서, 나는 잠재적 지뢰밭으로 들어가려고 한다. 급진적 이슬람주의자들의 테러리즘과 함께 사회와 개인적인 삶에서 근본주의적 종교 방식을 주장하는 '원문주의자' 들이 나타나면서 긴장감은 더 커지고 있다. 이스라엘과 이웃 국가들의 전쟁, 반유대인 성향의 분출, 미국의 아프가니스탄과 이라크 침공, 미국의 '테러와의 전쟁', 특정 무슬림 사회에서 나타나는 정치경제적 위기들도 마찬가지다.

반면 이슬람계 미국인들을 포함한 대다수의 미국인들은 물론 심지어 지구 반대편의 수많은 무슬림조차도 무슬림 역사에 대해서는 희미한 윤곽만 알고 있을 뿐이다. "그들은 한때 위대했고, 산수를 발명한 사람들이다. 하지만 이제는 뒤처졌다"라고 치부하고 마는 것이다. 대다수 서양인들은 서양의 위대함의 지적 기반은 그리스와 로마라고 배워왔다. 유럽인들이 암흑시대의 천 년 동안 잠들어 있다가 기적적으로 그리스 로마의 근원을 다시 캐냈다는 것이다. 전통적인 얘기에 따르면, 고대 그리스 사상의 재발견과 유대교 기독교 신앙의 도덕적 토대가 혼합되어 르네상스와 계몽시대를 이끌고 과학적 산업적 발명들을 만들어냈다고 한다. 그러면서 무슬림 세계의 아랍인들, 페르시아인들, 인도인들, 중국인들, 아프리카인들의 지적 공헌은 단지 부차적인 것으로 격하된다.

우리들 대부분은 무슬림 역사의 세부적인 것에 대해서는 제대로 인식하지 못하고 있다. 언어의 장벽이 있는데다가 이미 수세기가 지났기 때문이다. 게다가 낯선 명칭들, 장소들, 사건들로 인해 더욱 알기 힘들어졌다. 물론 승리자인 유럽인들의 시각으로 르네상스와 훗날의 진보를 설명한 탓도 있다. 그리고 일부 교조주의적 이슬람들이 비교조주의 이슬람 통치자들을 축소하거나 배제한 일도 원인이 될 것이다. 당시에 책들이 불타버리고 도서관들이 파괴된 것 역시 일조했다.

이에 대해 소규모의 학자 집단들은 각자 다른 시각으로 고찰한 뒤 다른 결론들을 도출해냈다.

첫 번째 집단은 무슬림 지성의 상세한 역사를 밝은 세상으로 내놓은 '동양학자들' 진영이다. 그들에 의하면 무슬림 세계는 A.D. 800년~1200년에 지적인 탁월함을 보여주었는데, 이는 그리스 사상가들의 작품을 번역해 접하면서 큰 영향을 받았기 때문이다. 이 경로를 통해 그리스의 지식 체계는 무슬림에 의해서 유럽에 전달되었다. 하지만 무슬림 세계는 훗날 몽골의 공격을 받아 약해졌고, 종파를 초월한 자유사상 사회의 발전을 저해하는 내부 모순이 겹쳐서 점차 뒤처지게 되었다는 주장이다.

두 번째 집단은 '신보수주의' 진영이다. 이들은 전체 이슬람권에서 아랍의 비율이 겨우 17퍼센트인데도 불구하고, 모든 초점을 불안정한 정세 가운데 있는 중동에만 맞춘다. 따라서 무슬림 문명에는 지적 자유나 사회적, 과학적 진보와 자유민주주의에 역행하는 요소들이 내재되어 있다는 결론을 내린다. 이런 신보수주의 집단은 미국의 외교정책과 미디어에 전례 없는 큰 영향력을 행사하고 있다. 그 영향력은 911 테러 이후 더욱 커졌다. 이러한 사상이 세계의 많은 비무슬림들에게 가장 잘 알려졌을 것이다.

세 번째 집단은 '원시과학' 진영으로 현재 많은 학자들이 여기에 속한다. 이들은 15세기까지는 무슬림의 과학과 기술이 유럽보다 훨씬 우월했다는 점을 토대로 한다. 이슬람의 획기적 발견들이 중세 유럽으로 급속히 유입되었고, 곧 다가올 르네상스의 기초를 제공했다. 그러나 무슬림 세계는 내부 모순이라는 장애물과 문화 자체에 내재된 장벽에 부딪혔을 뿐 아니라 경제적 위기와 자연재해까지 겹쳐서 중국, 인도와 마찬가지로 유럽과 같은 근대 과학의 단계로 도약하지 못했다고 주장한다.

네 번째 집단은 '급진주의' 진영이라 하겠다. 이들은 이슬람의 한계나 결점보다는 이슬람의 숭고한 가치를 중점적으로 고찰한다. 이슬람의 지식 추구를 향한 욕망이나 신 앞에 선 모든 인간의 평등주의로 인해 과학과 기술이 진보했고 시민사회가 촉진됐다고 주장한다. 이는 유럽에 영향을 끼치며 세계로 퍼져나갔으며, 21세기에도 여전히 중요한 덕목이다. 따라서 유럽의 유대교와 기독교 문명이라는 말에 무슬림이라는 단어를 덧붙여야 한다고 주장한다.

다섯 번째 집단은 '무슬림 열성파'로 불리는 진영이다. 주류 학계에서는 찾아보기 힘들다. 이들은 무슬림이 근대 과학, 의학, 기술, 사회의 모든 방면에서 발명을 했지만, 그 공로를 인정받지 못한 채 박탈당했다고 주장한다.

나는 위의 모든 관점들을 염두에 두고 『잃어버린 역사, 이슬람』을 썼으며, 각각의 관점에서 일부 요소들을 혼합했다. 그 결과 어느 한 입장이 아니라 모든 입장들을 골고루 고려했다고 할 수 있다.

그렇다고 해서 『잃어버린 역사, 이슬람』이 난해한 학구적 논쟁을 위한 책은 아니다. 이 책의 목적은 우리들 대부분이 받아들였던 무슬림 역사 중에서 미완성으로 남아 있는 부분들을 채워넣는 것이다. 그렇게 하기 위해서 확립된 사실에 충실하면서도 중요한 인물들과 사건들을 보다 생생하게 보여줄 것이다. 애매하게 멀리 있는 것 같은 복잡한 무슬림 과거를 즉각적이고 실제적인 모습으로 만들 것이다. 즉, 천 년 전의 사건들과 사상들이 어떤 식으로 현재 우리들의 삶과 직접적 관련을 맺는지 보여줄 것이다. 그리고 각 장의 서두에 쓴 현재 상황 부분은 모두 상상 속의 이야기임을 독자들은 염두에 두어야 할 것이다. 역사적 내용 부분에 나오는 극적인 장면들도 마찬가지다. 이런 내용들은 미완성된 역사적 자료에서 도출한 사실에 근거하기는 했지만, 당시의 상황을 흥미롭게 만들어본 것들이다. 제시된 대화 내용이나 내면의 생각 부분이 특히 그렇다.

대부분의 역사는 소위 아랍 황금기의 사상가들과 발명가들에게 초점을 맞춘다. 즉, A.D. 632년부터 바그다드의 몰락으로 끝나는 A.D. 1258년까지의 페르시아와 스페인이 주요 배경이 된다. 하지만 이 책은 중앙아시아, 오토만 터키, 인도 무굴 제국을 포함해 18세기까지 이어지는 무슬림 사상의 많은 '황금기들' 역시 중점에 둘 것이다.

『잃어버린 역사, 이슬람』이 1400년의 유구한 문명의 방대한 세부 사항과 복잡한 의미를 전부 다 잡아낼 수는 없다. 이 문명권의 사람들은 현재 10억 명에 달할 정도다. 마찬가지로 무슬림 세계라는 거대한 유기체의 진화 과정에서 나타난 위대한 인물들의 이름이나 중요한 사건들을 『잃어버린 역사, 이슬람』에서 모두 나열할 수도 없다. 원칙적으로 이 책에서는 우리 모두에게 영향을 준 것들 중에서 오랜 전통을 가지고 있으며 현재까지도 계속되고 있는 문명의 모습과 의미를 밝힐 것이다. 다시 말해 전반적인 형태를 보여줄 생각이다.

무슬림인가 아닌가의 여부에 관계없이 우리 모두는 한때 용감했으며 때로는 무자비할 정도로 방향을 잘못 잡았던 오래전의 그들에게 빚지고 있음을 알게 될 것이다. 무슬림 문명이 서구 문명과는 다른 점도 많지만, 그만큼 공유되는 부분도 많음을 알게 될 것이다. 또한 신문 머리기사의 많은 쟁점들이 천 년 전의 논쟁과 갈등들과 여전히 같은 맥락을 갖고 있음도 알게 될 것이다.

마지막으로 우리 모두의 잃어버린 역사를 원상회복시킴으로써, 비무슬림들이 무슬림들에게 존경심을 표하고 그들을 보다 깊이 이해했으면 한다. 그리고 현재 무슬림들은 그들이 과거에 창조성, 발명, 관용, 사상과 행동의 다양성을 더욱 개발하기 위해 어떤 식으로 활동했었는지 볼 수 있기를 바란다. 사회적 영역에서든 개인적인 삶에서든 말이다.

이 책을 읽으면서 잃어버린 역사를 복구하는 과정을 통해 힘으로는 결코 풀 수 없는 주요 현안들을 조금씩 이해하게 될 것이다. 『잃어버린 역사, 이슬람』에서 얻을 교훈이 있다면, 그것은 바로 무력으로는 정신과 영혼에 관한 문제들을 긍정적으로 풀 수 없다는 것이다. 개인들 간이든 문명들 간이든 말이다.

로마 제국의 후예들

로마 제국은 인근 지역에서 패배했다.
그러나 그들은 곧 승리를 거두게 될 것이다.
-코란(30장 2~3절)

2006년, 프랑스, 투르-루아르 강 유역에 위치한 투르라는 중소 도시는 여름이 한창이다.

뭉게구름이 높이 솟은 푸른 하늘 아래로 7월의 화창한 햇볕이 내리쬔다. 구름 위에서 내려다보면 세상 살아가는 시끌벅적한 소리가 희미하게 들린다. 사람들의 움직임은 아주 작아 보여서 마치 큰 무늬가 있는 그림의 일부 같다. 물론 실제로 가까이에서 보면 복잡한 모습일 것이다. 모퉁이를 도는 트럭들, 공원으로 달려가는 아이들, 새로 무역센터를 짓는 도시 외곽의 건설 기중기들, 정원의 담장 너머로 이야기를 나누는 여자들의 모습도 눈에 띈다. 도시에서 쉽게 볼 수 있는 일상들이다.

구름 위에서 내려다보면 이 모든 광경이 한눈에 들어온다. 도로들의 연결망은 아무렇게나 된 것이 아니라 이동하는 사람들의 동선을 고려해 건설되어 북쪽으로는 파리로, 남쪽으로는 지중해로, 서쪽으로는 대서양으로 가는 고속도로들과 연결되어 있다. 도시와 주변 경관의 광대한 모습은 마치 서로 상관없어 보이는 조각들 수천 개가 모여 모자이크를 이룬 것 같다. 하지만 더 높이 올라가서 더 먼 곳까지 살펴보면, 흙, 돌, 콘크리트, 들판, 숲, 강들이 한데 모여 훨씬 더 크고 오래된 생명력을 자랑하는 살아 있는 유기체를 만들어낸 것처럼 보인다.

프랑스의 여름 분위기는 프라고나르, 푸생, 바토 같은 서양화가의 풍경화를 닮았다. 그들은 그림처럼 펼쳐진 넓은 들판, 울타리, 마을들 사이에 잎이 무성한 관목림과 휴식 공간이 들어서 있는 그림을 주로 그렸다. 지금 이곳이 딱 그런 모습이다.

사람들은 축구공과 아이파드 MP3 플레이어를 들고 나와 센트럴 파크에서 휴식을 취한다. 여름 방학이라 학교에서 해방된 학생들은 축구공을 차며 놀고 있다. 분수대 옆에서 손자와 얘기를 나누는 할머니의 모습도 보인다. 당일치기 여행을 떠난 무슬림 가족 가피키 일가 역시 여정을 즐기고 있다. 그들은 파리에서부터 운전해서 이곳까지 내려왔다. 모로코 태생인 아내는 고향의 관습에 따라 머리스카프를 두르고 있다. 지금 같은 일상적인 자유 시간에야 아무런 문제가 없지만, 직장에는 머리스카프를 하고 나갈 수가 없다. 프랑스 정부가 법으로 금지했기 때문이다. 남편은 편한 스타일의 재킷 상의를 걸치고 있다. 이들 가족은 수십 년째 프랑스에서 살고 있다. 프랑스에서 태어난 십대 자녀들은 아랍어보다 불어가 더 유창할 정도다.

이들은 파리의 10번째 구(區)인 아랍 거주지 구역에서 남부럽지 않게 사는 편이다. 이민이 까다로워진 요즘 추세를 감안하면 이들은 자신들이 운 좋은 편이라고 생각한다. 남편 드리스와 아내 카리마는 프랑스에서 이십 년을 함께했다. 그에게는 가족을 남겨두고 이민을 온 탓에 오랫동안 혼자 지낸 친구가 있는데, 최근에 그가 아내와 두 자녀들을 프랑스로 데려오려고 시도했지만 뜻대로 되지 않아 아내와 아이들이 다시 모로코로 강제 송환되었다.

프랑스의 경제와 문화에 동화되는 데 어려움을 겪는 많은 이민자들과 달리, 이 부부는 둘 다 좋은 직장에 다니고 있다. 아내는 공립학교의 교사로, 남편은 리옹 은행에서 회계사로 근무한다. 아주 부유한 생활을 할 정도로 많은 돈을 버는 것은 아니다. 하지만 프랑스 정부나 사회에 불만을 품을 정도로 옹색하지는 않다. 시간이 흐르면서 점점 모로코에 대한 애정이 엷어져서 이제는 스스로를 이슬람계 프랑스인으로 여긴다.

투르는 역사적 사건이 자주 일어난 도시다. 역사를 한 편의 희극에 비유한다면, 투르는 그 희극의 배우들 중 하나인 셈이다. 하지만 때때로 중대한 사건들이 오랜 기간 동안 서서히 일어나서 이곳 주민들은 그 전반적인 역사의 큰 흐름을 느끼지 못하기도 한다. 이제 2천 년 전의 갈리아 시대와 로마 시대로 거슬러 올라가 보자. 로마 제정 시대에는 이 지역의 부족 이름을 따서 투로네스라고 불렸다. 또한 이곳은 로마 제국의 호위병 출신이었던 성자 마틴이 그리스도교를 받아들이고 정착했던 장소이기도 하다. 황제를 호위하는 군대에서 떠난 그는 그리스도교에 귀의해 서로마 제국 말기인 4세기경에 가톨릭 주교로 임명되었다. 매우 겸손하고 관대한 사람으로 알려진 마틴은 추위에 떠는 거지에게 자신의 겉옷을 반으로 찢어 나누어준 일화로 유명하다. 그가 사망하자 사람들은 유품을 모아 묘지를 꾸미고 그 위에 예배당을 설립했다. 그 예배당이 바로 성 마틴 성당이다.

이 묘지는 로마 제국이 멸망한 이후 오랜 암흑기 동안 경배의 장소로 사용되었다. 성지 순례자들이 많이 몰려들어 헌납한 탓에 귀한 재화가 풍부해졌다. 그 때문에 9세기와 10세기에 걸쳐 두 번이나 바이킹들이 침공했지만, 뚜렷한 약탈의 흔적은 남아 있지 않다.

이 고대 가톨릭 도시는 훗날 위그노 청교도주의의 요람이 되었다. 그리고 17세기에 이르자 방직업으로 유명해졌다. 위그노 교도들이 계속 세력을 확장할 수만 있었더라면, 프랑스는 영국 같은 신교도 국가가 되었을지도 모른다. 아니면 구교와 신교가 혼재된 독일처럼 되었을 수도 있다.

그러나 위그노 교도들은 낭트 칙령 이후에 프랑스를 떠나거나 개종해야만 했고, 주민 다수가 아일랜드로 이주해 방직기술을 전해주었다. 결국 투르를 비롯해 프랑스 전역에 가톨릭이 우세하게 되었다. 그러다가 프랑스 혁명과 19세기 나폴레옹 시대에 이르자 투르 역시 급변의 물결에 휩쓸렸다. 당시에는 나폴레옹이 심어놓은 백향목 나무들이 울창하게 우거져 사람들이 그늘 아래에서 주말을 보낼 수 있었다. 또 프랑스 · 프러시아 전쟁 때에는 프러시아가 파리를 점령한 적도 있었는데, 그때는 투르가 한동안 프랑스의 수도 역할을 하기도 했다.

오늘날 투르는 앵드르에르와르 현(縣)의 수도이자, 루아르 강 유역의 성들을 둘러보는 관광 코스의 출발지다. 이곳의 자랑거리인 커다란 성 가티앵 대성당도 잘 보존되어 있다. 한마디로 평화롭고 살기 좋은 곳이다. 이제까지 투르에 대한 간략한 일대기를 살펴보았는데, 잘 보존된 역사와 뚜렷한 정체성을 가진 도시임을 알 수 있을 것이다.

그러나 과거를 보여주는 유적만으로는 이 도시에 관해 많은 것을 알아내는 데 한계가 있다. 더군다나 유물은 세월이 흐르면서 점차 소멸되어 간다. 일례로 로마 시대의 유적들은 고작 성문 몇 개와 탑 몇 개가 남아 있을 뿐이다. 하지만 비록 골 시대와 로마 시대의 유물들은 오래전에 사라졌다 하더라도, 다른 증거물을 통해 당시 이곳에서 수많은 사건이 일어났음을 분명히 확인할 수 있다. 오래되어 니덜너덜해졌지만 다양한 기록을 담고 있는 연대기(年代記)들과 비공식적으로 구전되어 내려온 이야기들이 바로 신뢰할 만한 자료가 되는 것이다.

그런 점을 염두에 두면, 물질적 유적들이야말로 수세기 동안 중단되는 문제점을 갖고 있다. 476년 로마의 멸망 이후 암흑기인 중세는 정말로 있었던 일인가, 아니면 단순히 지어낸 이야기인가? 투르에는 반목재로 지어진 집들이 가득한 오래된 중세 구역이 있었다. 하지만 지금은 거의 사람들이 음식을 먹고 마시는 작은 레스토랑이나 상점들로 변했는데, 이것이 중세의 증거가 될 수 있을까? 갈리아 시대와 로마 시대의 울창한 숲은 천 년이 흐르는 동안 들판이 되었다가 다시 숲이 되면서 계속 변해왔다. 결국 사슴들, 늑대들, 곰들의 쉼터였던 숲은 이제 교외 지역 또는 고속도로나 농장과 목장으로 바뀌어버렸다.

좀 더 넓은 시야로 보기 위해서 더 먼 역사 속으로 들어가보자.

로마 제국이 멸망한 이후, 천 년도 더 된 어떤 사건들의 경우는 정확한 발생지가 거의 알려져 있지 않다. 예를 들면 8세기의 찰스 마텔(일명 해머라고도 불림)은 투르에서 이슬람 세력과 큰 전쟁을 벌였지만, 현재 투르 지도에서 그 정확한 위치를 찾기는 힘들다. 그 전쟁은 한 국가의 운명뿐 아니라 유럽 대륙, 더 나아가 당시 문명의 운명을 바꾸어놓을 정도로 큰 사건이었지만 구체적으로 어디서 일어났는지조차 알지 못하는 것이다. 이런 기념비적인 사건이 고작 가이드북에만 잠깐 언급되거나, 당시 이 지역의 여기저기에서 산발적으로 고초를 겪었다는 정도로만 기록되어 있다.

그것이 투르의 2천 년 역사상 가장 중대한 사건이었음은 두말할 필요가 없다. 하지만 오늘날에는 별 주목을 받지 못하고 있는 것이다. 지금 투르 공원에 있는 이 사람들에게는 그것은 별 의미가 없는 사건인 것이다. 그들에겐 현재 자신들의 일상사, 삶, 욕구가 더 중요하기 때문이다. 모두들 멋진 일요일을 보내고 있다. 성 가티앵 성당과 성 마틴 성당에 모여 예배를 드리는 사람들이 있는가 하면, 젊은이들은 학교에서 벗어나 마음껏 한여름을 즐기고 있다. 할머니는 손자가 태어나는 걸 지켜볼 수 있을 정도로 오래 살 수 있음에 행복해한다. 가피키 가족 역시 집을 떠나 하루 동안 새로운 것을 보며 즐거워하고 있다.

그들이 사는 파리 교외와는 달리, 투르에서는 아직도 이슬람 사원의 건설이 계획 중에만 있다. 프랑스 내부의 민족 갈등이나 2005년 파리 근교 클리시수부아에서 자동차들을 불태운 과격한 무슬림 폭동 사태 등은 이곳과는 별 상관없는 얘기다. 투르에는 이슬람 신도들이 비교적 적기 때문이다. 유럽인들의 이주 동향, 이민, 문화 혼용 같은 거센 흐름이 투르에는 전혀 영향을 미치지 않은 모습이다.

가피키 아이들은 분수대 근처에서 산책하고 있다. 그들의 부모는 치즈와 양고기로 점심 식사를 즐기고 있다. 이들 가족의 모습은 공원 내에 있는 다른 사람들과 별반 달라 보이지 않아서, 위에서 아래로 풍경을 내려다보면 거의 눈에 띄지도 않을 것이다.

투르에 관한 이야기는 어쩌면 이게 전부일 수도 있다. 투르 역사의 일부가 상실되었지만 그 누구도 별로 신경을 쓰지 않는다.

아내는 신문을 읽고, 드리스는 야외 모포에 앉아 주변 경관을 감상하고 있다. 그러다가 관광안내소에서 집어온 안내책자를 뚫어지게 쳐다보더니, 공원 주변 너머로 펼쳐진 도시의 모습을 한 차례 쭉 둘러본다. 그는 클래식 음악과 자동차 경주를 아주 좋아한다. 그래서 혹시 근처에 자동차 경주 코스가 있지는 않나 궁금해하기도 한다.

사실 그는 오늘 하루 여행에서 많은 것을 기대했다. 투르에 좋은 볼거리가 있다는 얘기를 들은 기억은 나는데 그저 머릿속에서 뒤죽박죽 섞여 있어 구체적인 내용이 떠오르지 않는다. 아내에게 말은 꺼내지 않았지만, 어디 다른 곳으로 가는 게 낫지 않았을까 하는 생각도 해본다.

아마도 브리타니에 갔다면 해변에서 즐거운 시간을 보낼 수 있었을 것이다. 아직 한번도 못 가본 프로방스도 좋았을 것이다. 그러나 거기는 당일 여행으로 가기에는 너무 먼 거리다. 더군다나 내일은 가족 행사가 있어서 오늘 꼭 돌아가야만 한다. 하지만 그는 마치 뭔가를 놓친 사람처럼 자꾸만 도시를 둘러본다. 그의 시야 밖 저 먼 곳에서 무슨 일이 일어난 걸까? 아니면 어떤 섬광이나 놀라운 모습을 본 건가? 멀리서 부르는 소리라도 들은 걸까?

그는 보다 많은 것을 기대했었다. 그게 정확히 뭔지는 모르지만, 지금 여기에는 확실히 없다.

잠시 후 가족들은 고딕 양식의 성 가티앵 성당과 재건축된 성 마틴 성당 쪽으로 구경을 나섰다. 그리고 드리스는 이 두 장소에서 강렬한 느낌을 받았다. 그는 어쨌든 이슬람 신도이긴 하지만 그리 열성적인 편은 아니다. 와인과 맥주도 가끔 마시고 이슬람 사원에도 그리 자주 가는 편이 아니다. 최근 만나는 상당수의 이민자들과는 달리 그는 지나치게 종교적인 것에는 불편함을 느낀다.

하지만 이 성당들은……. 아이들은 시큰둥한 표정이고 아내는 근처 상점들을 둘러보고 싶어 한다. 그러나 그는 가만히 멈추어서 낮은 벽과 뾰족한 아치를 응시한다. 다른 이들이 모두 이동하는데도 그는 뒤처져서 스테인드글라스 아래 어둠 속에 서 있다.

이 성당들은 그에게 뭔가를 떠올리게 한다. 아주 오래전 옛 기억처럼 말이다. 그러나 그게 뭘까? 아득히 먼 옛적 기억이라면 바로 모로코와 관련이 있을 것이다. 이런 그리스도교 성당들이 모로코 이슬람이랑 도대체 무슨 관련이 있는 걸까? 뾰족한 아치, 기둥들이 줄 서 있는 회랑, 탑들 때문일까?

머리 위 구름이 더 길어 보인다. 곧 비가 올 것 같은 기세다. 지평선 서쪽에 짙은 푸른색이 감도는 어두운 회색 구름들이 몰려 있다. 그는 우산을 가져오지 않았다. 가족들을 빨리 쫓아가는 편이 좋을 것이다. 비 때문에 오늘 일정이 짧아지게 되었다. 가족들은 서둘러 집에 돌아가기 전에 가능한 많은 것을 보고 싶어 한다.

투르는 어떤 특징을 가지고 있었을까? 왜 그는 이리로 왔을까? 아무도 그에게 말해주지도 보여주지도 않았던 뭔가가 이곳에 있는 걸까? 지금보다 더 멋지고 흥미로운 또 다른 투르의 모습이 어딘가 있는 건 아닌지?

이제껏 그는 뭔가를 잊고 있었던 걸까? 그게 아니라면 잃어버렸던 건가?

◉ **A.D. 570년, 아라비아, 메카**—잃어버린 역사라는 융단의 많은 가닥 사이에는 사실 신의 계시라는 실타래가 숨겨져 있다. 이 계시는 각자 개성을 지닌 세 가지 종교로 나타나는데, 알고 보면 예언자 아브라함에서 기원해 나왔다는 공통점을 지니고 있다. 즉, 이 세 종교는 같은 뿌리를 갖고 있으며, 같은 신을 숭배하며, 같은 가치를 공유한다. 같은 언어적 기원에서 나온 같은 명칭들을 쓸 뿐만 아니라 숭배하는 성인들과 예언자들도 같다.

가장 최근에 주어진 계시는 세 번째 계시로 바로 메카의 고대 아라비아 성지 외곽에서 시작되었다.

이 메카 성지는 이슬람교가 생기기 전에 아브라함이 발견했다는 한 샘물이 있는 성스러운 장소로 유명했다. 유대교, 기독교, 이슬람교의 아버지와 다를 바 없는 아브라함은 명확한 연대는 알 수 없지만 이곳을 방문했던 것이다. 또한 이 성지에는 하늘에서 떨어졌다는 검은 돌 카바도 있다. 이 큐브 모양의 성지에는 성녀 마리아와 아기 예수의 초상화를 비

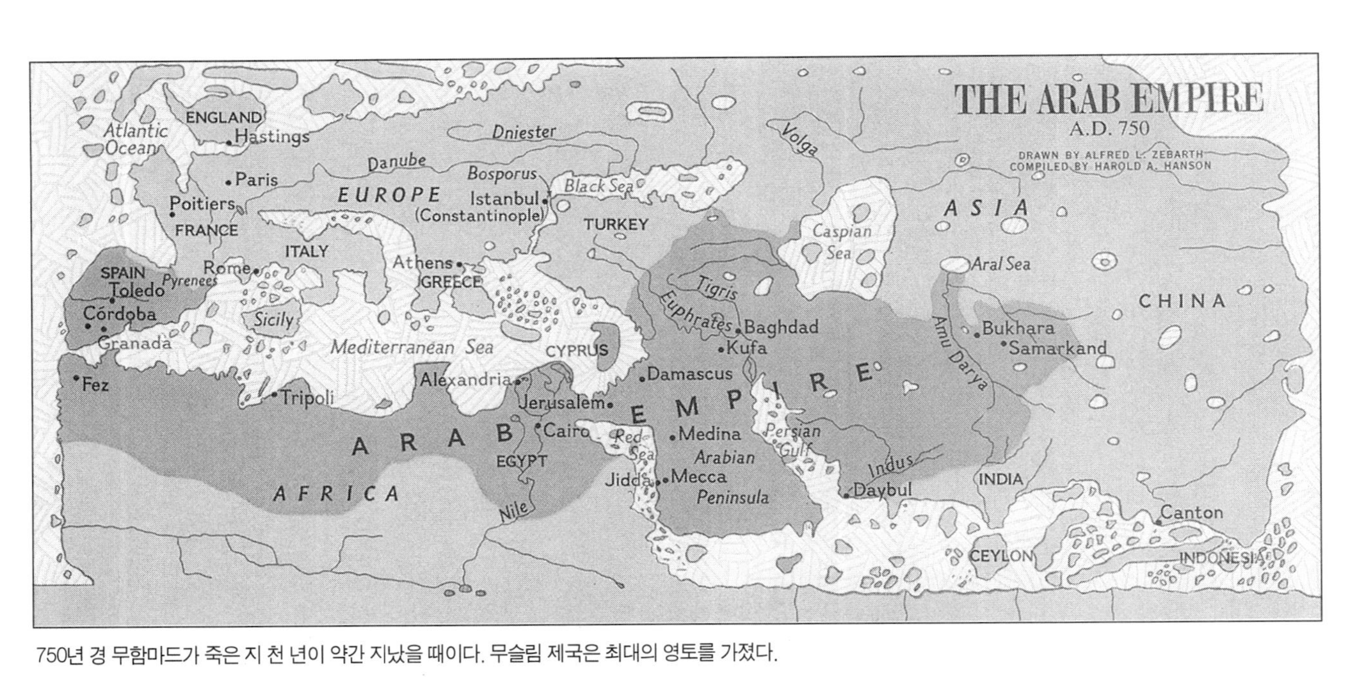

750년 경 무함마드가 죽은 지 천 년이 약간 지났을 때이다. 무슬림 제국은 최대의 영토를 가졌다.

롯한 수많은 유대교와 기독교의 유물들이 전시되어 있다. 뿐만 아니라 미트라교, 조로아스터교, 마니교 등의 상징물도 있다. 또한 금으로 된 송아지 조각품과 다른 교단, 종파, 종교에서 신성시하는 예술품도 찾아 볼 수 있다. 메카의 부족들은 이곳을 방문하는 종교적 관광객들에 의지해 생활했다. 즉, 순례자들이 머물면서 먹고 자는 데 쓰는 돈이나 헌금 등으로 생계를 유지한 것이다. 그러니 최대한 많은 순례자들을 끌어 모아야만 했고, 결국 가능한 많은 종교들을 대표하는 곳으로 만들려고 애썼다.

메카는 각종 신도들, 그리고 비신도들이 몰려든 신앙의 도시이자 무역 도시였다. 한마디로 말해 다신교에 기초한 경제 구조를 갖고 있었다. 그리스도교 성직자들은 비잔틴 교회, 또는 네스토리우스 교회라고 불리는 동방의 아리안 교회에서 사역했다. 또 이곳에는 토라를 가르치는 유대교 랍비들과 불을 숭배하는 사람들, 미트라교 신자들, 다산을 숭배하는 종교인들, 선각자들, 예언자들도 있었다. 각종 치료술사, 마법으로 병을 고치는 사람들도 빠질 수 없다. 사람들은 다양한 종교들 중 원하는 것을 골라서 믿을 수 있었다. 물론 아무것도 믿지 않는 사람들도 있었다.

이곳의 생활상과 마을 모습은 바로 이 지역의 환경과 기후로 나타낼 수 있다. 무엇보다 물이 아주 부족한 지역이다. 아라비아 반도의 풍경은 거의 작열하는 모래사막, 거친 해안선, 맑은 쪽빛 물에 의해 씻겨 내린 해변으로 가득 차 있다. 또 드문드문 보이는 황량한 언덕, 칼처럼 날카로운 산들, 고대의 용암 분출에서 생긴 평평한 검은 화산 바위들도 있다. 이런 광활한 지역의 가장자리에 몇몇 마을과 항구도시가 있다. 하지만 안쪽 지역은 사람의 접근이 어렵고 종종 위험하기까지 하다. 해안가에서 멀리 떨어진 곳에 사는 사람들은 샘물이나 오아시스 근처에 생활공간을 꾸렸다. 전반적으로 이렇게 황량한 지역에 오아시스가 있다는 것은 마치 기적처럼 보인다. 그 덕택에 밀과 보리와 대추야자를 재배할 수 있고, 더불어 서늘한 그늘도 즐길 수 있다. 여름날 더운 바깥 온도는 낮에 거의 섭씨 48도나 된다. 아마 지구상에서 가장 더운 지역일 것이다. 반면 겨울밤에는 구름 없는 대기권에서 외부로 열이 방출되어 뼈가 시릴 정도로 추워진다.

그러나 이렇게 척박한 공간이라고 해서 인간의 삶 또는 문명, 더 나아가 역사가 존재하지 않은 건 아니다. 물이 부족해서 대도시나 사회의 출현이 어려웠던 것은 사실이다. 하지만 그런 악조건 속에서도 아라비아의 유구하고 풍부한 역사가 발전하는 것을 막을 수는 없었다. 6세기경 아라비아는 이집트, 페니키아, 아시리아, 페르시아, 그리스, 인도, 로마 그리고 비잔틴 제국 등의 고대 문명권과 오래전부터 교류를 하고 있었다. 귀한 향신료와 유향(乳香)과 약제용 향료가 무역의 대상이었다. 유대교의 토라와 기독교의 성경에 묘사된 지역도 바로 이 근처다.

이와 같은 종교적 풍요로움과 거친 환경 속에서 지켜져야 할 법과 사회 질서의 기본 단위는 부족이었다. 이곳 사회는 여러 부족들로 이루어졌는데, 그들은 서로 동맹을 맺기도 하고 함께 사업을 하기도 하고, 때로는 불만을 품거나 갈등을 겪기도 했다. 6세기 이 지역의 대다수 아랍인들은 유목인들이었는데 거의 유사한 규범 한 가지가 각 부족 마을에 적용되었다. 즉, 모든 결정은 부족 차원에서 내려져야 한다는 것이다. 이 때문에 부족에 속하지 못한 개인은 마치 아무 권리도 없는 노예나 마찬가지의 신세로 상당한 고통을 겪어야 했다.

아랍의 이런 정치적 형태는 인근 지역에서 서서히 세력을 드러내는 제국들과 속주들에 대항하기 위한 것이었다. 제국들로는 비잔틴과 사산조 페르시아를 들 수 있다. 속주들로는 이집트, 시리아, 팔레스타인, 메소포타미아가 있었다. 바다 건너에는 기독교를 믿는 에티오피아가 있었다.

570년, 이런 거센 분위기 속에서 무함마드가 태어났다. 그의 집안은 좋은 혈통의 가문이기는 했지만 몹시 가난했다. 게다가 그는 어린 나이에 고아가 되었다. 비록 부와 권력은 없었지만 그는 총명하고 예민한 사람이었다.

그는 젊은 시절에 목동으로 일하면서 태양과 달, 그리고 별들이 천체를 도는 모습을 지켜보곤 했다. 또 사막을 이동하는 대상들, 자연 속에서 힘겹게 살아가는 동물들의 모습도 보았다. 다양한 종교적 노래들도 들었고, 가난의 참담한 현실도 직접 목격했다.

무함마드는 바누 쿠라이시족으로 불리는 씨족 출신으로 하심 부족의 일파였는데, 훗날 이 부족에서 요르단의 왕들이 나오게 된다. 물론 요르단은 당시에는 알려지지 않은 나라였다.

메카의 유명한 대상 집안의 낙타들을 돌보는 일을 했던 무함마드는 상당한 미남인데다 주변 사람들의 신뢰를 얻고 있었다. 곧 그는 대상을 운영하고 직접 사업까지 맡는 자리로 승급되었다. 그리고 맡은 일을 잘 해내 주인의 재산을 상당히 불려놓았다. 스물다섯 살이 되던 해에 한 부유한 과부 주인 밑에서 일하게 되었다. 그녀의 이름은 하디자였다. 그녀는 사업에 능했으며 독립적이었고 도덕의식이 강한 여성이었다. 그래서 많은 부유한 청혼자들의 구애도 거절한 채 재혼하지 않고 혼자 지내고 있었다.

그러다가 하디자는 자신을 위해 일하는 젊은이 무함마드를 눈여겨보게 되었다. 비록 그녀가 열다섯 살 연상이기는 했지만, 그녀는 그에게 청혼해주었으면 하는 마음을 내비쳤다. 무함마드는 그녀의 뜻대로 청혼했고 둘은 결혼했다.

사업은 순조롭게 번창했다. 비록 두 아들을 잃는 슬픔을 겪었지만,

딸 넷은 무사히 잘 키웠다. 결혼도 하고 성공도 거둔 무함마드는 이제 그의 혈통에 걸맞은 영향력을 지역사회에 행사할 수 있게 되었다. 그리고 당시의 관습과 문화에 따른다면, 아내 하디자가 죽고 난 후에는 수십 년 동안 다른 여자들과 결혼을 하게 될 것이었다. 이는 부족 간의 관계를 돈독히 하기 위한 정치적 전략이기도 했다.

당시의 많은 사람들과 마찬가지로 무함마드 역시 정식 교육은 받지 않았다. 전승되어 내려오는 이야기에 따르면, 그는 읽지도 쓰지도 못했다고 한다. 그 시대 의사소통의 매개체는 주로 대화가 전부였고, 가장 고차원적인 예술은 시였다. 당시 사회에서 뛰어나고 창조적인 심성을 가진 사람들은 시로 자신을 표현했다. 그래서 시 낭송과 이야기 대회가 종종 여러 지역에서 열리곤 했다. 젊은 무함마드는 비록 시인은 아니었지만, 다른 아랍인들과 마찬가지로 시적 감성에 많은 영향을 받았다.

그들이 사용하는 언어는 전통 아랍어였다. 글을 깨우친 사람들이 사용하는 문자는 고리 모양의 정교한 활자체였는데, 이는 로마 문자와는 전혀 다른 인식 체계와 의식에서 나왔다. 로마의 알파벳은 딱딱하고 규칙적인 느낌을 준다. 마치 로마의 기둥들과 로마법의 논리처럼 말이다. 그에 비해 아랍 문체는 좀 더 예술적이며 영적인 분위기를 풍긴다.

어쨌든 별반 특별한 일이 없었다면, 이 이야기는 메카의 성공한 한 상인이 아내와 함께 나이 들어가다가 크게 번창하여 영향력이 막강한 부족을 남겨둔 채 죽음을 맞는 것으로 끝났을 것이다.

하지만 무함마드가 마흔 살쯤 되었을 때, 그는 신의 계시를 받게 되었다. 처음에는 자신이 미친 것은 아닌가 하면서 두려워했다. 전기에 따르면, 그가 아내에게 그 사실을 고백하면서 혼란스러워했다고 한다. 그러자 아내는 그를 네스토리우스교의 성직자에게 데려갔고, 성직자는 그가 신의 계시를 받은 것이니 걱정 말고 감사하라고 했다.

무함마드는 자신에게 내려진 계시가 바로 신의 말씀이라고 진심으로 받아들였다. 곧 대천사 가브리엘이 그에게 신의 뜻을 낭송하도록 명했다. 그러자 그의 내면 깊은 곳에서 급류처럼 쏟아져 나오는 수많은 노래들이 그의 입을 통해 흘러나오기 시작했다. 그 노래는 이후 23년 동안이나 계속되었다. 처음에는 예언자 무함마드 혼자 암송했지만, 나중에는 추종자들이 줄을 이었다. 시간이 지나면서 그의 예언들 속에서 종교적 신앙의 이미지와 체계가 나타나기 시작했다. 그 뿌리는 유대교 예언자들과 예수에게서 나왔으며, 또한 그들을 찬양하는 내용이기는 하다. 하지만 무함마드에게서는 보다 새로운 종교 지침이 첨가되었다. 개인과 신과의 직접적인 관계뿐만 아니라, 신의 세계에 존재하는 다른 요소들과도 관련을 맺을 수 있는 방법들이 제시된 것이다. 그 모든 것을 무함마드가 표현해주었는데, 그것들을 정리해둔 것이 바로 코란이다. 이슬람 교리에 따르면, 코란은 곧 가브리엘이 예언자에게 전해준 신의 말씀이다. 예언자 무함마드의 행동이나 그 밖의 다른 말들을 별도로 모아둔 것은 하디스라고 불린다.

이 새로운 신앙은 다섯 가지 핵심 사항으로 구성되어 있다. 신에게 복종할 것, 하루에 다섯 번 기도문을 외우면서 메카 쪽으로 기도를 드릴 것, 탐욕을 억제하는 마음가짐을 가질 것, 라마단 기간 동안에는 해가 뜰 때부터 질 때까지 즐거움을 자제하고 금할 것, 가능하다면 메카로 성지순례를 다녀올 것이다.

이러한 사항들 외에도 코란은 단정하고 건강한 상태를 유지할 것을 중시한다. 세속적인 문제들을 도덕적으로 해결하며, 더 관대하고 인간다운 사회를 만들도록 노력하라고 한다. 또한 여성들에게도 배울 권리와 올바름(지하드)을 얻기 위해 노력하며 이슬람을 수호할 권리를 주어야 한다고 했다.

코란에 따르면 이러한 신앙을 이슬람이라고 부른다. 이 말은 아랍어로 '복종' 또는 '신의 뜻에 복종'을 의미한다. 또 평화를 의미하는 아랍어 '살람'과도 관련이 있다.

최종적으로 확정된 코란은 처음에 계시받았던 순서가 아닌, 긴 내용부터 짧은 내용순으로 분량에 따라 정리되어 있다. 처음에는 입에서 입으로 암송되다가 책으로 정리된 것은 무함마드가 죽은 후 20년이 지나서였다. 그의 추종자들의 임무는 예언자의 말에 나타난 신의 뜻을 따르는 것인데, 이는 훗날 논쟁과 갈등을 빚게 된다. 시간이 흐르면서 예언과는 직접 관련되지 않거나 또는 모순으로까지 보이는 상황이 나타났기 때문이다.

코란의 권고는 장차 다가올 무슬림 문명을 지적으로 꽃피우는 데 이바지하고, 지식과 발견에 대한 임무를 촉진하는 것이었다. 다음의 내용을 보면 알 수 있다.

학자의 잉크가 순교자의 피보다 더 성스럽다.

지식을 얻으라. 지식을 얻는 것은 신이 경건한 행동을 하는 것과 같다. 지식을 논하는 사람은 곧 신을 찬양하는 것이요, 지식을 얻고자 하는 사람은 신을 숭배하는 사람이다. 지식을 가르치는 사람은 자선 구호금을 내는 것과 같다. 지식을 목적에 맞게 쓰는 사람은 신에 대한 헌신을 몸으로 보여주는 것이다.

지식을 얻으면 옳고 그름을 판단할 수 있는 분별력을 갖게 된다. 지식은 천국으로 가는 길을 환하게 밝혀준다. 사막에서 친구가 되어주고, 혼자 있어도 사회 속에 있는 것 같으며, 친구들이 다 떠나도 동반자가 되어준다. 행복으로 이끌어주며 불행 속에서도 지탱할 힘을 준다. 친구들과 함께 있을 때는 광채를 더해주고, 적을 만나면 대적할 무기가 되어준다.

이런 예언자의 말이 지닌 엄청난 문화역사적 파급력은 미래에 이르러 드러나게 된다.

예언자가 신의 메시지를 다른 이들에게 전하라는 명령대로 따르자, 이는 곧 메카의 질서를 뒤흔들게 된다. 그는 유일신을 믿으며 신전의 많은 우상들은 내던지라고 요구했지만, 당시에는 상업상으로 불리하기 때문에 받아들여지지 않았다. 그럼에도 불구하고 신의 말씀이라고 계속 주장하자, 오랜 친구들과 지인들은 그에게서 등을 돌렸다. 반대로 그의 신앙의 메시지를 받아들이고 동참하는 이들도 있었다.

결국 그의 암송문은 당시 메카 지역의 일반적인 여론을 깨뜨리기 시작했다. 수많은 사람들이 그에게 격렬하게 반대했고, 심지어 그를 살해할 계획까지 세웠다. 그는 위험을 피하기 위해 신도들을 이끌고 메디나 근처의 오아시스로 가서 다른 부족들과의 동맹을 모색했다. 메카의 기성 체제로부터 자신의 입지를 강화하기 위해서 심지어 유대교 부족 같은 다른 종교 집단과도 협력했다.

메카의 적들은 여러 번 그를 공격하려 했지만 모두 실패로 끝났다. 그 와중에 일부 동맹 세력은 그에게 등을 돌리기도 했다. 마침내 무함마드는 최후의 전투에서 승리해 메카를 정복했다. 그는 자신과 함께한 이들에게는 매우 관대했으며, 더 이상 대항하지 않는 사람들에게도 관용을 베풀었다. 그와 그의 추종자들은 아라비아 전역에 종교를 퍼트리기 시작했다. 그러면서도 아브라함으로부터 기원한 두 종교인 유대교와 그리스도교 신자들에게 특별 지위를 부여하라는 그의 훈령은 잘 지켜졌다.

예언자의 나이는 이제 거의 예순 살이다. 그는 마지막 설교에서 인종 간 평등이나 종족 간 차별 금지 같은 내용을 언급했다. 이는 앞으로 천 년 동안 달성하고자 노력해야 할 이상적이며 진보적인 관념들이다.

모든 인류는 아담과 이브에게서 나왔다. 아랍인은 비아랍인에 비해 어떤 우월함도 없으며 반대의 경우도 마찬가지다. 또한 백인 역시 흑인에 비해 우수한 것이 없으며 흑인 역시 백인과 평등하다. 단지 신앙심과 선행에 의해 각자 차이가 날 뿐이다.

이 설교를 마친 후 얼마 되지 않아 예언자는 병에 걸린다. 자신은 불멸의 존재가 아니니 언젠가는 죽을 거라고 미리 경고했지만, 신도들은 슬픔과 당황 속에서 며칠 동안이나 애도했다. 대다수는 누가 다음 지도자가 될지 확신하지 못했다.

후계자 문제는 신흥 무슬림 사회에서 논쟁거리가 되었다. 의문이 계속되었다. 과연 누가 예언자의 자리를 이어받아 공동체를 미래로 이끄는 임무를 제대로 해낼 수 있을까?

무함마드의 아내들 중 한 명인 아이샤의 아버지 아부 바크르를 지지하는 집단은 그의 리더십, 품위, 친절함, 지혜로움을 내세웠다. 더구나 그는 예언자와 가까운 사이로 동료처럼 지냈다. 무함마드는 가장 일찍 이슬람으로 개종한 그를 아끼고 존경했다. 게다가 무함마드가 병상에 있는 동안 그에게 기도하는 신도들을 이끌어달라고 부탁하지 않았던가? 그러니 분명 예언자는 그에게 공동체를 맡겼을 거라고 주장했다.

한편 예언자와 같은 가문 출신이라는 점을 내세워 알리 이븐 아비 탈립을 지지하는 부류도 있었다. 무함마드는 그를 친자식처럼 아꼈다. 또한 다른 모든 남자들을 제치고 자신의 딸 파티마의 배필로 정했다. 언젠가 어느 더운 오후 햇살 아래에서 예언자가 알리의 팔을 높이 들어올려 후계자이자 공동체의 새 리더로 임명한 적이 있었다고도 한다.

예언자가 죽음을 맞은 날, 후계자 선출 문제를 상의하기 위해 남자들이 안뜰에 모였다. 결국 아부 바크르가 선출되었고, 그를 지도자로 모실 것을 맹세했다. 다음 날 공동체 앞에서 아부 바크르는 예언자가 설교했던 사원의 연단에 선 뒤, 이슬람의 첫 번째 칼리프로 임명되었다.

그러나 모든 사람들이 동의한 건 아니었다. 알리가 칼리프의 지위를 부당하게 빼앗겼으며, 다른 사람을 선택한 건 예언자의 뜻을 무시한 것이라고 생각하는 사람들이 있었다. 계승 문제를 둘러싼 정치적 갈등은 공동체 내에 균열을 불러왔다. 충성심은 두 갈래로 나뉘어졌고, 장차 이슬람 사회가 수니파와 시아파로 분열되는 계기가 되었다.

아부 바크르는 첫 연설에서 이렇게 말했다.

오, 사람들이여! 저는 여러분들 가운데 가장 뛰어난 사람이 아님에도 불구하고 지도자의 자리에 오르게 되었습니다. 제가 맡은 임무를 잘 수행한다면 후원해주시고, 잘못을 저지른다면 바로잡아 주십시오. 성실함은 정절과 마찬가지이며 거짓말은 반역과도 같습니다. 약자들의 잃어버린 권리들을 되찾아줄 때까지 저는 그들을 강자처럼 대할 것입니다. 강자들은 제가 그들에게서 약자들의 권리를 빼앗을 때까지 약자처럼 대우받을 것입니다.

계승 문제는 이슬람 사회에 내분을 가져오는 원인이 되었다. 리더십과 정치적 합의에 관한 상당한 논쟁을 불러왔는데, 이는 국가와 정책에 대한 의문까지 야기시켰다. 지도자 선출 방법, 선출 심사단에 대한 논의가 필요했다. 지도자가 갖추어야 할 자질이 무엇인지, 개인적인 인간성과 지성을 얼마나 중시할지, 지도자가 어떠한 사회적, 정치적, 정신적 역할을 할지도 논해야 했다.

무슬림의 정치적, 법적 사고에서 중요한 건 의사결정의 다수결 원칙이다. 이를 뜻하는 아랍어는 여러 개가 있다. 합의라는 뜻의 이즈마, 다수라는 뜻의 줌후르, 협의라는 뜻의 슈라 등의 단어들이다. 특히 슈라는 무함마드가 중시했던 전통으로 지역사회에 영향을 끼치는 논의는 반드시 구성원들의 합의를 거쳐 결정한다. 코란에는 알 슈라라는 장이 있다. 신과 가까운 사람들은 반드시 다른 사람들과의 합의를 통해 일을 처리해야 한다는 내용이다.

초기 무슬림 사회의 리더십 논쟁의 핵심은 합의와 다수결에 대한 논란이었다. 일부 시아파들은 알리 대신에 아부 바크르를 공동체 지도자로 선출한 건 모든 이의 의견을 반영한 것이 아니라고 훗날 주장한다. 반면에 많은 수니파들은 다수가 아부 바크르의 리더십에 동의했다고 반박한다. 정치, 법, 신학에서 다수결 법칙과 그 중요성은 수세기 동안 이슬람 사회에서 논쟁거리였다. 하지만 보다 근대적인 시기가 오면, 일부 무슬림들은 대의민주제 같은 근대적인 정치개념을 슈라에 도입하려는 노력을 보이기도 할 것이다.

그러나 창시자의 죽음 직후 초기 이슬람 사회에서는 불확실한 새 지도자에 관한 논의가 핵심이었다. 아라비아 지역 대부분이 이슬람교로 종교 통합은 이루었지만, 여전히 가난한 땅이었다. 페르시아, 인도, 지중해 중심부나 대도시들로부터 멀리 떨어져서 상대적으로 고립된 지역이었다. 인접국인 비잔틴 제국이나 페르시아에 비하면, 여전히 미약한 상태였기에 세계를 바꿀 주역으로는 보이지 않았다.

그러나 이후 수백 년에 걸쳐 세계를 놀라게 할 일들이 아라비아에서 일어나게 된다. 정확하게 왜 그러한 변화가 일어나게 됐는지는 역사에서 사라졌지만 말이다.

전통적인 견해에 따르면, 아랍 이슬람의 출현은 종교적 신념에 따른 정복 전쟁일 뿐이다. 그리고 아부 바크르의 아랍 군대는 신앙을 퍼트리라는 명령에 따라 움직였다고 여긴다. 즉, 무수한 역경에 맞선 예언자 무함마드를 본보기로 삼아 아라비아에서 발생한 이슬람교를 주변으로 전파하려는 행동이라는 것이다.

이와는 달리 종교적 요인이 중요하긴 해도 부에 대한 갈망이나 행운 같은 요소들도 내재한다는 견해도 있다. 무엇보다도 이슬람의 강력한 두 경쟁국이 서로 싸우느라 힘을 소진한 것이 중요한 요인이라고 지적한다.

예언자 시대의 두 경쟁국이란 비잔틴 제국과 페르시아를 말한다. 그들은 서로 막다른 지경에 이르기까지 싸웠으며, 결국 그 과정에서 국력을 다 소진했다. 북쪽과 동쪽에 위치한 두 국가는 그 뒤 아랍을 침공하기 시작한다. 아라비아 반도에서 새로운 국가를 세운 첫 이슬람 교도들은, 이제 비잔틴 제국과 페르시아 정복자들을 몰아내 국경 지역을 지키며 침입 시도를 막아내려 했다.

그런데 갑자기 이상한 일이 발생하기 시작했다. 아랍이 앞으로 밀고 나가자, 두 이방인 적들은 슬슬 후퇴하기 시작한 것이다. 아랍인들은 아라비안 반도 바깥 어디쯤에서 적들의 격렬한 저항전선이 형성될 거라고 예상했었다. 하지만 적들이 계속 후퇴만을 거듭하자 깜짝 놀랐다. 단순히 국경선을 분명히 하려는 아랍인들의 시도가 새로운 만족스러운 결과를 가져오게 되었다. 정복지에서 조공, 전리품, 세금이 아랍 국고로 들어오기 시작했다. 마치 비잔틴 제국이 이집트와 시리아를 정복해 세금으로 콘스탄티노플 중심의 제국을 유지한 것처럼 말이다. 지금 아라비아가 그렇게 된 것이다.

 **한때 닫혔던 문이 열리고 있다** : 기대하지 않았던 새로운 기

회들이 나타나기 시작했다. 여자와 아이들은 오래전부터 내려온 전쟁 노래와 고대 아라비아의 전쟁 시를 낭송하며, 남편, 아버지, 남자 형제들을 격려하고 행운을 빌어주었다. 그러고는 아라비아 마을과 군영지에서 쏟아져 나온 그들을 북으로, 동으로, 서로, 멋진 도시들을 향해 떠나보냈다. 아랍 전사들은 오래전에 대상으로서 무역하던 때부터 알았던 곳으로 향했다. 훨씬 더 강한 비잔틴과 페르시아 군대와 맞서고, 저항하고, 때로는 반격하고, 휴전 협정을 맺었다. 아랍은 서서히 변화하기 시작했다. 풍요로운 땅, 학식, 위대하고 멋진 역사, 정복과 지배의 전통이 없는 과거에서 탈피해 힘과 열정을 갖게 되었다. 아무것도 없던 상태에서 어느 날 갑자기 아랍 전체를 바꾸어놓은 예언자처럼 말이다.

이러한 우연적이며 즉흥적인 전쟁은 단지 신앙 때문만이 아니다. 예언자가 죽은 지 2년이 지난 뒤, 아랍 군대는 단기간에 시리아와 팔레스타인을 비롯해 비잔틴의 상당 부분을 차지한다. 아부 바크르의 뒤를 이은 칼리프 우마르는, 군대를 이끌고 비잔틴과 페르시아의 깊숙한 내부까지 침입한다. 636년 시리아의 야르묵 전투를 통해 비잔틴 황제의 강력한 군대를 격퇴했다. 642년에는 비잔틴에 속한 이집트를 정복하기 위해 군대를 파견하고 북아프리카까지 진출하기 시작한다. 644년에는 칼리프 우스만이 등극했으며, 651년에 페르시아를 병합한다.

아랍 이슬람의 진출에 관한 역사는 서구에도 물론 언급되어 있다. 하지만 단지 날짜, 전투 이름, 정복 지역의 나열에 그칠 뿐이다. 그리고 새로운 종교적 질서를 강제로 부여하기 위한 움직임으로만 묘사한다. 당시 아랍인들의 침입이 대개 군사적인 전쟁 형태였고, 전쟁 기간에 안 좋은 일들이 발생한 것도 사실이다. 하지만 그와는 다른 성격의 보다 미묘한 사건들이 일어났는데도 불구하고, 그런 역사적 사실은 상실된 채로 남아 있다.

우선 전통적 역사관은 이슬람의 정복이 급격하게 이루어진 것은 강제 개종 때문이 아니라 경제적 성공 때문임을 간과하고 있다. 군인들에게 현금을 지급함에 따라 도시화와 화폐 중심 시장경제가 초기 이슬람 사회에 도입되기 시작한다. 엄청난 양의 화폐가 시중에서 순환되었다. 결국 비잔틴과 페르시아 아래에서 경제적으로 침체했던 마을과 도시들이 발전해 경제적 활기를 띠었다.

두 번째로 피점령지 주민들의 종교적 개종은 새로 출현한 아랍 제국의 정치적 논의에 그다지 큰 비중을 차지하지 않았다는 점을 놓치고 있다. 점령 지역에서 이슬람 교도는 여전히 소수에 불과했다. 한 예로 페르시아에서는 이슬람 신자들이 이슬람 제국의 첫 세기 동안 전체 인구의 10퍼센트도 안 되었다.

또한 아랍 지배자들은 식민지 주민들을 개종시키려는 엄격한 종교 방침을 갖고 있지 않았다. 오히려 그것이 경제적으로 손해이기 때문이다. 아랍 지배자들은 기독교인이나 유대교인에게는 상당한 세금을 부과했기 때문에, 개종은 그런 수입의 상실을 의미하는 것이었다. 또한 개종한 사람들에게는 여러 가지 사회 서비스도 제공해야 하는데, 이 역시 상당한 돈이 드는 부담이었다.

초창기에 타 종교인들이 이슬람으로 개종한 것은 세금을 좀 덜 내기 위해서, 또는 사회적으로 좋은 위치에 오르기 위해서, 상업이나 정부 쪽의 분야에서 쉽게 자리를 잡기 위한 이유에서 자발적으로 이루어졌을 가능성이 크다. 자발적 개종을 해도 몇 십 년 동안은 종교세에서 자유롭지는 못했지만 말이다. 한편 이전 신앙을 그대로 가진 사람들도 숭배 장소를 만들 수 있었다. 모스크보다 더 높게 짓지만 않으면 허용해주었다. 그렇지만 전도나 예언자를 모독하는 행동은 금지되었다.

잊힌 이슬람의 타 종교에 대한 관용은 다음 자료에 잘 나타나 있다. 이것은 비잔틴 제국하의 알렉산드리아를 정복해 동화시키려는 무슬림에 관한 내용이다. 한 콥트인 연대기 작성가의 글을 통해 무슬림들이 그리스도교 콥트파(派) 대주교 벤자민을 어떻게 대했는지 살펴보자.

알 아시의 아들 아무르가 이집트에 이런 편지를 보냈다. "콥트 교회의 대주교인 벤자민이 머무르는 곳을 보호하고, 안전하게 지켜주고, 신의 평화를 누리게 하라. 다시 말하니 그가 안전하고 마음 편하게 나와 자기 교회 업무와 조국의 정부 일을 계속 맡아볼 수 있게 하라." 대주교 벤자민은 이 소식을 듣고 크게 기뻐하며 알렉산드리아로 돌아왔다. 이교도들이 벌인 살육으로 정교 교리를 믿는 사람들이 겪었던 끔찍한 분쟁과 참을 수 없는 압박감에 대한 보상이었다. 그는 13년 동안 알렉산드리아를 떠나 있었다. 로마인 헤라클리우스가 다스렸던 십 년과 무슬림이 알렉산드리아를 점령하기 전 삼 년의 세월이었다. 벤자민이 나타나자 사람들이 즐거워하며 도시 전체가 기쁨에 휩싸였다. 그리고 그리스도교를 믿는 지도자 사누티우스에게 소식을 알렸다. 벤자민이 반드시 돌아오도록 아무르에게 요구해 보호를 얻어낸 사람이 바로 그였다. 사누티우스는 아무르에게 대주교가 도착했다고 전한다. 그러자 아무르는 벤자민이 자기 앞에 나타나 영예와 존경과 애정을 표할 것을 요구했다. 그를 만난 자리에서 아무르는 존경심을 표했다. 그리고 동료들과 지인들에게 말했다. "나의 영토에서 이처럼 신적인 사람은 지금까지 본 적이 없다." 벤자민은 아름다운 외모에다 언변도 뛰어나서 말을 할 때면 침착함과 위엄이 드러났다.

아무르는 그에게 말했다. "교회와 사람들에 대한 통치권을 다시 찾아 업무를 보시오. 그리고 내가 서쪽으로 진격해 펜타폴리스까지 가서 정복할 수 있도록 기도해 주시오. 이집트에서처럼 말이오. 더불어 안전하게 빨리 돌아올 수 있도록 기도해 주시오. 그래준다면 당신의 부탁은 뭐든 들어주겠소.” 그러자 성인 벤자민은 아무르를 위해 기도한 뒤 멋진 연설을 했다. 간곡한 권고를 담은 그 연설은 아무르와 같이 있던 사람들을 감동시켰고, 그는 존경을 받으며 명예롭게 떠났다. 축복받은 벤자민은 아무르에게 이곳에서 진실 그 자체를 발견했다고 말했다.

이런 종교적 관용 정책은 21세기까지도 이슬람에 남아 있는 기독교와 유대교, 힌두교 등의 타 종교들과 무슬림이 공존했던 전통의 초기 역사를 잘 보여준다.

661년에 이슬람 신자들을 영원히 갈라놓은 운명적 사건이 발생했다. 아부 바크르가 632년에 첫 칼리프로 등극했으며, 656년에는 알리 이븐 아비 탈립이 마침내 칼리프가 되었다. 그러나 661년에 알리가 쫓겨나고, 메카의 우마이야 가문 후손인 무아위야가 칼리프가 된다. 이에 일부 이슬람 신자들은 여전히 알리를 지지하면서 새로운 칼리프를 받아들일 수 없다고 공개적으로 밝혔다. 이들은 시아트 알리 측근들로 시아파 혹은 ‘알리 추종자들’로 알려져 있다. 반면에 무아위야를 지지하는 사람들은 수니파로 불리는데, ‘예언자의 언행록’이라는 뜻의 순나에서 기원한 말이다. 훗날 이들이 우마이야 조(朝)가 된다.

다른 중요한 동향도 살펴보자. 아라비아 출신인 우마이야 가문은 종교 중심지인 메카를 떠나 오래된 비잔틴 도시였던 다마스쿠스에 정치적, 상업적 중심지를 세운다.

왜 메카 왕실의 후손들이 제국이 한참 성장하던 시기에 메카에 등을 돌린 것일까? 그 이유는 사막 출신의 아랍인들이 주도권을 잡기는 했지만, 수적으로는 상대적인 열세에 있었기 때문이다. 이즈음 상류사회는 정식 교육을 받은 이집트인, 시리아인, 팔레스타인인, 이라크인, 페르시아인, 비잔틴 제국인, 중앙아시아의 투르크족들로 채워지기 시작했다. 알렉산드리아, 다마스쿠스, 페르시아의 크테시폰, 예루살렘 등의 화려한 고대 도시와 사회에 익숙한 사람들이 아랍 무슬림 상류층에 진입한 것이다. 더불어 새로운 감각, 생각, 사상, 언어도 함께 들어왔다. 아랍인들은 새로운 사람들을 받아들이고 새로운 경험을 흡수했다. 점점 커져가는 이슬람 제국을 다스리기 위해서만이 아니라 "설사 중국까지 가야 한다 할지라도 늘 지식을 얻고자 노력하라"는 예언자의 직접적인 지시를 따르기 위해서였다.

초창기 아랍 이슬람의 즉각적인 수용 동화 전략과 지식 혹은 경험에 대한 갈망은 다채로운 이슬람 전성기의 토대가 되었다. 이슬람 문화는 처음에는 아랍에서 시작되었지만, 곧 안달루시아, 페르시아, 중앙아시아와 인도로 퍼져갔고, 마침내는 아나톨리아와 무굴 인도 제국까지 퍼졌다.

이렇게 세계의 세력 구도와 신앙은 변하고 있었다. 그렇다고 해서 예언자가 세상을 떠난 후로부터 무슬림의 즉각적 수용 통합 정책이 시행되는 몇 백 년 동안 모든 면에서 종교적인 방식으로 변화되었다는 것은 아니다. 세상사가 다 그렇듯 그동안에도 정치적 투쟁, 쿠데타, 암살로 사회가 흔들렸으며, 갈등과 불화로 내전이 일어나기도 했다. 그러나 이러한 격동과 동화정책 속에서 아랍 문화라는 이름 아래 실질적으로 여러 문화가 다양하고 풍요롭게 섞인 독특한 혼합 문화가 생겨난 것이다. 페르시아의 문학작품들과 풍요로운 문화와 더불어 비잔틴 제국의 지식과 스타일이 들어왔다. 또한 그리스와 로마의 영향력도 빠뜨릴 수 없다.

예언자의 후손들에게 비잔틴 제국과 페르시아로부터 문화유산과 지식들이 전해졌다. 그 영향으로 초기 이슬람은 전성기를 맞아 활짝 꽃피며 더욱 풍부해진다. 아랍 고전 시가의 언어가 새로운 혼성 국제어가 되었다. 종교적 토론과 표현뿐 아니라 상업과 문학과 일상생활에서도 중요한 언어가 되었다. 페르시아 사람들, 시리아인들, 비잔틴 제국인들, 베르베르인들을 비롯해 무슬림 지배하의 많은 사람들이 아랍어를 배우기 시작했다.

수백 년에 걸쳐 아랍 무슬림들의 팽창은 계속되었다. 칼리프의 군대는 북아프리카의 서고트 세력을 몰아냈다. 711년에는 해방된 베르베르인 노예 타리크 이븐 지야드가 아랍인들과 베르베르인들로 구성된 군대를 이끌고 서고트 세력권인 스페인을 정복했다. 일 년 후 712년에는 현재 파키스탄인 신드로 진격했다. 또한 당시 트란속시아나로 불리던 지금의 중앙아시아까지 나아갔다.

이슬람의 스페인 침공은 반역자 이베리아인 기독교 신자들 때문에 발생했다고 말하는 사람들도 있다. 지배자 로데릭 왕에 대항한 내전 중에 무슬림과 동맹을 맺어 북쪽으로 끌어들였다는 것이다. 서고트 스페인은 파벌주의 문제와 왕국 내의 많은 유대인들을 박해한 교전으로 인해 이미 흔들리고 있었다. 소수였던 서고트 왕조는 거칠고 잔인한 방식으로 통치했으며, 로마 시대와 그 이전부터 거주한 토착 주민들 위에 군림했다. 서고트 지배자들은 라틴 피정복민들의 마음을 사려는 시도를 거의 하지 않았다. 당시 이베리아 반도는 유럽의 다른 지역과 마찬가지로 로마 멸망 이후에 사회경제적으로 침체 상태였다.

그러나 북아프리카의 무슬림 에미르(대수장) 무사 이븐 누사이르는 여전히 신중했다. 혹시 함정에 빠지지는 않을까 하는 걱정과 함께 과연 이베리안 반도가 전쟁을 할 만한 가치가 있는지 고민했다. 이베리아 반도의 방어 태세를 알아보기 위해 소규모 정찰부대를 보냈지만 큰 성과는 얻지 못했다. 그래서 충성스러운 부하 타리크에게 진출 발판을 구축하라는 명을 내렸다.

단지 진출 발판이라고 표현하는 건 과소평가일 것이다. 타리크는 후에 지브롤터로 알려지는 곳에 도착했다. 이는 711년 4월 30일의 일로, 그날을 기념해 그곳을 제블 알 타리크로 명명했다. 아랍어로 '타리크의 산'이라는 뜻이다. 시리아에서 데려온 일부 아랍인들과 베르베르 동료들로 구성된 7,000명의 소규모 부대였다. 상륙하자마자 그는 부하들에게 이렇게 말했다.

오, 나의 전사들이여, 어디로 피하겠는가? 뒤는 바다고 앞에는 적들이 있다. 지금 이 순간 남은 건 오직 용기와 절개뿐이다. 이 나라에서 우리의 처지는 잔혹한 주인의 식탁에 앉은 고아보다도 더 불행한 입장이라는 걸 명심하라. 우리 앞의 적은 엄청난 규모의 군대로 무장하고 있다. 적들에겐 수많은 병사들이 있지만, 우리는 단지 자기 검만을 가지고 스스로 방어해야 한다. 목숨을 유지할 기회는 적의 손아귀에 있으니 낚아채야 한다. 이제껏 욕망을 절제했던 태도가 조금이라도 해이해지거나 즉각적인 성공을 거두지 못한다면, 그대들의 운은 다할 것이다. 그리고 그 순간 공포에 휩싸였던 적들은 다시 용기를 얻을 것이다. 꿈속으로 도피하려는 치욕스런 생각을 멀리하고, 눈앞에 있는 강력한 요새 도시의 군주를 공격하라. 죽음을 무릅쓰고 최선을 다한다면 그를 패배시킬 멋진 기회가 주어질 것이다. 그대들만 위험을 무릅쓰도록 선동한 뒤 나는 뒤로 빠질 거라는 생각은 절대로 하지 마라. 죽음이 도사리고 있다 해도 나 스스로 맨 앞에 나서서 공격 전선에 뛰어들 것이다.

고통스런 순간을 조금만 참는다면 곧 엄청난 보상이 주어진다는 사실을 기억하라. 그대들과 나는 한 배를 탄 운명이다. 만약 그대들이 부상당한다면, 나는 부상을 두려워하지 않고 여러분의 복수를 할 것이다. 이 나라에 아름다운 그리스 출신 여자들이 많이 있다는 얘기를 들었을 것이다. 아름다운 몸을 진주, 산호, 순금의 호화스런 옷으로 치장한 그녀들은 왕실 궁궐에 살고 있다. 진정한 이슬람 신도이자 통치자이며 압드 알 말리크의 아들인 알 왈리드가 모든 아랍 전사들 가운데 그대들을 선택했다. 그의 동지가 됨과 동시에 이 나라에서 상류사회의 일원이 되게 해주겠다고 약속하셨다. 그대들의 용맹을 굳게 믿기 때문이다. 그가 그대들의 용맹을 통해 얻고자 하는 것은 단 한 가지이다. 바로 이 땅에 신의 말씀이 울려 퍼지고 진정한 종교가 이곳에 뿌리내리는 것이다. 그 외의 모든 전리품들은 다 그대들의 것이다.

그대들을 격려해 나서는 이 전쟁에서 내가 앞장설 것임을 명심하라. 적과 직접 대면해 싸우는 순간이 오면, 신의 뜻에 따라 독재자 로데릭을 찾아내 결투하는 내 모습을 분명히 보게 될 것이다. 결투 후에는 내가 죽게 될지도 모르지만, 최소한 여러분들에게 이런 말을 했으니 만족한다. 그대들 중에서 임무 지시를 내릴 수 있는 믿을 만한 노련한 지도자를 찾을 수 있을 것이다. 만약 내가 로데릭을 만나기 전에 죽는다면, 열정을 다잡아 공격에 몰두해 이 나라를 정복하고 로데릭을 죽이도록 하라. 그를 죽인 뒤에는 군사들을 해치우는 데 별 문제가 없을 것이다.

타리크와 전사들은 북쪽으로 밀고 나갔다. 그리고 여름쯤에는 리오 바르바테에서 로데릭 군대를 물리치고 승리를 거두었다. 거의 십 년에 걸쳐 스페인 전체를 정복할 길을 열어준 것이었다. 수적으로 우세한 서고트 군대를 이긴 것은 지배자에게 불만을 가진 로데릭 군대의 상당수 병사들이 전투가 한창일 때 타리크 편으로 전향했기 때문이라는 얘기도 있다. 타리크는 계속 북상하면서 상당한 전리품을 챙겼다. 그런데 그 소식을 북아프리카에 있는 군주 무사 이븐 누사이르가 듣게 되었고, 즉시 타리크에게 해명을 요구했다. 타리크는 치욕스런 면담을 한 뒤, 무사에게 다시 한 번 충성을 맹세하며 챙긴 전리품들을 내놓았다. 이십만 디나르에 해당하는 에메랄드와 진주로 장식된 서고트 테이블과 의자들을 바쳤다. 사실 베르베르인 병사들은 전리품을 서로 나눠 가질 생각이었다.

먼 서쪽에서 펼쳐진 무슬림 세력의 성공담은 점차 사신과 전령들을 통해 다마스쿠스의 칼리프에게 전해졌다. 정확도는 각각 다르지만 여러 얘기들이 칼리프 세력권에 퍼졌다. 수천 킬로미터 떨어진 곳의 사건들이 보고되었는데, 다마스쿠스의 상류층 사람들에게는 별로 상관없는 얘기처럼 들렸다. 그러나 715년 아주 맑은 어느 겨울날, 그제야 모두 그 사건들이 주는 의미를 실감하게 된다.

그날 두 가지 중요한 사건이 다마스쿠스에서 발생했다. 우선 거대한 우마이야조 모스크가 최종 완성되었다. 그리고 북아프리카의 이슬람 에미르인 무사 이븐 누사이르가 칼리프 알 왈리드를 만나러 온 날이기도 하다. 그는 포로로 잡은 40명의 서고트 귀족들과 지체 높은 궁정 사람들을 비롯해 스페인에서 데려온 많은 수행원들을 칼리프에게 선물로 바쳤다. 새로운 무슬림 세력과 다마스쿠스의 시민들을 기쁘게 해주기 위해 포로들은 칼리프 앞에서 존경을 표해야만 했다. 규모와 중요도로 볼 때, 이런 공공의식은 옛 로마 제국이나 콘스탄티노플에서 행한 의식을 모방한 것이다.

예언자가 사망한 지 백 년이 지나 732년에 이르렀다. 서쪽의 부하들은 이베리아 반도에서 영향력을 더욱 굳건히 했을 뿐 아니라, 프랑스 남부에서도 에미르들이 작은 중심지를 건설했다. 대개 공식적 침입이 아니라 자유롭게 모험하다가 세워졌다. 종종 에미르들은 지역 내의 기독교 귀족들과 결혼을 통해 충성관계를 맺기도 했다. 스페인과 칼리프 세력권들은 정치경제적으로 도시들 간에 네트워크를 이룬 것 같지만, 실상 732년의 거대한 이슬람권은 절대적으로 다마스쿠스의 권력 하에 있었다. 이슬람 제국은 동서로는 스페인에서 몽고까지, 북쪽으로는 프랑스 남부까지, 남쪽으로는 인도양과 아프리카에까지 이른다.

 **A.D. 732년, 네우스트리아(프랑스 북서부), 투르**—잃어버린 역사의 융단에는 또한 갈등이라는 실타래도 있다. 그것은 수세기가 지난 뒤에 흔히 종교 전쟁이나 문명의 충돌로 묘사된다. 하지만 그렇게 단순하게 볼 것이 아니며, 더군다나 그렇게 끔찍한 참사도 아니다.

갈등의 진짜 동기와 사람들의 실제 행동들이 상실되거나 재해석되는 바람에 기독교와 이슬람 두 문명은 화해할 수 없는 적이라는 전형적인 이야기가 나타나는 것이다.

유럽을 포함한 세계 역사가 지금까지도 전쟁, 제국주의적 야망, 종교적 갈등에 의해 진행되는 이야기이긴 하지만, 그 중에서도 몇 가지 이유들로 인해 무슬림과 유럽의 전쟁은 대재앙으로 많이 묘사된다. 특히 유럽인들의 관점에서는 더욱 그렇다.

그러나 실제로 두 문명은 로마 시대부터 서로 닮은꼴을 하고 있었다. 두 종교는 같은 신앙체계와 전통을 공유하는 데다 같은 신을 숭배한다. 따라서 이 전쟁은 '이방인'인 이슬람이 '토착민'인 기독교인들을 파괴하려는 시도가 아니라 정치군사적 지배의 측면에서 봐야 한다. 그럼에도 불구하고 불행한 역사적 해석은 수천 년 동안 계속되었다.

피할 수 없는 갈등이라 여겨지는 이 사건을 살펴보기 위해 당시의 초창기 전투로 거슬러 올라가 보자.

이제 첫 대면의 비극적 순간과 오해가 시작된다.

두 군대는 동시에 출병했다.

　매우 쌀쌀한 늦가을 날이었고, 곧 다가오는 겨울의 낌새도 느낄 수 있었다. 로마의 골로 알려진 지역으로서 변화의 물결이 서서히 일고 있었다. 이 땅은 아키텐 지방에서 영국 해협에 이르는 프랑크 왕국의 속국 중 하나인데, 불안정한 동맹관계와 전투 속에서 지배층이 계속 바뀌어 갔다. 암담하고 불안정한 시대인 동시에 두려움과 함께 기회도 존재하던 시기였다.

　뭔가를 예감한 듯 하늘 역시 어두웠다. 숲은 축축한 낙엽들로 가득했고, 추수가 끝난 들판은 갈색으로 변해 있었다.

　한때 옛 로마 제국의 영토였던 투르는 지금은 성 마틴의 성지가 되었다. 종교에 수반된 무역 덕택에 경제적으로 성장한 도시다. 죽은 성인을 경배하기 위해 이곳을 찾은 사람들은 재화를 바치고 헌금을 내고 사업을 했다. 다시 말해 종교가 일자리를 창출해낸 것이다.

　멀리서 바라보면 당시의 광경은 고요함 그 자체일 것이다. 인간들의 일상 소음은 바람이나 천둥 같은 초자연적인 자연의 소리에 비하면 보잘것없다. 오두막에서 흘러나오는 한 줄기 연기와 마을의 희미한 불빛이 적막을 깨뜨릴 뿐이다. 멀리서 양과 염소, 닭 울음소리가 바람을 타고 어렴풋이 들려온다.

　이 지역의 생활 구조나 방식은 프랑크 왕국의 영향을 일부 받았다. 하지만 모두가 원하는 이상형은 바로 로마풍이다. B.C. 55년에 줄리어스 시저의 군대와 창기병에게 점령당하기는 했지만, 투르는 여전히 로마의 충성스러운 속주다. 로마가 사라진 지 오래됐어도 8세기의 후손들은 여전히 로마를 모방함으로써 다시 로마 시대를 되살리고 싶어 한다. 왜 그렇지 않겠는가? 로마 제국의 구조가 이곳의 질서를 창출했고 지도상의 구역을 확정했다. 로마 세력권에 있던 다른 여러 민족들과 국가들도 마찬가지였다. 심지어 로마 말기에 채택한 기독교가 이 지역 주민의 대부분이 믿는 종교가 되었다.

　로마 시대를 모방하려는 태도는 수백 년이 지난 후손들의 언어에서도 분명히 나타난다. 라틴어가 새로운 형태로 변하고 있음에도 불구하고, 이 지역 유럽의 핵심 어원은 동북쪽의 독일계 방언이 아닌 오래된 로마 제국 언어다.

　이 지역에 들어온 이방인 무슬림 지휘관은 이 지역 언어도 라틴어도 할 줄 모른다. 하지만 그는 어렸을 때부터 외국어를 들어왔다. 자신이 자랐던 예멘 항구의 시장에서 무역하던 비잔틴 제국 사람들, 페르시아인들, 이디오피아인들의 대화를 통해 처음으로 외국어를 접했다. 태양이 내리쬐는 사막과 남부 아라비아의 험준한 해안에서 보냈던 소년 시절부터 이국적인 것에 대한 감각을 키워왔다.

　그의 이름은 압드 알 라흐만 알 가피키이다. 알 안달루스(안달루시아의 이슬람 명칭-역자)의 에미르이며 프랑크 왕국과 전투를 치르러 가는 중이다. 예멘에서 보낸 소년 시절에 비해 얼마나 많은 성공을 거둔 건지 생각하면 마치 꿈을 꾸는 기분이다.

　오래전에 로마인들에 대한 얘기를 들은 적이 있었는데, 너무나 매력적이어서 정말 사실일까 궁금해할 정도였다. 콘스탄티노플과 멸망한 로마 도시에 대해서도 들어봤다. 기독교의 세력권이 이슬람 세력권을 능가한다는 얘기도 들었다.

　그리고 이제 그는 성인이 되어 상상하기 어려울 정도로 고향에서 멀리 떨어져 있다. 소년이었을 때 어렴풋이 느끼고 상상했던 땅을 실제로 보고 있다. 그는 제국에 대한 열정과 북쪽으로 진격하는 아랍 군대에 휩싸여 현재의 튀니지 땅으로 향했다. 그리고 다시 모로코로 가서 스페인 안달루시아의 새로운 무슬림 에미르들과 안면을 익혔다. 그리고 730년에 다마스쿠스의 우마이야조 칼리프가 그를 코르도바의 에미르로 임명했다.

　일약 미천한 신분에서 이슬람 세계의 가장 강력한 에미르들 중 하나로 떠오른 것이다. 그리고 임무를 완수하기 위해 프랑크 왕국의 기독교 땅으로 들어왔다. 여긴 놀라울 정도로 푸르고 습한 곳이다. 끝없이 이어진 숲에는 사냥감과 야생동물들이 가득하다. 이곳 사람들의 모습은 미개하고 가난해 보이지만, 자연 풍경은 풍요롭고 매력적이다.

　그는 칼리프를 위해 일도 하면서 모험도 할 이런 기회를 얻어 행운이라고 생각한다. 예멘의 항구 시절부터 자신에게 타고난 방랑벽이 있음을 잘 알고 있었다. 이제는 모험과 더불어 보상도 받는 것이다.

　그러나 직업상 또 다른 임무는 알 안달루스의 새로운 영지를 관리하고 지키는 것이다. 프랑크 왕국 서쪽 나르본의 에미르들 중 하나가 반란을 일으켜서 아키텐의 기독교인 외드 백작과 동맹을 맺었다. 알 가피키는 즉시 동맹을 해체하기 위해 조치를 취했다. 하지만 외드가 프랑스 툴루즈에서 안달루시아의 진압 군대에 승리를 거두면서 문제는 걷잡을 수 없이 커졌다.

　그래서 압드 알 라흐만 알 가피키가 직접 북쪽으로 올라왔다. 반란군들과 이방인들을 북쪽 영지에서 처단할 것이다.

　알 가피키는 적군 지휘관의 이름조차 모른다. 그건 그다지 중요한 게 아니다. 대신에 자신의 부대가 프랑크 군사들보다 훨씬 숫자가 많다는 건 잘 알고 있다. 그는 적들이 어떻게 싸우는지 본 적이 있다. 라틴 출신 아랍인들과 달리 프랑크 군사들은 말이나 기병 같은 것이 없다. 단순한 무기와 가벼운 갑옷은 수세기 전 로마 보병이 남긴 것과 비슷하다. 끈으로 묶는 철 투구, 목 보호대, 창, 활과 화살을 갖추고 있다. 가슴에서 허벅지까지 보호할 수 있는 단순한 방패도 있다. 걸어서 이동하는 군사로서는 더 많은 것을 들고 다니는 것은 무리일 것이다. 게다가 당시

기술적 한계로 인해 사실상 더 들고 다닐 것도 별로 없었다. 투르 외곽에 모인 프랑크 군대 숫자는 고작 만 오천 명 정도일 것이다.

한편 프랑크 군사들은 적에 대해 전혀 다른 시각이었다. 서남쪽에서 진격해 오는 이슬람 군대는 엄청난 규모의 잘 조직된 부대다. 게다가 전혀 다른 세계에서 온 사람들이다. 그러나 이상하게도 적들의 모습은 마치 로마인들과 비슷하다. 정확히 뭔지는 모르겠지만 눈앞의 적은 로마 세력권의 후손들과 그를 꿈꾸는 사람들로 보였다. 이슬람 군대의 제국주의적 침입은 경외감과 공포를 불러일으켰다. 700년 전 추운 날씨에 초기 로마 기병들이 알프스 북쪽에서 이방인들을 정복하기 위해 행진했을 때 불러일으켰던 느낌과 별반 다르지 않았다.

프랑크를 향해 오는 건 아라비아 사막, 페르시아의 멋진 도시, 인도의 북쪽 끝에서 북아프리카를 거쳐 한때 로마 제국과 비잔틴 제국이 지배했던 지중해를 지나 도착한 거대한 세력이었다.

서남쪽에서 온 군대는 6,400킬로미터를 가로질러 온 군대의 일부 세력이다. 그들은 반란 진압군으로서 이슬람 세계의 총 지배자인 다마스쿠스의 칼리프 압드 알 말리크의 강력한 정치 종교적 영향력 하에 있다.

엄청나 보이는 이 군대는 프랑크를 정복해 합병한 뒤 개종을 요구하려는 점령군이 아니다. 전혀 그렇지 않다. 이들은 전략적 진압 부대다. 전리품을 획득하고 나르본의 에미르와 동맹 세력 외드를 처벌하는 게 목적이다.

방어 입장의 프랑크 군대가 그걸 알 리가 없다. 먼 남쪽에서 일어난 과장되고 급박한 애기들을 전해듣고는 이제 자신들의 차례라고 생각할 수밖에 없었다.

이 새로운 침입자는 로마 기병대와 달리 제국주의적인 다국적 구성원으로 여러 언어를 사용한다. 다국적군의 장교들과 병사들은 먼 곳에

서 온 사람들이다. 불과 십 년 전에는 조로아스터교였다가 이슬람으로 개종한 페르시아인 모험가, 아라비아와 예멘의 중심부에서 온 아랍인들, 북아프리카에서 온 베르베르인들, 스페인과 프로방스 출신으로 이슬람 문화에 동화된 기독교인들로 아랍어를 배우기 시작한 이들, 디아스포라의 유대인들이다.

프랑크인들은 외드가 들려준 이야기만 알고 있을 뿐이다. 아키텐을 수호하고 프랑크의 독립을 유지하기 위해서 외드는 나르본의 에미르와 동맹을 맺었다. 한동안은 일이 잘 풀리는 것 같았는데, 나르본 에미르가 알 안달루스로부터 독립을 선언하면서 침입을 받게 되었다.

또한 안달루시아의 에미르가 매우 간단한 방식으로 적과 반역자들을 처리한다는 것도 잘 알고 있다. 그는 압도적인 힘으로 적들을 무력화시킨다. 알 가피키가 북쪽으로 올라오면서 교회와 도시를 불태우며 적들을 능멸한다는 소식도 들려왔다. 마을을 격파하고 보르도 시를 폐허로 만들고 육만의 대군을 먹이기 위해 추수한 곡식의 상당량을 징발해 갔다고 한다. 정찰병을 통해 투르에 호화로운 성 마틴 성당이 있음을 알아내어 많은 전리품을 노리고 있을 것이다. 프랑크 병사들이 막지 않으면 곧 습격해 모든 걸 노략질해 갈 거라는 얘기도 들었다.

그럼 기독교인들인 프랑크 시민들과 농부들 눈에는 어떻게 비쳤을까? 우선 사람 수만큼이나 많은 말들을 보게 된다. 말이든 사람이든 이제껏 한 장소에 그렇게 많이 모인 건 본 적이 없었다. 발굽 소리, 철제 무기들이 부딪혀 철거덕거리는 소리, 말들의 우는 소리, 아랍어로 대화하는 병사들의 목소리에 숨이 멎을 지경이다. 이제껏 그런 굉장한 소리들은 들은 적이 없었다. 유럽 역사상 처음으로 무장한 기사들이 말에 올라타 있었다. 무장한 첫 기병대는 성경의 종말론에서 바로 튀어나온 것 같은 모습이었다.

이들이 훗날 유럽인들의 궁중 전설에 나오는 이상적인 기사의 모습이라는 사실은 곧 역사에서 사라지게 된다. 말을 타고 무장한 채 무기와 전략을 갖춘 기사의 모습은 '이방인' 인 침입자에서 시작되었다. 즉, 갑옷을 입고 말에 올라탄 기사는 이슬람에서 유럽으로 전해진 것이다.

잃어버린 역사에 따르면, 그 후 800년 동안 무슬림의 스타일, 사상, 기술이 유럽으로 일방적으로 전해졌다. 그러나 이러한 기술의 전수는 간과된 채 두 종교 사이의 갈등에만 역사는 초점을 맞춘다.

프랑크 농부들은 은신처에서 바깥을 내다보며 겁에 질려 있다. 톨레도의 뜨거운 용광로에서 만든 철로 무장한 이슬람 병사들이 다마스쿠스의 주조장에서 단련된 검을 휘두르는 모습을 지켜본다. 긴 겉옷과 튜닉을 걸치고, 펄럭거리는 깃발을 쥐고, 번쩍거리는 방패를 들고 있다. 프랑크 사람들 눈에는 단순히 제국의 군대가 아니라 저항할 수 없는 초자연적 힘처럼 보일 정도다.

프랑크 병사들과 지휘관인 찰스는 진지하게 걱정하며 대군을 상대할 전략을 절실하게 모색하고 있다. 반면에 알 가피키는 상대방이 훨씬 더 약한 상태였기 때문에 전쟁 초기에 흔히 갖는 일상적 수준 이상의 걱정은 하지 않는다. 그는 자기 근거지에서 꽤 멀리 벗어나 있어서, 군사들을 먹이고 일용품을 제공해주기 위해 계속 애를 써야 했다. 게다가 겨울이 다가오고 있었다. 병사들은 남쪽 지방에서 올라왔기 때문에 쌀쌀하고 비 오는 날씨에 맞는 옷차림이 아니었다. 외드 정벌이 너무 오래 지체되자 그는 슬슬 후회하기 시작한다. 그럼에도 불구하고 적을 압도하고 무찌르는 데에는 관례적인 방법을 쓸 것이다. 프랑크인들이 저항을 포기하고 그와 칼리프에게 충성을 맹세하지 않는다면 엄한 벌을 내릴 생각이다.

찰스는 다른 계획을 세우면서 몇 가지 술수를 생각해냈다. 그는 침

입자가 전투의 틀을 짜도록 내버려두기보다는, 혹시 있을지도 모를 무슬림 정찰병을 따돌리기 위해 도로를 피해 숲으로 들어왔다. 눈에 띄지 않게 이동하면서 울창한 나무들의 이점을 이용해 숲 속에 군대를 배치해놓았다. 팔랑크스 전술을 쓸 생각이다. 천 년 전에 그리스인들이 개발했고 훗날 로마인들이 받아들여 즐겨 쓰던 전술이며, 창병(槍兵)을 네모꼴로 배치하는 고전적인 방법이다.

프랑크 군대에는 말이나 갑옷을 입은 기사들이 없다. 대신에 상당한 두려움으로 무장했으며, 가족과 조국을 지켜야 한다는 동기도 굉장했다. 또한 이 전쟁을 새로운 신앙을 지닌 남쪽 전사들에 대항해 기독교를 사수하려는 종교 전쟁으로 인식했다. 두 군대는 이미 전투력에서 상당한 차이가 났다. 뿐만 아니라 전쟁에 임하는 태도도 차이가 있으며, 앞으로 닥칠 전투에 부여하는 중요도도 서로 달랐다. 프랑크 군사들에게 이 전투는 악몽이나 마찬가지다. 삶과 죽음의 투쟁을 넘어서 기독교 전체에 대한 수호로 생각했다.

반면 안달루시아인들과 아랍 무슬림들 군대에겐 그리 중요한 전투가 아니었다. 군대 내의 다양한 종교와 인종 때문에 특정 종교나 부족의 색채를 띠지도 않았다. 그리고 6,400킬로미터에 걸친 대제국에서 파견된 반란 진압군이라서 병사 개인적으로 차이는 있겠지만 대다수의 병사들이 이 전투를 생사가 달린 투쟁으로 여기지 않았다.

이론상 찰스의 계획은 어처구니없을 정도로 빈약해 보인다. 보병은 결코 기병을 이길 수 없다는 사실은 이제껏 분명했다. 지상의 군사들을 향해 말 위에서 이리저리 칼을 휘두르는 무슬림 기사들을 이길 수는 없다. 그래서 찰스는 그러한 불리한 점을 만회하기 위해 전쟁터를 미리 정한 뒤 말을 탄 적이 자신에게 오게끔 유도했다. 적의 힘을 가장 약화시킬 수 있는 높은 고지대의 숲을 전투 장소로 정했다.

루아르 강 근처의 숲 속에서 찰스는 자리를 잡고 기다렸다. 정찰병이 적군의 위치를 알려주자 알 가피키 역시 기다리기 시작했다. 늦가을의 축축한 어둠 속에서 가피키는 프랑크인들이 숲에서 나오기를 엿새 동안이나 기다렸다. 그는 바보가 아니다. 찰스가 세력 판도를 바꾸었음을 감지했다. 그냥 놔두고 남쪽으로 돌아갈까 하는 생각도 했다.

그러나 가피키는 군사적 전략을 짜는 데 소홀했다. 압도적인 안달루시아인들의 힘과 기술, 수적 우위, 기병, 등자(鐙子)가 있으니, 자신은 난공불락의 우세한 위치에 있다고 추정했다. 상대가 누구인지 전혀 모르고 있었던 것이다. 찰스가 강한 적들을 지혜로 이겨낸 인물로 유명하다는 사실을 그는 알지 못했다.

찰스 역시 여러 방안들을 고려하고 있었다. 찰스는 외드가 자신에게 복종하는 조건으로 그의 간절한 부탁을 들어주기로 했다. 성 마틴 성당을 수호하기 위한 목적도 있었다. 사실 찰스는 유럽에서 기독교를 사수하는 일을 시작하면서, 그 과정을 통해 자신의 제국을 세우기 시작했다. 무력한 교황 그레고리는 이미 찰스에게 롬바르드족에 맞서서 로마의 성스러운 도시를 방어해달라고 요청했었다.

> 교황 그레고리가 가장 뛰어난 자손 칼에게
>
> 커다란 고통 속에서 당신에게 두 번째 편지를 써야 되겠다고 생각했습니다. 당신은 그리스도 사도이자 우리가 모시는 성 베드로의 사랑스런 자손입니다. 그를 존경하는 당신이 신의 교회와 백성을 수호해 달라는 부탁을 기꺼이 들어주리라 생각합니다. 더 이상 롬바르드족의 박해를 견뎌낼 수가 없습니다. 그들은 성 베드로에게 바친 모든 것들을 가져 갔습니다. 롬바르드족은 우리를 증오하고 탄압하고 있습니다. 우리가 당신에게 보호를 청했기 때문이지요. 역시 같은 이유로 성 베드로 대성

당도 그들에 의해 망가지고 황폐화되었습니다. 우리가 어떤 고통을 당했는지 당신의 충성스런 부하인 전령에게 낱낱이 밝히니, 그가 당신에게 모든 걸 이야기할 것입니다. 당신은 이곳 그리스도 사도들의 영주에게서도 같은 부탁을 받을 것입니다. 먼 훗날 신 앞에서 신의 교회와 우리를 신속하게 도와준 일에 대해 보상을 받을 겁니다. 성 베드로 대성당과 우리들과 신의 백성들을 수호하면서 보여준 당신의 신앙심, 사랑, 일관된 목적이 모두에게 알려질 것입니다. 또한 지상의 영원한 영광과 더불어 천국에서 영생을 얻게 될 것입니다.

찰스는 성당 보호 차원이 아니라 전 유럽의 기독교 세력권에 대한 책임감마저 느꼈다. 이번 전투는 롬바르드족보다 훨씬 더 강력한 적을 상대하는 것이다. 그는 몰락하고 전복된 서고트 왕들을 비롯한 다른 이들의 이야기를 들었다. 불과 얼마 안 되는 기간 동안에 안달루시아의 아랍인들은 스페인과 프랑스 일부를 차지했다. 엄청난 무기와 말들을 지녔으며, 숫자도 압도적으로 우세한 데다 지휘관들도 많다. 게다가 프랑스 남부 해안에 뜻대로 배를 상륙시킬 수도 있었다. 여러 면에서 더 유리한 입장에 있다.

결전의 순간이 다가왔다. 지금 알 가피키는 춥고 짜증난 데다 약간 불안하기까지 하다. 메카를 위한 최후의 전투에서 예언자를 도왔을 때처럼, 신의 가호가 그의 군대와 함께하기를 빌고 있다. 그는 숲으로 기병대를 보내 팔랑크스 안으로 진입하게 했다. 칼과 도끼, 그리고 화살이 여기저기에서 난무했다. 비명소리와 신에 대한 맹세가 여러 언어로 들리기 시작했다. 창과 검투용 도끼가 갑옷에 부딪치는 소리도 들렸다. 프랑크인들과 안달루시아인들은 부상으로 쓰러졌지만, 그리 많은 수는 아니었다. 여러 차례 안달루시아인들은 네모형 방어막 안으로 진입해 찰스가 있는 중심 요새 안으로 들어가려 했다. 그러나 가까이 접근할 수가 없었다. 기독교인들과 무슬림들 모두 부상을 당했으나, 찰스의 경비대는 자리를 굳건히 지켰다. 안달루시아인들은 계속해서 내쫓기고 밀렸다.

신원 미상의 한 아랍 연대기 작성자는 이렇게 썼다.

> 전투의 충격 속에서도 북쪽 군사들은 마치 움직이지 않는 바다처럼 보였다. 단단하게 발을 붙이고 서로 가까이 붙어 얼음 성벽처럼 서 있었다. 그리고 검을 세차게 휘두르며 아랍인들을 베어냈다. 지도자 주위로 빙 둘러선 아우스트라시아(프랑크 왕국의 분국 중 하나—역자) 군사들은 앞에서 다가오는 모든 적들을 상대했다. 그들은 쉴 새 없이 손을 놀려 적군의 가슴에 검을 꽂았다.

한동안 이런 상태가 계속되었다. 그러다 잠시 전투가 중단되었다. 일시적이기는 해도 찰스의 승리였다. 그러나 찰스는 계속 이 상태를 유지할 수 없음을 알고 있다. 프랑크인들은 숲 속의 사각 요새에 갇혀 있었기 때문에, 시간이 지날수록 안달루시아인들이 유리해지기 때문이다.

아무튼 알 가피키는 매우 당황했다. 무엇이 잘못되었는지 살펴보고 사각 요새의 방어벽을 무너뜨리기 위해 앞으로 진격했다. 고대 그리스의 전통 요새 전략이 세계에서 가장 뛰어난 기병대를 꼼짝 못하게 한 데화가 났다. 그는 오늘 밤 일지에 이 이야기를 반드시 기록해둘 것이다.

천 년이 지난 뒤에 군사전략가들은 무엇이 문제였는지 알아낼 수 있었다. 말의 심리에 정통한 군사전략가들에 따르면, 어떤 말도 방패를 든 사람들로 구축된 선 안으로 들어가지는 않을 것이라는 의견이다. 그런 광경은 동물에게 불안한 느낌을 주는 데다 내면의 많은 금기사항들을 위배하는 것이다. 태어날 때부터 사람에게 복종하도록 훈련받은 말은 사람을 공격할 수가 없다. 게다가 숲 속이라는 당혹스러운 장애물에 두려움을 느꼈을 것이며, 뚜렷한 근거지가 없는 장소로 들어가야 하는 공포가 상황을 더 악화시켰을 것이다.

이제 찰스는 속임수를 쓰기 시작한다. 저녁이 되어 날이 어두워지자 찰스는 정찰병을 보내 안달루시아인들의 막사 뒤로 가서 프랑크인 죄수들을 풀어주었다. 그러고는 탈출한 죄수들과 몇몇 병사들이 원정 중에 획득한 전리품을 갖고 달아났다는 헛소문을 적군에 퍼뜨렸다.

이 소문을 들은 일부 안달루시아인들은 동요하기 시작했다. 자신들의 보물창고도 약탈당하지는 않았는지 걱정하며 되돌아가기도 했다. 급격히 소문이 퍼지자 많은 병사들이 슬금슬금 후퇴하기 시작했다. 이런 혼란 속에서 위대한 에미르 알 가피키는 혼자서 너무 앞으로 진격해 있었다. 다시금 현실을 직시하고 군사들을 통제하기 위해 돌아가려는 순간, 이미 그때는 적군들에 둘러싸였음을 알아차렸다. 자신의 부하들은 거의 보이지 않았다. 그는 경험이 많은 군인이었고 잘 무장되어 있었다. 찰스와 마찬가지로 용감한 전사로서 맹렬히 싸웠다. 하지만 금세 적들에게 압도당했다. 그의 말은 창들 사이를 헤치고 달려가느라 여기저기 상처를 입었고, 그 역시 부상당했다.

그리고 곧 살해되었다. 적들은 그의 갑옷 위 여러 곳을 창으로 찔렀고, 순간적으로 당황한 그는 물리칠 힘이 없었다. 피를 내뿜으며 최후의 기도를 하던 위대한 에미르는 칼리프를 위해 싸우다 끝내 전사하고 만다. 전투에서 쉽게 이길 거라고 생각했지만, 오히려 순교자의 최후를 맞았다.

그의 사망 소식이 양쪽 군에 모두 퍼졌다. 위대한 두려움의 대상이었던 알 안달루스의 에미르 압드 알 라흐만 가피키가 죽은 것이다. 프랑크인들의 사기는 일시적이나마 높아졌고, 반면 안달루시아인들에게는 충격으로 다가왔다. 그러나 그 사건이 양쪽 모두에게 결정적으로 작용한 것은 아니었다. 안달루시아인들은 배후 진영지로 돌아와서 죄수들과 전리품이 그대로 있는 걸 보고는 속았다는 것을 깨달았다. 그 결과 패배의 치욕을 맛봐야 했고, 위대한 에미르마저 잃게 된 것이다. 하지만 그들은 여전히 강력한 군대였고 막강한 전투력을 갖고 있었다. 모두 당혹했고 분노했으며, 다수가 복수를 원했다.

일시적 승리에도 불구하고 프랑크인들 역시 그 일을 결정적인 사건으로 여기지 않았다. 밤이 되자 프랑크인들은 잠을 자 두기 위해 잠자리에 들었다. 아침이면 다시 전투가 개시될 것을 알고 있었기 때문이다. 찰스는 다음 공격을 견뎌낼 수 있을지, 얼마 동안이나 지탱해 나갈 수 있을지 고민하기 시작했다.

하지만 안개 너머 저 아래 어두운 젖은 들판에서 남부인들 사이에는 뭔가 예상치 못한 일이 일어나고 있었다. 죽은 에미르의 군대는 여전히 강했지만 흔들리고 있었다. 새 지휘관을 뽑고, 전략을 다시 세우고, 찰스의 병영 진지를 피해가든지 아니면 다시 직접 공격해야 할지를 결정해야 했다.

안달루시아의 부사령관들은 누가 지도자가 되어야 할지에 대해 의견일치를 보지 못했다. 밤새도록 그 문제에 대해 논의했다. 오직 알 가피키만이 다마스쿠스의 칼리프가 부여한 분명하고도 논쟁의 여지가 없는 권위를 갖고 있었다. 다른 이들은 전혀 그렇지 못했다. 페르시아인들, 베르베르인들, 예멘인들, 스페인인들, 아랍인들로 구성된 군대는 지도자 없이 분열되기 시작했다.

다음 날 아침이 되자 찰스와 군사들은 칼리프 군대의 검은색 막사들로 가득한 지역에 아침이 밝아오는 것을 보면서 어리둥절해졌다. 그

막사들은 전날과 다름없이 그대로였다. 분명 다시 전투가 시작될 것이다. 그러나 어떤 일도 일어나지 않았다. 정확히 말해 아무 움직임도 감지되지 않았다. 병사라고는 단 한 명도 보이지 않았다. 프랑크 정찰병은 침입자들의 막사가 모두 비어 있다고 전했다.

찰스의 첫 반응은 두려움이었다. 그는 뭔가 속임수가 있는 게 아닐까 생각했다. 어제 자신이 써먹은 속임수에 대응하기 위해 어딘가에 적들이 매복해 있는 게 틀림없다고 생각했다. 적들이 어디로 다 숨은 거지? 프랑크인들이 숲에서 나올 때까지? 오늘 저녁? 아니면 한밤중까지 숨어 있을 건가? 그러나 더 멀리까지 나갔다 온 정찰병은 아무것도 발견할 수 없다고 보고했다. 안달루시아의 군사들이 하룻밤 사이에 다 사라져버린 것이다. 결과는 프랑크군의 승리로 끝났다. 수적으로 열세인데다 장비도 열악한 프랑크군이 알 가피키 군대에 승리를 거두었다. 알 가피키 군대는 새로운 지도자를 정하지 못해 그냥 후퇴해버렸다고 한다. 그 이후의 얘기는 역사에 나와 있는 바와 같다.

이런 놀라운 프랑크군의 승리는 즉각적인 결과를 가져왔다. 찰스는 지체 없이 적의 우월한 군사적 기술을 받아들였다. 그와 군사들은 죽은 안달루시아인 병사들에게서 갑옷을 벗겨갔다. 검과 방패와 등자도 가져갔다. 며칠 후 그는 유럽 역사상 처음으로 갑옷을 입은 기병대를 조직했다. 그리고 5년 후 프랑스 남부 나르본에서 무슬림 적들과 다시 전투를 하게 될 때 이 기술을 사용한다. 안달루시아인 침입자들에게서 전수받은 기술에 기초한 무장 기병대는 이후 500년 동안 유럽의 군사적 위력의 핵심이 된다.

운 좋은 승리로 인해 찰스 마텔은 부하들이 붙인 별명 해머로 불리게 된다. 그와 후손들은 이슬람에 대한 유럽인들의 전투를 숙명적인 임무로 만들고 있다. 훗날 그의 아들과 후계자 피핀 3세는 로마의 위축된 교황을 찾아가서, 유럽의 실권이 찰스의 가문에 있으므로 자신들을 프랑스의 진정한 왕으로 임명해야 한다고 주장한다. 군사적 보호가 절실했던 교황은 이에 동의하여 프랑스 카롤링거 왕조로 임명하고 왕관을 씌워준다. 근대 유럽의 발판이 마련된 것이다.

세월이 흘러 수세기가 지난 후, 서양 역사상 가장 큰 변화 중 하나가 투르에서 일어났다는 의견이 제기된다. 하지만 732년 당시에는 누구도 그것을 알아차리지 못했다. 한 사건의 완전한 의미와 결과는, 천천히 움직이는 거대한 역사라는 드라마 속에서 금방 확연히 드러나지는 않기 때문이다.

아랍인들, 안달루시아인들, 다마스쿠스의 우마이야조에게 투르 전투는 경각심을 불러일으켰다. 새 제국을 안정시키고 강건하게 만들면서 프랑크를 좀 더 심각하게 여기게 되었다. 지도자들과 학자들은 비잔틴 제국과 프랑크 왕국이라는 강력한 두 적에 초점을 맞추게 되었다.

유럽인들은 이번 승리를 유럽 기독교 문화를 수호하는 것으로 승화시켜 더 큰 의미를 부여했다.

전통적인 서양 견해에 따르면, 만약 무슬림이 투르에서 승리해 북쪽과 동쪽으로 진격해 나갔다면 아마 유럽 전체가 정복되었을 거라고 여긴다. 그들은 확실히 강했고, 찰스 마텔 외에는 그들을 막아낼 힘을 가진 지도자가 유럽에는 없었다. 이런 서구 전통주의자들은 유럽이 문화적으로 이슬람화될 뻔했다고 생각한다. 로마에 본거지를 둔 가톨릭 성당은 사라졌을 것이며, 유럽은 우리가 지금 아는 상태로 발전할 수 없었을 거라고 여긴다.

에드워드 기번 같은 서구 전통주의자들은 천 년 후에 이렇게 표현했다.

아마도 승리의 행진이 지브롤터 해협의 바위에서 루아르 강둑까지 1,600km에 걸쳐 쭉 늘어졌을 것이다. 똑같은 일이 반복되어 이슬람 교도들이 폴란드의 경계선까지, 그리고 스코틀랜드의 고지대까지 이어졌을 것이다. 나일 강이나 유프라테스 강과 마찬가지로 라인 강을 통과했을 것이다. 아랍인들의 배는 해군과의 전투를 치르지 않고도 템스 강 입구까지 들어왔을 것이다. 그랬다면 현재 옥스퍼드 대학에서는 코란의 해석을 가르치고 있을 것이다. 또한 학생들은 할례를 받은 사람들에게 무함마드 계시의 진실과 신성함을 증명해 보이고 있을 것이다.

그러나 안달루시아의 아랍인들이 이베리아 반도를 차지했을 때, 그들에게 유럽 전체를 삼키려는 의도가 있었다는 증거는 없다. 737년 나르본에서 찰스 마텔에게 다시 패배를 당한 후, 이슬람은 어떤 원정도 하지 않았다. 오히려 800년에 마텔의 손자 샤를마뉴 대제가 프랑스에서 그들을 몰아낸 뒤 스페인 원정을 계획했다.

설사 무슬림들이 북쪽으로 정복을 확대할 계획을 했다 할지라도, 칼리프 내부의 격변 때문에 일이 쉽지는 않았을 것이다. 투르 전투가 있은 지 20년 후 칼리프 제국은 분열되어 내부에서 적대관계가 발생했다. 우마이야조가 통치하는 에미르들은 코르도바를 중심으로 삼고, 아바스조(朝)의 칼리프는 바그다드를 근거지로 삼았다. 다마스쿠스와 바그다드의 지원이 없어도 무슬림 스페인이 계속해서 전체 유럽을 공격해 점령을 시도했을까? 그럴 능력이나 갖출 수 있었을까?

이런 논쟁은 끝이 없다. 가장 중요한 점은 유럽인들에게는 무슬림들이 분명 고통이었을 것이라는 점이다. 중부 프랑스에 이르기까지 페르시아와 로마 세계의 상당 부분을 강력한 아랍 군대가 재빨리 점령했을 때, 그 과정을 경험했던 사람들 모두가 그럴 것이다. 세세한 것들은 잊힌다 할지라도, 유럽인들에게는 완전히 치유될 수는 없는 상처로 남았다. 그 기억과 함께 1300년 동안 그 사건을 묘사했던 방식은 여전히 유럽인들 내면에 남아 있다.

다시 말해, 7~8세기 아랍의 정복전쟁과 투르 전투가 남긴 가장 중요한 유산은 유럽인들의 정신적 상처와 아랍인들을 바라보는 시각의 정립이다. 매혹과 두려움에 찬 유럽인들의 눈에 비친 아랍인들은 무자비한 침입자였으며, 이후 다른 사건들도 비슷한 맥락에서 보게 된다. 그리고 이슬람교가 유대교나 기독교와는 별개의 종교이기는 하지만, 공통 요소도 가지고 있다는 사실로 인해 더 복잡해진다.

찰스 마텔이 저항하지 않았다면, 전통주의적 유럽인들이 주장하는 이슬람 세력의 유럽 정복 견해가 사실로 나타났을지도 모른다. 하지만 잃어버린 역사를 찾아 읽다 보면, 그러한 추측은 분명 잘못된 것임을 알게 될 것이다. 역사는 무슬림의 황금기를 잊으려 했고, 독특하면서도 타 문화와 융합된 무슬림 스페인 문화를 전혀 고려하지 않기 때문이다. 초기 로마인과 이방인들은 유럽을 정복한 뒤 세계의 상당한 지역을 장악했으며, 수세기 동안 이상향으로 여겨질 새로운 문화를 만들어냈다. 무슬림에겐 왜 그런 결과를 기대하지 않는 것인가?

투르 전투 이후 700년 동안 무슬림 세계는 경제적, 지적, 기술적 발전에서 기독교 유럽을 능가했다는 잃어버린 역사에 근거해 생각해보자. 무슬림 지배하의 프랑스, 독일, 이탈리아에서 그런 비슷한 일이 일어날 수도 있지 않았겠는가?

투르에서 무슬림이 패배하긴 했어도 그들의 생각, 스타일, 예법이 유럽에 영향을 끼친 방식을 보면 가장 확실한 증거를 찾을 수 있다. 그들의 영향력은 모호해서 뚜렷이 나타나지 않으며, 그 역사도 잃어버렸기에 정확한 문화 자료로 인정되지도 못한다. 그러나 시간이 많이 흐른 뒤 멀리서 좀 더 큰 틀에서 바라보면, 이슬람의 위대한 사상, 발명, 예술이 모호하면서도 간접적으로 유럽에 흘러들었음을 알 수 있다.

유럽인들은 이슬람의 기술과 지성에 대해 매력을 느꼈으며, 이슬람의 힘과 종교에 대해서는 두려움을 느꼈다. 르네상스 시대와 이후에도 내내 계속 그랬다. 유럽은 16세기 제국주의 세계의 중심이 되었고, 이슬람의 황금기는 끝을 맺었다. 그리고 유럽 중심 시각으로 역사가 다시 씌어지면서 이슬람의 황금기는 삭제된다. 그리고 근대 수학, 천문학, 의학, 과학, 기술, 정치 전략, 인간적인 다차원 사회를 만든 공로를 모두 유럽인들에게 돌린다.

잃어버린 역사의 관점에서 보면, 투르 전투는 유럽인들에게 정신적 충격이 아니라 오히려 독특한 선물이었다. 찰스 마텔과 샤를마뉴 대제 이후로 유럽인들은 그 사건을 이방인의 위협의 증거로만 전환시킨 것이 아니라, 로마의 멸망 이후 침체된 지역과 비교적 발전이 더딘 독일계 부족들이 새로운 문명을 시작하도록 자극하는 데 이용했다. 투르 전투를 시작으로 700년에 걸쳐 우수한 무슬림의 기술과 사상과 시민 조직이 유럽의 낙후 지역에 전래되어 도움을 준다.

이런 증거는 더 있다. 찰스 마텔과 샤를마뉴 대제는 전투를 통해 무슬림들을 피렌체 산맥 남쪽으로 밀어내는 걸 임무로 여겼다. 하지만 적인 이슬람의 지성과 기술적 업적에 매력을 느끼고 관심을 갖고 있었다. 심지어 샤를마뉴 대제는 스페인의 우마이야조와 전쟁을 했음에도 불구하고, 바그다드에 있는 아바스조의 칼리프 하룬 알 라시드와 장거리 서신 왕래를 했다. 비잔틴 제국에 공동 전선을 펼치기 위해서였다.

잃어버린 역사에 따르면, 본토 유럽과 무슬림의 운명적인 첫 만남은 단순히 문명의 충돌이나 종교 전쟁 이상의 훨씬 복잡한 것이었다. 유럽인들에게는 성경적 측면에서 정신적 외상으로 기록되지만, 동시에 무슬림의 우수한 기술과 사상을 받아들이는 계기가 되었다.

아랍 무슬림 입장에서 투르 전투는 정복 시대의 종말을 의미한다. 대신에 그 에너지를 발명과 창조에 쏟기 시작했다. 군사적 업적도 놀랄 정도지만, 무슬림의 지적 창조력은 더욱 대단함을 보여준다.

A.D. 661년, 이슬람의 칼리프 세력권, 다마스쿠스 — 중심 화제를 다마스쿠스로 돌려보자. 이곳은 오래된 성경에 나오는 도시로, 기독교를 박해했던 한 남자가 인생을 바꿀 꿈을 꾼 후 사도 바울로 탈바꿈한 곳이다. 7세기 후반 군데군데 들어선 관목림, 돌담으로 표시된 땅의 경계, 목지, 생명력과 메마름의 냉혹한 투쟁으로 노랗게 물든 삼나무들 사이로 햇살이 비치는 시리아의 언덕 위에 로마나 비잔틴풍의 타일 지붕들이 쭉 늘어서 있다.

661년 현재 이곳은 130년째 칼리프 세력권의 근거지 역할을 해왔다. 수백만 명의 사람들과 수십 개의 언어가 존재하는 곳이다. 직접적인 정복과 신앙 전파 같은 다급한 문제는 제쳐두고도 일상과 관련된 부담스런 임무들이 있다. 넓은 지역과 많은 사람들을 적절하게 유지하고 다스려야 하고, 열정과 용기와 전리품으로 금세 만들어진 제국을 안정적인 사회로 발전시켜야 한다.

그런데 상황을 더 복잡하게 만드는 일이 발생했다. 메카의 예언자 부족인 쿠라이시 부족의 두 집단이 정치적 라이벌 관계로 등장한 것이다. 하나는 예언자의 삼촌인 아바스의 후손과 그 동맹들로 장차 아바스조로 알려진다. 다른 한 가문은 예언자의 먼 친척인 무아위야의 후손과 동맹 측근들로 우마이야조가 된다.

이 두 집단 간에는 오랜 혈전이 있었다. 둘 다 예언자의 후손들이지만, 아바스조가 예언자와 혈연관계가 좀 더 가깝다 할 것이다. 덧붙이자

면, 우마이야 가문의 원로인 아부 수피안은 이슬람 초창기는 물론 메카의 최후 전쟁 때까지도 예언자의 가장 강력한 경쟁자였다. 그러나 전쟁에서 진 후 겨우 목숨을 부지했고, 이후 예언자 측에 합류했다. 그러나 많은 사람들이 아부 수피안의 저항을 여전히 기억하고 있었다.

그리고 잘 훈련된 칼리프 중 마지막 칼리프인 셈인 알리는 예언자의 사촌이자 사위였다. 661년에 알리 정권이 전복된 뒤 우마이야의 무아위야가 칼리프가 되면서 두 가문 사이에 원한이 생겨났다.

메카는 여전히 성스러운 도시지만, 모든 이슬람의 총 본산은 다마스쿠스가 될 것이다. 무아위야 1세는 스스로를 예언자라고 주장하지는 않았지만, 수니파 지역과 이슬람의 종교적 지도자가 되고 싶어 했다. 반면 시아파는 다른 계열의 칼리프를 따를 것이다. 이런 신흥 이슬람 세계에서 무아위야와 계승자들은 종교 문제를 포함해 모든 일을 결정할 강력한 권력을 가졌다. 그렇다고 해서 다른 사람의 말에 귀를 기울이지 않았다는 건 아니다. 이제껏 그래왔듯 아랍 부족의 방식은 경청하고,

711년에 타리크 이븐 지야드는 아랍인들과 베르베르인들로 구성된 소규모 병력을 이끌고, 무슬림 칼리프의 영토 확장을 위해 스페인을 침공해 점령했다.

협상하고, 무역하고, 연합과 동맹을 구축하고, 부족의 영예를 지키고, 엄격한 행동 규범에 따르는 것이었다.

강력한 힘, 미래상, 새로운 신앙의 우월성을 널리 알리기 위해 무아위야의 우마이야조 후손들은 이슬람 역사상 가장 큰 모스크를 지으려고 한다. 그러나 실제로 어떤 모습으로 지어야 할까? 수세기 전의 고대 부

족 건물인 메카의 옛 성지처럼 지을까? 아니면, 메카와 메디나, 아라비아 항구 도시의 건축 양식과 베두인 막사의 모양을 참고해 새 모스크를 지어서 세상에 새로운 모습을 나타낼까?

우마이야조는 이슬람권의 현명하고 재능 있는 학자들에게 도움을 받아 새 모스크의 건축을 발표했다. 무슬림 건축은 나무랄 데 없이 훌륭했고, 아랍 건축 가운데서도 고를 것이 많았다. 유구한 역사의 거대한 문명에서 나온 미적 감각을 갖고 있었다.

우마이야조와 지지 세력들은 아랍 사막을 지나 쭉 포진해 있을 정도로 대단했다. 하지만 그들이 지으려는 이슬람 사원은 앞으로 1300년 동안 지속될 것으로 더욱 놀랍고 초인적인 새로운 시도였다. 최근에 사라진 다른 문명권에서도 유례가 없었고, 앞으로 700년 내에 나타날 다른 문명권에서도 마찬가지이다. 7세기의 이 모스크는 이슬람 문명 초기에 지어진 것으로 새롭게 떠오르는 문명을 기리려는 목적으로 지어졌다. 죽은 조상들을 기리는 건 물론이요, 앞으로 태어날 사람들에게도 영향을 미칠 것이다. 고대 그리스 로마의 영향을 받았고, 장차 르네상스 이탈리아에도 영향을 주게 된다.

이 모스크는 지중해 이슬람과 기독교의 공통된 건축 양식을 보여준다. 건물이 지어진 땅에는 종교 간의 유산이 반영되어 있다. 아랍 무슬림이 7세기에 처음 다마스쿠스를 정복했을 때는 비잔틴 교회가 있었다. 그러다가 훗날 우마이야조의 이슬람 사원으로 바뀐다. 그리고 요단강에서 예수에게 세례를 준 세례 요한이 묻힌 곳도 여기다. 게다가 기독교 교회가 들어서기 전에는 제우스 신을 기리는 사원이기도 했다. 무아위야 통치 시대에는 아랍인들과 기독교인들이 교회 내부의 기도 공간을 나누어 썼다. 무슬림 공동체가 확대되어 원래의 기도 공간으로는 좁게 여겨지는 무아위야 사후 25년 동안 줄곧 그랬다.

A.D. 705~715년 우마이야조의 칼리프 알 왈리드 시대에 와서야 200년 된 그 교회를 기독교 지도자로부터 사게 되었다. 물론 다마스쿠스의 다른 교회들을 보호해주고, 성모 마리아를 위한 새로운 교회를 지어주겠다는 약속을 했다. 그러고는 오래된 교회를 부수고 새로운 지면 계획과 내부 인테리어 수리를 거쳐 우마이야조의 새 모스크가 세워졌다. 알 왈리드는 우마이야조의 다른 위대한 건축물들과 더불어 예루살렘 성전의 산에 바위 돔도 완공했다.

다마스쿠스에 세워진 우마이야조 모스크의 고전적인 외양은 비잔틴이라는 필터에 거른 순수한 그리스와 로마 양식인 셈이다. 훗날 스페인 이슬람 건축물의 기본 요소가 될 둥근 아치들은 로마 아치들과 혼합된 것이다. 기둥들, 기둥 머리, 린텔(사원의 입구나 창문 위에 가로로 올린 목재나 석재-옮긴이), 삼각형 모양의 지붕 라인은 아테네와 로마 양식에서 온 것이다. 중앙의 돔과 내부의 기도 공간, 숭배자들 머리 위로 높게 만들어진 창문들은 로마의 파르테논 신전을 닮았다. 그러나 가장 놀라운 건 알라를 기리기 위해 지어진 모스크의 안뜰이다. 다신교 로마의 파르테논 신전을 마주보는 광장과 흡사한 것은 물론이고, 르네상스 시대의 대도시들인 시에나, 플로렌스, 베니스의 광장들과도 닮았다. 훗날 여러 세기 뒤에 지어진 로마의 성 베드로 광장과도 비슷하다.

새 무슬림 칼리프의 근거지에 지어진 7세기 모스크가 어떻게 멸망한 로마 양식과 닮게 된 걸까? 그리고 어떻게 훗날 르네상스 시대 이탈리아에도 영향을 주게 된 것일까? 경쟁 관계의 두 문명이 합쳐져 더 큰 하나를 표현하는 게 가능했던 걸까?

12세기 안달루시아에서 온 한 아랍인은 위대한 모스크와 다마스쿠스를 이렇게 묘사했다.

다마스쿠스는 세계에서 가장 번잡한 도시다. 도시 성벽 뒤쪽의 거리는 폭이 좁으며, 진흙과 갈대 짚으로 지은 3층짜리 집들이 쭉 늘어서 있다. 시장은 대장장이들 소리로 시끌벅적하며 향신료 냄새가 가득하다. 대중목욕탕도 많다. 법학과 종교를 가르치는 대학이 20개나 있으며 큰 규모의 무료 병원도 있다. 정통 그리스도교 성모 마리아 교회는 모자이크들로 멋지게 장식되어 있으며 신도들은 자유롭게 종교 의식을 치를 수 있다. 삼천 명가량의 부유한 유대인 공동체가 세운 대학도 있다. 십자군이 예루살렘에 세운 라틴 제국에서 피난 온 사람들도 대학을 설립해 운영하고 있다.

가장 멋진 건축물은 우마이야조의 거대한 모스크다. 원래 세 개의 복도로 이루어진 기도 공간 내부를 보면, 벽이 무슬림 세계의 대도시들을 대표하는 모자이크로 되어 있다. 머리 위로는 양파 모양의 돔인 이글 돔이 있는데, 황금빛으로 도금한 둥근 모양이다. 돔에 올라서서 내려다보면, 거대한 안뜰에 있는 사람들이 작게 보여 마치 아이들처럼 보이는 멋진 경험을 할 수도 있다. 모스크에는 놋쇠로 된 두 마리의 매가 두 시간마다 부리에서 놋쇠 공을 황동 그릇에 떨어뜨린다. 그러면 그 공은 장치 내부로 다시 되돌아간다. 밤이 되면 물시계가 조명용 색유리 뒤에서 빛을 발한다. 그러나 진기한 물건들보다 더 중요한 건 모스크에서 정기적으로 행하는 가르침이다. 한 저명한 학자가 학생들에 둘러싸여 기둥을 등지고 서 있다. 학생들은 그의 주해의 탁월함에 감동해 감사의 눈물을 흘리기도 한다.

무아위야 이후로는 그의 후손들인 야지드(680~683), 무아위야 2세(683~684), 마르완(684~685), 압드 알 말리크(685~705), 알 왈리드(705~715)가 이어갔다. 이들은 수도에 모인 사람들을 먹여살리고 주택을 공급해주어야 했다. 새 무슬림 칼리프들에겐 늘 물이 주요 관심사였다. 사람들의 생활에 물은 필수적이다. 물이 있어야 농경도 하고, 예언자가 특히 강조했던 청결함을 유지할 수 있다. 칼리프는 새로운 제국의 중심지에 사는 사람들을 먹여살릴 농사를 짓기 위해 새로운 관개 시설 기술을 사용하라고 명한다. 페르시아에서 도입된 기술이기는 하지만, 약간의 변형을 거쳐 다른 나라로 수출되기도 한다. 이 기술은 훗날 스페인 가톨릭에 의해 신세계로 전해질 것이다. 그리고 우마이야조는 비잔틴이나 페르시아에서 기원한 신조어를 아랍어로 바꾸었다. 정부 공식어도 아랍어로 지정했다.

다마스쿠스에 궁궐을 짓고 다스리면서 무아위야 1세와 680~750년 사이의 14명의 계승자들은 중대한 정치적 결정을 내렸다. 메카의 후손이자 예언자의 친족들인 그들은 권력지배층 자리를 아랍 왕실과 소수 시리아 집단에 계속 한정하기로 했다. 전 세계에서 활약하고 있는 그들의 군대는 대개 시리아인들로 구성되어 있었다. 우마이야조는 타 종교를 믿다가 무슬림으로 개종한 페르시아인들, 터키인들, 비잔틴 제국 출신들, 이집트인들 같은 대다수 외국인들을 의도적으로 계속 피지배층에 두었다. 이러한 일련의 조치는 예언자의 가르침을 위반하는 것처럼 보였다. 게다가 이슬람으로 개종한 후에도 '이교도' 세금을 계속 내야만 했다.

이러한 외국인들, 즉 이류 시민 무슬림들은 마왈리라고 불린다. 훗날 이들은 경쟁관계인 아바스의 후손과 결탁해 우마이야조의 몰락을 불러온다. 다마스쿠스에 칼리프가 들어선 지 수십 년이 지났다. 제국은 계속 팽창해 각지에서 전리품과 공물이 칼리프에게 들어왔다. 다마스쿠스는 전성기를 누리며 부를 즐겼다. 하지만 영토가 늘어남에 따라 관리 부담도 커지면서 압박을 주기 시작했다. 자연 역시 우마이야조 편이 아니었다. 안 그래도 건조한 시리아 땅에 심한 가뭄이 몰아닥쳤다. 경지는 메마르고 새로운 관개 운하도 바싹 말라붙었다. 우마이야 왕조는 물 사정이 나은 티그리스와 유프라테스 강 유역의 이라크에 식량을 의지할 수밖에 없었다.

시리아에서 이라크로 농경과 상업이 이동하면서 정치적 혼란이 발생했다. 이라크는 항상 페르시아 영향력 하에서 일종의 완충지 역할을 했다. 이라크는 페르시아로 가는 진입문인 셈이다. 제국을 유지하기 위해 이라크에 점점 의지해야 했던 우마이야조는 페르시아와의 협력에 더욱 의존하게 되었다. 그러나 페르시아의 새로운 무슬림들은 경제적, 지적 중요성에 걸맞은 정치적 입지를 얻지 못했다. 이에 불만이 쌓여 갔다.

우마이야조의 칼리프는 732년에 최대의 영토 정복을 이루어낸다. 그러는 사이 수십 년째 이어진 우마이야조에 대한 반란 계획이 서서히 나타나고 있었다. 제국에서 멀리 떨어진 외곽에서 외부의 적들이 갑자기 분쟁을 일으키자 반란 계획 역시 더욱 깊어갔다. 프랑스뿐만 아니라, 중앙아시아, 페르시아, 인도 북부에서 적들이 정복자 무슬림을 밀어내기 시작했다. 그 사이 많은 외국인 출신 백성들과 새로운 개종자들은 다마스쿠스의 편협한 엘리트 체제에 저항하기 시작했다. 740년에 있었던 왕조를 전복하려는 시도는 실패로 돌아갔다. 그러나 750년, 라이벌 아바스 세력과 페르시안 중심의 외국인 무슬림들이 힘을 합쳤다. 마침내 티크리스 강의 지류인 자브 강에서 최후의 결전을 벌인 끝에 우마이야조를 타도했다.

승리한 아바스 세력이 시리아로 들어오던 어느 어두운 밤에, 다마스쿠스의 남은 생존자들은 시련에 처하게 된다. 아바스 세력은 우마이야 왕족들을 '화해의 연회'에 초대했다. 종교적 관용과 평화의 분위기

속에서 제국을 같이 통치할 새로운 방안을 찾아보자면서 말이다.

우마이야 궁궐에서 연회를 열기로 해서 모두 그리로 모였다. 검은 색 깃발을 들고 승리를 만끽하는 아바스 세력이 검과 갑옷을 입은 채로 우마이야 궁궐의 심장부로 들어왔다. 그런 모습을 지켜보면서 우마이야 조가 두려움을 느끼지 않은 건 아니었다. 하지만 반대할 수 있는 사람이 아무도 없었다. 지도자는 전사했고 군대는 항복했다. 이제 새로운 세상 이 온 것이다.

승리자와 패배자 모두를 위한 저녁 만찬이 준비되었다. 예언자의 시대 이후 계속 반목을 거듭한 두 가문 사이에 의심할 여지 없이 화해의 분위기가 조성된 것처럼 보였다. 대부분의 사람들이 와인과 음식에 취 해 평화로운 저녁을 즐기는 가운데, 방문자들 사이에 비밀스러운 움직 임이 나타나기 시작했다. 그들은 검을 휘두르며 계획된 임무를 수행했 다. 아바스 세력은 무자비하게 남녀를 가리지 않고 우마이야조의 어린 애들까지 모두 살해했다. 요리사와 하인들에서부터 하렘의 아내들, 자 녀들, 사촌들, 신하들까지 모두 죽음을 당했다. 배반의 절정인 그날 밤 승리한 새로운 왕조는 이전 왕조를 완전히 제거했다. 육아실, 침실, 부 엌은 피로 흥건히 물들었고, 다마스쿠스의 궁궐에서는 이제껏 누구도 들어보지 못했던 소리들이 들리기 시작했다.

이때 다마스쿠스의 칼리프의 후손으로 보이는 두 십대 소년이 어둠 속에서 궁궐을 빠져나오고 있었다. 압드 알 라흐만과 야하로, 둘은 형제 다. 등 뒤로 어머니와 형제자매, 사촌들의 울부짖음과 비명소리가 들렸 다. 태어날 때부터 알고 지내던 궁정 사람들이 무자비하게 살육되고 있 었다. 단순한 보복이 아닌 도저히 위로할 수 없는 두려움과 슬픔으로 많 은 사람들을 몰아넣은 끔찍한 참변이었다. 하지만 몇몇 궁정 사람들이 꾀를 내어 두 명의 우마이야 왕실 후손은 그날 밤 몰래 빠져나와 탈출할 수 있었다. 돈 한 푼 없이, 경호원도 없이, 단 한 명의 하인과 함께 북아프리카로 향했다. 장차 어떤 삶을 살게 되든 살아남은 것만으로도 운이 좋은 것이다.

그들은 아직까지는 적에게 큰 문제가 되지 않았다. 적은 그 둘이 생존해 있다는 사실조차 모르고 있으니 말이다. 새 칼리프를 세우고 의기양양한 아바스조는 대학살 이후 세력을 공고히 다지기 시작했다. 더욱 대표성이 강해진 새로운 권력 공동체제에 다양한 속주 무슬림 집단들을 포함시켰다. 특히 페르시아 사람들이 많이 포함되었다. 우마이야조의 다마스쿠스와는 영원히 등을 돌렸다. 대신에 고대 바빌론 유적에서 가까운 티그리스 강 근처의 잘 알려지지 않은 도시로 수도를 옮겼다. 칼리프 알 만수르는 지금이 아니라 장래의 발전을 염두에 두고 바그다드로 수도를 옮겼다. 바그다드는 시리아와 아라비아 중심부의 중간 지점이며, 페르시아와도 가까운 곳이다. 알 만수르는 바그다드에서 첫 황금기의 토대를 마련한다.

권력을 얻는 과정에서 잔인함을 보이기는 했지만, 알 만수르와 후손들은 정치적, 사회적, 시민적, 종교적 일 처리에 있어서는 자유로운 분위기를 조성했다. 그리고 이후 1250년 동안 울려 퍼질 인류 역사상 가장 위대한 지적 전성기를 오백 년 동안에 이루어낸 것이다. 아바스조와 미래 도시 바그다드의 영광스런 업적은 당시 비교할 상대가 없을 정도였다.

그러나 역사의 큰 모순은 우마이야 궁궐에서 한밤중에 일어났던 끔찍한 살해의 경험이 깜짝 놀랄 만한 또 다른 위업의 달성을 촉진했다는 사실이다. 여러 역경들을 감안해봤을 때 더욱 그렇다. 새로운 칼리프와 문명이 꾸르투바라는 도시와 알 안달루스에서 탄생한다. 즉, 다마스쿠스에서 사라져버린 우마이야조가 스페인에서 다시 부활한 것이다.

경쟁관계의 두 가문, 두 왕조, 두 미래상은 원래 같은 종교에서 시작했다. 그리고 메카라는 성지에서 발전했다. 하지만 다마스쿠스의 살육의 밤 이래로 영원히 갈라섰다. 그 결과 두 개의 문명을 꽃피우면서 이슬람은 두 개의 황금기를 누리게 된다. 군사적 정복, 이교도의 개종, 전리품 획득에는 신경을 덜 쓰는 대신에 사상과 발명과 창조성에 근거한 두 개의 중심지가 세워진 것이다.

그들이 세계에 끼친 영향은 마치 전설 속 얘기처럼 보일 것이다. 두 문화가 다 같이 세계가 보아온 위대한 사상과 이상향을 촉진시켰기 때문이다. 유럽의 궁중 사랑과 음유시인에서부터 세헤라자데의 『천일야화』, 유명한 유대인 철학자 마이모니데스의 사상, 근대 의학, 인간을 중시하는 다원적 근대 사회가 다 이에 해당한다.

그리고 모두 다 잃어버린 역사가 되어버린다.

Chapter 02

천재들의 잃어버린 도시

신이시여! 저의 지식을 늘려주십시오.
— 코란(20장 114절)

2007년, 이라크, 바그다드 —높은 곳에서 멀리 내려다보면 21세기의 바그다드는 사막에 흐르는 강의 황토 진흙으로 지구상에 기하학적 미로를 그려놓은 것 같다. 아주 오래전의 바빌론과는 전혀 다른 모습이다. 그때보다는 규모가 훨씬 더 커졌다. 그리고 당시에는 없었던 건물의 금속과 유리 표면이 빛을 받아 반짝거린다. 사담 후세인의 꿈이었음에도 불구하고 바빌론의 공중정원들은 오늘날 찾아볼 수 없다.

도로와 거리로 된 거대한 선들이 도시 경관의 경계선에 맞춰 늘어서 있다. 티그리스 강 근처의 초록색 둑으로 된 수로, 습지, 푸른 평지를 따라 움직이는 육백만 명의 사람들 모습은 마치 평행선으로 음영을 그려넣은 지도를 보는 듯하다. 일하는 사람, 장사하는 사람, 생존을 위해 노력하는 사람들이다. 저 멀리 수평선 방향으로 쭉 바라보면, 새벽의 주황색 노을이 시리아와 요르단 방향으로 자줏빛이 도는 푸른 서쪽 하늘에 어렴풋이 비친다. 한여름, 이라크의 배기 가스와 함께 어디선가 일어난 화재 때문에 피어오른 한 줄기 푸른 연기가 도시에 낮게 깔리면서 교외 쪽으로 퍼진다.

알리 알 마디나는 태엽 감는 시계를 맞추어놓고 아침에 일어난다. 요즘은 전기 공급 사정이 불확실하기 때문이다. 마디나라는 성은 북쪽의 작은 마을 이름이거나, 아니면 예언자가 한때 피신했던 아라비아의 또 다른 성지 메디나를 지칭하는 건지도 모른다. 창문 밖으로 네모난 건물들의 지붕 선들과 근처 아드하미야 이웃들의 흔들리는 빨랫줄이 보인다. 그 너머로 분홍빛 아침노을이 1200년 전 아바스 왕조 때 지어진 아부 하니파 모스크의 돔 위를 서서히 물들이는 모습을 바라보고 있다.

단조로운 콘크리트 집들 사이에 예전의 영광을 간직한 옛 모스크가 서 있는 것처럼, 알 마디나 가족은 두 가지가 혼재되어 있는 유산 속에 살고 있다. 다시 말해 세속적 평범함과 위대함이 섞여 있는 것이다. 언젠가 부부 싸움을 하시던 중에 어머니가 언성 높여 말했던 것처럼, 그들의 조상들은 별 볼일 없는 부류였을지도 모른다. 하지만 메디나 외곽의 오아시스에서 자라 예언자의 군대의 전사로 살았던 가문일 수도 있다. 칼리프의 임무를 받들기 위해 아라비아를 벗어나 여기저기 여행하다가 이곳에 정착하게 됐을지도 모를 일이다. 어린 시절에 할머니가 그와 비슷한 이야기를 들려주시거나 가끔씩 노래로 불러주시기도 했다.

어찌 됐든 지금은 별로 중요하지 않다. 알리는 계란 프라이와 치즈로 아침 식사를 하고 있다. 자녀들인 아미나와 안와르는 전날 밤에 봤던 끔찍한 텔레비전 뉴스에 대해 한창 얘기 중이다. 폭격 소식, 시장에서 일어난 대량 총격사건, 상점에서 발견된 시신들, 납치된 정부 관리들, 경찰복을 입은 사람들에게 눈을 가린 채 끌려가 밴에 태워져 어디론가 사라져버린 남녀들이 주된 화제다.

그런 내용은 아이들이 나눌 대화거리가 아니다. 그는 아이들에게 조용히 하라고 말한 뒤, 지난 삼 년 동안 천 번이나 생각했던 고민을 다시 시작한다. 이런 곳에서 아이들을 제대로 키울 수 있을지 정말 고민이다. 요르단, 시리아, 두바이, 아부다비로 이민을 갈까 생각 중이다. 아내와도 여러 번 얘기를 해봤다. 십 년 전만 해도 아랍인이라는 점과 언어 능력 덕택에 확실한 직업을 구할 수 있었다. 그러나 지금은 그러한 부유한 지역에서 원하는 건 최고의 기술자나 건축가들이다. 스탠퍼드 대학, 옥스퍼드 대학, 소르본 대학을 나온 사람들 말이다.

이민 문제는 항상 고향을 떠나기 위해 치러야 할 대가에 대한 감정적인 논쟁으로 끝나곤 한다. 그에겐 바그다드가 고향이다. 이곳의 일가 친척들과 친구들을 합치면 수백 명에 달한다. 그들을 떠나 낯선 곳에서 어떻게 살겠는가?

아내 메르나는 알리에게 정말 짜증나는 날이라는 눈빛을 보낸다. 그들이 지금 걱정하는 건 거리에 나가는 것이 안전한지, 아이들을 학교에 보내도 되는지, 또는 직장에 나가도 되는지이다.

사실 그런 걱정을 하는 데는 다 이유가 있다. 알리는 수니파이고 메르나는 시아파이다. 작년까지는 그런 사실에 대해 별 의식을 하지 않고 살아왔다. 그들은 거의 모스크에도 나가지 않는 편이다. 그러나 지금은 그런 결혼을 했다는 이유만으로 그들과 아이들이 양쪽의 열성 단원에게 끌려나가 총살당할 수도 있다.

오늘은 정전이 되지 않겠지? 기적적으로 가족 가운데 전쟁과 점령에 의해 해를 입은 사람은 없었다. 그러나 요즘은 사무실, 시장, 학교에서 거의 모두가 검문검색을 받는다. 알 마디나 가족들은 어느 길로 다녀야 하는지와 어떤 집, 건물, 어느 버스 정류소를 피해야 하는지 정확히는 아니지만 어느 정도 파악하고 있다.

알리는 아내에게 키스한 뒤, 근처 광장에서 이웃이 모는 택시를 불러 세웠다. 그의 친구에게 공공사업국으로 가자고 구태여 말할 필요도 없다. 알리는 교통 기반 시설을 재건하는 사업에 토목기사로 일하고 있는데, 이웃 사람들 모두 알리가 직업을 가지고 있음을 알고 있다. 그것도 아주 좋은 직업을 말이다. 구체적으로 말하면 침입에 의해 부서진 다리와 도로를 재건하는 일이다. 요즘은 반란군에 의한 경우가 늘고 있다. 그는 미국 건설회사의 엔지니어 팀과 밀접하게 협력해가며 일한다.

반란군이 활동하기 전까지는 미국인들과 친한 사이였다. 미국인들과 건설업자들은 지금보다 훨씬 자유롭게 돌아다니곤 했다. 하지만 지금은 안전구역 안에만 머물러야 하는 상황으로 변했다. 그들과 직접 만날 필요가 있으면, 며칠 전에 미리 약속을 잡아야 한다. 때문에 일 처리에 상당한 시간이 지체된다. 일일이 승인을 받아야 하는데다, 통행 제한 구역 외곽에 설치된 장벽과 검문소를 통과하려면 몇 시간이 걸리기 때문이다. 그래서 대개 휴대폰이나 팩스로 의사소통을 하고, 가끔은 이메일을 사용하기도 한다.

라시드 거리를 달리자 네모난 콘크리트 건물들과 대추야자들이 스쳐 지나간다. 여름 새벽이라 하늘은 오렌지 빛이고, 언제나 그렇듯 먼지 섞인 티그리스 강의 습기가 느껴진다. 아바스조 시대의 도시 문들 가운데 유일하게 현재까지 남아 있는 문 근처를 지나고 있다. 밥 알 와스타니 문으로 이란의 북동쪽 호라산에 있다. 그는 오늘 하루 동안 피울 담배를 사기 위해 자주 애용하는 간이매점 키오스크 앞에 택시를 세워달라고 한다.

그러곤 키오스크에서 일하는 친구에게 이라크 담배 카멜을 한 갑 산다. 포장을 뜯느라 잠시 멈춰 선다. 동전을 주머니에 집어넣는 도중에 지폐 한 장이 빠져나와 작은 동상 쪽으로 날아가버렸다. 기억 속에서 잊

힌 한 영웅을 기리는 낡은 동상으로 올라가는 계단 입구다. 이 앞을 아마 수백 번은 지나갔을 것이다. 하지만 한번도 신경 써서 자세히 본 적은 없었다.

바람에 돈이 더 멀리 날아가기 전에 주워야 한다. 포장지들, 바람에 뽑혀 죽은 풀들의 시든 줄기들, 깨진 병들, 신문 쪼가리들을 황급히 헤치며 먼지가 쌓이고 금이 간 계단 위로 올라간다. 바람에 날린 지폐는 동상의 박공처마 밑에 있는 삼각형 모양의 벽으로 안내했다. 마침내 돈을 찾았다.

계단 정상까지 올라간 그는 누군가 버려둔 오래된 책이 든 한 박스를 발견했다. 밝은 햇살 아래 책들에는 먼지가 수북이 앉아 있었다. 그는 맨 위에 놓인 가죽 커버로 된 『바그다드의 황금기』라는 책을 집어 든다. 지난번에 내린 봄비 탓인지 책장들이 서로 붙어 있었다. 오랫동안 방치되어 있었던 것 같다. 비바람에 너덜너덜해진 앞부분을 보니 오토만 시대나 영국 점령기 시대의 아랍어 스타일이었다. 분명 사담 후세인 시대의 특징적인 모습은 아니다.

그는 돈을 지갑에 넣은 뒤, 택시 운전사에게 기다려달라는 신호를 보냈다. 그러고는 책을 읽어 내려가기 시작한다.

이 책을 아바스조의 영예롭고도 현명한 칼리프 압둘라 알 마문을 기리는 데 바친다. 그는 A.H. 164년 (A.D. 786년)에 태어나 47년을 살다 떠났다.

알 마문은 북아프리카에서부터 아라비아, 페르시아, 아프가니스탄, 인도 북부에 이르는 이슬람 제국을 다스린 칼리프의 후손이다. 할아버지 칼리프 알 만수르는 티그리스 강의 작은 무역 도시를 도읍지로 삼았다. 바로 바그다드이다. 아버지 하룬 알 라시드가 바그다드를 세계적 중심지로 만들었다.

알 마문의 리더십 아래에서 바그다드는 세계적인 학문의 중심지가 된다. 아랍 황금기들 중에서도 최전성기를 누릴 정도로 번창했다. 그는 지혜의 집을 건립해 기독교인 번역가들과 기타 외국인 번역가들을 시켜 그리스, 로마, 비잔틴, 페르시아, 힌두어로 된 고전들을 아랍어로 번역하도록 했다. 그리하여 근대 수학, 천문학, 화학, 의학, 문학의 토대를 마련하는 데 이바지했다. 그의 적극적인 후원과 희망 덕택에 대수학, 삼각함수, 천체 명칭, 약재를 사용한 치료법, 주요 철학과 문학작품이 바그다드에서 탄생했다. 세헤라자데가 천일야화를 들려준 곳도 여기다.

그때부터 몽고의 침입을 받은 13세기까지 바그다드의 부와 지성을 따라올 도시가 없었다. 앨러배스터 궁전, 야자수와 재스민 꽃이 만발한 정원들, 석재로 포장된 거리들, 아시아에서 제일 큰 시장이 여기에 있었다.

오, 이라크의 후손들이여, 아부 자파르 압둘라 알 마문의 위대함을 기억하고 그의 이상향에 푹 빠져보라.

1915년 5월 3일, 바그다드 역사학회

글을 읽자마자 알리는 피식 웃음이 터져 나왔다. 이 무슨 교만한 문구인가? 이라크의 역사를 과장해 대단한 척 포장하는 건, 자신의 위대함을 보여주기 위한 목적에서 나온 사담 후세인 때의 특성이 아니던가? 분명 초등학생 시절에 알 마문에 대해 들어본 적은 있다. 그러나 자세한 업적에 대해서는 학창 시절에 설명해주지 않았다. 아니, 교과서에 나온 그 영웅은 조각상처럼 생명력 없는 차가운 느낌이었다.

알리는 잠시 앨러배스터 궁전과 거대한 정원을 상상해보았다. 사담 후세인의 천박한 공공 작품들보다는 비교도 안 될 정도로 화려하고 우아하며 아름다운 모습이다.

정말 우리의 옛날 모습일까? 그는 바그다드의 끝없이 늘어서 있는 콘크리트 건물을 둘러보며 생각한다. 저 멀리서 가끔씩 들리는 총성 때문에 생각이 중단된다. 남쪽 수평선 방향으로 검은 연기가 올라온다. 아마도 우연히 불이 났거나 아니면 테러리스트의 소행일 수도 있다. 국제 공항에서 안전구역으로 사람들을 수송하는 미국의 블랙호크 헬기 소리도 계속 들린다.

정말 과거엔 위대한 모습이었을까? 신의 짓궂은 장난 같다. 그렇게 대단히 발전한 수세기가 존재하다니…….

택시 운전사는 경적을 울리고 있다. 좀 있으면 교통 상황이 더 안 좋아진다. 지금 떠나지 않으면 라시드 거리의 새 검문소에서 몇 시간을 보내야 한다. 신문지들과 바람과 먼지가 동상 주위를 맴돈다. 알리는 담배를 비벼 끈 뒤 택시로 돌아왔다. 이제 일하러 가야 한다.

오늘 아침엔 바그다드 북쪽의 부서진 알 파타 다리에 대한 건설 계획을 세울 것이다. 미국인 토건업자의 잘못된 결정 때문에 이 프로젝트는 수년째 지체되고 있으며, 예산을 이미 수천만 달러나 초과했다. 만약 완공된다면 이라크에서 가장 좋은 다리가 될 것이다. 그리고 양쪽에 있는 도로보다도 훨씬 나은 교통수단이 될 것이다. 아무런 문제도 없다. 그는 보수도 잘 받고 있다.

바그다드가 세계의 중심지였다니, 그는 자조하듯 웃음 지었다. 오직 꿈속에서나 그랬겠지, 꿈속에서나 말이다.

◉ A.D. 813년, 바그다드 —바그다드의 별들 아래 알 마문 칼리프는 밤마다 거의 몸을 뒤척였다. 그러다 해가 뜨기 직전에야 잠들어 꿈속에 빠졌다. 그는 밝은 황금색의 그리스 복장을 한 사람을 꿈속에

서 만났다. 올리브 향기를 내뿜으며 다가오더니 칼리프 앞에 섰다.

"누구냐?" 겁에 질린 칼리프가 묻는다.

"난 아리스토텔레스입니다." 그 영혼이 말한다.

"왜 내게 온 거요?" 칼리프는 위대한 사상가가 앞에 있다는 생각에 가슴이 두근거린다. 어린 시절부터 들어왔던 인물이다. 뿐만 아니라 외국인 조언가, 장관, 현자들, 페르시아와 비잔틴 제국과 시리아 사람들로부터도 들어왔다.

"당신의 의문에 답을 주기 위해서입니다." 아리스토텔레스가 대답한다.

"저의 의문이라니요?" 맘속으로는 무엇인지 알면서도, 칼리프는 그 영혼이 직접 대답해주기를 원했다.

"사람들과 사회를 위해 이성과 신의 계시 중 어떤 것이 더 나은지 고민하고 있지요? 둘 중 어느 것이 더 올바르고 나은 것일까 하고 말이죠."

그제야 칼리프는 고개를 끄덕인다. 수년 동안 고민해온 문제로 해가 갈수록 점점 의문이 커져가고 있다. 마치 이 새로운 세계에서 인간의 실체에 대한 거대한 질문처럼 보인다.

"이 난제에 대한 당신의 대답은 무엇인가요?" 칼리프가 묻는다. "어떤 것이 더 올바른 건가요?"

그러자 아리스토텔레스는 미소를 짓더니 황금 손을 칼리프의 팔에 올려놓는다.

"그 둘은 서로 상반되는 것이 아닙니다. 하지만 진정한 신의 계시를 찾기 위해서는 먼저 이성을 골라야 합니다. 왜냐하면 이성은 신에게 가는 문이기 때문이죠. 사람은 반드시 마음을 열고 고차원의 진실을 찾기 위해 지성을 발휘해야 합니다. 그러면 신이 사상을 통해 인간에게 모습을 드러낼 것입니다."

칼리프는 말문을 잇지 못했다. 지혜와 진실을 듣게 되어 기쁨으로 넘쳤다. 진정 그렇게 생각해왔지만, 다른 관점을 주장하며 이성을 억누르는 사람들 때문에 제대로 밝히지 못했다.

"확실한가요?" 칼리프가 묻는다. "왜냐하면 진정한 신의 계시는 불순한 인간의 정신에서 나오는 것이 아니라 순수하고 신성한 마음에서 나온다고 말하는 사람들이 있거든요. 게다가 상당수가 그것이 옳고 신성한 주장이라고 합니다."

아리스토텔레스는 미소를 짓더니 고개를 가로젓는다.

"그런 사람들은 항상 있지요." 철학자가 말한다. "그들에게 관대함을 보이며 확신을 주십시오. 인간의 정신과 사상을 두려워하지 않도록 만드십시오. 인간의 정신과 사상은 신이 주신 소중한 선물로 신성한 영혼의 반영입니다. 그리스어, 라틴어, 페르시아어, 산스크리트어 등 다른 언어로 된 위대한 사상과 지식이 담긴 작품들을 아랍어로 번역하는 데 모든 힘을 기울이십시오. 지식엔 국경선이 없고, 지혜는 경주도 아니고 국적도 없습니다. 지식을 막는 건 신의 왕국에 접근하지 못하게 하는 것과 마찬가지입니다."

칼리프는 고개를 끄덕였다. 옳은 말이라고 굳게 믿는다. 작별 인사를 하기도 전에 아리스토텔레스는 생생한 기억을 남긴 채 새벽노을 속으로 사라졌다.

칼리프 알 마문은 이 기이하고도 예언적인 꿈에서 깨어났다. 그는 오랜 휴식이나 성찰에 익숙하지 않다. 하지만 분주한 하루를 시작하기 전에 시간을 내어 차분히 생각하며 꿈에 대해 머릿속을 정리해본다.

벽 바깥의 격자무늬 발코니 아래에서 말들과 낙타들 소리가 들린다. 낮은 목소리의 대화 소리도 들리는데 가끔씩은 알지 못하는 언어도 끼어 있다. 그런 대화 소리에 익숙해 소곤거리는 소리는 거의 의식하지 못한다.

비슷한 대화 소리가 안에서도 들린다. 침실 입구의 가려진 커튼 뒤에서, 또는 궁정 뜰에서 나는 소리다. 궁전의 하인들이 깨어나 일하고 있으며, 칼리프의 아내들도 움직이기 시작했다. 얼마 전 태어난 아이의 울음소리도 들을 수 있다.

그는 현재 마흔 살이 넘었다. 보통 사람이라면 아직까지도 살아 있음에 운이 좋다고 느꼈을 것이다. 수없는 전투에서 목숨을 걸고 싸웠으며 심지어는 칼리프 왕좌에 앉기 위해 친형제와 전투까지 벌여 승리를 거두었다. 그러나 노동자의 삶 같은 거친 고생은 겪지 않았으며, 들판이나 사막에 사는 불쌍한 이들의 운명을 겪지도 않았다. 대신 장수를 누리는 극히 운 좋은 소수에 속하게 되었다. 게다가 그는 전혀 늙었다고 느끼지 않는다.

아부 하니파 모스크의 광탑에서 기도 시간을 알리는 사람들인 무에진의 소리가 들려온다. 아버지 하룬 알 라시드의 지시로 만든 둥근 돔의 모스크가 떠오르는 새벽노을 속에 모습을 드러낸다. 그는 무의식적으로 기도의식을 따라 하기 시작한다. 그러나 신을 제외하고는 그 누구도 발코니의 그를 볼 수 없을 것이다. 머릿속 생각이 더욱 거세져간다. 마음은 몸에 밴 기도의식에 집중하지 않고 이리저리 헤매고 있다. 그는 지난 밤 꿈에 대해 신께 감사를 드렸다.

그가 다스리는 제국은 아직 타고난 재능을 발견하지 못한 상태라 할 것이다. 무엇보다도 그는 상상력을 가진 지도자다. 더 많은 것을 알고자 하는 마음이 강해서 실패나 불가능은 생각하지 않는다. 광대한 포부를 세우는 데 거침이 없으며, 구시대의 진부한 역사는 곧 사라질 것이라고 믿는다. 장벽이나 장애물은 없다. 그저 자신의 내면이나 적들에게 선동당한 사람들 마음속에 한계선이 그어져 있을 뿐이다.

그는 제국의 수도 바그다드를 세계의 중심지로 만들려고 한다. 아바스조는 어디와도 비교할 수 없을 정도로 발전할 것이다. 칼리프 제국은 아랍이 다스리는 유구한 사회들의 지적 예술적 성과를 받아들이며 더욱 성장할 것이다. 그리고 피정복민들은 모두 이슬람 교리를 받아들여, 결국 정복자와 피정복민들이 다 같이 높은 경지에 도달하게 될 것이다.

바그다드는 어떤 도시일까? 우선 이슬람 제국의 정치적 중심지이다. 다마스쿠스의 역할을 바그다드가 맡아 하게 된다. 사람들 기억 속에서 잊힌 바빌론 유적지도 이 근처다. 고대 메소포타미아의 에덴 동산에서도 멀지 않으며, 페르시아의 오래된 도시들과도 가깝다. 고대로부터 강을 이용하는 무역상들과 어부들의 도시였다. 그러나 알 마문은 그 이상을 원한다.

예언자가 죽은 지 벌써 이백 년이 지났다. 한때 암송되었던 예언들이 이제는 모두가 볼 수 있게끔 책으로 기록되어 나왔다. 알 마문은 예언자의 바람일 거라고 굳게 믿으며, 국가 건설 계획을 새로운 사상과 창조력을 확장시키는 쪽으로 잡았다.

로마 멸망 이후에 사람들은 350년 이상 로마를 애도했다. 비잔틴 제국은 모든 면에서 로마의 종교와 방식을 보존하기 위해 노력하고 있다. 페르시아는 찬란했던 과거를 회상하고 있다. 하지만 바그다드는 미래의 도시가 될 것이다. 그는 스스로를 시저, 페르시아 왕들, 위대한 알렉산더의 후계자로 여긴다. 하지만 그는 그들에겐 없는 사명감을 갖고 있었다. 즉, 비록 오래된 제국의 번쩍거리는 궁궐의 후손은 아니지만, 신앙의 수호자가 되려 하는 것이다.

그 신앙이란 무엇일까? 알 마문과 많은 이들에게는 무엇보다 갈망을 의미할 것이다. 모든 지식과 전통을 흡수하고, 종교 체제에 모든 걸 담으려는 필사적 노력이다. 모든 사람들, 역사, 비밀, 행위들을 전부 받아들여 다 같이 번영을 누리려 한다. 그 신앙에 따르면, 주위의 모든 것이 신의 표현이다. 칼리프는 어떤 것도 배제시키지 않고 모든 걸 추구하려는 의지를 갖고 있다.

다양한 사람들이 이슬람권에 편입되었다. 신앙은 따르지 않으면서도 삶의 방식을 받아들인 사람들도 있었다. 페르시아 사람들, 이집트인들, 베르베르인들, 서고트족, 유대인, 기독교인, 힌두인, 불교신자, 쿠르드족, 아제리스, 투르크족, 우즈베키스탄인들, 파슈툰족 모두 칼리프의 통치를 받는다.

모두 이슬람의 에너지를 느끼며 거센 흐름에 동참하고 싶어 한다. 마지못해 따르는 사람도 물론 있을 것이다. 하지만 많은 이들이 아랍어를 수용해 글씨를 배우고 말을 따라 한다. 페르시아인들은 자신의 언어를 버리지는 않았지만 아랍 문자로 쓰기 시작했다.

무슬림은 받아들인 수많은 사람과 문물을 바탕으로 높이 부상할 길을 찾아내야 한다. 그 방안은 무엇이고 누가 그렇게 해줄 것인가? 알 마문은 미래에 대한 계획을 짜기 시작했다. 아리스토텔레스가 나타난 그 꿈이 정치적 상황의 필요에 의한 성스러운 영감인지, 아니면 지어낸 이야기인지는 상관없다. 어쨌든 자기 쪽 정치 진영의 정책을 지원하기 위한 정치적 담론으로 사용될 것이다.

당시의 정치적 상황에 따르면, 페르시아의 통치 기술과 지적 능력이 필요했다. 하지만 페르시아의 문물을 너무 많이 받아들이는 건 피해야 했다. 이미 많은 페르시안 엘리트들이 조로아스터교, 마즈다이즘, 마니교 같은 페르시안 그노시스파 종교 방식을 다시 되살리며 이슬람의

적법성을 훼손하고 있기 때문이다.

일부 무슬림 전통주의자들과 백성들은 아바스조의 통치가 점점 제국주의식으로 변하자 불편해했다. 예언자의 의도에서 벗어나는 게 아닐까 하고 두려워했다.

페르시안 귀족층과 무슬림 보수주의자들이 제국의 방향을 정한 것이 아니었다. 바로 알 마문이 종교와 백성들을 고려해 가장 좋은 방안이라고 생각되는 걸 결정했다.

알 마문은 왕조와 체제에 지적 정당성을 부여하기 위해 무타질라파 종교학자들과 협력을 꾀한다. 무타질라파들은 뒷날 이단자로 불리며 전통주의자들의 핍박을 받게 되지만, 왕조 초기에는 칼리프의 후원을 받아 우세했다.

알 마문이 무타질라파에게 마음이 기운 이유는 그들의 신학 때문이었다. 그들의 신념은 자신이 추구하는 이념과 국가관에 부합했다. 그들은 칼리프의 개인 교사들이자 강사들이기도 했다.

또한 그들은 급진적 생각을 갖고 있었다. 코란은 불변의 것이 아니라 계속 만들어지는 것이며, 이성이 신의 가장 위대한 표현이라고 믿었다.

무타질라파는 칼리프를 후원자 겸 지도자로 두었으며, 이성이 지혜와 신에 이르는 열쇠라고 믿었다. 이는 그리스 철학의 기본 요소이자 이슬람 사상의 고유한 특성이다. 당시 그리스 로마 지식은 세 부류를 통해 9세기 이슬람으로 들어왔다. 우선 페르시안 귀족들로 아바스조에서 행정관리직으로 중요한 역할을 했다. 두 번째는 그리스 논리학을 추구한 기독교 의사들과 신학자들이었다. 마지막으로 이라크 북부 하란의 다신교적인 사비교도들, 별에 관련된 종교를 헬레니즘 점성술과 연관시킨 고대 셈족 집단, 연금술사들의 영향도 받았다.

아리스토텔레스, 플라톤, 소크라테스, 유클리드, 피타고라스의 사상이 시리아, 이라크, 페르시아, 비잔틴 제국을 통해 들어와서 라틴어, 그리스어, 시리아어, 페르시아어에서 아라비아어로 번역되었다.

이런 격동의 시대에 일어났던 초기 무슬림의 지적 신학적 논쟁의 심오함과 복잡성은 종종 역사 속에서 사라졌다. 수세기 후 외국 학자들은 당시의 정치 종교적 논쟁을 '정통 교리주의자'와 '이성주의자' 간의 논쟁으로 지나치게 단순화시킨다. 사실 정통 이슬람이란 건 없다. 기독교와는 달리 신도를 이끄는 주교 같은 것이 없기 때문이다. 게다가 초기 무슬림 이성주의자들은 철학자가 아니라 오히려 신학자들이었다. 외국 학자들은 이슬람 이성주의가 오직 그리스의 유산일 뿐이라고 보는데, 그건 틀린 얘기다. 하지만 그런 오해는 21세기까지도 계속된다.

이슬람 지성주의와 이성주의의 기원은 그리스의 영향력이 미치기 전인 6~7세기 무슬림 학자들의 저작물이다. 일름(지식), 아클(이성, 인간의 지성, 지혜)이라는 개념은 초기 이슬람 저작물에서뿐만 아니라 코란에도 나타나 있다.

8~9세기에 이르자 이슬람은 역동적으로 발전하면서 방대한 우주론적, 철학적, 민족적 영향력들을 받아들였다. 더불어 수많은 새로운 관점들을 제국 안으로 흡수했다. 문화적 충격파는 이슬람 문화와 사상을 다양하게 해 다채로운 사상들의 모자이크를 만들어냈다. 10세기가 지나서야 다양한 학문들이 시아파 학파와 수니파 학파로 정착되어 근대까지 이어진다.

칼리프 알 마문의 초창기 시대에는 최소한 수십 개의 문화적 경향과 학파가 있었다. 각각의 학파들은 어떤 면에서는 겹치기도 하고, 영역을 넘나들며, 서로를 풍요롭게 해주었다. 전통주의자들(후에 수니파로 정의되는 사람들), 시아파(그들 사상의 일부가 아바스조의 사상에 영향을 줌), 푸카하(새롭게 떠오르는 계층으로 이슬람 법에 정통한 법학자들), 무타칼리문이 대표적이다. 무타칼리문이란 자신들의 사상을 강화하고 분명히 표현하기 위해 고대 철학에 의지한 신학자들이다. 그리스 논리학의 정밀함에 매료된 학자들 중 가장 유명한 부류를 꼽으라면 무타질라파(派)를 들 수 있다. 다양한 집단들이 국가의 정치적, 신학적, 지적인 발전에 관한 제각각 특색 있는 미래상들을 제시했다.

알 마문은 무타질라파의 견해에 따른 미래상을 추진했다. 하지만 보수주의자들과 전통주의자들의 이슬람 접근법도 지지를 얻었다. 일부 법학자와 종교학자들이 주도적으로 나섰으며, 바그다드를 비롯한 몇몇 지역의 여론들이 후원했다. 하지만 알 마문은 도대체 그들이 주장하는 방식이 어떻게 이슬람을 위대한 경지로 이끈다는 건지 이해할 수가 없었다. 당시 상황을 상상해보자. 일부 보수주의자들은 칼리프의 권력 상속이나 소유를 금지하고, 대신에 신뢰할 만한 사람을 칼리프에 선출하는 제도를 이상형으로 꿈꾸었다. 그렇게 선출된 칼리프여야만 예언자가 의도한 사회를 재현할 수 있다고 생각했다.

모순되게도 이성주의자 무타질라파들은 동적이고 제국 지향적인 아바스조의 칼리프와 동맹관계였다. 반면 보수주의자들은 초기 이슬람 민주주의에 가까운 미래상을 그렸다.

알 마문은 이러한 의견 불일치가 자신과 자신의 지배력뿐만 아니라, 엘리트 중심의 칼리프 체제도 위협한다고 보았다. 그래서 전통주의자들의 영향력이 나타나는 걸 막기 위해 미흐나라는 종교 사상 심판소를 설치했다. 가톨릭 스페인에서처럼 광범위하고 가혹한 수준은 아니었고, 성직자들이나 정치적 엘리트들 중에서 반(反)무타질라파를 소탕해내는 데 초점을 맞추었다. 지배층은 누구나 자신의 종교에 대한 심문을 통과해야 했다. 칼리프에게 정치 종교적 절대 권력을 부여하려는 알 마문의 이성주의 견해를 지지하지 않는다면, 신념을 바꾸든지 아니면 고통을 받게 되었다.

초창기 바그다드의 전통주의자 그룹으로는 인간의 이성이 국가의 법적 체제 발달에 중대한 역할을 한다고 주장한 하나피 학파가 있다. 21세기가 되면 하나피 학파는 보다 급진적인 법 해석을 불러와 심지어 보드카와 맥주를 마시는 것까지 허용하기도 한다.

전통주의 세력이 커져가는 가운데 또 다른 집단인 법리학파가 등장했다. 대표적인 인물로는 저명하고 뛰어난 지성인 아미드 이븐 한발을 들 수 있다. 중앙아시아에서 아랍 부모 밑에서 태어났으며, 예언자의 사상과 삶을 되살리면서 아라비아 전역을 돌아다녔다. 알 마문과는 정반대로 어떤 제국주의적 꿈도 가지지 않았다. 그는 정치가가 아니다. 아바스조의 칼리프가 정치 권력을 가지는 건 당연했다. 하지만 다른 이들과 마찬가지로 칼리프가 종교 문제에 너무 개입하는 건 우려했다. 칼리프는 나라를 다스리는 세속적 권위를 가지는 대신, 신앙 면에서는 권력 사용을 억제해야 한다고 가르쳤다. 영적인 문제에서는 백성들의 목소리와 이즈마(합의)가 더 중요하다고 했다. 요컨대 이븐 한발은 칼리프의 영향력이 지상의 통치에 한정되기를 원했다.

이 때문에 그는 칼리프와 논쟁을 벌인다. 칼리프는 국가의 세속적, 종교적 통제력을 둘 다 장악하고 싶어 했다. 포괄적인 통제권을 쥐려면, 이븐 한발 같은 대중적 인기를 얻은 학자들을 제거해야만 했다.

이븐 한발의 주장은 바그다드에서 알 마문의 제국주의적 엘리트주의보다 더 많은 호응을 받았다. 이런 사실을 알아차린 알 마문은 이븐 한발이 추종자를 거느린다는 사실에 걱정이 되었다. 이븐 한발 같은 사람에게 뭔가 천부적인 대단한 지혜가 있다고 믿기 때문이 아니라, 자신이 원하는 신앙과 사회상을 실현하는 데 장애가 되기 때문이다. 더구나 중앙집권적인 정치 종교적 힘을 가진 문명, 또는 사상과 미와 부와 탁월함을 뽐내는 문명을 창조하는 데 방해가 된다. 무슬림의 칼리프 제국이 멸망한 로마 제국, 고대 페르시아, 쇠퇴해가는 비잔틴 제국보다 더 우수하다는 걸 세계에 보여줄 문명 말이다.

그때나 지금이나 지도자들이 대개 그렇듯 알 마문은 이븐 한발 같은 적을 어떻게 다루어야 할지 몰랐다. 그는 이븐 한발을 심문한 뒤 종교 재판소에 가두게 될 것이다. 이븐 한발은 심지어 전통주의적 견해를 포기할 것을 강요받으며 고문을 당할 것이다. 하지만 그는 내내 위엄을 보이며 투옥과 고문을 담담히 받아들이고 무타질라파에 동참하기를 거부한다. 그러한 박해는 알 마문의 후계자 알 무타심 시대에도 계속된다. 그러나 무슬림 이성주의를 믿으라며 충성을 강요한 회유는 실패로 끝나고, 이븐 한발은 자신을 고문하던 사람들보다 더 오래 살면서 영웅으로 추앙받는다.

하지만 830년 당시 알 마문은 그런 사실들을 알지 못했다. 아리스토텔레스의 꿈과 아바스조 칼리프 제국의 미래에 대한 희망이 마음속에 생생하다. 정적들과 전통주의자들에게 압력을 가하는 동시에 다른 행동도 시작해야 함을 알게 되었다. 학문과 자유로운 연구와 발명의 중심지를 만들어 이성주의를 제도화할 것이다. 분명히 세계 최고의 기관이 될 것이다.

그는 십 년 동안 멀리 떨어진 메르브에서 살면서 통치했다. 메르브는 여전히 페르시아에 속해 있다. 바그다드에서 권력을 굳히는 동안, 알 마문은 자신의 이상향을 가까이에서 보게 된다. 그리스, 인도, 중국의 고전 사상들이 궁극적 목표다. 하지만 그런 사상을 주류에 도입하기 위해서 페르시아인들과 비잔틴인들의 선례를 따르려 했다.

그는 페르시아인들을 본보기로 채택하는 데 전혀 불편함을 느끼지 않았다. 그의 어머니는 하룬 알 라시드의 하렘에 있던 페르시아인 노예였다. 그래서 그가 하룬 알 라시드의 장자임에도 불구하고, 칼리프 자리는 귀족 출신 어머니를 둔 이복동생 알 아민에게 넘겨졌다. 처음에 그는 아버지와 형제를 대신해 페르시아를 관할하기 위해서 메르브로 보내졌다. 그리고 거기서 세력을 얻어 치열한 내전 끝에 알 아민을 처형하고 칼리프 자리에 올랐다. 동생을 전복시킨 뒤 십 년이 지나서야 마음 편하게 페르시아의 본거지를 떠나 바그다드로 와서 통치할 수 있었다.

메르브는 카라쿰 사막의 끝에 있는 오래된 오아시스 도시다. 실크로드 가는 길에 쉬기 위해 잠시 들르는 곳이다. 그곳은 십 년 동안 사실상 아바스조가 다스리는 이슬람권의 수도였으며 알 마문의 근거지 역할을 했다. 유라시아에서 발생한 각종 종교와 정복자들이 거쳐갔던 곳이기도 하다. 알렉산더 대왕의 그리스인들, 조로아스터교인들, 기독교인들, 불교신자들, 유대인들, 세상에 잘 알려지지 않은 기타 종교인들이 무슬림 출현 이전에 메르브를 지나갔다. 알 마문은 초원 지대인 이곳에서 여러 가르침을 열정적으로 받아들인다. 그러다가 오랜 공백 끝에 바그다드로 돌아가자마자 잃어버린 시간을 보충하기 시작한다.

알 마문은 아랍인들이 페르시아에 대해 느끼는 경계심은 시기심과 두려움이 혼합된 감정이라는 걸 알고 있었다. 아랍인들은 페르시아의 세련된 지성을 시기했다. 한편 수세기에 걸쳐 아랍을 위협할 정도로 여러 차례 발전했고 또다시 부상할 가능성이 있는 페르시아의 군사 경제적 힘에 대해서는 두려움을 느꼈다.

알 마문과 이성주의자들의 학문 기관은 오늘날 이란 후제스탄 주에 해당하는 군데샤푸르의 페르시아 대학을 모델로 삼는다. 페르시아 대학은 그리스 로마 비잔틴과 동양의 지식을 팔라비어(페르시아어)로 바꾸기 위해 제국주의적 지령으로 3세기 전에 세워졌다. 외국 학자들과 철학자들의 사상에 기반을 두고 있다. 페르시아 학문 기관은 소위 이단자로 불리는 추방당한 사람들에 의해 더 풍요로워졌다. 네스토리우스교인 기독교인들, 시리아 학자들, 비잔틴 출신의 번역가들이 이에 해당한다. 페르시아인들은 이교도들을 별로 두려워한 것 같지 않다. 오히려 그들을 포용했다. 군데샤푸르에서 페르시아인들은 발명의 근거지를 만들었다. 세계에서 첫 번째로 교육도 같이 하는 병원과 훌륭한 대학과 도서관을 만든 것도 놀랄 일이 아니다.

칼리프는 군데샤푸르에서 데려온 많은 졸업생과 직원들뿐만 아니라 다신교적이고 국제적인 모범 사례도 받아들여 바그다드에도 학문 기관을 건설할 생각이다. 또한 각종 문화와 사상을 받아들여 당시 무슬림 세계의 이상향을 직접 행동으로 구체화시키려고 했다. 알 마문은 새롭고 급진적인 사상을 두려워하지 않았다. 반대되는 사실이나 미지의 것 역시 두려워하지 않았다.

그가 두려워하는 건 지성주의를 반대하는 무지한 사람들이었다. 만약 가장 재능 있는 사람에게 자유롭게 생각할 분위기를 만들어주지 않는다면, 그들은 창조나 발명을 할 수 없게 되고 결국 신의 뜻을 실현하지 못하게 될 것이다. 그러면 인류 전체가 고통을 겪게 될 것이다.

그는 학문을 너무 좋아해서 비잔틴 황제와의 전투에서 승리를 거두었을 때도 금은보화 대신에 『알마게스트』 사본을 요구했다. A.D. 150년쯤 프톨레마이오스가 쓴 책으로 헬레니즘적인 천문학 개론서다.

시아파와 수니파의 분열이 고정화되지 않은 시대이기는 했지만, 파벌 측면에서도 정형적 틀을 따르지 않았다. 알 마문은 양쪽을 왔다 갔다 하는 데 별 문제가 없었다. 비록 전통주의자 수니파에 맞서 시아파와 연대하고 시아파 지도자임을 주장하기는 했지만 말이다. 시아파 이맘(종교 지도자를 의미함–역자) 알리 알리다를 후계자로 지명했지만, 이라크인들의 반대로 인해 포기해야 했다.

그 사건은 끝이 없는데다 해결하기 힘든 종교적 정치의 혼란이었다. 하지만 그에겐 당장 해야 할 일들이 훨씬 많았다. 꿈을 꾼 날 아침이 밝자마자 알 마문은 페르시아인 수상을 불러들인다.

"충성스러운 타히르. 바그다드에 자유로운 질문, 철학, 과학, 수학, 천문학을 후원할 수 있는 학문 기관을 짓고 싶소. 사신을 보내 비잔틴 제국과 페르시아에 있는 위대한 책들을 가져오시오. 그리고 군데샤푸르로 가서 각 분야의 대가들을 데려와 내가 계획한 학문 기관을 만드시오. 이전의 모든 작품들을 아랍어로 번역할 최고의 번역가들도 데려오시오. 그곳을 지혜의 집이라 부를 것이오."

타히르는 인사를 올린 뒤 즉시 출발했다.

명령이 집행되어 새로운 학문 기관으로 훌륭한 학자들이 모여들었다. 모하메드 알콰리즈미도 그 중에 있었다. 그는 개종한 조로아스터교인이자 페르시아 사람으로 후에 대수학의 아버지로 여겨진다. 알고리즘도 그의 이름에서 유래했다. 바누 무사의 형제들, 알 마문의 점성가의 젊은 아들들도 지혜의 집에서 교육을 담당하기 위해 칼리프 세력권으로 갔다. 그들은 훗날 수학자들, 천문학자들, 엔지니어이자 발명가들이 된다. 후나인 이븐 이스하크는 네스토리우스 교도 의사이며, 초창기에 가장 영향력 있는 번역가로 기억된다. 그는 2세기 의사 갈레노스의 저서와 그리스 철학 작품을 아랍어로 번역했다. 알 킨디는 가장 많은 업적을 남긴 아랍 철학자다. 그의 말을 들어보자.

진실을 인정하고 획득하는 걸 부끄러워해서는 안 된다. 어디에서 나왔든 상관없다. 심지어 다른 나라 또는 다른 인종에게서 나온 것이라 할지라도 말이다. 진실을 추구하는 사람에게 진실 그 자체보다 더 소중한 건 없다. 진실은 그 가치가 떨어지는 일도 없거니와 진실을 말하거나 전달하는 사람을 멸시해서도 안 된다.

9~10세기에 이르자 지혜의 집 덕택에 바그다드는 지적 전성기를 맞는다. 모든 면에서 세계 최고의 도시로 만들려는 알 만수르와 하룬 알 라시드의 꿈을 채워나가고 있었다. 알 마문은 새벽녘 꿈과 지성에 대한 사랑을 바탕으로 또 다른 위대한 발견들을 위한 초석을 놓고 있었다. 천문학자들에게 우주의 숨겨진 비밀을 잘 읽어내고 정리해 도식화하도록 명령을 내리면서 이라크의 평원에 하나도 아닌 두 개의 천문대를 세운 것이다. 훗날 달의 분화구 중 하나를 알 마문이라고 부른 것도 이런 천문학 후원 활동 덕분이다.

학문 기관 덕택에 바그다드는 무역뿐 아니라 정치적, 군사적 수도로서의 역할을 더 많이 담당하게 되었다. 광탑의 첨탑들, 상인들과 귀족들의 궁궐들, 원정길들, 방어용 벽들과 문들이 더 높이 치솟았다. 물론 성직자와 백성들 사이에는 여전히 이성주의와 지적 엘리트주의에 반대하는 적들이 있었다. 하지만 멀리 위에서 바라보면 알 마문의 바그다드는 전보다 더 눈부시게 빛났다.

새벽이 지나 아침이 되자 알 마문은 경호원들을 대동하고 지혜의 집 부지를 찾으러 다녔다. 알 마문 시대의 한 아랍 방문자가 바그다드에 대해 어떻게 묘사했는지 살펴보자. 다음은 9세기 지리학자 아마드 알 야큐비의 저서 『제국지』에 기록되어 있는 내용이다.

나는 이라크에서 출발했다. 왜냐하면 여기가 세계의 중심이자 지구의 배꼽 같은 곳이기 때문이다. 이라크의 중심에 위치한 바그다드를 먼저 언급하겠다. 영토, 규모, 번영, 풍부한 물, 기후의 쾌적함 측면에서 세계 최고의 가장 위대한 도시이기 때문이다. 각양각색의 사람들과 도시

거주민과 시골 거주민들이 모여 있기 때문이기도 하다. 가깝거나 또는 먼 여러 나라에서 몰려든 사람들은 고국보다 바그다드를 더 선호한다.

여기 학자들만큼이나 유식한 사람은 없다. 이곳의 전통주의자들만큼이나 더 많은 정보를 알고 있는 사람들도 없다. 여기 신학자들만큼이나 일관된 사람도 없다. ……여기 시인들보다 더 시적인 사람도 없으며, 여기 난봉꾼들보다 더 무모한 사람들도 없다.

마지막 줄이 당시의 모습을 제대로 말해주고 있다. 바그다드는 아바스조 칼리프의 수도였다. 하지만 부유한 제국주의 엘리트들이 즐기는 향락적인 생활방식의 근거지이기도 했다. 선술집은 대중들에게 개방되어 있었고, 부유층과 권력층은 사적으로 파티를 열며 즐겼다. 많은 포도주가 소비되었고 은밀한 침실에서 이성적 탈선도 이루어졌다. 개인 저택과 궁궐에서 벌어진 파티는 고대 로마나 비잔틴 제국 못지않게 호화롭고 퇴폐적이었다.

알 마문도 알고 있었지만, 그 모든 건 은밀히 행해졌다. 말을 타고 도시를 순회하는 그에게는 어떤 모습이 보였을까? 우선 선조 알 만수르와 아버지 하룬 알 라시드가 바빌론 강가 마을에 건설한 칼리프의 영지가 보였다. 그곳은 B.C. 12세기에는 바크다부로 불렸다. 티그리스 강의 서쪽 둑 지역이다. 바빌론 유적들은 이곳 땅속에 묻혀 있다. 그러나 최근 건설한 건물에서 바빌론의 모습을 찾아볼 수 있다. 알 마문의 아바스 선조들이 바빌론 시대의 고전 형태인 원형을 채택했기 때문이다. 그래서 왕실 영지는 라운드 시티라고 불린다. 둥근 바깥 외벽과 내부의 벽 두 개가 왕실 중심부를 보호하고 있다. 초기 아바스조는 이러한 구조를 취해야 침입자들에 더 잘 대응할 수 있다고 생각했다.

아바스 제국의 각 구역의 이름을 딴 바스라, 쿠파, 시리아, 호라산

의 네 개의 커다란 문은 바깥벽을 훌쩍 뛰어넘어 서 있다. 두 개의 원형 내부 벽을 더 통과하면 4개의 외문을 복제한 문들이 있다. 그것들은 다시 네 개의 중심 거리로 연결되는데, 중앙 지름 1.6km 정도의 넓은 원형 공간에서 한데 합쳐진다. 이 중심 공간 안에 골든 게이트라고 불리는 칼리프의 궁궐과 웅장한 그린 모스크가 있다. 커다란 초록색 돔을 가진 궁궐은 경이로움 그 자체다. 돔 위의 말을 탄 기수 동상은 바람이 부는 방향대로 움직인다.

시간이 지나면서 알 마문과 신하들은 둥근 요새 도시가 상당히 제한적임을 깨닫게 된다. 그래서 티그리스 강 동쪽 둑의 새로운 도시 알 라사파로 이동했다. 알 만수르의 아들 알 마흐디가 성벽 도시에 있던 모스크보다 더 커다란 모스크를 지었다. 새로운 이 도시에는 부교가 연결되어 있다. 티그리스 강의 부교들은 해양으로 나가는 배가 통과하도록 치워질 수 있는 구조다. 원래 위치에 있을 땐 강 위쪽으로 올라오려는 적들을 막는 장애물 역할을 한다.

바스라에서 대양까지 여러 운하로 연결된 바그다드는 국제항이다. 인도, 중국, 아프리카, 남부 유럽에 이르는 해상무역에서 중요한 수송을 담당한다. 바그다드와 알 라사파라는 발전하는 도시들로 이루어진 메트로폴리스에는 각종 독특한 모습들이 나타난다.

우선 수십 년 전 중국에서 들여온 기술을 이용한 제지소가 보인다. 제지술은 중국의 문학 계층만 누리는 엘리트 기술이다. 무슬림들은 이를 수용해 유럽의 양피지나 모조피지로는 불가능한 대량 생산을 한다. 그로 인해 생긴 대중 도서관은 『천일야화』처럼 문화를 세련되게 만들 작품들을 널리 확산시켰다. 로마 제국과 알렉산더 대왕 이후 처음으로 생긴 공공 도서관과 개인 도서관도 있다. 한 부유한 상인의 개인 도서관은 너무 커서 책들을 다른 곳으로 옮기는 데 140마리의 낙타가 필요했다는 얘기도 있다. 큰 도서관을 보유하고 있는 한 궁정 학자가 책 때문에 더 좋은 일자리를 포기했다는 기록도 있다. 책 목록만 해도 10권이 넘어서 전부 옮기려면 400마리의 낙타가 필요했기 때문이다.

대중에게 이야기를 들려주는 장소들도 여럿 보인다. 교훈을 주는 도덕적 얘기들을 들려주는 곳과 '밤 이야기' 혹은 밤에 즐기기 좋은 대중적인 이야기를 들려주는 곳으로 나누어져 있다. 그리고 첫 번째 마드라사도 보인다. 말 그대로 '학교'를 의미하며 훗날 최초의 대학으로 발전해 나간다. 중세 후반 유럽에서 나타나게 될 고등 교육기관의 모델인 셈이다.

이 모든 것들 사이에 자신이 만든 최고의 기관인 지혜의 집을 어디에 놓아야 될지 보고 있다. 지혜의 집은 이성과 발명에 근거한 사회의 토대가 될 것이다. 또한 이성이라는 렌즈를 통해 걸러진 신앙을 가진 세계 제국의 밑바탕이기도 하다. 과학 센터에는 실험실, 병원, 도서관을 갖추고, 신학, 논리학, 형이상학, 신학, 대수학, 삼각함수, 지리학, 물리학, 생물학, 의학, 약학에 관한 연구 프로그램도 진행할 것이다.

지혜의 집이 생길 당시에는 학문 영역이 나누어져 개별 전문가들에 의해 수행되는 체제가 아니었다. 전혀 그렇지 않았다. 신학에 뛰어난 학자들 상당수가 번역, 수학, 의학 분야에서 공헌을 했다. 초기 학자들은 모든 영역과 현상을 신의 세계로 들어가는 모자이크 창문들로 여겼다. 더 중요한 건 과학연구를 신학에 규정된 우주에 관한 고정관념에 끼워 맞추지 않았다는 점이다. 대신에 어렵거나 심지어 불가능해 보이는 창조의 복잡성을 이해하는 걸 임무로 여겼다. 그 과정에서 끝없는 과학적 논쟁과 토론을 벌였으며, 어떤 두려움도 없었다.

이후 4세기에 걸쳐 알 마문과 선조들의 전통을 계승하는 한편 지혜의 집을 보완하는 새로운 제도들이 바그다드에 나타난다. 심지어는 대

체하기까지 했다. 최초의 중요한 도시 병원들이 10세기에 나타난다. 두 개의 마드라사는 완전히 자리를 잡아 세계적 대학으로 발전했다. 11세기에는 니자미야 대학으로 발전했고, 13세기에는 무스탄시리야 대학이 되었다. 무스탄시리야는 학비 면제에다 의료 혜택과 기숙사 방과 식사까지 제공해주었다. 지혜의 집과 연계된 천문 관측소가 삼마시야에 나타난다. 알 하산이나 바누 무사 형제들 같은 프리랜서 천문학자들의 개인 저택에도 관측소가 있었다. 13세기 바그다드에는 36개의 대중 도서관과 100개의 서점이 있었다.

900년대에 일찌감치 바그다드는 가장 세련되고 근대적인 도시로 변모한다. 10세기 역사가 야쿠트는 이렇게 표현한다.

바그다드 시는 티그리스 강의 좌우에 지름 17km의 큰 반원을 형성했다. 무수한 교외 지역, 공원과 정원, 빌라와 아름다운 산책로, 풍요로운 시장들, 잘 지은 모스크, 목욕탕들이 강 양쪽으로 상당히 길게 쭉 뻗어 있다. 한창 번영했을 때는 바그다드와 교외의 인구가 이백 만 이상에 육박했다! 칼리프의 궁전은 한 바퀴 걷는 데 몇 시간이 걸리는 큰 공원 한가운데에 위치해 있다. 옆에는 야생 동물들의 이동 공간까지 딸려 있는 동물원과 새 사육장이 있다. 궁전 땅에는 정원들이 배치되어 있으며, 식물들, 꽃들, 나무들, 호수, 분수들로 멋지게 꾸며놓은 데다 조각상들이 주위를 둘러싸고 있다. 강의 이쪽 편에 왕족들의 궁궐이 위치해 있다. 폭이 전부 20미터를 넘는 넓은 도로들은 도시를 구획이나 지역구로 나누며 도시 한쪽에서 다른 쪽으로 가로질러 있다. 각 구역은 거주민들의 안락함과 위생이나 청결함을 보살피는 감시자나 감독관에 의해 관리된다.

도시 남쪽과 북쪽에 있는 강은 도시의 관문과 마찬가지여서 강 양쪽

감시탑에 주둔한 병사들이 교대로 밤낮 지킨다. 도시 전체를 가로질러 설치된 수로를 통해 모든 가정에는 계절에 상관없이 물이 풍족하게 제공된다. 거리와 정원과 공원들은 정기적으로 청소하고 물을 공급하며, 내부에 어떤 쓰레기도 그대로 방치해두지 않는다. 왕실 궁궐 앞의 커다란 광장은 관병식(觀兵式), 군대 사열, 시합이나 경주에 사용한다. 밤에는 광장과 거리에 램프가 밝혀져 환하다.

강 왼쪽 둑에 막사를 설치한 군대에는 날마다 사열을 받는 넓은 공간이 있다. 도시의 관문들에 설치된 길고 넓은 연단에서는 시민들이 모여 얘기를 나누며 휴식을 취하다가 수도로 들어오는 여행자나 시골 사람들을 구경하기도 한다. 수도에 거주하는 여러 나라 사람들에겐 정부에 자신들의 이해관계를 대표해 전해주는 수석 관리가 있는데, 처음 온 낯선 사람도 상담이나 도움을 요청할 수 있다.

바그다드는 치장 벽토나 회반죽이 아닌 대리석으로 지은 궁궐들로 이루어진 멋진 도시다. 건물들은 대개 여러 층으로 되어 있다. 궁궐과 저택들은 호화롭게 금도금을 했으며, 아름다운 장식 걸개 융단이 있고, 실크나 무늬가 들어간 천으로 된 커튼도 있다. 방들은 사치스러운 긴 의자, 비싼 테이블, 독특한 중국 꽃병, 금은 장식 등으로 부드러우면서 고상하게 꾸며져 있다.

강 양쪽에는 수킬로미터에 걸쳐 궁궐들, 정자들, 정원들, 상류층과 왕족들의 공원들이 늘어서 있다. 대리석 계단이 강가까지 이어져 있다. 강 풍경은 작은 깃발들로 장식된 수천 개의 곤돌라들로 활기차다. 곤돌라는 물 위의 햇살처럼 춤을 추듯 유흥을 찾는 바그다드 시민들을 도시 이곳저곳으로 나르고 있다. 넓게 펼쳐진 부두에는 바다 또는 강가를 운행하는 각종 배들이 닻을 내리고 있다. 화물 운송용 중국 목선부터 공기를 채워넣은 가죽으로 된 오래된 아시리안 고무 보트까지 전부 다 있다.

가장 중요한 전성기는 문학 분야에서 나타난다. 오래된 페르시아와 힌두 이야기에서 파생된 세헤라자데의 『천일야화』 같은 문학작품은 제외하고도, 바그다드는 세계적인 시 중심지로 성장하고 있었다. 단지 도시의 부, 다양성, 창의성 때문만이 아니라 세계에서 가장 시적인 문화들과 언어들인 아랍 문화와 페르시아 문화가 혼합되었기 때문에 그렇다. 두 문화 모두 오래전부터 문학적 의사소통 매개체들 가운데 시를 가장 고차원적인 것으로 여겼다. 바그다드에서는 시가 1300년 후에 나타날 언론과 소설 역할까지 담당했다. 바그다드의 뛰어난 시인으로는 바스샤르 이븐 부르드가 있다. 그는 이슬람 이전의 아라비아와 페르시아의 감각적인 전통들을 묘사한 감각주의자였다. 이븐 이야스와 아부 누와스도 빼놓을 수 없다. 아부 누와스는 바그다드의 어두운 면을 노래했다. 신에 대한 불경이라는 생각은 하지도 않은 채 섹스와 술에 탐닉한 시를 쓰고 그런 삶을 살았다. 이븐 왈리드는 사랑과 음주에 관한 노래를 읊었다. 이븐 아흐나프와 이븐 다우드도 있는데, 에로틱하고 자극적인 시를 뛰어넘어 고귀하고 낭만적인 사랑에 대해 썼다. 전문가들에 따르면, 그들은 궁정 사랑 이야기와 음유시인들 노래의 선구자다.

이븐 아흐나프는 이렇게 썼다.

내가 당신을 방문할 때면,
길을 밝혀줄 달이 어디에도 없어요,
갈망의 혜성들이 나의 심장에
불을 지폈어요, 갈비뼈 아래로
참혹하게 타들어가며
대지가 훤히 불타오르네요.

문학적 논쟁은 때로 페르시아를 지향하는 부류와 고전 아랍어를 중시하는 부류 간의 긴장을 일으켰다. 때로는 신과 사회에 대한 심오한 논쟁으로 변하기도 했다. 심지어는 공공연한 교전으로까지 이어졌다. 알 마문 이후 여러 세대가 지난 뒤, 시인이자 귀족인 이븐 무타즈는 칼리프가 될 정도로 세력을 얻는다. 하지만 겨우 하루 만에 암살되었다.

이러한 사상과 상상력의 동심원은 결코 끝나지 않을 것처럼 계속된다. 그러나 아바스 세계 역시 모든 조직체와 다를 바 없다. 위에서 멀리 내다보면, 아무리 거대한 문명이라 해도 내부에 자멸의 씨를 갖고 있다. 알 마문의 지식에 대한 열정은 사상과 신앙 면에서 항상 적을 만들어냈다. 물론 그가 종교 관련 현안들에서 우월한 자리에 있긴 했다. 하지만 이븐 한발, 반대자들, 전통주의자들 같은 정적들의 반감을 막을 수는 없었다. 결국 몇 십 년이 지난 뒤, 후계자 칼리프 알 무타와킬은 전통주의자들 관점을 채택하면서 무타질라파를 내치게 될 것이다. 일부 사람들은 이븐 한발이 영웅으로서 최후를 마쳤다고 생각하며 장례식에 수천 명이 참석한다. 또한 알 마문은 페르시아를 사랑하고 의지했음에도 반란의 씨를 심은 셈이 되었다. 알 마문은 충성심을 확고히 얻고자 전직 장군이자 수상이었던 타히르의 가문에게 페르시아 통치권을 주었다. 알 마문의 후계자들 역시 그런 선례를 따랐다. 결국 진짜 권력은 지역 실력자에게 넘어가고, 칼리프들은 허울에 불과한 꼭두각시가 된다.

알 마문은 더 이상 이성에 대한 열정적 믿음을 제도화할 수 없게 되었다. 비잔틴과의 마지막 전투 중 죽음을 맞은 것이다. 아불 하산 알리 알 마수디는 그의 죽음을 이렇게 나타냈다.

알 마문은 그리스인 황제에 맞서 마지막 원정을 치르고 있었다. 꾸사이라 강에 도착해 강 제방에 캠프를 차렸다……

그때 갑자기 183센티미터 길이에 은괴처럼 반짝거리는 물고기 한 마리가 나타났다. 칼리프는 물고기를 잡는 사람에게 상을 내리겠다고 약속했다. 그 자리에 있던 어떤 이가 내려가 물고기를 잡아 해안가로 가져왔다. 그러나 알 마문이 앉아 있는 곳으로 다가가자 물고기는 손에서 빠져나와 다시 물속으로 사라졌다. 그러고는 돌처럼 바닥에 가라앉았다. 칼리프의 목, 가슴, 팔에 물이 튀는 바람에 옷이 젖었다. 남자는 다시 내려가 물고기를 잡아오더니 몸을 이리저리 휘청거리며 물고기를 칼리프 앞의 냅킨 위에 올려놓았다. 기름에 튀겨 요리하라는 명을 내리는 순간, 알 마문은 갑작스럽게 몸이 추워지더니 꼼짝도 할 수 없었다. 사람들이 담요와 가죽을 덮어주었지만 소용이 없었다. 그는 나뭇잎처럼 떨며 말했다. "너무 추워! 춥다고!" 그는 막사 안으로 옮겨졌다. 사람들은 옷을 덮어주고 불을 피워주었다. 그러나 그는 계속 추위를 호소했다. 물고기를 요리해 앞에 바쳤지만, 고통이 너무 심해서 맛을 보는 건 고사하고 손도 댈 수 없었다.

상태가 급격히 나빠지자 형제인 무타심이 의사 바크테쇼우와 이븐 마소우이에를 불러 상태를 진단하게 했다. 그러고는 나아질 수 있을지 물어보았다. 이븐 마소우이에가 환자의 한쪽 손을 잡고 바크테쇼우는 다른 쪽을 잡은 채 같이 맥을 짚어보았다. 불규칙한 맥박이 그의 죽음을 알려왔다. 그런데 그 순간 그는 혼수상태에서 깨어나 눈을 뜨더니 본토박이 주민들을 불러 이 강과 지역에 대해 물어보았다. '꾸사이라' 라는 이름의 의미를 물어보자 그들은 "너의 다리를 쭉 뻗어라. 다시 말해 죽음을 뜻한다."고 말해주었다. 알 마문은 이곳의 아랍식 명칭을 다시 물었다. 그러자 그들은 '락카' 라고 대답했다. 그가 태어날 무렵의 별점에 따르면, 그곳이 바로 그가 죽게 될 장소였다. 그는 혹시라도 죽을까봐 항상 락카라는 도시에 머무르는 걸 두려워했다. 그러나 사람들의 대답을 듣고는 별점이 예언했던 곳임을 확신했다.

그는 상태가 악화되는 걸 느끼면서 한 번 더 병영과 병사들을 시찰하기 위해 막사 밖으로 나가겠다고 명했다. 거의 한밤중이었다. 그는 병영의 긴 줄을 따라 응시하더니 멀리서 반짝거리는 불빛을 쳐다보며 울었다. '오, 당신의 지배력은 끝이 없군요. 서서히 지배력을 잃어가는 자에게 자비를 내려주소서.' 그는 다시 침대로 옮겨졌다. 무타심은 그가 죽어간다는 걸 알아차리고는 누군가에게 그의 귀에 기도문을 나지막이 읊어주라고 시켰다. 그 자리에 있던 한 사람이 알 마문이 따라 할 수 있게끔 막 말문을 열려는 순간, 이븐 마소우이에가 말했다. "그에게 말하지 마시오. 그는 지금 신과 인간을 구분하지 못하는 상태요." 죽어가는 알 마문은 눈을 떴다. 거대하고 아름다운 갈망으로 빛나 보였다. 그는 의사의 손을 꽉 잡고 말을 하려고 했지만 할 수가 없었다. 그의 눈은 하늘을 향했고 눈물로 가득 찼다. 마침내 혀가 풀린 상태로 말했다. "오, 죽지 않는 그대여, 여기 죽어가는 자에게 자비를 내려주소서." 그러고는 곧 숨을 거두었다. 시신은 타르수스로 옮겨져 그곳에 묻혔다.

비록 알 마문은 죽었지만 바그다드의 황금기는 이제 열정적으로 시작된 셈이다. 시작해서 마칠 때까지 거의 오백 년이나 지속될 것이다.

◉ **A.D. 756년, 우마이야 왕조의 에미르 세력권, 꾸르투바**(스페인의 코르도바)—다마스쿠스의 밤, 그 살인의 기억으로, 고통받은 한 왕자가 여기 있다. 그는 지금 고향에서 3,700km 떨어진 코르도바라는 옛 로마 도시를 내려다보며 산 정상에 의기양양하게 서 있다. 아랍인들은 이곳의 명칭을 꾸르투바로 바꾸었다.

가족 전부와 친척들이 살해당하던 750년의 그날 밤 이후, 압드 알 라흐만은 무일푼으로 형제인 야하와 하인 바드르와 함께 떠돌아다녔다. 붕괴되는 자신의 왕조를 뒤로 하고서, 세 명의 생존자들은 팔레스타인으로, 그리고 이집트로 행선지도 모른 채 정처 없이 떠돌았다.

승리한 아바스조는 우마이야조의 다마스쿠스를 경멸하며 바그다드로 수도를 옮겼다. 가족들이 살해당해 유산을 하나도 받지 못한 이 젊은 이들은 냉혹한 세상에서 살아남을 방도를 찾아야만 했다.

하지만 그들은 심지어 자신의 정체도 제대로 밝힐 수 없었다. 어디를 가나 우마이야의 흰색 깃발 대신에 아바스의 검은색 깃발이 걸려 있었다. 새로운 칼리프 알 만수르는 부하와 자기 세력을 곳곳에 파견했다. 몰락한 우마이야조의 추종자들이 설령 남아 있다 하더라도 어둠 속에 숨어 있어야 할 처지였다. 아바스조가 보낸 암살단이 마침내 그들을 추적해 팔레스타인에서 야하를 살해했다. 압드 알 라흐만과 바드르는 암살자들을 피해 달아나 외로이 여행했다.

그의 신분을 알고 동정한 극소수 사람들은 과거를 모두 잊고 신분을 바꾸어 먼 곳에서 삶을 시작하라고 조언해주었다. 군인이 되든지 아니면 교사나 상인 같은 일자리를 알아보라고 했다. 그들은 왕실에서만 받을 수 있는 훌륭한 교육과 좋은 삶이 묻어나는 몸가짐과 말투를 높이 평가했다. 왕자들은 시리아나 이라크의 음모가 없는 아주 먼 곳에서 사회의 한 구성원으로 소속되어 살거나 아니면 신앙을 전파하는 정복자로 재탄생할 수 있을 것이었다.

왕자는 그 제안들을 전부 새겨들었다. 하지만 그는 젊고 자신감이 넘치는 반면에 여전히 그날 밤의 기억의 상처에서 벗어나지 못했다. 그래서 스스로 대답을 찾기로 결심한다. 무엇보다도 오래전에 종조부 마스라마가 한 예언에 푹 빠져 있었다. 그는 왕자가 오랜 시련을 겪은 후 우마이야조의 영광을 되찾을 인물이 될 거라고 했다. 그것은 그를 이끌어주고 살아갈 의지를 주는 햇살 같은 오래된 비밀이었다. 그러한 비밀을 마음속 깊이 간직한 채, 왕자와 하인은 계속 서쪽으로 나아갔다.

왕조가 바뀌는 혼란 속에서 그들은 멀리 떨어진 북아프리카가 가장 좋은 은신처가 될 거라고 생각했다. 한때 충성스러웠던 우마이야조 에미르들은 혼란을 틈타 개인적인 왕국을 건설하고 있었다. 하지만 북아프리카의 에미르는 압드 알 라흐만에게 안전한 은신처를 제공하지 않았으며 심지어 죽이려고까지 했다. 그러나 압드 알 라흐만은 실망하지 않는다. 그는 무슬림 알 안달루스의 분쟁 소식을 접하고는 하인 바드르를 지브롤터 해협 너머로 염탐을 보냈다. 바드르는 불만에 찬 예멘 집단으로부터 흥미로운 소식을 알아냈다. 북쪽 아랍 부족 콰이시트와 동맹을 맺은 에미르 유수프 알 피흐리의 알 안달루스에서 곧 반란이 일어날 거라는 소식이었다. 사십 년 전, 타리크 부대의 충성스러운 일원이었던 예멘인들은 지금은 알 안달루스에서 소외된 처지다.

압드 알 라흐만은 20명의 후원자들을 찾은 뒤 755년에 해협을 건너간다. 북쪽으로 올라갈수록 불만에 찬 안달루시아인들이 점점 그에게 망명했다. 벌써부터 그를 에미르라고 불렀다. 그들 가운데 일부 사람들의 동기는 명예로웠다. 즉, 전복된 칼리프조의 유일한 생존자에게 충성을 바치고자 하는 바람이었다. 또는 현직 에미르에 대한 불만족 때문일지도 모른다. 그러나 상당수 예멘인들의 경우엔 탐욕이 가장 큰 이유였다. 부자가 될 권리를 얻고, 정복 후에 바로 약탈을 마음껏 하기 위해서였다. 타리크 시절의 예멘인들은 충성의 대가로 땅을 받았었다. 하지만 유수프 알 피흐리가 지배하면서 불리해졌다. 스페인 북쪽에서 무상으로 받았던 농장들이 없어져 다시 북아프리카로 돌아가야 할 처지로 전락한 것이다.

이런 사정이다 보니 현직 에미르 알 피흐리는 참사 속에서 살아남

은 유일한 후계자가 예멘인 반란군과 함께 자신의 영토 근처로 오는 것에 불안감을 느꼈다. 그래서 관대한 제안으로 위협을 미리 처리하려고 했다. 그는 자신의 딸과의 혼인을 제안하면서 사유지와 은신처도 마련해주겠다고 했다. 지난 오 년 동안 고난의 세월을 참아낸 사람에게는 솔깃한 제안이었지만, 압드 알 라흐만은 거절했다.

다음 해 756년이 되자 압드 알 라흐만의 군대는 더욱 커졌고, 꾸르투바 외곽에서 에미르와 전투를 벌였다.

마침내 모든 역경에도 불구하고 젊고 두려움 없는 압드 알 라흐만이 이끄는 군대가 승리했다. 알 안달루스의 새로운 에미르로 압드 알 라흐만 1세가 추대되었다. 이 먼 곳에서 우마이야조의 통치권을 되살린 것이다. 스물다섯 살의 에미르는 상징 깃발도 없어서 누군가가 창끝에 초록색 터번을 매달아 높이 올려주었다.

그의 첫 번째 임무는 기회주의자인 예멘 동맹군을 통제하는 것이었다. 예멘인들은 오랫동안 기다려온 보복과 전리품 획득에 나섰다. 압드 알 라흐만은 정의롭고 공정한 지도자상을 꿈꾸었기 때문에 그런 행동을 허락할 수 없었다. 그는 동맹을 잃을지도 모르는 위험을 무릅쓰고 그들의 난동을 제어한다.

하지만 그건 정치적 난관의 시작에 불과하다. 그런 선택으로 인해 앞으로 30년 동안은 난동, 반란, 라이벌을 진압하며 보낼 가능성이 커진 것이다. 그는 모스크에서 첫 예배를 드리면서 너무나 심약해져서 가족을 살해하고 자신을 이곳까지 오게 한 아바스조에 대해 마음에도 없는 호의적인 말을 하기까지 했다. 전복된 알 피흐리는 계속해서 분쟁을 일으키며 젊은 지배자를 살해하든지 축출하겠다고 맹세한다. 763년에는 정적인 바그다드의 아바스조가 보낸 암살대가 꾸르투바에 도착한다. 새로운 에미르는 승리를 거둔 뒤 지휘관들의 목을 베어 장뇌(樟腦)에 넣어 동쪽의 칼리프에게 돌려보낸다. 이후 그는 모스크에서 두 번 다시 아바스 왕조의 이름을 언급할 필요를 느끼지 않는다. 그리고 200년 후 그의 후손은 이슬람 세계의 진정한 칼리프라고 선언할 정도로 강력해질 것이다.

그러나 756년 현재엔 뭘 해야 할까? 본토에서 멀리 떨어진 곳에 있으니 불확실한 처지다. 하지만 다마스쿠스에서는 사라진 왕조와 꿈이 되살아나고 있었다. 이곳은 새롭긴 하지만 그다지 낯설지가 않다. 여행했던 아프리카나 레바논보다는 로마 시대의 시리아나 이베리안 반도와 비슷하다. 거친 언덕에는 삼나무들이 서 있고, 햇살이나 토양색 역시 고국과 상당히 비슷하다.

이제 막 임무를 끝냈다. 5년 동안의 생존투쟁 끝에 정치력을 회복한 것이다. 하지만 권력을 차지해 유지하는 것만으로는 충분하지가 않다고 여긴다. 그는 보다 위대한 꿈을 갖고 있다. 서고트족과 전투할 때 야영지로 사용되었던 작은 도시를 내려다본다. 그곳은 로마인들이 세운 도시로 알 피흐리의 평범한 수도였다. 그러나 그는 뭔가를 결심한다.

마치 사랑했던 가족들을 되살리듯 거친 언덕과 건조한 계곡이 펼쳐진 스페인 남부에서 잃어버린 다마스쿠스를 재건할 것이다. 관개 시설, 독특한 혼용 로마네스크 건축 양식, 넓은 시민 공간, 로마 시대를 연상시키는 고급 궁궐들을 지을 것이다. 갑작스레 발전과 진보가 중단된 우마이야조의 영광을 재현할 것이다. 예전의 도읍지 다마스쿠스를 단지 복원하는 데서 끝나지 않을 것이다. 거기서 칼리프가 되었다면 다마스쿠스와 시리아를 비롯한 칼리프 세력권에 완벽한 발전 계획을 실행했을 것이다. 그런 계획을 이곳에서 추진하려 한다. 학문과 발명으로 경쟁하는 기관을 세울 것이다. 침체된 이베리아 반도의 미개척지 도시에서 세계적인 도시와 문명을 창조해낼 것이다.

먼 훗날 뒤돌아봤을 때, 두 적대적 가문인 아바스조와 우마이야조가 다른 점보다는 닮은 점을 더 많이 발견하는 건 모순이기도 하다. 그들은 궁궐 내의 민족 구성, 종교 교리의 세부 사항, 흰색 깃발 아니면 검은 깃발을 따를지에 대해서 논쟁할지 모른다. 그럼에도 불구하고 두 왕조 모두 지성과 위대함을 추구한다. 사상과 발명을 사랑하며 정해진 틀을 깨고 한계를 시험하는 걸 두려워하지 않는다.

그의 첫 번째 임무는 위대한 사회를 지탱할 기반 시설의 구축이다. 유구한 역사의 다마스쿠스에 살았던 조상 무아위야의 임무와 같다. 도로, 다리, 모스크, 학교, 물이 필요하다.

그는 다마스쿠스와 시리아의 방식을 스페인에 옮길 것이다. 시리아 정착민들이 시리아 특색의 올리브와 오렌지, 레몬 나무의 씨를 뿌려 경작할 것이다. 시리아의 장치들을 본떠 만들어 땅을 관개하고 수압기계를 이용해 물을 옮길 것이다. 그리고 그곳에는 시리아의 힘스와 매우 닮은 도시도 있다. 나중에 세빌로 불리는 곳이다. 아랍 시인들은 세빌을 알 안달루스의 힘스라고 불렀다. 훗날 동쪽으로 여행을 간 안달루시아 여행객들은 이슬람권 가운데 오직 시리아만이 고향을 떠올리게 한다고 말한다.

압드 알 라흐만은 수도에 거대하고 웅장한 정원 알 루사파를 건설한다. 정원 안에는 모국의 궁전을 모방해 다마스쿠스 궁궐로 불리는 궁전도 지었다. 786년에는 거대한 코르도바 모스크를 짓기 시작한다. 무려 62년이 걸리는 대공사다.

노년의 에미르는 이런 시를 남겼다.

루사파 한가운데 서 있는 종려나무 한 그루
종려나무와는 거리가 먼 서쪽에서 태어났구나.

난 이렇게 말하네. 내 처지가 너와 비슷하구나.

멀리 외진 유배지에서

가족과 친구들과 오랫동안 떨어져

낯선 땅에 뿌리를 내려 자라났구나.

나 역시 고향에서 멀리 떨어져 있네.

756년, 그는 그리움과 고독 속에서 시작했다. 하지만 그의 미래상은 다음 3세기에 걸쳐 후손들이 이루어낼 놀라운 결과를 만들어낸다. 그는 동쪽을 바라보며 영감을 얻기 위해 과거를 회상했다. 후손들은 오래된 잃어버린 모국을 직접적으론 알지 못한다. 그들에겐 알 안달루스가 조상의 땅이 될 것이다. 로마, 비잔틴, 시리아, 아라비아에서 영감을 얻긴 했지만, 시간이 흐르면서 우마이야조의 알 안달루스는 독자적 형태로 발전한다. 무슬림들은 800년에 걸쳐 스페인의 일부 또는 전체를 지배한다.

무슬림 스페인 시대 동안 알 안달루스의 권력 구조는 우마이야 에미르 세력권(756~929)에서 우마이야 칼리프 시대(929~1031)로 발전한다. 그 뒤에는 타이파(도시 정도의 소왕국—역자) 연합으로 불리는 도시 연합체로 장기간 통치하며, 무슬림인과 기독교인의 통치가 번갈아가며 나타난다.

스페인 우마이야조 후반기에 이르면, 압드 알 라흐만이 시작한 위대한 코르도바 모스크는 더 커지고 화려하게 장식된다. 코르도바 외곽에는 새로운 왕실도시인 메디나 아자하라가 만들어진다. 코르도바는 11세기에 전성기를 맞으며 유럽에서 가장 발전한 도시가 된다. 인구도 거의 50만 명에 달하며, 300개의 목욕탕과 300개의 모스크와 50개의 병원들을 자랑한다. 수준 높은 도서들을 찾아볼 수 있는 공공 또는 개인 도

서관도 있는데, 나머지 유럽 전체보다 더 많은 책을 소장했다.

세력과 부의 정점인 1090년, 코르도바는 알모라비드조(朝)로 알려진 북아프리카 근본주의자들의 침입을 받고 약탈당한다. 그들은 우마이야조의 자유로운 사상과 자유분방한 사회를 정화시킨다는 명분으로 왔다. 칼리프의 쇠퇴에 충격을 받은 무슬림 제국은 타이파 도시연합체로 점차 분열되기 시작한다. 북아프리카의 침입은 계속되어 더 철저한 근본주의자들인 알모하드조(朝, 1145~1232)가 침입한다. 그리고 나스르조(朝, 1232~1492)가 뒤를 잇는다. 마지막 왕조는 그라나다, 알메리아, 말라가를 차지할 뿐이다.

침입자들은 다양하고 관용적이며 창조적인 우마이야조의 이상형에 반감을 갖고 스페인에 들어왔다. 하지만 역으로 문화를 경험한 뒤에는 부드러워져 새로운 혼용문화가 탄생한다.

놀랍게도 알 안달루스의 무슬림 창조성과 발명이 종말을 고하는 게 아니라, 타이파 시대에 오히려 창조성의 최고 경지를 나타낸다. 도시연합체의 지배자들은 지식과 우수함을 겨루는 궁정을 만들어내며, 다른 타이파 연합체 라이벌들과도 경쟁한다. 마드리드, 세빌, 자라고자, 톨레도 같은 타이파 연합체는 무슬림의 위대한 업적을 더욱 풍성하게 만든다.

에미르 세력권, 칼리프 세력권, 타이파의 정치적 모자이크의 변화는 스페인의 독특한 정치적, 사회적, 종교적 특색과 섞인다. 우마이야조와 이후 무슬림 또는 기독교인 지배자들의 포괄적인 미래상을 통해 '종교 간 공존'인 삼각 종교사회가 만들어진다. 무슬림과 기독교와 유대교가 사회적으로 공존하고 협동하는 독특한 형태다. 타 종교 신도들인 딤미들은 전도하거나 이슬람을 해치지 않는 한 안정적인 2등급 지위를 부여받았다.

여전히 로마를 따르는 이베리아 반도의 기독교인들은 이제 아랍어를 읽고 쓴다. 이들을 모사라베라고 부른다. 바그다드의 네스토리우스 교도들과 마찬가지로 그들의 언어 능력은 우마이야조의 번역 사업을 돕는다. 라틴어, 그리스어, 히브루어 고전들을 아랍어로 번역해 바그다드와 경쟁할 정도의 사상, 과학, 문학의 전성기를 촉진한다. 무슬림 제국의 어디와도 경쟁할 수 있게 말이다.

로마 제국 이전부터 이베리아 반도에 살았던 유대인들은 타리크가 침입했을 때 이미 서고트족에게 가혹한 박해를 받고 있었다. 그래서 쇠퇴한 서고트보다는 무슬림을 더 나은 잠재적 보호자와 후원자로 인식했다. 그들은 히브루어와 라틴어를 보완하기 위해 아랍어를 배웠다. 랍비 하스다이 이븐 샤프루트는 칼리프 압드 알 라흐만 3세의 조언자이자 외국인 수상이었다. 실질적으로 유대인이 정계 2인자의 자리에 오른 것이다. 유대인들은 무역과 학문에 능해 알 안달루스의 지적인 번영에 한몫한다. 점점 많은 유대인들이 유대인 거주지에서 알 안달루스로 이주하면서 가장 강력한 지역사회를 형성한다. 새로운 유대인 터전은 히브루어로 세파라드로 불리며 800년 동안 유지되었다.

그렇다고 해서 종교 간 공존이 깨진 적이 없었던 건 아니다. 1066년 그라나다에서 150개의 유대인 가문들이 대학살을 당했다. 9세기에는 공개적으로 이슬람을 비방하고 예언자를 모욕한 이유로 48명의 기독교인들이 죽음을 당한 사건이 벌어지는데 이를 코르도바의 순교라고 칭한다. 북아프리카의 이슬람 극단주의자들은 안달루시아인 식의 '불순함'에 혐오감을 느끼고 '정화' 시키려 하기도 했다. 또 열정적인 기독교 신자들이 안달루시아의 재정복을 시도하기도 했다.

이렇듯 적대적으로 갈등을 빚기도 했지만 그에 못지않게 어쩌면 그 이상으로 세 종교는 공존하며 때론 서로를 풍요롭게도 해주었다. 상대

한때 무슬림 세계에서 세 번째로 규모가 컸다. 스페인 코르도바의 위대한 모스크로 기독교인들이 코르도바를 재정복하던 해인 1236년에 성당으로 변경되었다.

방을 존경하며 심지어는 명예롭게 보기도 했다. 신실한 가톨릭 신자 이사벨라 여왕조차도 어린 시절부터 유대인 친구들과 함께 다채로운 궁에서 자랐다. 그녀가 그라나다의 마지막 에미르를 방문했을 땐 이슬람 복장을 했었다. 현명한 군주 알폰소 같은 그녀의 선조들은 우마이야조가 그랬듯이 세 종교의 공존 방식을 채택해 무슬림과 유대인 조언자들을 측근에 두었다. 아랍 비문은 우마이야조의 멸망 후에도 기독교 교회와 유대인 교회당을 장식한다. 가톨릭 로마 교회의 종이 크게 울리는 시대에도 스페인의 무데하르 건축물은 시리아와 아라비아의 양식을 따를 것이다. 오래된 라틴어와 아랍어가 섞인 혼용 언어는 이런 이중 유산과 상실된 역사를 반영한다.

타리크가 도착한 711년부터 이사벨라 여왕이 정복하는 1492년의 긴 시간 동안, 독특한 알 안달루스의 혼용문화는 건축, 음악, 문학, 철학,

의학, 과학에서 놀라운 혁신을 일으켰다. 그러나 슬프게도 이것 역시 잃어버린 역사에 속한다. 상당 부분이 스페인 종교재판소의 공포 때문에 유대인과 무슬림이 스페인에서 탈출하면서 사라졌다. 개종이 강요되고 역사적 사실들이 삭제되기 시작했다. 극단주의자들은 소중한 도서관을 불태우고 언어를 소멸시켰다. 종교재판소를 설치한 지 500년이 지나서야 이런 잃어버린 역사가 천천히 복원되고 있다. 하지만 여전히 많은 사람들은 잘 알지 못한다. 심지어 잃어버린 역사의 살아 있는 당사자들, 즉 그들의 유전자를 물려받고 성을 사용하고 언어를 쓰는 사람들조차 모르고 있다.

추방당한 16세기의 스페인 무슬림 무함마드 라바단이 종교재판소가 성행하던 시절에 쓴 시를 읽어보자.

이 왕국의 무어인들이

수많은 박해와 함께

처벌받고 노예가 되었다.

책들은 흔적도 없이

소실되어버렸다.

학자들은 사라졌다.

일부는 죽고 일부는 수감되었다

엄청난 힘과 영향력으로

광폭해진 종교재판소는

혈기와 잔인함과

과잉으로 치닫고 있다.

거의 어디에서나

세상이 흔들리고 있다.

여기저기에서 새로 세례를

받은 이들을 체포한 뒤

날마다 갤리선 노역,

고문, 불고문으로 탄압한다.

오직 신만이 알고 계실

다른 참혹한 일들도 벌어졌다.

카이로, 사마르칸트, 이스파한, 델리—무슬림의 즉각 수용과 발명의 동심원이 다마스쿠스, 바그다드에서 점점 퍼져 나간다. 장차 코르도바에서도 퍼져 나갈 것이다. 새로 생긴 천재들의 연구기관들은 원래의 기관들과 경쟁할 정도로 성장한다. 초기 이슬람의 창조성과 지식과 지혜를 추구하는 전통은 새로운 곳으로 퍼져 나갔다. 그리고 그런 장소들 중 상당수는 발명과 천재가 낯설지 않은 곳이었다.

새로운 기관 중 하나는 아랍 군대가 처음으로 아라비아 반도에서 나와 이집트로 진격할 때까지는 거의 존재감도 없었던 곳에서 생긴다. 알렉산더 대왕과 로마 제국 때부터 알렉산드리아는 이집트의 주요 도시였다. 클레오파트라의 도시이며, 나일 강 입구에서 고대 그리스의 영향을 받은 도시다. 그곳 상류에 로마인들이 거주하던 지역이 하나 있었다. 파라오의 도시 멤피스에서 그리 멀지 않다. 하지만 642년 아랍인들이 상륙하기 전까지는 큰 비중이 없는 곳이었다. 아랍인들은 요새 도시 알 푸스타트로 이름을 붙인 뒤 아랍 군대 주둔지로 만들었다.

요새는 강 동쪽 제방에 있었다. 아랍이 정복한 이후 2세기 동안은 흩날리는 모래 사막 속의 작은 오아시스에 불과했다. 알 푸스타트는 강의 범람으로 생긴 좁고 긴 땅으로, 파라오 시대부터 농사를 지었다. 아프리카의 겨울 강수량이 많은 관계로 거의 해마다 홍수로 잠겼다. 강을 따라 흩어져 있는 오아시스에는 대추야자수가 뜨거운 모래 위에 늘어져 있다.

그러나 969년 튀니지의 시아파 계열 이스마일파(派)가 침입해 이곳에 세계 제국을 세우면서 나일 강 위의 무슬림 요새는 알 카히라 또는 카이로로 알려진다. 그들은 아바스 바그다드가 정치적으로 분열되고 취약해진 틈을 이용했다. 정복자 이스마일파 이슬람들은 예언자의 딸 중하나인 파티마의 후손이라고 주장하기 때문에 파티마조(朝)로 불린다. 무슬림이 소수인 불리한 상황에도 불구하고 제국주의의 모험에서 부분적으로 성공했다. 알 안달루스에서 홀로 새로운 제국을 건설한 왕자와는 처음부터 상황이 달라 보였다.

파티마 제국은 11세기에 전성기를 맞으면서 이집트, 팔레스타인, 시리아, 시칠리아, 아라비아 일부, 예멘을 포함해 북아프리카 일부를 차지한다.

주요한 세계적 도시이자 학문의 국제 중심지인 중세 카이로의 기본 틀을 잡은 건 파티마조이다. 예외가 있긴 하지만 파티마조는 수니파 무슬림, 기독교인, 유대인들에게 높은 자리를 허락하는 포용과 덕에 기초한 통치를 펼친다. 그러나 그에 못지않게 중요한 건 파티마조가 아바스와 우마이야 왕조처럼 세계적이고 영적인 지식을 찾는 데 동참했다는 것이다. 972년에는 거대한 모스크와 알 아자르라는 부속 대학을 세운다. 이는 앞으로 수세기 동안 세계에서 선도적 대학의 위치를 차지한다. 천문학자 이븐 유너스와 이라크 물리학자 이븐 알 하이삼 같은 학자들이 카이로로 몰려든다. 하이삼은 바그다드에 있다가 파티마조의 알 하킴의 관대한 제안에 이끌려 11세기 초반에 왔다. 매년 일어나는 나일 강의 홍수를 막을 방법을 찾기 위해 부른 것이다. 이븐 알 하이삼은 비록 실패했지만 훗날 빛과 시각에 관한 획기적인 이론을 내놓는다. 이는 수세기 후 유럽에서 레벤후크가 제시한 사상의 토대가 된다.

알 아자르 대학은 원래 이슬람들을 위한 학교로 만들어졌다. 그러나 1171년 살라딘의 등극으로 수니파 아이유브조(朝)가 시작되면서, 수니파의 학문기관으로 재조직되었다. 그리고 지적 선도적 자리를 계속 유지한다.

살라딘과 아이유브조는 파티마조의 규칙과 종교사상을 모두 버렸지만, 파티마조의 지식과 공공 발전에 대한 열정은 포기하지 못했다. 무슬림 교육이라는 전반적인 목표를 갖고, 살라딘과 아이유브조는 알 아자르를 이슬람권에서 가장 창조적인 학문기관으로 만들었다. 살라딘은 12세기 기독교 십자군에 대한 이슬람의 미약한 저항 태도를 180도로 확 바꾼 인물로 유명하다. 살라딘은 이슬람의 운명을 바꾸었으며, 유럽인들에겐 무슬림 기사도 정신의 상징이다. 예루살렘을 수복했을 때 기독교인들을 관대하게 대했고, 사자 왕이라 불린 리처드 왕과도 오랫동안 서로 존경하는 사이였다.

13세기에 이르러 바그다드가 몽골의 수중에 들어가면서 카이로는 더욱 앞서나가는 정치적, 지적 무슬림의 중심지가 되었다. 각종 뛰어난 사상가들과 발명가들이 카이로에 터전을 꾸렸다. 13세기 초반 시리아 태생의 이븐 알 나피스는 카이로 알 만수리 병원에 근무하며 의학을 가르치고 있었다. 그는 그리스 의사인 갈레노스의 신체 혈액순환 지식이 틀렸다는 사실을 처음으로 가르쳤다. 그리고 심장에서 나온 혈액이 폐를 통해 신체 기관으로 갔다가 다시 돌아오는 과정을 설명했다.

1250년 살라딘의 아이유브조는 전직 노예 출신으로 알려진 맘루크조(朝)에 자리를 내준다. 맘루크조는 1517년 오토만 투르크에 의해 전복될 때까지 카이로를 지배한다. 1000~1500년의 정치적 급변에도 불구하고 카이로는 무슬림 세계에서 선도적 지성의 자리를 내놓지 않는다.

한편 바그다드 아바스조의 지성을 풍요롭게 만든 페르시아는 자신만의 이슬람 중심지들을 만들어낸다. 이슬람 이전의 페르세폴리스 또는 군데샤푸르의 도시들이 무색할 정도였다. 무슬림들이 침입하자 페르시아는 일시적으로 정체되고 퇴보했다. 페르시아는 아랍 침입자들에 굴복했다. 하지만 기이하게도 그로 인해 새로운 문화적 에너지가 유입되었다. 초기 페르시아 도시들인 호라산, 카즈빈, 타브리즈의 뒤를 이어 가장 영광스런 무슬림 이란 도시인 이스파한이 나타난다. 이스파한은 셀주크 투르크 하에서 11세기에 번영을 누린다. 셀주크 지도자 말리크 샤와 수니파 후계자들은 궁궐에 학자들과 시인들을 끌어 모은다.

투르크 부족의 하나인 셀주크는 11~14세기에 현재의 터키에서 파키스탄에 달하는 지역을 다스릴 정도로 세력이 커진다. 기원은 투르크족이지만 페르시아의 문화적 아름다움을 채택해 널리 퍼뜨렸다. 그리고 오토만 투르크를 비롯한 후계자들을 통해 계속 이어진다. 니샤푸르와 이스파한은 시인이자 과학자인 오마르 하이얌과 후원자 니잠 알 물크의 터전이 될 것이다. 니잠 알물크의 이름을 딴 니자미야 학교들이 중동 여기저기에 지어진다. 13세기 수니파 성자이며 시인이자 철학자인 알 루미는 셀주크의 수도인 아나톨리아의 코니아가 고향이다. 그는 무슬림들과 기독교인들 모두에게 존경의 대상이다. 알 루미의 작품들은 사후 지금까지 800년 동안 전 세계에서 계속 사랑받고 있다.

13세기 몽골이 침입하기 전에 셀주크는 후퇴했으며, 시아파 사파비 왕조와 샤 아바스 1세(1587~1629)가 등장하기 전까지 이스파한은 조용한 상태였다. 그러다 가장 위대하고 화려한 건축물과 사회의 발전이 나타난다. 영국인 여행 작가 로버트 바이런은 유럽에서 이스파한의 멋진 건물에 비할 것은 없다고 말했다. 심지어 성 베드로 대성당과 베르사유 궁전도 따라오지 못할 정도라고 표현했다. 이스파한의 뾰족한 아치들

위에는 아름다운 푸른색 타일 돔을 올릴 것이다. 넓은 초록색 이맘 광장은 반짝거리는 모스크와 궁궐들로 둘러싸여 있다.

위대한 무슬림 도시들이 아시아에 나타나면서 페르시아의 도시 문화와 스타일은 막강한 영향력을 발휘한다. 정치적 영향력은 그에 못 미치긴 해도 말이다. 아바스조부터 무굴 인도제국의 몰락과 오토만 투르크에 이르는 동안 중동과 중앙아시아와 남아시아에서 페르시아 문화가 꽃피었다. 노르만의 영국 정복부터 21세기에 이르기까지 유럽에서 프랑스가 한 역할과 대등한 정도였다. 오토만의 이스탄불, 티무르조(朝)의 사마르칸트, 무굴 인도제국에 이르는 왕실에서는 페르시아어로 쓰고 말할 것이다. 융단에 나타난 페르시아 디자인을 모방하고, 찬란한 페르시아 연대기와 궁중 역사를 쓰고, 페르시아를 연상시키는 전설적인 기념물들을 짓는다.

이슬람 문화는 8세기에 중앙아시아의 카불, 부하라, 가즈니 같은 도시에 들어와 새로운 이슬람 문화와 사상가와 혁신들을 만들어낸다. 페르시아의 영향을 받아 때로 페르시아어를 사용하기도 한 초원의 도시들은 13세기 몽골의 칭기즈칸과 손자 훌라구의 침입에 충격을 받는다. 칭기즈칸은 1206년 거대한 몽골 제국을 건국하고 중앙아시아와 중동에 격변을 일으키며 황폐화시켰다. 이후 중국에서 이라크를 지나 동유럽과 러시아가 있는 북쪽까지 영토를 확장해 전성기를 맞는다. 몽골은 저항하는 이들에게는 잔인하고 무자비했지만, 순응하는 사람들은 새로운 제국에 편입시켜주었다. 몽골 제국은 이슬람 문화를 점진적으로 반영하며 지적, 과학적 업적을 후원한다.

1406년 몽골이 약해지자 한 후계자인 몽골 부족 세력이 사마르칸트 지역에서 나타났다. 탬벌레인으로도 불리는 티무르가 이끄는 세력이었다. 그의 왕조는 1336~1506년 동안 단기간 존속했으며 티무르 제국이라 불렸다. 한창 전성기에는 러시아 내부까지 세력을 넓히고 인도 북부와 아나톨리아까지 지배했다. 사마르칸트는 알렉산더 대제 때까지 거슬러 올라가는 도시인데, 티무르의 등장으로 한동안 세계의 중심지가 된다. 공물과 전리품이 끊임없이 들어온 덕택에 종교와 교육을 담당하는 복합 건물인 레기스탄을 포함해 사마르칸트의 독특한 건축 양식을 꽃피웠다. 티무르조는 몽골에 기원을 두긴 했지만 페르시아의 문화적 창조성과 혁신을 되살리는 데 이바지했다.

몽골과 티무르조의 침입 때문에 혼란스럽긴 했지만 이런 재앙들이 일부 긍정적인 효과를 낳기도 했다. 초기 이슬람의 발명가 기질을 가진 수천 명의 중앙아시아인들이 수세대에 걸쳐 서쪽으로 피난을 간 것이다. 그 덕택에 아나톨리아, 이집트, 알 안달루스는 지적으로 번성하게 되었다. 몽골인들은 바그다드의 종말을 가져왔지만 이슬람을 받아들이고 종교와 문화의 장점들을 흡수했다. 13세기에 바그다드를 파괴한 훌라구 칸은 페르시아의 마라게에 세계에서 가장 위대한 천문대를 세운다. 훗날 티무르 대제 역시 마찬가지다. 포획한 무슬림 예술품과 보물들을 사랑하는 사마르칸트로 가져와 중앙아시아의 창조 중심지로 만들려고 했다.

셀주크 투르크의 뒤를 이을 문화적 후계자는 오토만 투르크가 될 것이다. 1299년에 수장 오스만이 아나톨리아에 왕조를 세운다. 그러다가 오토만 투르크는 1300년대 중반 밀고 들어오는 티무르의 압도적인 힘에 지지기반이 흔들린다. 하지만 결국 티무르조보다 오래 살아남아 구비잔틴 제국의 상당 부분을 통치한다. 1453년 메메트 2세가 다스리는 오토만 투르크는 콘스탄티노플을 점령해 이스탄불이라 이름 붙이고 수도로 삼았다. 오토만 제국은 아랍 칼리프 제국이었던 지역의 상당 부분을 정복했다. 알 안달루스는 제외되었지만 대신에 그리스와 발칸 지역을 얻었다. 대제 술레이만 1세 때 정치적, 지적 전성기를 누린다. 그는 1520~1566년까지 통치했으며 종교적 관용을 베풀었다고 기록되어 있다. 제국을 다스릴 때도 혈연관계인 왕족보다는 능력 있는 인재들을 썼다. 그리고 유럽에 대한 군사적 압박을 재개해 헝가리로 대규모 원정을 떠나고 비엔나를 정복하기도 했다.

동남쪽 먼 곳에서는 아랍 무슬림들이 8세기에 인도 북부의 신드까지 진출했다. 그들은 아라비아 해를 따라 무역을 하면서 이슬람 문화를 인도의 항구 지역에 전해주었다. 12세기에 이르러 중앙아시아 세력은 여러 차례 인도를 침입해 공격해온다. 그 결과 라호르, 델리 같은 도시들에 장기집권 정권이 세워졌다. 이름하여 델리 술탄 제국으로 1206~1526년 동안 다스렸다. 전성기에는 아프간 국경에서 벵갈에 이르기까지 인도 북부를 전부 통치한다.

무슬림 인도의 황금기는 16세기 중앙아시아의 무굴인들이 인도에 들어오면서 시작된다. 그들은 무굴 제국을 세워 1526~1857년 동안 지배했다. 무굴은 페르시아어로 몽골을 뜻한다. 첫 무굴 제국 지배자는 티무르 대제의 직계 후손인 바부르였다. 당시 티무르 제국은 분열된 상태였다. 하지만 바부르는 현재의 우즈베키스탄에 해당하는 본거지에서 충분한 군사적 힘과 능력을 가지고 있었기 때문에 티무르 제국을 되살릴 수 있었다. 그는 동서에서 밀려오는 침입자들에게 오랫동안 사마르칸트를 빼앗기고 되찾는 과정을 반복하다 남쪽으로 내려간다. 그러다 히말라야 남부가 더 낫다는 결론을 내리고 델리 술탄 제국을 공격해 패배시켰다. 이 제국은 장차 데칸 고원까지 세력을 넓힐 것이다. 지배자 바부르는 특이하게도 문학적 감성을 지닌 섬세한 전사였다. 바부르나마라는 매우 자세한 연대기도 남겼다.

델리와 라호르 같은 도시들은 부와 영광을 누렸다. 하지만

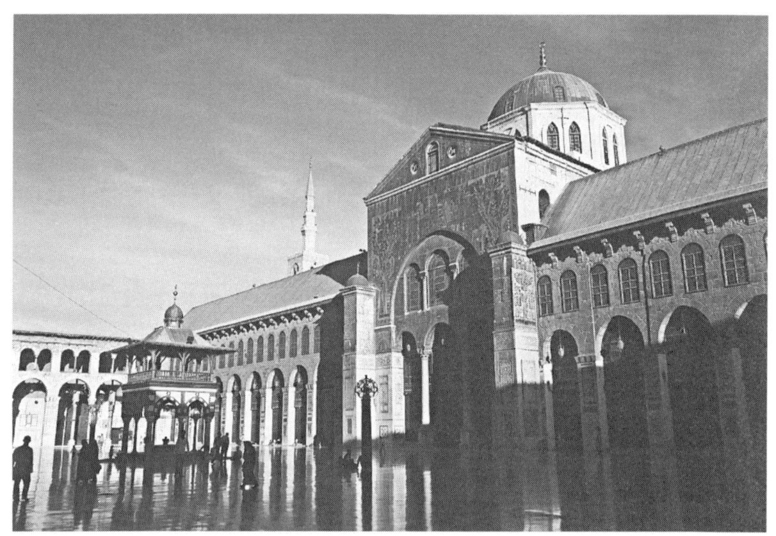

A.D. 715년 다마스쿠스에 지어진 우마이야조 모스크. 세계에서 가장 오래되고 큰 모스크들 가운데 하나다.

1526~1658년 동안 위대한 무굴 제국의 수도는 바로 아그라였다.

바부르의 손자 아크바르 대제는 비무슬림 인도인들이 가장 좋아했던 무굴 제국 지배자였다. 그는 관용과 포용 정책을 더욱 심화시켰으며, 이슬람과 힌두교를 혼합해 새로운 종교를 만들려고 했다. 그의 후손 샤 부딘 무함메드 샤 자한은 건설의 대가였다. 그는 아그라의 타지마할과 델리의 레드포드를 비롯해 여러 유명한 건축물을 남겼다. 샤 자한은 페르시아 공주 누르 자한과 결혼한다. 그녀는 수백 명의 페르시안 건축가들, 예술가들, 시인들, 사상가들을 초대해 궁정을 활기차게 만들었다. 그 결과 눈부신 지적 상류층을 이루긴 했지만, 부정부패와 타락을 가져왔다는 비난도 받았다. 점차 새로운 외국인들에 대한 본토박이 인도인들의 분노가 커지게 되고, 결국 자한은 아들에 의해 멸망한다.

1700년대 초반에 전성기를 누린 무굴 인도 제국은, 당시에 거의 세계 부의 25퍼센트를 차지할 정도였다. 1억 4천만의 인구는 중국을 제외하고는 따라올 나라가 없었다.

전쟁과 역병과 여행의 고단함에도 불구하고, 이렇게 널리 분산된 중심 도시들 간의 사람들과 사상의 교류는 천년 동안 계속되었다. 특히 교류는 동쪽에서 서쪽으로 이동하며 이루어졌다. 알 안달루스, 이라크, 북아프리카는 중앙아시아, 페르시아, 아라비아 출신 이민자들 덕택에 더욱 풍요로워졌다. 부하라와 가즈니는 바그다드, 코르도바, 델리, 카이로와 교류했다. 여행자 이븐 바투타는 14세기에 북아프리카를 출발해서 주요 도시들을 여행했다. 그는 각 도시들이 인종, 자연경관, 언어에서 차이가 있음에도 불구하고, 무슬림 초기 시절에 내재된 공통점을 가지고 있음을 발견한다.

통합된 무슬림 세계의 이러한 배경은 지금은 다 사라져버렸다. 그럼에도 불구하고 잃어버린 역사의 다양한 과학자들, 사상가들, 예술가들은 각자 분야에서 톡톡히 제 몫을 해냈다. 그들은 근대 세계의 많은 기반을 놓았다. 초기에 유럽의 비이슬람들은 이슬람의 놀라운 업적에 경외감을 나타내고, 관련 인물들의 이름과 작품을 잘 알고 있었다. 하지만 점차 이러한 작가들과 발명가들의 이름은 잊힌다. 그러고는 마치 유럽인들 스스로 근대 세계를 창조한 것처럼 생각하게 된다.

Chapter 03

숫자로 나타난 신

…그리고 그는 숫자로 모든 걸 말했다.
– 코란(72장 28절)

2007년, 인도, 방갈로르—위에서 멀리 내려다본 카르나타카 주의 수도 방갈로르의 모습은 거대한 데칸 고원의 숲과 푸르른 대초원을 자르는 현대적인 격자(格子) 구조다. 도시의 전체 틀은 잘 정비된 규칙성을 보이는데, 이쪽 지역에서는 매우 특이한 것이다. 우기의 거대한 적운이 오후가 되면 적란운으로 바뀐다. 장대비가 야자수, 관목들, 광장 블록, 새로 만들어진 구역들 위로 쏟아진다. 배기 가스 매연이 열대지방의 열기 속에서 푸르스름하게 비친다. 여러 도심 지역을 왔다 갔다 하는 교통 흐름이 도시의 분주함을 보여준다.

격자무늬 모습은 아대륙(亞大陸)에서 쉽게 볼 수 없는 도시임을 알려준다. 방갈로르는 수천 년 전에 세워진 나라에서 500년 동안 중심지 역할을 했다. 그러나 대부분의 성장은 최근 30년 동안에 이루어졌다. 도심에 위치한 커다란 시민 공원에는 근대 대학, 신고전주의적 분위기의 대법원 건물, 국회, 도서관이 들어서 있다. 새로 깔린 거리와 고속도로들은 한창 개발 중인 교외 지역, 빌딩들, 다국적 기업 건물로 연결된다.

파미다 칸은 사무실 빌딩에서 근무하며 소프트웨어용 알고리즘을 쓰고 있다. 시카고나 싱가포르를 비롯한 전 세계의 여러 거래소에서 이루어지는 상품 무역을 돕기 위해서이다. 알고리즘은 수를 이용한 계산과 지시이며, 체계적으로 실행된다면 원하는 결과를 얻어낼 수 있다. 알고리즘은 현대 과학과 엔지니어뿐만 아니라 소프트웨어를 만드는 데도 필수적이다. 컴퓨터와 첨단기기들도 알고리즘 덕택에 엄청난 양의 데이터와 자료를 분류할 수 있다. 공간 관계를 계산해내고, 신뢰할 만한 정보를 암호화하거나 또는 암호를 푸는 데 사용된다. 현대의 계산, 기술, 상업, 과학의 기본 과정이 다 이를 이용한 것이다.

작은 소프트웨어 회사의 창업자인 파미다의 가장 큰 고객은 인포시스나 위프로 같은 정보 기술 관련 거물급 인도 회사들이다. 하지만 최근에는 큰 규모의 다국적 기업에서도 연락을 받기 시작했다. 원래는 북미와 유럽의 배후 사업 과정을 아웃소싱 받아서 했었다. 하지만 인도의 이런 신생 회사들은 컴퓨터 업계에서 보다 상위로 올라가길 희망한다. 다시 말해 새로운 세계적 컴퓨터 시스템을 이끌 소프트웨어를 개발하거나 새로운 장비나 회로를 만들려고 한다.

파미다의 알고리즘은 금융 데이터를 전송할 때 다른 이들이 알 수 없도록 변형시키는 암호화 작업을 한다. 또한 정보를 알아내기 위해 암호를 해독하는 작업도 한다. 해커나 도둑들에게 알고리즘은 너무 복잡해서 알고리즘을 전부 해독하려면 수천 대의 컴퓨터를 가지고 오랜 세월 매달려야 할 정도다. 암호를 풀기 위해서는 132번째 소수점 자리까지 따져야 하니 말이다.

파미다는 캘리포니아 공과대학에서 학업을 마치고, 실리콘 밸리에서 기술을 익혔다. 처음에는 실리콘 밸리의 선조 격인 휴렛패커드에서 일하다가 나중에는 오라클 시스템으로 이직했다. 계속 오라클에 남아 있었다면 아마 부사장이나 그 이상도 될 수 있었을 것이다. 그리고 때를 잘 맞추었다면 억만장자가 되어서 회사를 퇴직했을 수도 있었다.

그러나 1998년 그녀는 중대한 결정을 내렸다. 어린 시절부터 유럽이나 미국 같은 선진국들이 있는 북쪽이나 서쪽을 동경했고, 캘리포니아 공과대학 같은 외국의 교육기관에서 교육받기를 원했다. 그런 그녀가 모국으로 돌아오기로 결심한 것이다. 더 좋은 회사에서 누릴 수 있는 명예와 수입을 포기하고 자신의 회사를 차리고자 인도로 돌아왔다.

미국으로 이민 온 수천 명의 다른 인도인들도 고국으로 돌아올 결심을 하고 있다. 특히 방갈로르로 많이 돌아오려고 한다. 이런 역이민의 대부분이 컴퓨터와 소프트웨어 분야이긴 하지만, 의사들이나 기업가들도 있다. 많은 수입을 포기하고 오긴 했어도, 인도의 낮은 노동비와 물가 덕택에 미국에서는 엄두도 못 냈던 안락함을 누리며 고용인들까지 두고 살 수 있다. 이들은 인도의 최상류층이다. 외국에서는 그냥 잘 사는 중류층에 불과했을 것이다. 식민주의와 정체된 1960년대 사회주의 사이에서 오랫동안 발전하지 못했던 나라에서, 이 새로운 계층은 예전 사회주의자들은 상상도 못할 경제 혁명을 일으키고 있다. 그리고 그 혁명이 어디까지 계속될지는 누구도 알 수 없다.

파미다의 가족은 이름에도 나타나 있듯이 무슬림 가족이다. 언제 어떻게 무슬림이 되었는지는 알 수 없지만, 그녀의 조상들은 무굴 제국에서 오랫동안 공직에 있었다. 그리고 영국 지배하에서도 마찬가지였다. 인도에서는 고등교육을 받고 국제적 감각을 가진 사람들은 대개 남부 쪽에 산다. 북쪽의 종교 간 분쟁과 주기적으로 벌어지는 혼란에서 멀찌감치 떨어져 지낸다. 1947년 국가의 분열이 있던 시기에 파미다 집안 사람들은 종교 간의 조화로움을 주장한 간디의 메시지를 마음에 떠올렸다. 당시 수천만 명의 사람들이 파키스탄이나 방글라데시로 떠났지만, 이들은 그런 생각을 하지 않았다.

그리고 지금 그런 결정이 옳았다고 생각한다. 무슬림 인도인들이 발리우드, 행정부, 비즈니스, 연예오락 분야에서 성공을 거두고 권력 있는 자리에 오르는 걸 보며 자부심을 느낀다. 그리고 종교를 정체성을 정의하는 유일한 요소로 사용하지 않았던 것도 기쁘다. 인도인이라는 사실이 무엇보다 우선이며, 그런 사실에 흡족해한다.

파티마의 가족들은 학업을 위해 캘리포니아로 이주한 그녀를 매우 자랑스러워했다. 그녀가 거기서 성공을 거두었을 때도 그랬다. 가족들은 멀리 떨어진 미국에서 독신으로 지내는 인도 여성에게 흔히 가지는 걱정도 있었고, 늘 좋은 남편을 찾아주려고 노력했다. 그럼에도 불구하고 가족들은 그녀에게 뭐든 스스로 선택할 자유를 주었다.

방갈로르는 17세기에 무굴 제국에 점령당했다. 근처 마이소르와 비자푸르의 건축물들은 무슬림 미래상의 흔적을 반영한다. 돔과 첨탑들과 뾰족한 아치들로 되어 있는데, 이는 아바스 왕조 시대와 페르시아, 중앙아시아의 양식을 모방한 것이다. 하지만 그럼에도 불구하고 방갈로르의 도시 풍경은 특별히 무슬림 색채를 띠지 않는다. 카르나타카도 마찬가지이다. 무슬림은 인도에서 수세기 동안 엘리트 계층에 속하긴 했지만 여전히 소수이다. 남아시아의 다양한 종교적 문화적 영향력 중 한 부분에 불과한 것이다. 인도에서는 힌두교가 카르나타카와 그 밖의 지역에서 근본을 이루는 종교다. 곳곳에 벨루르와 함피 같은 고대 힌두 사원들이 있다. 여기에 포르투갈인들의 영향력도 더해진다. 그들은 인도양 양쪽에서 500년 동안 무역을 했으며, 서쪽으로 몇 킬로미터 가면 예전 식민지 도시인 고아가 있다. 인도를 제국주의의 획득물로 여긴 영국인들의 언어와 생활방식도 남아 있다.

방갈로르가 부유해지고 번창하는 데 반해, 주 전체의 경제는 원래 인도의 모습처럼 오래된 가난과 함께 국제 자본주의의 흐름이 섞여 있다. 사실 6억의 인도인들이 세계화와는 상관없이 서구인들은 상상하기도 힘든 생활수준으로 간신히 연명하고 있다. 하지만 나머지 4억 명은 점점 부상하는 계층으로 부를 증진하고 있다. 중산층의 수도 세계적으로 상당한 정도에 이른다.

모국으로 돌아온 것은 파미다는 물론 일가친척에게도 중요한 의미를 지닌다. 고국을 떠나버린 사람들이 한탄하고 돌아오기를 그리워하면서도, 반면에 파미다의 어머니를 포함한 칸 가문의 일부는 마음이 복잡했다. 파미다가 고향에 돌아와서 마주칠 현실 때문이다. 역사상 그리 길지 않았던 영국 제국주의 시절에 생긴 열등의식이 깊게 뿌리박혀 있었다. 때문에 칸 가족들 중 나이 든 사람들은 항상 외국의 것이 더 우수하다는 생각을 가지고 있다. 영국 것이 좋은 것이며 미국 것은 그보다 더 좋다고 생각한다. 그래서 모든 걸 버리고 고국으로 돌아오는 성공한 딸을 두고 가족들 간에 열띤 논쟁이 벌어졌다.

가족들에게 시인한 적은 한번도 없었지만, 파미다 본인도 어느 정도 그렇게 생각하고 있다. 캘리포니아 공과대학 학위가 자랑스럽고, 휴렛패커드와 오라클에서 일한 것에 자부심을 느낀다. 그녀는 교육에 관한 부모님의 선입관에 어느 정도 영향을 받았다는 사실을 깨달았다. 영국에 대한 동경까지는 아니지만 말이다. 그녀는 미국의 새로운 문물과 그들이 단기간에 이루어놓은 성과를 존경한다. 최고 대학들이 한데 모이면 대적할 상대가 없다는 것도 알고 있다.

그러나 고국 방문 여행으로 방갈로르에 왔을 때 실리콘 밸리를 연상시키는 새로운 활력, 자본, 사무실 빌딩들을 보게 되었다. 심지어 그곳에서 알고 지내던 사람들도 여기서 다시 보게 되었다. 그때 그녀는 생각이 바뀌었다. 고국에 돌아와 방갈로르의 발전을 돕는 것이 결국 인도의 발전을 돕는 것이라 생각하게 되었다. 어쩌면 자신의 발전을 돕는 길이기도 했다.

그녀는 몇 시간 후 시내 호텔에서 고객 미팅을 할 예정이다. 보스턴에서 온 고객으로 그의 회사는 매우 잘 되고 있다. 창밖을 내다보니 어두워지기 전에 아마 비가 올 것 같다. 그러면 교통이 정체될 것이다.

오늘 하루를 마음 편히 정리하기 전에 해결해야 할 한 가지 작은 수학적 문제가 있다. 그녀는 책장 선반에서 예전 대학 시절에 보던 『알고리즘의 요소』라는 책을 찾고 있다. 나이 든 아랍인 또는 페르시아 사람일지도 모르는 알콰리즈미가 표지에 실려 있다. 책장 선반에 있는 게 분명한데 없어졌다. 동료 중 누가 점심시간에 가져간 걸까?

지금 그 책이 필요하다. 그녀는 어떤 장을 봐야 하는지 알고 있다. 다른 부분은 거의 참조하지 않는다. 알콰리즈미에 대한 건 잘 기억나지 않는다. 그리고 지금 알 바도 아니다. 20년 전 대학원에서 그에 대해 쓴 서문을 읽은 적이 있다. 그러나 그녀는 그의 이름 외에는 기억나는 것이 없다. 그리고 그게 무슨 상관인가? 정보화 세계에서 관련된 역사란 고작 이 년 전의 일뿐이다.

 **A.D. 832년, 바그다드**—잃어버린 역사의 융단에는 숫자와 계산에 관련된 실타래도 있다. 이러한 숫자들은 고차원적인 상상력에서 나온 것들로 융단의 다른 실타래들을 구체화해준다.

이러한 숫자들과 공식들을 만들어낸 중심인물은 780년에 태어난 한 페르시아인이다. 그는 중앙아시아의 콰리즘이라 알려진 호라산의 히바에서 태어났다. 그의 이름은 모하메드 알콰리즈미이다. 말 그대로 콰리즘에 사는 모하메드이다.

그의 출생지는 8세기 초원의 깊숙한 내지이다. 실크로드의 한 정착지로 한쪽으로는 중국으로 가는 길이, 반대편으로는 로마로 가는 길이 펼쳐져 있다. 양 끝 지역이 직접 접촉한 적은 거의 없지만, 수세기 동안 두 세계 간에 정기적 문물 교류가 있었다. 모두 호라산을 거쳐 갔다. 때때로 이런 교류는 단지 미풍에 불과해 이국적이고 신비로운 길을 잃어버린 나비 한 마리가 공중에 잠시 나타났다 사라지는 정도였다.

히바는 오래된 무역 오아시스 도시다. 아랄해의 남쪽에 있다. 오아시스와 바다는 무한히 뻗어 있는 카라쿰 사막으로 둘러싸인 두 개의 수중 안식처다. 이슬람이 뿌리를 내리기 전에는 각양각색의 종교와 종파가 한때 이곳을 통과해 머물다 사라졌다. 낙타와 말을 탄 대상들이 먼 삭막한 곳에서 나타나 공예품과 물건을 내려놓는다. 그러고는 마시고 쉬고 얘기를 하면서 별들을 쳐다보곤 했다. 밤이 되면 도시는 주위 환경에 흡수되어버린다. 낮에 보면 널따란 노란 바탕에 초록색 점이 찍힌 것 같다. 장차 여러 다른 국가들과 제국들의 지배를 받긴 하겠지만, 고대 페르시아 시대의 히바로 돌아가보자. 페르시아의 영혼을 지닌 검고 긴 머리에 호리호리하고 수염을 기른 한 남자가 있다. 많은 훌륭한 이슬람 소년들과 마찬가지로 그의 이름도 예언자를 따라 지어졌다. 하지만 일부 아랍인들에게는 알 마주시로 더 잘 알려져 있다. 말 그대로 마법사란 뜻이다. 미루어 짐작건대 아마 그의 민족은 불을 신봉하는 오래된 종교인 조로아스터교를 믿었을 것이다. 또한 고대 히브리어로 작성된 수학과 천문학 자료에도 이름이 나오는 걸로 봐서 유대인 가문이 아닐까 하는 추측도 있다.

마법사라는 이름을 받기 위해서는 그런 이름을 붙여준 일반인들의 상식을 뛰어넘어 정말 마법사임을 증명해야 한다. 그는 머리색이 짙고 움푹 들어간 갈색 눈동자에 몸은 매우 말랐다. 건조한 날씨 탓에 볼에 주름이 진 이 남자는 다른 면에서도 마법사였다. 신앙과 마법의 전통에 깊이 둘러싸인 채, 숫자들로 우주의 신비를 풀어보기를 갈망했다. 그는 수학적 문제들을 써내려가며, 숫자들로 꿈을 꾸며, 일상생활에서도 숫자를 찾아낸다. 대중목욕탕으로 가는 계단의 수, 지구와 태양의 각도와 거기서 만들어진 삼각형, 지구의 반을 가로질러 꾸불꾸불 이어지는 실크로드의 곡선 등이 다 그렇다.

그는 연속해서 나오는 숫자, 등식, 계산들 속에서 우주의 숨겨진 암호를 감지했다. 또한 숫자로 표현된 신의 창조의 복잡성도 발견했다. 이성과 지식을 통해 신을 발견할 수 있다고 믿던 시절, 무슬림인 그는 커다란 수학적 혁명을 이끌어냈다. 어떤 명석한 인간의 정신 능력과 처리 속도도 능가하는 컴퓨터 시대의 미래를 엿보게 해주었다.

832년에 지혜의 집이 설립되자 칼리프 알 마문은 알콰리즈미를 직접 불러들여 숫자 속에 숨겨진 신을 찾는 걸 도와달라고 했다. 알콰리즈미는 그곳에서 후나인 이븐 이스하크 같은 훌륭한 번역가들을 만난다. 그는 기하학에 근거한 유클리드의 요소, 피타고라스, 프톨레마이오스의 공식들과 더불어 아리스토텔레스와 소크라테스의 사상을 하나씩 번역하고 있었다. 아르키메데스의 『구와 원기둥』, 『원의 측정』, 『평면의 균형』, 『부체(浮體)』를 번역하는 사람들도 있었다. 이들 모두는 무슬림 수학에 엄청난 영향을 미친다. 알콰리즈미도 그런 노력에 힘을 보탤 것이다. 그리스어를 읽고 아랍어로 바꿀 수 있기 때문이다.

중앙아시아에서 온 이 남자는 터번을 두른 수학자이자 천문학자들이 방에 함께 모여 있는 걸 보았다. 그들은 지도, 천체도, 고대 천체 관측의 아스트롤라베, 그 밖의 측정 도구들을 이용하고 있었다. 함께 문제를 고민하고, 각자의 성과를 체크해주며, 번역물을 연구하며, 끝없이 토론하는 모습이다. 그는 주로 혼자서 연구했기에 자신과 대등한 학자를 거의 발견하지 못했다. 이렇게 많은 학자들이 한곳에 모여 서로 경쟁하는 모습에 흥분되는 한편 두렵기까지 했다. 그러나 이것이 대단한 기회임은 잘 알고 있다. 그는 최선을 다할 것이다.

시간이 지나면서 고대 그리스의 지식들이 상세히 드러나기 시작했다. 하지만 알콰리즈미는 수학적 지식을 어디에서든지 찾아내려 했다. 칼리프 알 만수르의 궁궐이 세워질 시절에, 궁중에 인도인 천문학자 칸카가 있었다. 그가 해와 행성의 위치를 찾고 일식과 월식을 예측하기 위해, 오래전에 수학자 브라마굽타가 쓴 인도 저술들을 이용했다고 한다. 알콰리즈미도 그 책과 방법을 들어본 적은 있지만 실제로 찾지는 못했다. 원본을 찾기 위해 공공 기록소를 뒤지느라 며칠을 보냈다. 기록관과 사서들에게 죽은 브라마굽타가 작성한 산스크리트어 문서를 찾으라는 임무를 내렸다. 죽은 칸카가 예전에 사용했던 자료들이다.

기록관들은 인도에서 건너온 소중한 많은 서적들을 들고 왔다. 그리고 드디어 알콰리즈미와 칼리프가 그토록 찾던 책들을 찾아냈다. 다른 사람들과 문명권에서 나온 사상과 지식의 총 산물이다. 소중한 책들 가운데 브라마 스푸타 싯단타, 즉 『우주의 창조』라는 200년 된 책도 있었다. 알콰리즈미는 산스크리트어를 조금밖에 알지 못했지만 자신이 찾던 책이라고 확신했다. 그래서 번역가들에게 아랍어로 번역하도록 명했다.

그 인도 책의 아랍어 명칭은 '신드힌드' 이다. 세월이 흐르면서 인도 원본은 사라지고, 알콰리즈미의 아랍 번역본 역시 사라질 것이다. 그러나 라틴어로 번역된 작품은 훗날 남아 있다.

번역가들이 옛 인도의 책을 해독하자 마법 같은 산스크리트어 글자들과 풀리지 않을 것 같았던 비밀들이 하나씩 익숙한 아랍어로 바뀌어 갔다. 알콰리즈미는 처음에는 어안이 벙벙했지만 곧 경외심을 느꼈다.

브라마굽타의 심오한 정신에 감사했다. 매일 저녁 새로운 수학적 사실이 나타나길 기다린다. 그는 늦게까지 잠자리에 들지 않고 지혜의 집 숙소의 지붕 위에 누워 있다. 마치 호라산에서 살던 소년 시절처럼 북극성 주위로 도는 천체를 바라본다. 중간 하늘과 남쪽 하늘이 서서히 남쪽으로 이동하고 있다. 천문학 중심 연구기관에서 전날 알아낸 것을 곰곰이 생각하고 있다. 내일 발견할 사실들에 대한 기대감으로 잠을 이루지 못한다.

번역가의 펜을 통해 수많은 사실들이 드러나고 있었다. 가장 놀라고 충격을 준 건 인도 문자였다. 점 모양, 즉 수명이 다한 별과 같은 검정색 작은 점이다. 이 점은 수학, 과학, 우주를 고찰하는 토대이다. 가장 기본적인 형태로 아무것도 없음을 의미하는 검은 점에서 고차원 수학들이 생겨난다. 그리고 그 점은 실제 세계에 숨겨진 원천 코드의 핵심이 될 것이다.

알콰리즈미는 머릿속에서 폭발 중인 세계로 정신이 혼미해졌다. 그는 수학이 신성함을 푸는 암호가 될 것을 알고 있다. 훗날 세계 곳곳에서 동그라미로 표시되며 영이라 알려질 인도 점을 발견한 덕택에 무한히 펼쳐지는 수많은 경로들과 가능성을 볼 수 있었다.

그는 이런 사상들을 다루는 데 있어 혼자가 아니다. 지혜의 집과 다른 궁궐의 수학 모임을 통해 수십 명 나중엔 수백 명의 천문학자 겸 수학자들이 각종 논의들을 숙고하기 때문이다. 각자 약간씩 조금 다른 각도에서 숫자의 신비에 접근하고 있다. 초기 무슬림 수학자들은 무의식적 또는 직관적으로 도움을 주고받으며 총체적 지성을 만들어낸다. 서로의 생각을 빌리고 또는 훔치고 해서 말이다. 후원자의 총애를 받기 위해 경쟁하며, 때로는 끔찍한 실수를 저지르며, 굉장한 발견을 이루어내기도 한다.

이런 식으로 바그다드의 지혜의 집과 여러 무슬림 기관들은 세계의 첫 씽크 탱크가 된다. 즉, 서로 연결된 인간 두뇌들을 사용해 작동하는 네트워크의 예가 된다.

그리고 알콰리즈미와 동료들은 시간과 역사 측면에서도 혼자가 아니다. 발명은 제외하고도, 과거의 탁월한 사상을 흡수해 통합했다. 바빌로니아인에서부터 그리스인들을 통해 시간을 60단위로 나눈 60초, 60분 개념을 물려받았다. 무슬림 천문학자들과 과학자들은 이런 숫자들을 컴퍼스의 각도와 지구와 천체의 방위를 나타내는 데에 사용했다. 이는 21세기까지 그대로 유지된다. 인도인들을 통해 숫자의 천문학적 중요성을 깨닫게 된다. 페르시아인들을 통해 인도의 영이라는 개념과 십진법이라는 대단한 발견을 얻어낸다. 그리고 단어가 아닌 상징으로 숫자들을 나타내는 걸 알게 된다.

알콰리즈미는 급히 써내려가다가 수학을 쓰는 과정 자체가 바뀌어야 한다는 걸 깨닫는다. 당시 아바스 제국에는 수학을 계산하는 방법이 세 가지였다. 우선 보편적인 것으로 손으로 세는 방법이 있다. 작은 규모의 비즈니스 거래를 할 때 몇 가지 기본적 목적에는 적합하다. 그리고 아랍 문자를 사용한 보다 정교한 계산법도 있다. 첫 번째 방법보다는 낫지만, 빠른 처리 수준에는 미치지 못한다.

그리고 마지막으로 힌두 방식이 있다. 0에서 9까지 양을 나타내는 숫자들의 소수체계이다. 그리고는 출발점 0에서 양이나 음의 무한대에 이르기까지 쭉 숫자들을 섞어 나열한다. 이 힌두 숫자들이 가장 낫다. 알콰리즈미와 동료들과 후학들의 머릿속에 맴돌던 모든 가능성에 적합하기 때문이다. 불규칙한 공간 영역을 계산하거나, 주어진 관계를 이용해 모자란 수량을 찾아내거나, 지구와 해나 별과의 관계 계산에 필요하다. 좀 더 나은 달력을 계산해내고, 예언자가 명한 신성한 날들을 지키기 위해서도 필요하다. 메카를 향해 기도하는 사람들이 정확한 방향을 찾아 기도를 올릴 수 있게 해준다. 그리고 인도인들과 이슬람 숫자 체계는 각도와 곡선이라는 다른 두 세계를 푸는 방법을 보여주는 곡률에 관한 새로운 이론을 정립하는 데 필수적이다. 새 숫자 체계는 원뿔 공간과 투영법에 관련된 수학적 질문들에 대한 답을 찾는 걸 도와줄 것이다. 그리고 힌두 아랍 숫자들은 빛의 움직임과 고체의 특성 같은 21세기 문제에도 필수적이다. 이런 숫자들이 없었으면 근대 기술과 문명은 생기지도 발전하지도 못했을 것이다.

힌두 체계와 알콰리즈미의 마음속에서는 영을 위주로 모든 것들이 돌아간다. 똑똑한 브라마굽타는 0을 발견했다. 공식 속에서 0을 사용해 아무것도 없음을 나타내려 했다. 그는 나누기에서 영을 사용한 당시의 유일한 수학자였다. 그는 0에 대한 절대적 진실이라며 0나누기 0은 0이라고 했다. 하지만 이것은 사실 불가능한 계산인데다가 틀린 계산이었다. 그럼에도 그는 새로운 방식으로 생각하려 한 상당한 선견지명을 지녔다. 그리고 무슬림 천재들에게 불꽃 같은 자극을 주어 사상의 장작불을 지피게 했다.

현재 우즈베키스탄에 속하는 히바의 9세기 수학자 알콰리즈미를 기리는 소비에트 기념 우표.

그로부터 200년 후 바그다드에서 지붕에 누운 알콰리즈미는 혼자서 웃고 있다. 0을 나누거나 0으로 나누는 것은 터무니없는 것이다. 아무것도 증명해낼 수 없다. 다른 사람들의 잠을 깨울지도 모르는데도 큰 소리로 웃는다. 한 매춘부가 그에게 다가온다. 이렇게 잘 생기고 머리칼이 검은 남자의 웃음소리를 듣는 게 낯설었다. 그러면서 혹시 함께 있을 누군가가 필요한지 궁금해한다. 하지만 그는 생각에 푹 빠져 있는 상태다.

그는 0을 순수한 신앙으로 받아들여야 한다는 걸 깨닫는다. 그것은 증명될 수 없다. 모순적이게도 그는 후원자 알 마문과 뜻을 같이 하면서도, 이성주의적인 수학의 궁극적 가치는 순수한 신의 계시의 발견이라고 여긴다. 신이 측정되지 않고 드러나는 것처럼 말이다.

또 다른 측면에서 보면, 수학이 발견된 증명할 수 없는 양에 바탕을 둔다는 사실은 칼리프의 꿈에 나타난 아리스토텔레스가 옳다는 걸 의미한다. 신의 계시와 이성은 똑같은 것이다. 같은 곳에서 시작된 것으로 우주의 모든 것이 거기에서 쏟아져 나온다.

알콰리즈미와 동료들은 힌두 비밀을 발견하던 때부터 생이 끝날 때까지 무슬림 수학을 고대 그리스와 힌두 수준으로 올려놓기 위해 노력한다. 그리고 나중엔 뛰어넘는다. 아바스조와 우마이야조의 무슬림들은 각양각색의 건축 양식, 언어, 예술, 스타일을 모두 받아들였다. 마찬가지로 알콰리즈미는 수학 분야에서 그리스, 비잔틴, 인도의 지식을 흡수하고 있었다. 그리고 이러한 지식을 보다 더 정교한 새로운 단계로 발전시킨다.

그는 브라마굽타의 책을 시작으로 예전 사람들의 책을 연구했다. 거기서 영감을 얻어 직접 책을 썼다. 850년에 생을 마감할 때까지, 그는 대수학 계산, 천문학, 천문학 도표에 관한 책을 각각 냈다. 프톨레마이오스의 이론과 세계 지도를 새롭게 개정했다. 그는 프톨레마이오스에 기초해 지리학 책을 냈다. 도시, 지역, 대양, 강, 산을 포함한 2,400곳 이상의 위도와 경도를 제시했다. 덕분에 세계 지도의 토대가 마련되었다. 그것은 무슬림 지역과 아프리카와 아시아의 경우, 프톨레마이오스의 지도보다 더 정확했다. 알콰리즈미는 아스트롤라베에 관한 책 두 권과 해

시계에 관한 책 한 권을 냈다. 심지어 유대인 달력에 관한 책도 썼다.

흔히 그렇듯 그의 탁월함을 증명할 물건들은 대체로 보존되어 있지 않다. 거의 사라져버렸다. 그는 거의 잊혔다가 삼백 년이 지난 후에야 저서들이 유럽인들을 위한 라틴어로 번역되었다. 유럽인들은 오래된 고전에 기초한 그런 책을 여태껏 본 적이 없었다. 오래전에 죽은 이 페르시아인에게 그저 감탄할 뿐이었다. 마치 그가 고대의 인도 학자들의 번역본에 놀랐던 것처럼 말이다.

그가 죽은 지 700년 정도 되는 16세기까지도, 유럽인들은 가설을 제시한 뒤 "알콰리즈미가 그렇게 말했다."라는 각주를 달아 우월하고 멋지게 보이게 했다. 페르시아인 알콰리즈미의 가르침에 대한 확신을 바탕으로 독자적인 계산법을 세웠음을 나타내는 것이다. 그의 저서들은 번역되어 유럽과 무슬림 세계의 주요 대학에서 수학과 천문학 교재로 쓰인다.

그의 가장 위대한 업적은 수학의 중심에 양수도 음수도 아닌 0을 둔 것이다. 더 복잡하고 추상적인 과정과 가치를 나타내기 위해 힌두 숫자의 수용을 촉진한 것이다. 하지만 그런 위대한 기본적인 업적은 점차 흔히 사용되면서 당연시되어 곧 잊힌다. 그러나 『알 자브르와 무카발라』라는 대수학에 관한 책은 후세에 많이 기억될 것이다. 대수학이라는 단어는 책 제목에서 나왔는데, 그 뜻을 풀면 『복원과 대비의 계산』이란 의미이다.

그는 그 책을 통해 독자들에게 이런 내용을 전달했다.

……산수에서 가장 쉽고 유용한 것이다. 상속, 유산, 분배, 소송, 무역의 경우에 필요한 것이다. 사람들과의 모든 거래에서 또는 토지를 측정하거나, 수로를 파거나 기하학적 계산을 하는 등 다양한 종류와 분야

의 목적에 이용된다.

그리고 이렇게 덧붙인다.

> 과학에 대한 애정, ……지식인에게 보여주는 신의 상냥함과 겸허함, 모호함을 설명해주고 어려움을 제거해주면서 보호하고 후원해주는 신의 신속함이 나로 하여금 『알 자브르와 무카발라』의 계산법에 관한 짧은 글을 작성하게 했다. 그리고 산수에서 가장 쉽고 유용한 계산법으로 발전시켰다.

알 자브르는 음수를 등식의 다른 쪽으로 이항하는 걸 의미한다. 알 무카발라는 등식의 양변에서 같은 수량을 빼는 것을 의미한다.

왜 대수학은 그와 관련된 명칭을 가지게 된 걸까? 영과 고차원의 수 체계는 그렇지 않은데 말이다. 그 이유는 물리학에서 수학을 따로 떼어낸 첫 분야이자 가장 위대한 단계가 대수학이었기 때문이다. 이후부터 수학은 독자적인 하나의 순수 학문이 된다.

그리스인들은 기하학에 뛰어난 저술을 남겨 존경을 받았다. 그리스 단어인 기하학은 말 그대로 땅을 측정한다는 의미이다. 기하학은 현실적이며 실질적이었다. 공간에 관한 학문으로 때때로 추상적인 용어를 쓰기도 하지만, 토지 구상이든 집의 측면이든 그리스 원형경기장의 반구든 항상 실제 세계에 반영할 수 있는 것들이다.

수학자 알콰리즈미는 우주의 모든 계획을 풀 수 있는 열쇠를 주는 체계를 만들었다. 그의 숫자들과 새로운 계산법 덕택에 100층짜리 건물이나 수킬로미터나 되는 다리를 지을 수 있다. 목성 주위를 도는 위성들 가운데 하나를 탐사하는 우주 탐사선도 가능하다. 핵물리학의 반응, 바이오. 생물학의 세포과정, 약제학, 마케팅 조사, 지구촌 경제 계산, 소프트웨어 언어와 지능, 휴대폰 대화의 안정성도 마찬가지다.

그러나 많은 유럽인들을 비롯한 세계인들은 그가 누구인지, 무슨 일을 했는지 잊는다. 여전히 알고리즘이라는 이름을 사용하면서도 말이다. 더 이상 그의 업적에 대한 공을 기리지 않는다. 먼 훗날 그의 이름을 기억하는 일부 유럽인 수학 역사가들은 그의 위대함을 부정하기도 한다.

잃어버린 역사는 수학에서도 가장 기이한 일을 저지른다. 발명가의 특권을 빼앗고 운 좋은 수혜자들을 뻔뻔하게 만든다. 공백이 있는 역사는 잘못된 가정에 의해 세워진 수학 공식처럼 혼란스럽고 뒤죽박죽이다.

긍정적인 이야기도 있다. 알콰리즈미 이후 무슬림 수학적 발명의 동심원은 연못에 던져진 돌이 일으킨 잔물결처럼 바그다드 중심에서 퍼져 나간다. 그리고는 수십 명 더 나아가 수십 억 명에게 영향을 미친다. 계속해서 영향력이 파급되는 가운데 이라크, 페르시아, 동쪽의 이집트, 시리아, 알 안달루스에서 온 아랍인들, 무슬림 수학자들은 숫자를 사용해 우주의 거대한 퍼즐을 풀려고 한다. 알콰리즈미와 인도 수학자들의 책들로 인해 고차원 무슬림 수학은 역사상 대부분 천문학과 분리할 수 없게 된다. 지구, 해, 달, 별들의 위치를 이용해 시간과 위치를 측정하는 업무가 더욱 정교한 수학적 공식을 불러왔기 때문이다.

위대한 사상가들은 지구와 천체의 움직임과 위치와 모습을 설명하는 데 전력을 다하면서도 또한 수학적 퍼즐과 게임들을 통해 숨겨진 해답과 단서를 찾으려 한다. 균형을 드러내는 대칭적 공식들, 제곱이나 세제곱을 통해 패턴이나 규칙성을 드러내는 숫자들의 조합을 찾는다.

◎ **천체 관측자들의 영향력 있는 가문**—사비트 가문을 꼽을 수 있다. 고대 도시 하란 출신으로 세 세대에 걸쳐 수학자이자 천문학자

를 배출했다. 그들은 그리스어와 시리아어를 구사할 수 있었다. 수장 사비트 이븐 쿠라는 무슬림이 아니라 사비교를 믿는 사람이었다. 그들은 별을 신의 상징으로 여겨 신봉한다. 또한 그리스 문화와 언어를 상당히 수용해 그리스 고전의 번역을 돕는 데 적격이었다.

알 마문이 죽은 지 한 세기 후의 서지학자(書誌學者) 알 나딤의 이야기에 따르면, 사비교도가 지혜의 집에 들어오게 된 과정은 기이하다. 9세기에 칼리프 알 마문은 군대를 이끌고 비잔틴에 대항해 북으로 진격했다. 그러다 현재 터키에 해당하는 사비교도 지역을 지나게 되었다. 그는 지역 원로들에게 종교를 물어봤다. 보호 대상인 종교의 신도들인지, 아니면 보호받지 못하는 종교의 신도들로 개종의 대상인지 알아내기 위해서였다. 혼란스럽게도 그들은 유대교와 기독교의 일부 요소들을 따르고 있었고, 성경도 일부 읽고 있었다. 알 마문은 보호받을 자격이 불충분한 것 같다고 결론 내렸다. 즉, 이들은 이슬람으로 개종하거나 죽음을 당해야 했다. 그들은 그가 비잔틴 북쪽 정벌을 끝내고 다시 들를 때까지 결정해야 했다.

알 마문이 북쪽에서 싸우는 동안, 사비교도들은 법률가들과 성직자들과 함께 절박하게 의논했다. 그들은 잘 알려지지 않은 '사바인들'에 대한 보호 지위를 언급한 여러 구절을 코란에서 찾아냈다. 훗날 학자들은 예언자가 언급한 건 아라비아의 비슷한 이름을 가진 다른 집단이라는 결론을 내린다. 그러나 사비교도들은 재빨리 그 명칭을 채택한 뒤, 자신들에게 신성한 보호를 해줄 것을 요구했다.

알 마문이 돌아오자, 그들은 자신의 주장을 펼쳤다. 결국 알 마문은 그들을 보호해주었다. 그리고 사상가들을 지혜의 집으로 초청했다.

바그다드로 초청받은 이들 중에 사비트 이븐 쿠라가 있었다. 젊었을 때는 환전상을 하다가 훗날 고차원 수학을 공부했다. 그는 포물선,

각의 삼등분, 마방진을 연구했다. 마방진이란 가로·세로·대각선 수의 합이 모두 같은 숫자 배열표를 의미한다.

사비트 이븐 쿠라처럼 무슬림의 후원을 받는 학자들이 몰두한 대표적인 수학 문제는 소위 '장기판 문제'이다. 지수함수의 일종으로 이런 내용이다. 체스 게임을 발명한 사람이 지배자에게 청을 했다. 첫 번째 네모 칸에 밀 한 알을, 그 다음 칸에는 두 배인 두 알을, 세 번째 칸에는 네 알을, 네 번째 칸에는 여덟 알을, 이런 식으로 64칸을 채워달라고 했다. 최종적으로 계산하면 엄청난 숫자가 나온다. 머리가 터질 것 같은 숫자로 알 비루니가 훗날 성공적으로 계산해냈는데, 그 결과는 18,446,744,073,709,551,615이다.

사비트의 손자인 이브라힘은 태양의 움직임과 그림자의 기하학적 측정에 관해 연구했다. 또한 할아버지와 다른 사람들이 쓴 책의 도움을 받아 포물선에 관한 중요한 연구 결과를 냈다. 특히 똑같은 면적을 가진 사각형에 해당하는 곡선 공간을 나타내는 방법을 알아냈다.

오늘날 터키 땅인 사비교도 지역 출신의 다른 수학자로는 알 바타니가 있다. 그의 무슬림 이름은 사비교도에서 이슬람으로 개종했음을 알려준다. 그의 아버지는 하란에서 천문학에 쓰이는 도구를 제작했다. 그 결과 아들도 비슷한 분야에 매진하게 되었다.

알 바타니는 망원경과 컴퓨터가 나오기 오래전에 매우 중요한 천문학적 계산을 해냈다. 489개의 별들을 목록으로 분류한 것은 물론, 일 년이 365일하고 5시간 48분 24초라는 것도 알아냈다. 훗날 자동시계와 망원경을 이용한 계산 결과와 일 분 정도 차이가 날 뿐이다.

그는 또한 춘추분 세차를 측정했다. 이는 적도 부분에 작용한 달과 태양의 힘이 원인이 되어 춘추분점이 서쪽으로 이동하는 현상이다. 프톨레마이오스는 천문학 관련 계산에 기하학적인 방법을 썼지만, 그는 삼각법을 이용함으로써 더욱 진전을 보인다.

또 다른 페르시아인 수학자는 알 네이리지이다. 그는 9세기에 페르시아 중앙에서 태어났다. 선조들과 동시대 학자들의 연구를 바탕으로 삼각법을 사용해 메카의 성지 방향을 알아내는 방법에 대한 책을 썼다. 신자들이 하루에 5번 기도를 드릴 때 어느 방향으로 해야 하는지 알 수 있게끔 말이다. 이런 고차원 수학을 사용하면 특히 여행 중에 현 위치를 분명히 파악할 수 있다. 더욱 중요한 건 지리적 요소 같은 복잡한 영역에 삼각법을 이용하는 문을 열어주었다는 점이다.

10세기의 시리아인 수학자로 알 유클리디시가 있다. 그는 다마스쿠스에서 일했으며, 무슬림 수학에 십진법을 도입한 사람으로 보인다. 장차 디지털 방식이나 컴퓨터 과정을 위한 복잡하고 정확한 계산법의 길을 낸 사람이다. 십진법은 0과 힌두 숫자들에서 시작된 무슬림 수학에 근대성과 능률성을 부여했다. 알콰리즈미 이래로 십진법이 아닌 체계들은 별로 부족하다는 느낌을 주지 않았다. 고대 이집트와 초기 이슬람 문화 때부터 쭉 사용되어왔었고, 당시에는 별 문제가 없었다. 그러나 알 유클리디시 이후 십진법이 아닌 건 고차원 수학에서 사라졌다. 그 결과 더 분명하고 정확한 수학체계를 이루었다.

그에 못지않게 중요한 것은 진보한 무슬림 수학과 고차원 기하학이 천문학과 과학의 지적 토대를 놓았다는 점이다. 또한 무슬림 예술과 건축에 대한 독특한 기하학적 접근의 기반을 만들었다. 예언자는 상징적인 예술에 반대를 표명했기 때문에, 무슬림들은 자연스런 인간의 장식 욕구를 수학과 천문학이라는 허용된 신성한 영역으로 돌린다. 다마스쿠스 우마이야조의 초기 장식은 불안정하고 비잔틴과 로마 양식과 유사했다. 하지만 이제는 교차하는 3각형과 6각형과 9각형과 별들로 대체되었다. 이것은 훗날 바그다드에서 시작될 고전 무슬림 예술이 된다. 그리고 점차 천재들의 다른 중심지에도 퍼지기 시작한다. 바그다드와 기타 지역의 무슬림 수학자들은 장인들과 건축가들을 불러 워크숍을 열었다. 그리곤 기하학적인 형상이 어떻게 복제되어 모스크, 궁궐, 고급 주택, 다른 건물들을 장식할 수많은 타일로 변할 수 있는지 보여준다. 무슬림 수학은 별을 바라보는 과정에서 생겨났으며, 이후 천년 동안은 예술로써 그 모습을 드러낸다.

10세기 바그다드에서 연구한 페르시아인으로 아불 와파가 있다. 그는 건설 분야에서 장인들과 건축가들에게 기하학적 형태를 만드는 방법을 지도했다. 발전한 수학을 예술적이고 장식적인 표현의 새로운 매개체로 전환시켰다. 그리고 새로운 표현 세계를 만들어내기 시작했다. 특히 기하학을 이용했다.

그러나 그건 10세기 무슬림 수학자들 중 최고로 여겨지는 이 남자의 업적들 중 하나에 불과하다. 아불 와파는 알콰리즈미, 그리스 기하학자 유클리드, 비잔틴 수학자 디오판토스에 대한 주해서를 쓴다. 실용 산수에 관한 책도 쓸 것이다. 컴퍼스의 벌어진 틈으로 기학학적 문제들의 해결책을 만들어낼 것이다. 수학적으로 임의의 사각형들과 똑같은 사각형을 만드는 방법과 정다면체를 만드는 수학적 방법도 알려준다. 가장 중요한 건 그가 삼각법의 토대를 세웠다는 사실이다. 그리고 새롭고 더 능률적인 사인표를 계산하는 방법을 알아낸다. 처음으로 시컨트를 계산해냈다. 하지만 그의 놀라운 업적은 역사상 사라져버리고, 600년 후의 코페르니쿠스가 그 업적의 주인공이라고 오해를 하곤 한다.

학자들은 협동하거나 때로는 경쟁했으며, 고립되어 혼자 일하기도 했다. 그들은 미래 수학의 토대를 놓을 수학적 원천 코드를 찾는 데 몰두했다. 수십 또는 수백 명의 노력이 들어갔다. 대부분 알콰리즈미의 지성을 얻기를 갈망했다. 그런 자격을 갖춘 사람은 소수이지만 말이다. 그러나 그들의 노력의 총합으로 수많은 수학적 업적을 낳았다. 일부는 잘 못된 것이고, 또 일부는 파생적이며, 일부는 아주 탁월한 것이었다.

첫 무슬림 황금기의 지적 토대는 수학이었다. 유럽 르네상스에도 그리고 이후에도 마찬가지이다. 수학은 별에 관한 의문에서 생겨난 순 수한 지적 연구물이다. 이제 다른 학문들이 뒤따라 나타날 것이다.

◎ **알콰리즈미가 죽은 지 100년이 지났다.** 일부 사람들은 그가 가장 위대하며 누구도 따라올 수 없을 거라고 말한다.

그러나 900년대 후반 한 젊은이가 이라크 남부 도시 바스라에 나타 난다. 그는 처음엔 수학을 선택하지 않았다. 대신 칼리프 행정부에서 일 하기로 결심한다. 945~1055년까지 바그다드를 지배한 새로운 단기 왕조 인 부와이조가 통치하고 있을 때였다.

이 젊은이의 이름은 이븐 알 하이삼이었다. 그는 알콰리즈미 사후 백 년 동안의 수학적 발견들을 토대로 해서 끝내 알콰리즈미와 대등한 정도가 될 것이다. 다양한 주제에 관한 200권의 책을 저술할 것이며, 수 학과 시각 이론의 토대를 정립하기 시작할 것이다. 이를 통해 장차 갈릴 레오와 코페르니쿠스는 지구와 천체와의 관계, 행성의 모습을 이해하게 된다.

그러나 이 모든 것은 미래의 일로 이븐 하이삼의 나이가 많이 들었 을 때이다.

그의 고향은 티그리스와 유프라테스의 습기가 많은 삼각주 지역이 었다. 아랍인들과 항구 도시로 항해하는 사람들이 만나는 곳이다. 야자 수들이 강둑에 늘어서 있고 신비한 정원에 그늘을 드리운다. 대개의 항 구와 마찬가지로 바스라에서는 절대성과 경직성을 유지하기가 힘들며 모든 것이 혼재되어 있다. 다시 말해 즉흥성과 혼합이 이곳의 규칙이다.

소년은 도시를 둘러보고 있다. 그가 보기엔 바스라의 모호한 삶 이면에는 심오한 수학적 코드와 규칙이 내재되어 있다.

사막에 위치한 교류 장소에서, 거울 같은 강가에서, 안개와 구름과 그리고 맑은 사막 채광창을 통해 하루에도 여러 번 각도가 꺾이는 햇빛 광선 속에서, 젊은 하이삼은 시각적 상호작용과 경이로운 모습들을 지켜보았다. 이런 각도들, 그로 인해 생긴 공간들, 반사와 굴절에 관한 법칙에 마음을 뺏겼다.

무엇보다도 그는 빛에 매료되어서 많은 걸 알고 싶어 했다. 빛이란 도대체 무엇일까? 존경받는 프톨레마이오스의 천문학 서적 『알마게스트』에 따르면, 빛은 생명체의 눈에서 나와 관찰되는 물건에 부딪히는 광선이라고 한다. 그게 사실일까? 고대 그리스인들은 신앙에 영향을 받았을까? 항상 이성주의의 진실을 가장 잘 반영한 사람들이었을까, 아니면 때때로 실수도 하는 걸까?

그것은 좀 더 훗날에 밝혀질 것이다. 이븐 알 하이삼은 우수한 성적으로 공무원 교육을 마친 후 공직에서 승진하기 시작한다. 마침내 바스라의 수상으로 임명된다. 매우 중요한 자리여서 누구나 원하는 것이었다. 통치 책임자와 시장의 중간 정도다. 그는 상업 중심지의 모든 것을 관할해야 한다. 종교적인 색채를 띤 칼리프 제국에 맞추기 위해서는 업무 중 일부 시간에 신학 관련 독서와 끝없는 종교 토론에 참가해야 한다. 신이 드러낸 계시에 대해 얘기하고 이론화 작업을 해야 한다. 한동안 충실하게 해냈다.

하지만 어느 순간 너무 지겨워졌다. 다양한 종파들과 종교 철학자들이 과학자들을 만나게 되는 경우 옳은 얘기를 거의 하지 않는다는 결론을 내렸다. 신성함과 같은 거대하고 복잡한 것을 어떻게 필멸의 존재들이 깨달을 수 있는가? 자칭 전문가라는 사람들과 그들이 제시한 신과 신앙에 대한 이론들을 무슨 수로 증명할 것인가? 중재자 역할을 할 예언자가 없는 상황에서 그들의 논쟁은 의미가 없어 보였다. 그래서 그는 조용히 신학 모임에서 빠진다.

대신에 이 총명한 젊은 정부 관료 이븐 알 하이삼은 칼리프 알 마문과 그의 후원을 받는 학자들처럼 아리스토텔레스에게서 위안을 찾는다. 이성주의를 통해 신이 드러낸 진정한 의미를 찾게 된다. 이븐 알 하이삼은 과학으로 전향한 뒤 정부 관리직을 사퇴한다. 많은 이들은 권력과 영향력 있는 자리를 포기하는 건 엄청난 실수라고 생각했지만, 그는 뒤돌아보지 않았다. 장차 그의 과학 연구 능력은 두각을 보이면서 바스라를 넘어 바그다드를 비롯한 이라크 전체에 명성을 떨친다.

그의 명성은 심지어 칼리프 제국 밖에까지 퍼진다. 당시 스페인은 우마이야조가 장악했고 북아프리카는 파티마조가 차지했다. 때문에 아바스조의 세력권은 많이 줄어들었다. 그의 소문은 명성뿐만 아니라 전통 종교 분파들과 거리를 두고 학문을 한다는 사실까지도 이스마일파를 믿는 파티마조의 수도 카이로까지 퍼졌다. 파티마조의 칼리프는 13세에 왕위에 오른 알 하킴이었다.

멀리서 보면, 알 하킴은 오래전에 죽은 전설적인 하룬 알 라시드나 알 마문과 비슷하다. 알 하킴은 광대하고 멋진 꿈을 가지고 있었으며, 아바스조의 예전 세력권을 거의 차지해 지배했다. 지식에 굶주린 듯 위대한 사상가들과 발명가들을 카이로로 끌어모았다. 장차 전 세계를 지배하고 카이로를 중심부로 만들 생각이었다.

그러나 자세히 들여다보면 알 하킴은 문제가 많다. 앞으로 천 년 동안 역사가들은 논쟁을 계속할 것이다. 우선 지적 총명함과 종교적 관용을 갖춘 지도자인데도 괴상한 지배자로 오해받고 있다는 주장이 있다. 반면에 변덕스러운 데다 정신적 문제가 있는 지배자로 잔인함과 옹졸함을 보였다고 하는 사람들도 있다. 잃어버린 역사는 아바스조의 주류 수니파와 이스마일파 파티마조의 비주류 시아파 간의 경쟁과 불신에 의해 흐려진다. 신비에 싸인 알 하킴은 그런 논쟁의 한가운데에 있다. 대부분의 역사는 수니파가 보는 알 하킴을 사실로 받아들인다. 때문에 그는 미치광이 알 하킴으로 알려진다.

알 하킴의 비판자들은 그가 지식을 계속 추구한 건 사실이라고 받아들인다. 하지만 화를 잘 내는 폭군이며 종교적 고집쟁이에다 광신도라고 주장한다. 카이로 외곽의 알 푸스타트에서 개들의 소리에 짜증이 나서 마을을 에워싼 뒤 개들을 전부 죽인 적도 있으며, 낮에 자고 밤에 일하라는 명령을 궁궐에 내렸다고 한다. 본인만이 아는 이유로 야채와 이집트 요리 물루키아를 금했다고도 한다.

내부의 악마에 이끌려서든, 아니면 단순히 별을 관찰하기 위해서든, 칼리프는 고독을 즐기며 늦은 밤에 말을 타고 카이로 밖의 사막으로 간다. 정치적 갈등이 있던 시기라 생명의 위험을 무릅쓴 행동이었다. 비판하는 사람들의 주장에 따르면, 그는 용서나 화해는 전혀 고려하지 않은 채 냉정하게 정적들을 제거했으며, 사형 전에도 고문을 가했다고 한다. 기독교인과 유대인의 친구로서 통치를 시작했지만, 나중에는 그들에게 등을 돌렸다고 한다. 비판가들은 예수의 무덤을 기리는 신성한 지하 무덤의 사원을 파괴한 이해할 수 없는 행동을 증거로 제시한다. 예루살렘의 그 사원은 기독교인들이 신성시하는 곳이다.

또한 자신이 잘하지 못한다는 이유로 체스 게임을 금지했다고 한다. 궁궐에는 공포와 두려움이 가득했다. 그의 분노와 복수를 불러일으킬까 싶어 고관들은 아예 일하러 나오지 않았다고 한다. 그러나 알 하킴에 관한 새로운 시각이 20세기 중반에 나타나기 시작한다. 오랫동안 상실된 이스마일파, 유대인, 기독교인, 시아파 자료들에 근거해 일부 역사가들은 파티마의 칼리프를 자비로운 모습으로 제시했다. 한 훌륭한 유대인은 알 하킴을 관대하고 인내심 있는 지도자라며 찬사를 보냈다. 알 하킴을 수호자이자 보호자로 묘사한 기독교인들도 있다.

이런 자료들에 따르면, 재치 있는 알 하킴의 어머니는 기독교인이라고 회상한다. 그는 1005년에 통치를 시작했으며, 무슬림 세계에서 중요한 고차원 학문기관을 세웠다. 지식의 집이라고 불리는 기관으로 카이로에 있다. 재정적 후원을 통해 다르 알 하킴 모스크를 지었다. 카이로에 있는 아름다운 사원으로, 신성한 지식과 세속적 지식을 모두 나타내는 빛을 기리는 건물이다. 역사가들은 파타마조에서 이스마일파 철학이 이성주의와 밀의종교(密儀宗敎)의 통합체로 발전했다고 말한다. 그리스 플라톤 학파 또는 신 플라톤 학파의 영향과 더불어 이스마일파, 과학, 신비주의의 영향을 받았다. 알 하킴은 금욕적 생활방식을 선호했던 걸로 보인다. 궁중 생활의 즐거움에는 그다지 관심이 없었다.

역사가들은 또한 알 하킴이 통치 기간 내내 유대인들과 기독교인들을 정부 요직에 앉혀 중요 결정을 내리게 했다는 점을 지적한다. 때로는 무슬림 사회의 불만을 가져올 정도였다. 이집트의 분열기라 불렸던 시대의 한 유대인 자료에 따르면, 알 하킴을 긍정적으로 평가한다.

그의 왕국은 즐거움을 누리고 더욱 강해졌다. 왕권은 아버지를 비롯한 선조들보다 더 높았다. 그는 13세의 나이에 통치를 시작했다. 넓은 마음과 이해심으로 정부를 이끌었기 때문에 수상이나 자문이 필요하지 않았다. 그를 제거하려는 계략들과 정적들이 많았지만, 신은 모든 정적들을 그의 발밑에 무릎 꿇게 만들었다. 왜냐하면 그는 정의를 사랑하고 사악함을 미워했으며, 재판관들을 두어 형평과 진실을 판단하고 결정하라는 명을 내린 사람이기 때문이다. 폭력을 쓰는 사람을 피하고 어리석은 자들을 제거했다. 타락하고 부정한 행동을 하는 자들을 거부하고, 이해심과 옳은 판단력을 지닌 선을 추구하는 사람들을 사랑했다.

오해받은 신비에 싸인 왕이든지 아니면 정신질환이 있는 독재자든 간에, 알 하킴의 모순은 밝은 측면은 너무 훌륭하다는 것이다. 이븐 알 하이삼 같은 지식인이 도저히 간과할 수 없을 정도다. 더 중요한 것은 똑똑한 사람이라면 빈부에 상관없이 누구든지 지식의 집에서 공부하겠다는 신청을 할 수 있었다는 점이다. 인맥이 많은 사람들만이 들어오는 곳이 아니었다. 그는 개인적으로 괴벽스러웠던 만큼이나 새로운 이성의 중심지를 유지하는 데 철두철미했다. 지식의 집은 이름에 딱 들어맞았다. 베일에 싸인 알 하킴 때문에 망설였던 많은 사상가들을 카이로로 이끈 등대였다.

11세기 카이로에는 멋진 알 아자르 모스크, 마드라사 대학, 궁궐들, 앞에 강이 있는 공원들, 지적 기관들이 있었다. 바그다드에 맞먹는 지적 중심지이며 장차 바그다드를 능가하게 된다. 한 세기 전에는 사람들이 바그다드로 향했지만 이제는 이집트로 오고 있다.

칼리프 알 하킴은 바스라의 이븐 알 하이삼이 나일 강의 홍수를 조절할 계획을 가지고 있음을 알게 된다. 칼리프는 즉시 관심을 보이며 하이삼에게 계획을 실행하라고 명했다.

홍수는 알렉산드리아까지 펼쳐진 농경용 범람원의 좁은 영토를 비옥하게 했으며, 이집트의 곡물 창고를 만들어냈다. 하지만 홍수는 파괴적인 측면도 있었다. 홍수의 시기나 양을 조절한다는 생각에 알 하킴은 매료되었다.

이븐 알 하이삼은 알 하킴의 제안을 수락한다. 궁에서 지정해준 기술자 팀과 홍수조절 시스템을 지을 적당한 장소를 찾기 위해 나일 강 여

행을 시작한다. 여행은 매우 즐거웠으며, 무슬림 기술자들은 룩소르의 연대를 알 수 없는 유적지까지 지나갔다. 그러다 아스완을 넘어 바스라까지 오면서 계획을 실행에 옮길 수 없음을 깨달았다. 강은 너무 넓고 낙폭은 미미했다. 게다가 물 흐름의 폭은 넓은 데 비해 자원은 제한되어 있었다.

그는 칼리프에게 돌아가 계획을 실행할 수 없다고 말한다.

전통적인 역사에 따르면, 이븐 알 하이삼은 칼리프에게 실패했다고 말할 생각에 두려움에 떨었다. 그래서 목숨을 부지하고자 정신병을 가장하여 칼리프보다 더 미친 척했다고 한다. 상당히 위험스런 일이었다. 그러나 진실을 말하는 것보다는 나았다. 이븐 알 하이삼은 관련 없는 소리들을 주절대더니 마치 정신분열증에 걸린 사람처럼 굴었다.

이븐 알 하이삼이 실제로 이러한 연기를 했는지는 잃어버린 역사에 속한다. 사건 발생 이백 년 후에 기록된 편견이 개입된 자료에 근거한 것이기 때문이다. 분명한 사실은 이븐 알 하이삼이 계획을 완수하지 못했으며 더 이상 궁궐에서 그를 볼 수 없었다는 것이다. 그러나 그는 사실 카이로에 머물면서 과학적 수학적 연구를 계속했다. 칼리프의 여자 형제 시트 알 물크가 은밀하게 후원해주었다. 그녀는 역사상 가장 부유한 무슬림 여성으로 기록되어 있다. 실패로 인해 감금되었든 아니든 간에, 그는 집에서 연구를 계속한다.

이븐 알 하이삼은 자신만의 연구 분야를 찾아 몰두했다. 빛에 관한 주제인데, 어린 시절부터 매력을 느꼈던 분야다. 자신의 생애에서 가장 뛰어난 프로젝트를 시작하게 된다.

이븐 알 하이삼이 운명을 펼치기 시작할 쯤, 알 하킴은 생애를 마친다. 1016년에 알 하킴은 스스로를 속세에 태어난 신이라고 선언했다. 그의 주위엔 숭배자들 집단도 있었다. 그가 이슬람의 진정한 수호자이며,

신앙을 정화시켜 신성한 방향으로 이끌어준다고 믿었다. 알 하킴은 어느 날 밤 사막을 배회하다 사라졌다. 그의 신도들은 알 하킴이 비술의 세계로 들어간 거라고 믿었다. 곧 시아파 신화의 마흐디처럼 심판의 날에 다시 돌아와 인류에게 선을 회복시켜줄 것이라면서 말이다.

칼리프가 행방불명되었으며 죽은 것 같다는 소식이 들렸다. 이 소식에 이븐 알 하이삼은 안도하면서 반신반의했다. 이제 알 하킴의 예측할 수 없는 행동에서 벗어나게 되었다. 이븐 알 하이삼은 다시 공개적으로 연구했다. 알 하킴의 여자 형제 시트 알 물크가 왕위를 물려받아 2년 동안 다스린다. 그녀는 계속해서 그를 후원해준다. 어찌 되었든 새로운 통치는 변화를 가져오게 마련이다. 이븐 알 하이삼은 칼리프가 준 집을 떠나 카이로의 알 아자르 사원 입구에 위치한 작은 돔 건물인 꿋바로 들어간다. 거기서 수학을 가르쳤다. 그리고 초기 번역가들보다 훨씬 심오한 수학적 지식을 이용해 그리스 문헌을 번역해서 이백 년 사이에 축적된 식견들을 토대로 삼았다.

알 아자르의 새로운 거처는 카이로 파티마조의 빛나는 건축학적 보물이다. 그러나 이븐 알 하이삼에게는 그 이상이었다. 광탑에서, 돔에서, 아치들에서 햇빛과 그림자에 잠긴 기둥들과 아치들의 황갈색 열주들 속에서, 빛을 보았다. 돔의 기하학, 높은 창문을 통해 기도하는 신자들을 비추는 부드러운 조명이 보인다. 태양은 새벽엔 진주 같았다가 점점 흰색에 가까운 정점에 도달해 일몰 때는 자주색으로 변한다. 그런 변화에 따른 아침저녁의 그림자들을 지켜본다. 신도들의 말소리와 학생들의 웃음소리도 들린다. 주위의 모든 것들이 마음속 깊이 자리한다.

빛에 관한 이론을 세상에 드러내는 데 있어, 이집트 사막 평지의 빛의 사원보다 더 좋은 곳이 어디 있겠는가?

알 하킴의 독단적인 세월 동안, 이븐 알 하이삼은 정신이상인 척했다. 하지만 사실은 저술활동을 하면서 책들을 숨겨두고 있었다. 만약 적이 수색한다면 모두 잃게 된다는 걸 잘 알고 있었다. 그러나 다행히 저서들은 보존되었다.

세월이 지나 이백 권이나 되는 저서들 가운데 상당수는 소실된다. 그러나 가장 중요한 저술들인 광학에 관한 책 7권은 남아 있다. 책의 핵심은 과학이 반드시 경험적 방법에 근거해야 한다는 점이다. 우리가 아는 한, 이븐 알 하이삼은 경험주의를 철저하게 적용한 첫 번째 학자다. 그리스인들도 실험과 경험을 이해하기는 했지만, 종종 지적 이론화를 통해 주장을 증명하려고 했다.

이븐 알 하이삼이 더 현명했다. 즉, 아무리 뛰어날지라도 인간의 정신만으로는 실제 세상을 이론화할 수 없다. 때문에 반드시 측정되고 관찰되어야 한다. 실험을 통해 증명되기까지는 모든 과학적 가정에 의문을 가져야 한다는 점을 책 전반에 걸쳐 분명히 나타냈다. 천 년 후의 과학과 마찬가지로 과학적 진술을 신앙과 분리했다.

그의 위대한 발견 중 하나는 햇빛 광선이 사람의 눈동자에서 나오는 것이 아니라는 것을 증명해낸 것이다. 후세 사람들에겐 별로 대단치 않아 보일 것이다. 오히려 이와 반대인 프톨레마이오스의 주장이 터무니없어 보인다. 하지만 이런 것들이 이븐 알 하이삼 시대엔 막강한 영향력을 행사한 물리학 기본 전제들이었다. 그런 전통적인 견해를 부정하기 위해서 반박에 나서야 했다.

이븐 알 하이삼은 그런 중요하고도 기본적인 출발점에서 시작해, 바스라의 소년 시절 그를 사로잡았던 빛의 다양한 특징을 심도 깊게 연구했다. 어떻게 빛이 물, 유리, 종이, 연기 등의 다양한 물체를 통과하는지에 초점을 맞추었다. 빛이 구성 색깔에 따라 어떻게 굴절되는지도 곰곰이 생각했다. 그의 실험 결과는 근대 굴절 상식과 많이 다르다. 그럼에도 불구하고 타당한 질문들을 하기 시작한다. 실험실에서 발견한 결과를 가지고 나와서 하늘의 색깔과 해가 뜨고 질 때의 서쪽 지평선을 관찰했다. 빛과 그림자의 상호관계, 거울의 특성, 굴절된 거울이 주는 효과를 연구하는 데 수년을 보낸다.

그는 일식과 월식에 대해서도 자세히 연구했다. 해와 별들이 지구 주위를 회전한다는 프톨레마이오스의 견해를 자연현상에 맞추어 보려고 했다. 하지만 프톨레마이오스의 견해는 맞지 않았다. 이유는 알아내지 못했다. 빛이 안구와는 독립적인 에너지원이라는 사실을 발견했는데, 이는 프톨레마이오스의 견해에 반대된다. 그는 사람들에게 프톨레마이오스의 천체관이 진지하게 재평가되어야 한다고 털어놓지만, 지적 이단자가 될 수 있는 행동이라는 경고를 받는다.

하지만 그런 경고는 그에게 아무 의미가 없었다. 그에게 자극이 되는 건 더 많은 것을 알아내고, 신이 창조한 우주의 복잡성을 이해하고, 수학적 공식을 통해 숨겨진 열쇠를 찾고, 어디에서든 진실을 찾고자 하는 탐구욕이었다. 언어든 전통 지혜든 신앙이든 말이다.

무더운 카이로에 봄 소나기가 내린 뒤 거대한 무지개가 떠올랐다. 유리, 프리즘, 물이 담긴 컵으로 연구하던 실험실에서 발견한 것과 똑같은 스펙트럼이었다. 흰색 광선이 분리되어 크고 작은 무지개들을 만드는 걸 보고는 분석표를 만들었다.

그는 인간의 안구의 본질 자체에 푹 빠졌다. 빛의 방향을 연구하고, 어떻게 빛이 망막에 들어오는지, 수정체와 안구 뒷면에서 무슨 일이 일어나는지 알아내려고 했다. 그는 안구의 작용원리에 대해 자세한 설명을 해준다. 후세의 과학자들이 인간의 시각을 근대적으로 설명하면서 그의 관점을 토대로 한다. 인간의 안구에서 영감을 얻어 훗날 카메라옵스큐라라고 알려지는 암실을 만들어낸다. 레오나르도 다빈치가 나타나기 오백 년 전에, 그는 훗날 다빈치와 케플러와 데카르트에게 영향을 끼칠 연구에 몰두했다. 르네상스 시대와 이후의 사상가들과 마찬가지로 그들은 오래전 무슬림 과학자들의 연구를 토대로 삼거나 복제하면서 발전했다.

그는 암실에서 빛이 일직선으로 움직인다는 걸 알아냈다. 빛의 고차원적 연구에 기본이 되는 발견을 알 하이삼이 비로소 증명해낸 것이다. 그의 저서 『광학』의 일부 내용이다.

고체를 가져와 작은 구멍을 뚫어보자. 그런 후 태양을 등진 채 잡고 있으면, 빛이 구멍을 통과해 직선으로 움직인다는 걸 알게 될 것이다. 더 쭉 뻗은 공간을 통과시켜 실험한다면 완전한 일직선을 볼 수 있다. 이 모든 실험들은 태양 광선이 직진함을 분명히 보여준다.

이븐 알 하이삼은 인간의 두 눈의 시각 작동원리를 알아내고자 했다. 왜 태양과 달이 하늘에 높이 떠 있을 때보다 수평선 근처에 있을 때 더 크게 보이는지 의문을 가진 뒤 정확한 설명을 제공했다. 그는 구면 거울과 포물면 거울이 주는 수학적 함의에 몰두했다. 이런 주제들은 완전히 새로운 수학적 계산의 장으로 인도했다. 그는 렌즈의 확대 효과를 이해하기 시작했다. 이는 갈릴레오와 코페르니쿠스와 레벤후크가 별들을 찾아내고 미생물 세균을 찾는 데 도움을 준다.

이븐 알 하이삼의 연구는 미적분학의 기초를 다졌다. 이는 상당한 파급력을 가져 멀리 인도에서도 수학으로 구체화되었다. 그의 업적 중 가장 대단한 건 박명(일출 전이나 일몰 후 하늘이 희미하게 빛나는 현상—역자)에 관한 이론이다. 이븐 알 하이삼은 이것을 다양한 수학적 물리적 설명을 통해 밝혀냈다. 보통 사람이라면 그냥 신기해하고 당연시했을 것이다. 그는 태양이 수평선 아래로 19도 각도를 이룰 때만 박명현상이 나타남을 계산해냈다. 그 사실을 이용해 대기층 폭의 근사치도 찾아냈다. 이것은 20세기 우주여행의 시대에 가서야 증명되는 것들이다.

그는 고차원 물리학의 영역까지 접근하면서 중력도 인식했다. 갈릴레오와 이삭 뉴턴이 나타나기 600년 전에 벌써 만유인력 법칙에 관한 책을 썼다.

좀 더 서정적인 연구 순간도 있었다. 그는 『시각에 대한 고찰』을 통해 미의 구성요소에 관한 시각적 이론들을 정리했다.

> 아름다움을 인식한다는 건 시각적 인식 태도를 불러일으키는 개별적 특성들을 인식하는 것이다. 이러한 특성들은 각기 다른 아름다움을 만들어낸다. 그리고 서로 연결되어 또 다른 종류의 미를 만들어내기도 한다. ……우선 위치가 미를 만들어낸다. 아름답게 보이는 많은 것들은 순서와 위치 때문이다. 아름다운 작문은 순서 배열 자체만으로도 그렇게 여겨진다. 또한 문자들의 형태나 작문 형태가 아름답기 때문이다. ……그리고 분산이 미를 만들어낸다. 널리 퍼져 있는 별들이 촘촘한 성운이나 은하수보다 아름답다. ……초원에 널리 만개한 꽃들이 한데 모여 있거나 군집된 경우보다 더 아름답게 보인다. 또한 규칙성이 미를 만들어낸다. 규칙적으로 촘촘히 심은 식물들의 들판이 중단되거나 연결이 끊긴 것보다 더 아름답다. 색깔로 인해 아름다워 보이는 초원들 가운데서도 계속 연결된 초원이 다른 것들에 비해 더 아름답다.

그의 질문들의 대다수는 거의 천 년 동안 풀리지 않는다. 수학과 빛에 몰두한 또 다른 천재인 취리히의 알베르트 아인슈타인이 나타나고서야 해결된다. 그의 저서들과 당시의 한계점을 고려해볼 때, 이븐 알 하

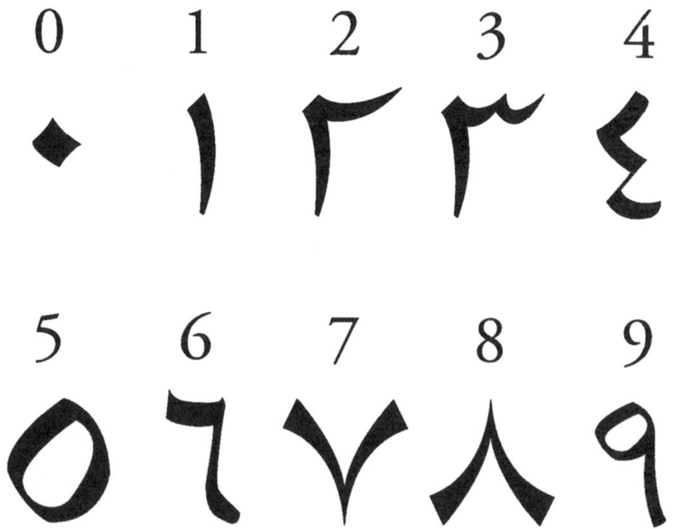

서구의 현대 숫자들은 중세 아랍과 인도 숫자 체계에서 직접 기원했다. 유사성은 오늘날에도 여전히 찾아볼 수 있다.

이삼은 아이슈타인과 동급으로 취급돼야 함에도 불구하고 역사에서 사라졌다.

이븐 알 하이삼의 생명의 빛은 1040년 카이로에서 꺼진다. 75세의 나이에 시력도 떨어지고 건강도 나빠졌다. 그는 자신이 보게 될 다음 빛은 천상 세계라는 것을 오래전부터 알고 있었다. 수세기 후 그의 저서들이 라틴어로 번역된다. 1270년에 처음으로 번역되고, 1572년에는 프리드리히 리즈너가 인쇄한다. 이븐 알 하이삼은 유럽인들에게 알하젠으로 알려진다. 한동안 유럽인들은 그를 위대한 천재로 인식했다. 당시 중세 유럽의 사상을 뛰어넘을 정도였다. 르네상스 시대에 와서야 그의 작품을 모방하거나 확장시킨 사람들이 나타나면서 그를 능가하게 된다.

이븐 알 하이삼은 그런 것에 별로 신경 쓰지 않을 것이다. 사람들에게 인정받기보다는 우주의 질문에 대답을 찾는 데 더 관심이 있기 때문이다. 그는 자신만의 공간에 고립된 채로 글을 쓰고 연구를 하는 데 행복을 느꼈다.

만약 그가 자신의 사후를 보게 된다면 흥분으로 가득 찼을 것이다. 멀리 떨어진 중앙아시아와 페르시아에서 차세대 무슬림 수학의 위대한 천재가 출현할 상황들이 벌어지기 때문이다. 서구인들에겐 수학이 아니라 시로 기억되는 사람이다.

◎ **1048년** ─ 지야드 알 딘 아불 파스 오마르 이븐 이브라힘 알 나사부리 하야미가 니샤푸르에서 태어났다. 니샤푸르는 비날루드 산의 거친 부분을 등진 비옥한 유역의 페르시아 도시다. 새로운 무슬림 제국인 셀주크 제국의 도읍지 노릇을 십 년째 해오고 있다.

이 소년은 훗날 수학과 천문학의 천재가 된다. 아마 무슬림 수학자들의 신전에서 가장 독특한 인물일 것이다. 무엇보다도 그는 시인의 영혼을 지녔기 때문이다. 일상적인 인간의 삶을 다루는 철학자가 된다. 그는 감각적인 것과 금욕적인 것 모두를 좋아했다. 자신이 믿는 신앙의 정교주의에 감히 의구심을 품기도 했다.

그는 비극적이고 감상적인 기분, 삶, 일, 풍요로운 업적을 잘 조화시킨다. 지배자와 후원자들을 위해 숫자의 비밀과 별들의 비밀을 풀기 위해 최선을 다한다. 하지만 연구를 경시하고 술집에서 술로 시간을 보내거나 애인의 곁에서 휴식을 취하면서 삶을 즐길 때도 있었다. 대부분의 세계에 오마르 하이얌으로 알려진다. 그의 성은 막사 만드는 사람이란 뜻이다. 그의 가문 사람들은 막사를 만들어 팔아 생계를 유지했다.

셀주크 지배자는 아바스조의 오래된 아랍페르시아 문화를 능가한 첫 중앙아시아 출신 정복자다. 중앙아시아인들은 계속해서 이슬람 세계를 뚜렷하게 보여준다. 그들은 문맹의 야만인이 아니라 유구한 문명을 채택해 발전시켜 더 뛰어난 황금기를 이루어낸다.

셀주크들은 다양한 형태와 지배 체제하에서 900년이나 지속되는 투르크 페르시아 세계를 창조한다. 11세기부터 14세기까지 셀주크조 세력권과 페르시아, 아나톨리아, 시리아 등의 속주 지역을 다스린다. 13~14세기는 몽골 제국이 지배한다. 이후엔 티무르 혹은 탬벌레인의 시대가 시작되어 후손들이 1336~1405년까지 다스린다. 1299~1922년에는 오토만 제국이, 1483~1857년에는 몽골 제국이 다스린다.

오마르 하이얌이 태어나기 오래전부터 니샤푸르 근처에는 터키 옥광산이 있었다. 도자기와 타일 산업과 대상 무역으로 그 도시는 번영을 누렸다. 니샤푸르는 푸른색으로 물들었다. 단지 하늘만 푸른 게 아니라 타일이 부착된 사원과 궁전들, 아치들, 무덤들, 그리스와 아랍인들의 기하학적 공식을 보여주는 기하학적인 문양들이 전부 다 푸르렀다. 하이얌이 활동하기 전부터 무역으로 부를 축적한 니샤푸르는 바그다드와 카이로에 버금갈 정도였다.

하지만 도시 사람들 모두가 부자인 건 아니었다. 하이얌의 가족들은 가난했다. 어린 오마르가 가장 편히 보낸 시간은 지붕 위에 누워 구름을 바라보거나, 먼지 하나 없는 맑은 밤하늘을 쳐다볼 때다. 11세기 니샤푸르의 겨울철이면 장작불 나무 연기나 기름 램프를 빼고는 밤하늘 별빛을 방해하는 것은 아무것도 없었다. 하이얌은 별들이 가득한 밤하늘과 익숙한 별자리들을 바라본다. 당시에는 거의 세계 어디에서나 또렷이 볼 수 있었던 은하수의 거대하며 불규칙적인 모습도 보였다. 밤하늘은 가장 매력적인 전경이자 가장 재미있는 오락거리였다. 특히나 별수단이 없던 사람들에겐 말이다.

비록 별들이 그를 불러대도 유년 시절의 힘든 현실은 피해 갈 수 없었다. 하이얌의 아버지가 죽은 이후부터는 어머니와 하이얌이 어린 식구들을 먹여살려야 했다. 그러나 하이얌의 어머니는 아들이 놀라운 재능의 소유자라는 걸 알고 있었다. 형제자매들을 먹여살리기 위해 막사를 붙여 만드는 일보다 더 큰 일을 해낼 능력이 있다는 걸 말이다.

당시 니샤푸르에서 똑똑하고 야망이 큰 사람은 공부하기 위해 이맘 모와파크를 찾아간다. 이맘 밑에서 공부한 사람은 모두 무슨 직업을 갖든 간에 훗날 인생에서 큰 행운을 경험할 것이라는 속설이 있었다. 이맘 모와파크는 알 마문의 전통을 따르는 인정 많은 무슬림 이성주의자였다. 그는 호라산의 젊은이들에게 가장 큰 기회의 문을 열어줄 것이다.

많은 지원자들에 지친 이슬람 신학자는 처음엔 의구심을 가졌다. 하지만 하이얌에게 간단한 수학 테스트를 해보았다. 그러자 그 젊은이는 아주 신나하며 풀었다. 무슬림의 잃어버린 역사상 가장 멋지고 인간적이며 지적인 이야기가 이제부터 시작된다.

하이얌이 아직 모르고 있는 사실이 있다. 장차 그는 모와파크의 이슬람 교육기관인 마드라사에서 특이한 삼각관계를 맺게 된다. 이는 다음 천 년 동안의 무슬림 혼란을 반영하며, 죽을 때까지 그들의 삶에 영향을 미칠 것이다.

이 삼각관계에 대한 문헌적 증거는 역사에서 사라졌다. 그래서 사실보다는 전설로 취급된다. 그러나 작가와 역사가들을 사로잡을 극적인 조화로움이 있기 때문에 많은 이들이 자신의 책에 인용한다.

모와파크의 마드라사에서 젊은 하이얌은 하산 이븐 사바와 어울린다. 그는 부유층 자제로 기이하고도 광적인 행동으로 유명하다. 그리고 모와파크가 개인적으로 니잠 알 물크라는 훌륭한 스승을 소개해준다.

또한 전설에 의하면, 다르야라는 여자 노예가 니샤푸르에 있었다. 하산 이븐 사바와 오마르 하이얌 둘 다 그녀를 사랑하게 되었다. 결국 하이얌이 그녀의 마음을 차지했다.

이후 그들은 다른 기회들을 좇아 각자 뿔뿔이 흩어졌다. 오마르 하이얌은 중앙아시아의 발흐에서 공부를 계속했다. 발흐는 조로아스터교의 고대 탄생지이며, 오늘날 아프가니스탄에 속하는 문화적 중심지이다. 초원에 위치한 실크로드 무역지인 사마르칸트에서도 공부했다. 훗날 우즈베키스탄에 속하게 되는 곳이다. 그는 수학공식을 연구하는 데 전념했다. 그리고 '샤리 무시킬 민 키탑 알 무시키'라는 제목으로 음악의 수학적 구조를 다룬 책도 냈다.

하이얌의 전후 수세기 동안, 음악은 예술보다는 수학과 과학의 연장선에서 다루어졌다. 특히나 8개의 모드로 구성된 음악 형식을 가진 비잔틴이나 아랍 페르시아 이론, 악기에 프렛을 다는 분파적 요소에 바탕을 두었다. 수학공식을 소리로 나타낸 것이 음악이었다. 피타고라스가 이론화한 음악 이론의 개념에 따르면, 음악과 수학과 천문학은 서로 교차한다. 피타고라스는 지구와 '천체'와의 거리가 가장 완벽한 조화를 이루는 간격이라고 추측했다. 무슬림들은 그의 이론을 따랐다. 그래서 우주에서 회전하는 행성들의 태양계 밖 소리를 가정한 뒤, 회전 공식, 기울기, 속도, 질량, 크기 등 수학에 의해 추론된 행성의 움직임을 음악으로 나타냈다.

이러한 지적 여정의 초기에, 하이얌은 무슬림 이성주의자들과 원문주의자들이 신학, 철학, 과학에 대한 이론적 논쟁을 계속하고 있음을 알게 된다. 수니파와 시아파는 권력을 두고 계속 정치적 투쟁을 하고 있었다. 하이얌은 자신만의 철학을 구축하기 시작했는데, 그의 이론은 700년 후 유럽의 계몽시대에 발생한 것과 다르지 않다. 즉, 신을 믿는다고 고백한 반면에 관찰 가능한 우주는 연구와 조사를 통해 발견된 과학 규칙에 의해 지배된다고 믿었다. 신이 실제 세계에 간섭하지 않는다는 대담하고 미래지향적인 생각을 가졌다.

원문주의와 이성주의 간의 지긋지긋한 논쟁은 모두에게 영향을 미쳤다. 수니파 셀주크조와 아바스조는 이성주의에 좀 더 치중했는데, 이는 하이얌에게는 다행스러운 일이었다. 모순적인 것은 라이벌인 시아파 계열의 이스마일파 또한 이성주의로 기울었다는 점이다. 다양한 무슬림 지배자들과 정복자들은 자유로운 정신이 없이는 사회를 개혁하고 발전시킬 수 없음을 본능적으로 알았던 것이다. 하이얌이 살던 당시 상황을 보자. 아바스조는 상당히 쇠퇴했고 우마이야조는 먼 스페인에 있었다. 하지만 두 왕조 모두 발명과 연구를 지지하고 재정적으로 후원하는 공통된 방식을 보였다. 파티마조부터 페르시아와 아시아의 다양한 정복자들에 이르기까지 이후 많은 후계자들도 마찬가지였다.

발흐, 사마르칸트, 니샤푸르에서 연구하면서 하이얌은 3차방정식의 해법을 만들어냈다. 천 년 후, 상위급 수학을 공부하는 학생들이어야 이해 가능한 방법이었다. 3차방정식은 다차방정식으로 미지수의 최고차 항이 3차 항이다. 예를 들면 다음과 같은 방정식이다.

$$x^3 + 200x = 20x^2 + 2000$$

오마르 하이얌이 사용한 방법은 포물선을 원과 교차시켜 풀어나가는 것이다.

게다가 그는 이항 전개식이라는 중요한 공식을 발견했다. 또한 유클리드의 평행선 이론을 비판했는데, 관련 저서들이 점차 유럽으로 전해져 비(非)유클리드 기하학이 점진적으로 발전하게 되었다. 그리고 천문학 연구 업적은 중요할 뿐만 아니라 정교하기까지 하다. 덕택에 더 정확한 달력을 만들게 되어 정부 업무나 무역에 효율성을 부여했다.

그러나 오마르 하이얌의 삶은 매우 불안정한 상태다. 부유한 권력

층이 주기적으로 일을 맡기긴 해도 여전히 생계를 유지하기 위해 후원
자들의 요구와 필요에 매달릴 수밖에 없기 때문이다. 한동안 사마르칸
트에서 아부 타히르의 후원을 받았다. 그는 저명한 판사였는데 하이얌
이 대수학 연구를 하게끔 도움을 주었다. 하지만 일시적이었다. 후에 하
이얌은 이런 글을 썼다.

> 나는 대수학 연구에 몰두하고 계속 집중할 수가 없었다. 나를 방해하
> 는 시간의 예측 불가능함 때문이다. 우리 사회에선 이제 지식인을 찾아
> 볼 수가 없다. 소수의 지식인만이 남아 곤경을 겪고 있다. 그들의 관심사
> 는 과학의 완성과 연구 같은 의미 있는 일에 몰두할 기회를 얻는 것이다.

마침내 셀주크 궁궐에서 오마르 하이얌과 그의 흥미로운 저서들에
대한 소문을 듣고는 관심을 가졌다. 도읍지는 페르시아의 도시 이스파
한으로 바뀐 상태였다. 그러나 하이얌은 궁궐에 알려지지 않은 시골뜨
기 신세가 아니었다. 모와파크의 오랜 친구인 교육자 나짐 알 물크가 셀
주크 통치자 말리크 샤의 수상이 된 것이다. 이는 하이얌에게 행운으로
작용했다. 그는 1073년에 연구 업적과 인맥을 통해 술탄의 초대를 받아
궁정 수학자 겸 천문학자로 이스파한에 가게 된다.

제국의 도시 이스파한으로 여행을 떠나면서 페르시아의 태양 아래
반짝거리는 푸른 모스크와 궁궐을 보게 된다. 그리고 기대감으로 가득
찬 세상을 바라본다. 이렇게 멀리까지 오다니 얼마나 행운인가. 천막 만
드는 사람의 아들로 태어난 그가 이제는 세계의 반을 지배하는 통치자
를 위해 일해달라는 부름을 받은 것이다.

이스파한에 도착한 하이얌은 연구소를 세우고 달력을 재조정하라
는 임무를 부여받는다. 말리크 샤는 지성인들의 후원자이기는 해도 사

람 자체가 지성인은 아니었다. 그가 하이얌을 부른 진짜 이유는 천문학이 아니라 점성술 때문이었다. 정복자이면서 통치자인 그는 별이 미래와 제국에 대해 무엇을 말하는지 알고 싶어 했다. 하이얌은 별로 미래를 예언할 수는 없다는 자신의 견해를 조심스럽게 알리면서 술탄을 깨우쳐 주어야 했다.

대신에 그는 수학자들과 천문학자들로 구성된 연구 팀을 데리고 새롭고 더 정확한 달력을 만드는 데 노력하기 시작했다. 보다 정확한 시간 측정으로 인해 종교적 기념일을 충실히 지킬 수 있을 뿐 아니라 정확한 기록을 남기고 조세징수도 더 나아질 것이다.

앞으로 19년 동안 하이얌은 인생에서 가장 안정된 시간을 보내게 된다. 비록 후원해주는 칼리프의 정적들이 세력을 모으고 있었지만, 그는 가장 눈부신 연구 성과를 냈다.

1079년에 컴퓨터도 없이 오마르 하이얌은 일 년이 365. 24219858156일이라는 것을 계산해내는 놀라운 재주를 부린다. 21세기에 허블 망원경, 자동 시계, 컴퓨터를 이용해 보니 일 년은 365. 242190이었다. 그는 소수 여섯 번째 자리에서 실수했는데, 이는 일 초 정도의 착오다.

또 다른 업적은 천체가 지구를 도는 것이 아니라 지구가 회전축을 중심으로 어떻게 자전하는지를 놀라는 청중들 앞에서 설명한 것이다. 그는 촛불을 이용해 별들과 태양을 나타내는 식으로 자전하는 지구와 별들의 정교한 모형을 만들어 관중 앞에서 증명해 보인다. 당시 관중들 중에는 저명한 철학자 알 가잘리도 있었다고 한다.

그러나 다시 세상사로 돌아오면 거의 20년 동안의 안정된 삶에 종지부를 찍을 일들이 진행되고 있었다. 핵심 주도 인물은 바로 학창 시절 친구인 하산 이븐 사바이다. 그는 셀주크 정부에서 관리로 일하고 있었다.

잃어버린 역사, 수니파 자료들, 이스마일파의 역사가들은 이런 역사에 대해 애매한 태도를 취한다. 전통적인 자료에 의하면, 하산 이븐 사바는 한때 후원자였던 니잠 알 물크를 살해하려고 했으나 실패로 돌아갔다. 그 후 추방된 뒤 은밀하게 이스마일파 페르시아인 집단과 함께한다. 그들은 수니파에 정치적 저항을 했는데, 표적을 정해놓고 정치적 살인들을 저지른다는 비난을 받기도 했다. 이븐 사바와 후계자들의 목표는 셀주크조와 아바스조에 대한 저항 이외에도 셀주크 치하에서 박해받는 이스마일파를 지켜내는 것이었다.

이븐 사바의 신앙은 정치적, 교리적 측면에서는 수니파와 반대였다. 하지만 모순적이게도 그리스 이성주의와 코란 지침과 금욕주의도 혼합되어 있었다. 그러나 이러한 철학적 연결만으로는 수니파와 이스마일파의 교조적 차이를 극복할 수 없었다.

니잠 알 물크는 수니파 전통과 셀주크 권력층의 대표적 인물로 이븐 사바의 가장 강력한 적이다. 셀주크조는 이스마일파를 이단자이자 경쟁자이며 적으로 여겼다. 자기방어든 아니면 정부 전복을 위해서든, 이븐 사바는 페르시아 북쪽 산에 새로운 성들을 만들었다. 난공불락의 산속 요새에서 이스마일파 지도자들과 신도들은 자신들의 종교를 박해하는 수니파의 증오의 물결에서 벗어날 수 있었다. 이븐 사바의 페르시아 근거지는 이스마일파가 앞으로 한 세기 반 동안 번영하고 발전하는 피난처가 된다. 계속되는 셀주크의 위협에서 산속 공동체를 보호하기 위해, 이븐 사바는 작은 '비밀결사대'를 조직한다. 엘리트 군사들로 조직되어 있었는데, 규모가 더 큰 셀주크 군대를 억제할 다양한 전략을 구사했다. 그 중 한 가지 전략은 상대방의 정부 사령관이나 지배자들에게 이스마일파 영토를 건들지 말라고 협박함으로써 살상과 복수를 최소화하는 것이다.

　　광범위한 정치적 교조적 갈등은 오마르 하이얌의 삶에도 직접적인 영향을 끼친다. 어린 시절의 친구인 하산 이븐 사바와 반대 입장에 서게 된 것이다. 이제 세 명의 기이한 삼각관계의 운명이 나타나기 시작한다. 1092년 멋진 친구이자 후원자였던 니잠 알 물크가 살해당했다. 그는 수상으로서 이슬람권에 대학들을 세우자는 제안을 했으며, 대학들은 그의 이름을 따서 니자미야로 불렸다. 그리고 한 달 후 술탄 말리크 샤는 전투에서 패배했다. 곧 그의 아내가 왕좌를 이어받았다. 그녀는 니잠 알 무크의 친구도 아니며, 왕이 총애한 궁궐 인물에게도 관심이 없었다. 하이얌은 곤경에 처한 채 이스파한 궁궐을 떠나야만 했다.

　　수모는 그것만이 아니었다. 그의 비전통적인 견해에 경계심을 품은 수니파 성직자들은 오마르 하이얌을 신앙 측면에서 모함했다. 500년 후 갈릴레오가 견뎌내야 했던 재판을 받으면서 오마르 하이얌은 신앙심에 대한 심문을 받았다.

　　그와 수니파 성직자들은 서로 다른 차원에서 논쟁했다. 그는 과학자이자 수학자로서 신앙의 전통적 견해를 지지할 수가 없었다. 그는 최선을 다해 설명했다. 그의 설명은 상대방을 진정시키기도 했지만 그만큼 화를 북돋고 혼란스럽게도 만들었다. 결국 그는 신앙심을 증명하기 위해 메카 순례를 떠나야 했다. 이후 목숨은 부지할 수 있었지만, 이전 자리는 유지할 수 없었다.

　　그런 어두운 상황에서 오마르 하이얌의 오랜 여정은 끝나는 것처럼 보였다. 그러나 운은 아직 다하지 않았다. 1118년에 오랜 분열 후 말리크 샤의 세 번째 아들이 술탄이 되었다. 새로운 통치자는 하이얌을 후원해주고 수도를 메브르로 옮겼다. 300년 전에 알 마문이 아바스조의 통치자로 있다가 칼리프가 되었던 곳이다. 오마르 하이얌은 죽기 4년 전에 새로운 후원자를 만나 과학과 연구에 대한 식지 않는 열정으로 연구를 재개했다.

말년에 그는 자신이 니샤푸르의 장미 꽃잎으로 덮인 무덤에 묻힐 거라고 누군가에게 말했다. 그리고 훗날 수세기 후 한 방문객이 니샤푸르에 있는 그의 묘지를 찾았는데, 장미 꽃잎으로 뒤덮여 있어 묘지 비문을 읽을 수 없을 정도였다고 한다.

수학과 천문학에 관한 뛰어난 통찰력에도 불구하고, 비이슬람 신도들은 대개 오마르 하이얌을 시인으로만 기억할 것이다. 그가 쓴 단어들의 진정한 의미와 의도에 대한 논쟁은 여전히 계속된다. 19세기 에드워드 피츠제럴드가 하이얌의 시집 『루바이야트』를 번역했다. 고무적인 일이기는 하나 내용상 오류가 상당히 많다.

『루바이야트』에서 하이얌은 인간 존재에 대해 말한다. 20세기 오마르 알리 샤와 로버트 그레이브스의 한 번역본을 읽어보자.

우리가 무엇이 될지 글로 써지면, 정말 그렇게 된다.
신 또는 악마의 무성의함이여, 펜아, 적어라!
첫날 모든 미래가 결정되어 있었다.

다음은 그가 죽기 2년 전인 1120년쯤에 오마르 하이얌이 스스로 신앙고백이라 부르며 쓴 글이다.

내가 자주 찾는 사원은 높다.
터키 식 둥근 천장의 돔은 하늘과
세계를 위대함으로 채울 것이다.
나의 신앙은 무슬림이 아니다.
그렇다고 이단자도 아닌 나의 신앙은 실로

이 말을 듣는 사람들을 놀라게 할 것이다.

나는 순례 행렬에서 일탈해

내 터번을 팔 것이다. 한 시간 동안

음악을 들으며 휴식처에서 시간을 보내기 위해서다.

나는 와인을 위해 염주를 팔 것이다.

신성한 이름들로 엮인 것이기는 하지만 말이다.

경건한 자세로 오랜 시간 기도하던 이들은

즐거운 노래를 듣고자 내 곁으로 온다.

내가 반복해야 할 기도가 있다면

그건 내 연인의 발아래에서일 것이다.

그들은 내 말이 단정적이라고 비난한다.

나는 겉보기와는 달리

말과 다르게 행동하지 않는다.

최소한 나는 위선은 피한다.

그런데 어제 그런 일이 발생했다.

나는 진흙을 치대 도자기를 만들었다.

흙이 말한다. 왜 당신은 나를 치는가?

그대와 나는 둘 다 같은데.

비록 일부가 가라앉고 일부는 떠올라도

우리 모두는 단지 흙일 뿐이다.

Chapter 04

별들의 모습

달을 뒤따라오는 건 태양이 아니다.
뿐만 아니라 밤이 낮을 능가하는 것도 아니다.
그들은 그저 각자 회전할 따름이다.
- 코란(14장 39절)

2007년, 캘리포니아, 패서디나, 미 우주항공국의 제트 추진 **연구소**(JPL)—로버트 베일리는 로스앤젤레스의 넓은 연구실에서 일하고 있다. 토성의 커다란 위성 티탄으로 비행하는 카시니 우주탐사선에 부착할 최신 레이더 장치를 살펴본다. 멀리 떨어진 그 위성의 대기권은 저온 탄화수소로 안개가 자욱하다. 카시니 우주선은 대기권을 통과해 북극 쪽에서 넓은 액체 메탄 호수를 발견했다. 지구에 있는 북극의 호수나 툰드라 지형과 그다지 다르지 않다. 화학적 성분과 온도는 전혀 다르지만 말이다. 카시니 탐사선은 매번 점점 나은 성과물을 보낸다. 이제껏 희미했던 티탄의 모습을 보다 세세하게 구석구석 보여준다.

티탄의 어딘가에는 호주만 한 대륙이 있는데 제나두라고 불린다. 표면은 빙하 화산, 에탄 성분 바람, 메탄 비와 강으로 되어 있으며 부식된 상태다. 달은 항상 푸른 어스름 속에 높이 떠 있다. 멀리 있는 태양과 근처 토성의 그림자가 차가운 안개와 구름 때문에 일부 가려진다.

베일리는 이 일을 매우 사랑한다. 그는 일 년 이상 카시니 프로젝트에 매달려 있다. 전에는 워싱턴의 미 우주항공국 본부에서 일했는데, 재미도 없고 노동하는 것 같은 생활이었다. 거기서는 집행부의 회합 브리핑 준비를 도왔다. 오랜 근무 시간에다 부담감이 심한 업무로 여러 번 승진도 했다. 그러나 베일리에게는 워싱턴 카피톨 힐 지역의 안개보다 티탄의 안개를 다루는 것이 훨씬 낫다. 대도시에서 살면 생활비도 많이 들고 교통도 끔찍하지만, 자녀들을 생각한다면 관용적인 분위기의 다양성이 존재하는 도시 생활이 좋긴 하다. 그는 정치나 정책이 아닌 과학에 몸담은 사람이었으며 지금도 마찬가지다.

이 업무를 배정받기 전에는 워싱턴에서의 경험이 너무 끔찍해 사기업으로 이직을 고려할 정도였다.

베일리는 본토박이 조지아 주 출신으로 가족들 가운데 대학 교육을 받은 제2세대다. 애틀랜타 시의 조지아 공과대학에서 천체 물리학 박사 학위를 받았다. 부모님은 조지아 주 해안 지역에서 공립 교사로 일한다. 조부모는 농부였다. 더 윗세대 조상들은 나이지리아의 요루바에서 조지아 주에 노예로 잡혀 온 아프리카인들이었다. 베일리 선조들은 당시의 노예들과 달리 강제 이주를 겪지 않았다. 덕분에 가족들을 그대로 남아서 거의 두 세기 동안 아프리카에서 상륙했던 곳 근처에서 살 수 있었다.

베일리는 한평생 인종이나 종족의 경계선이라는 현실을 상대해야 했다. 그의 아내는 다른 인종이다. 둘은 조지아 공과대학에서 만나 결혼했다. 워싱턴에서의 시간이 좋았던 것도 그런 이유 때문이었다. 최소한 아이들은 더 마음 편히 지냈다. 그는 다양하고 관용적인 도시인 애틀랜타에서 상당한 시간을 보냈다. 하지만 아이들이 태어날 즈음에는 케이프 커내버럴에서 살았다. 그러다 휴스턴으로 옮겼다. 큰아들은 차를 몰고 가다가 이유도 없이 여러 번 텍사스 경찰관의 검문을 받곤 했다. 어린 딸은 플로리다에서 벽에 인종차별하는 모욕적인 말이 씌어 있는 걸 보기도 했다.

그러나 베일리는 자신이 행운아라고 생각한다. 미 우주항공국에서 근무한 지 20년 정도 되어 이제는 백만 달러 정도의 연봉을 받는다. 저축도 하고 투자와 은퇴 자금도 준비해놓았다. 다른 곳으로 이사한 후에도 플로리다와 텍사스에 있는 집을 그대로 두고 세를 줘서 수입을 얻고 있다. 아내는 부동산 전문가다. 이 부부에겐 백만 달러가 넘는 순자산이 있다.

현재 위치에 오를 수 있었던 데는 물론 일을 열심히 했기 때문이기도 하지만, 사실은 운도 있었음을 잘 알고 있다. 교육을 중시한 부모를 둔 건 정말 운이 좋은 거였다. 덕택에 그만큼 공부할 수 있는 돈과 시간이 주어졌으니 말이다.

그는 멀리 떨어진 푸른색의 차가운 위성 레이더 이미지를 좇고 있다. 태양계에서 가장 반짝거리는 물질로 된 고리를 가지고 있다. 이 얼어붙은 위성은 제우스 신을 비롯한 모든 로마 신들의 선조인 신족(神族) 티탄의 이름을 따서 지어졌다. 다시 말해 토성의 위성인 티탄은 행성이 만들어졌을 때 튀어나온 거인들의 이름이다. 눈을 맑게 하기 위해 창밖을 본다. 패서디나의 희미한 실안개 속에서 서양버들, 상록 거목, 고속도로, JPL 출구에서 회전하는 차들이 보인다. 일을 하는 동안만은 세상의 속박의 끈에서 자유로워져 너무 좋다. 정치 세계와 일상적인 인간사는 너무 많은 혼란을 야기한다. 종교, 민족, 부족, 자아 같은 것들은 배제하고 개인 자체로 평가했으면 좋겠다. 한 집단의 운명 속에서 움직이는 일개 행위자가 아닌 각자 모두 고유한 자아로 봐주었으면 한다.

베일리의 마음은 우주로 가 있다. 인간들을 서로 구분하는 사소함 따위는 우주의 광대함 속에서 그냥 사라지고 만다. 우주에서는 다소 차이가 있긴 해도 사람들은 그저 별들과 행성 사이의 거대한 어둠 속에서 순수한 에너지일 뿐이다. 전파와 레이더 파동을 타는 주체가 하나 더 생겼을 뿐이다. 우주라는 거대한 심포니에 작은 악보가 하나 더해졌다고 표현하면 되겠다. 행성들의 웅성거림, 태양의 분출, 별들의 소음, 멀리 떨어진 별의 울려 퍼지는 소리가 태초의 준항성체(準恒星體)로 흘러간다.

아래쪽 지구의 세상을 다시 내려다보자. 사무실에는 여든 살 어머니가 보내준 〈애틀랜타 저널 컨스티튜션〉에서 오려낸 기사가 있다. 어머니는 여전히 조지아 주 해안에 사신다. 부모님, 아내, 아이들 사진이 화성, 토성, 목성의 포스터와 같이 여기저기 걸려 있다.

한 문화인류학자들 단체에 관한 기사였다. 조지아 주의 작은 섬 마을을 연구했는데, 베일리 가문이 이백 년 동안 살았던 곳이다. 학자들은 마을의 아프리카 가계도에 초점을 맞추었다. 역시 그의 가문이다. 베일리의 아프리카 조상들 중에 빌랄리라는 요루바족 남자가 있었다. 아마 무슬림이었을 것이다. 아프리카에서 건너온 노예들 중 최소한 삼분의 일이 무슬림들이니 말이다. 그들 대부분이 베일리 가문과 같은 섬에서 삶을 마쳤을 것이다.

인류학자들은 또한 베일리의 조상들이 묻혀 있는 오래된 선라이즈 아프리카 침례교회를 연구했다. 노예 시대의 교회들은 모두 동쪽을 향하고 있었다. 메카 방향이다. 마을의 원로들도 침례교 예배를 드릴 때 동쪽을 쳐다보았다. 동쪽을 향해 기도를 드린 아프리카 신도들은 기독교화된 은밀한 무슬림들이라는 암시를 준다. 그들이 누구인지는 잊혀졌다.

무엇보다도 빌랄리 가문은 남북 전쟁이 일어나기 오래전에 베일리라는 영어식 성으로 바꾸었다. 7세기 아프리카인 빌랄에서 나온 성이다. 그들은 이슬람으로 개종한 첫 번째 사람들이며 예언자들의 추종자들이었다. 1400년 전에 아라비아 사막에서 기도 시간을 소리 내어 알린 최초의 사람들이다. 아닐 수도 있지만, 조지아 주의 베일리 가문은 동트는 사막의 첫 무에진이었을 것이다.

베일리는 기사 전체를 읽어보았다. 그러나 어머니에게는 어떤 반응도 보이지 않았다. 어머니는 도대체 무슨 말을 듣고 싶으신 걸까? 최악의 제도인 노예제의 후손에다가 일요일 아침이면 일부 침례교들이 항의 행진을 하는 바로 그 종교의 후손이라는 걸 기뻐하라는 건가?

아이들에게 이런 얘기를 해주어야 할까? 더 많은 짐을 안겨주어야 할까? 어리고 순진한 아이들에게 피부색으로 판단하고 거부하는 사람들이 세상에 있다는 걸 얘기해주는 것만으로도 힘들다. 이 기사는 그냥 흘려보낼 것이다. 어머니가 알아서 판단하실 일이다. 행여 여든 살의 나이에 어머니가 빌랄리 무슬림이 되고 싶다면, 그렇게 하시도록 내버려두어야지 어쩌겠는가.

자신은 그냥 잊어버릴 생각이다. 이것 때문에 마음은 별들에서 자신의 과거로 향했다. 정말 그와 관련 가능성이 있는 얘기일까?

A.D. 780년, 바그다드 —다채로운 무슬림 황금기에 천문학은 수학만큼이나 중요한 과학적 성과를 올리기 시작한다. 사실 8세기 무슬림 천문학자들은 수학자들과 거의 구분이 안 되었다. 칼리프 알 만수르가 도시를 세우고 지혜의 집을 설립하기 이전부터 천문학은 바그다드에서 번성했다. 칼리프 하룬 알 라시드 시대까지 계속 그랬다. 천문학자들은 별을 사랑했으며, 스스로를 수학자 또는 철학자로 여겼다.

천체에 관한 질문들은 아바스조의 칼리프 시대 동안 많은 수학적 질문들을 불러일으켰다. 학자들은 별들의 이동과 음력의 시기를 계산했으며 월식을 설명하고 예측했다. 태양과 달과 별들의 계절에 따른 위치로 시간을 알아냈다. 그리고 시간 그 자체의 본질을 파악하고 이해하려고 노력했다.

왜 그랬을까? 거슬러 올라가 예언자의 계시와 종교의식에 관한 진술을 살펴봐야 한다. 예언자는 독실한 신자라면 하루 다섯 번 정해진 시간에 기도해야 한다고 신의 말씀을 전했다. 새벽의 첫 기도로 시작해서 하루 내내 이어져 밤에 끝난다. 또한 독실한 신자라면 메카를 향해 기도해야 한다고 말했다. 그는 일 년에 열두 달이 있다고 했다. 무함마드가 신으로부터 첫 계시를 받은 시간을 기리는 라마단의 달을 포함해 넉 달이 신성한 달들이라고 했다.

무슬림 시대까지 종교에 근거한 각종 달력들은 중동과 중앙아시아에서 관심을 불러일으켰다. 이슬람과 밀접한 유대교와 기독교 역시 비슷한 달력을 사용하고 있었다. 하지만 날짜와 태양의 위치를 제대로 맞추기 위해 매 19년마다 13개월로 된 년을 넣어야 하는 부정확한 것이었다.

하지만 코란에 따르면 분명히 일 년은 열두 달이었다.

> 신의 눈에 보이는 개월 수는 12달이다(일 년에). 그리고 신은 자신이 정한 날에 천국과 지구를 창조하셨다. 일 년 중 넉 달이 신성하니 이대로 정확히 지켜야 할 것이다. (코란 9장 36절)

예언자가 죽자 공동체는 무슬림 달력은 태양력에 비해 11일 정도가 더 짧은 태음력으로 작성되어야 한다고 결정했다. 무엇보다 무슬림 천문학자들은 특이한 문제를 해결해야 했다. 무슬림 달력을 쓰면 한 달이 초승달부터가 아닌 그믐달과 함께 시작하게 된다는 점이다.

그래서 그믐달이 나타나는 시기를 예측하는 것이 이슬람 천문학자들에겐 특별한 과제였다. 애초에 초기 이슬람권에서는 시간의 흐름을 나타낼 잘 발달된 천문학적 수학적 방법이 없었을 때부터 달력을 개량하기 위해 달의 변화 단계를 이용했다. 주로 달의 모습에 의존했는데, 처음 보이는 그믐달을 한 달의 첫 날로 여겼다. 이후 천문학적 수학적 방법이 이용되었다. 사람들은 인간의 시각에 덜 의존하고, 대신에 좀 더 달의 위치에 근거한 달력에 의존했다. 21세기인 지금도 달의 모습을 이용한 전통적 방법을 따르는 국가가 있는 반면, 수학적 계산을 따른 국가들도 있다.

예를 들면, 하루 중 시간을 계산할 때도 수학적 난제에 직면하게 된다. 무슬림 천문학자들은 태양의 위치, 천정, 천구북극의 세 점으로 이루어진 삼각형을 찾아내야 했다. 천정과 극을 통과하는 호(弧)와 태양과 극을 통과하는 호(弧)의 교차 각도가 바로 시간이다.

초기 그리스 사람들은 시간을 알아내기 위해 반복해서 계산하는 귀찮은 방법을 사용했다. 매우 비실용적이었다. 답을 구했을 때면 이미 시간은 흘러간 뒤였기 때문이다. 수세기에 걸쳐 무슬림들은 더 효과적인 삼각법 공식을 이용해 계산 과정을 단축시켰다. 삼각법의 하나인 사인은 인도에서 전해졌다. 하지만 바그다드의 천문학자들이 나머지 5개 요소인 코사인, 탄젠트, 코탄젠트, 시컨트, 코시컨트를 찾아내 삼각법을 제대로 이용하게 되었다.

신도들을 위해 메카 방향을 찾고 완벽한 무슬림 달력을 만들어야 하는 과제는 구면 기하학을 최고의 수준으로 이끌어 올리는 결과를 낳는다. 평면 기하학 수준을 넘어서 구를 연구하는 학문이다. 또한 그러한 과제들은 무슬림 천문학자들과 수학자들의 연구 원동력이 되었다.

그러나 예언자와 신앙만이 무슬림 천문학의 연구 동기는 아니다. 통치 측면에서도 이슬람 제국이 별을 바라봐야 할 타당한 이유가 있었다. 당시 이슬람 제국은 대서양에서 시작해 아프리카, 멀리 중앙아시아, 그리고 아라비아 해안을 따라 인도까지 이어졌다. 칼리프 제국은 계속 항해하면서 지역에서 지역으로 이동하는 길을 찾아내야 했다.

마지막으로 점성술이라는 관습이 여전히 남아 있었다. 이슬람 이전의 고대 조로아스터교, 힌두교, 유대교의 신자들은 다가올 새 천년의 길흉을 점성술로 점을 쳤다. 이슬람 교리에 어긋난다는 비난도 있었지만, 점성술은 완전히 사라지지 않았다. 점성술을 아예 인정하지 않는 천문학자들도 있었지만, 천문학과 점성술 양쪽에 발을 들여놓는 경우도 있었다.

초창기 이슬람 천문학자들은 인도 학자 브라만굽타의 브라마 스푸타 싯단타, 혹은 『우주의 창조』라는 책에 많은 영향을 받았다. 이 천문학 책에 나온 자료와 계산법은 과학적 설명을 바탕으로 했다기보다는 하나의 주장에 불과했다. 그래도 힌두교 달력을 계산하는 데 쓰이곤 했다. 그리고 천체 현상들과 연관해 시간을 계산해야 하는 난제를 받은 초기 무슬림 천문학자들에겐 소중한 자료였다.

가장 중요한 외국 서적은 프톨레마이오스가 쓴 천문학 연구서다. 원래 책 제목은 『천문학 집대성』이었다. 하지만 아랍어로 번역되면서 『알마게스트』가 되었다. '가장 위대한 것'이라는 의미이다. 훗날 12세기에 스페인에서 가톨릭과 유대교 번역가들이 아랍어에서 라틴어로 옮겼는데 알마게스트라는 명칭은 그대로 사용했다.

◎ 프톨레마이오스의 이론들은 지구를 우주의 중심에 두는 천동설을 포함해 심각한 오류가 있었다. 하지만 코페르니쿠스의 가설이 나

오기 전까지는 효력을 유지한다. 무슬림들은 프톨레마이오스의 책을 최고의 천문학 개괄서로 여겼다. 그래서 공식들을 확인, 검증, 비판, 향상시키는 데 모든 에너지를 쏟아붓는다. 그러다 일부 천문학자들이 이론의 오류와 비일관성을 찾아내기 시작했다. 몇몇은 지구 중심설에 의문을 제기했다.

무슬림 철학자들과 천문학자들이 지구의 움직임에 관해 오랫동안 토론을 벌여왔다는 증거가 여럿 있다. 11세기 알 비루니와 13세기 알 투시 같은 과학자들도 토론에 참여했다. 알 비루니는 인도의 태양 중심설에서 영감을 얻어 지구가 자전축을 중심으로 도는 것이 가능하다고 주장했다. 프톨레마이오스의 움직이지 않는 지구 가설에 의문을 제시했다. 13세기에 이르자 이슬람 천문학자들은 프톨레마이오스가 제시한 증거들에 의구심을 품으며 지구가 움직이지 않음을 증명하지 못한다고 주장한다.

그러다가 점차 지구가 움직인다는 걸 보여줄 명확한 관찰 증거를 요구하며 회전하는 지구에 관한 논의를 전개했다. 이는 13세기 이후 이슬람 천문학의 가장 열띤 논쟁 주제였다. 이 논쟁은 코페르니쿠스 시대까지도 계속되었고 심지어 더 거세졌다.

프랑스인 니콜 오렘이나 장 부르댕 같은 유럽의 지적인 신학자들 사이에서도 비슷한 논쟁이 발생한다. 무슬림 천문학자들은 회전하는 지구에 관한 가능성은 열어두었지만 확실한 증거가 나오기 전까지 믿지는 않았다. 움직이는 지구에 대한 논쟁은 유럽에도 퍼졌다. 그러나 신학적인 논의 내에서 전개되었다. 반면 이슬람권에서는 순수한 과학적 토론이었다.

코페르니쿠스의 중요한 천문학적 질문들이 아랍 천문학에서 나왔음을 보여주는 증거들이 있다. 코페르니쿠스는 행성의 움직임에 관한 수학적 체계를 발전시키면서, 지구가 정지되어 있다고 주장하는 프톨레마이오스의 견해를 반박했다. 그의 반박 주장들은 알 투시를 비롯한 무슬림 천문학자들의 견해와 여러 측면에서 흡사하다. 물론 지구가 축을 중심으로 자전한다는 점과 어떻게 지구가 태양 주위를 도는지를 이해했다는 점에서 그의 총명함을 짐작할 수 있다. 과학 역사가 토머스 쿤의 『코페르니쿠스 혁명』에 따르면, 그러한 '천문학적 혁명'은 확실한 과학적 증거를 통한 과학사상의 수정이 아니라 사회적, 경제적, 철학적 추론 같은 많은 요인들의 결과다.

15세기 저명한 무슬림 천문학자 알 쿠시지는 움직이는 지구관에 대해 더 개방적인 태도를 취했다. 맥길 대학의 자밀 라게프 교수에 따르면, 알 쿠시지는 확실한 전제 조건들과 관찰된 증거에 기초한 납득할 만한 물리학이 나온다면 지구 회전설을 받아들일 준비가 되어 있었다. 알 쿠시지가 '중세 천문학자들과 철학자들 가운데 독보적인 위치'를 차지하는 것도 그 때문이다.

지구 구형설은 프톨레마이오스가 맞게 주장한 것이며, 초기 무슬림들도 받아들였다. 당시 유럽인들의 지도를 보면, 세계는 평평하게 그려져 있다. 지도 끝에는 "이 지점을 지나면 용들이 살고 있다."라는 문구가 씌어 있다. 그러나 고대 이래로 선원들은 지구가 둥글다는 것을 분명 알아차렸을 것이다. 경도의 계산도 지구가 둥글다는 사실에 바탕을 둔 것이다. 그렇지 않다면 구면 기하학은 발달하지 못했을 것이다.

무슬림들은 페르시안 천체도로부터 천체를 관찰 기록하는 독특한 체계를 끌어냈다. 이를 '지즈'라고 부른다. 훗날 라틴 번역가들이 메사하라로 부르는 마샤알라 이븐 아사르는 유대인 점성가이다. 그는 페르시아 출신이다. 알 만수르와 하룬 알 라시드 시대에 알 나우바크트와 함께 궁정에서 일했다. 특히 알 만수르는 신도시 바그다드의 위치를 정하기 위해 점성술 관련 자문을 구했다.

이브라함 알 파자리도 하룬 알 라시드 궁궐의 부름을 받는다. 훗날 아프가니스탄에 속하게 되는 쿤두즈 출신인 페르시아인이다. 그는 궁궐에서 천체 관측 기구 아스트롤라베에 대한 논문을 작성한다. 아스트롤라베는 그리스와 프톨레마이오스에게서 나온 것이기는 하지만, 무슬림 시대에 와서 최고로 발전한다. 아스트롤라베는 디지털 아날로그 컴퓨터가 나오기 전의 도구로 다채로우면서도 복잡한 구조를 가졌다. 때문에 능숙한 사용자만이 이를 이용해 위도를 잴 수 있다. 먼저 새벽녘 태양 부근의 별자리를 관측해 기록한 뒤, 점심 때 태양과 지평선의 각도차를 움직이는 바늘을 이용해 측정한다. 측정 수치들을 차트와 비교해서 위도를 계산해낸다. 아스트롤라베는 18세기에 육분의(六分儀)로 대체되기 전까지는 항해할 때 반드시 챙기는 주요 물품이었다. 그것은 위치뿐만 아니라 하루 중 정확한 기도 시간을 파악하는 데도 도움을 준다.

무슬림 아스트롤라베는 9~10세기에 전성기를 누린다. 그러다 알 안달루스에 전해지고, 13~14세기에 유럽에까지 넘어간다. 『캔터베리 이야기』의 저자인 14세기 영국 시인이자 작가인 제프리 초서는 아스트롤라베의 힘에 이끌려 에세이를 썼다. 옥스퍼드 대학의 학자들도 매력을 느꼈다. 그들은 독자적인 아스트롤라베를 만들면서 오래된 아랍 문자와 별들의 아랍 명칭들을 집어넣었다.

우주여행 시대 이후에도 계속 남는 이런 별들의 명칭은 지혜의 집이 있던 시대의 산물이다. 우주 탐사선들이 우주의 깊은 곳으로 떠나고 있다. 사실 우주탐사선은 잊힌 무슬림 천문학자들이 붙여준 아랍 명칭의 별들에 의지해 자기 위치를 파악한다. '천정'이나 '방위각'의 명칭뿐만 아니라 많은 별들의 명칭들이 오래된 사막의 시적 언어에서 생겨났다. 직녀성, 견우성, 데네브, 베텔게우스, 리겔, 알데바란, 포말하우트,

알게우즈, 알페타, 알페라츠, 미라크가 그런 예들이다.

알 파자리의 뒤를 이은 아들 무함마드는 많은 힌두 자료들을 아랍어로 바꾸는 번역을 시작으로 연구를 계속한다. 번역 작업은 9세기 알콰리즈미에 가서야 완성된다.

알콰리즈미의 고유한 지즈는 200년 후 안달루시아의 마드라사에 있는 천문학자인 알 마즈리티에 의해 더욱 새로워진다. 그리고 1126년에 바스의 아벨라드가 라틴어로 번역한다. 알콰리즈미와 알 마즈리티의 지즈는 수백 년 동안 유럽과 아시아 천문학의 핵심 역할을 한다.

알 만수르와 하룬 알 라시드 시기에 엄청난 천문학적 발견들이 이루어졌다. 그럼에도 불구하고 무슬림 천문학의 첫 황금기는 9세기 통치자 알 마문이 지혜의 집을 설립하고 나서야 본격적으로 시작된다. 알 마문은 바그다드에 천문학자를 모으고 무슬림 천문대 설립을 장려했다. 오래된 페르시아 학문기관의 토대인 군데샤푸르에 먼저 설치하는 것이 타당할 것이다. 무슬림 천문학자들은 천문대에서 일하며 그리스인들보다 더 정확하게 자오선을 측정하는 새로운 방법을 개발했다. 자오선이란 지구 표면상 남북을 가르는 이론적인 선이다.

알 마문은 다른 천문대들도 건설하도록 지시한다. 바그다드의 삼마시야 문과 다마스쿠스를 내려다보는 카시운 산에도 하나씩 세울 생각이다. 삼마시야 천문대는 유대인이었다가 이슬람으로 개종한 시드 이븐 알이 운영했다. 이라크의 와시트와 시리아의 아파미아에도 세워졌다.

주요 연구기관에 천문학자들과 수학자들이 모여 프톨레마이오스의 이론들을 번역, 증명, 비판하느라 정신이 없었다. 자오선의 길이를 측정하고, 지구 둘레를 계산하고, 일월식, 춘추분, 혜성을 이해하려고 했다.

망원경도 없이 정교한 삼각법을 구형 기하학에 응용하는 방식만으로, 아바스조의 천문학자들은 지구의 지름이 12,728km이라는 계산을 해냈다(실제로는 12,765km 이다). 그리고 적도를 따라 잰 지구의 둘레 거리를 약 39,968km로 계산했다(실제는 40,082km이다). 지구상의 자오선의 평균 길이도 계산했는데, 실제와 0.8km 정도의 오차를 보였다. 그리고 춘추분 세차운동 시 자전축의 기울기 변화도 알아냈다. 모두 중세의 가장 중요한 계산 수치들이다.

지혜의 집의 부름을 받은 또 다른 이로 페르시아의 수학자이자 별 관측자인 알 파르가니가 있다. 그는 지금의 우즈베키스탄에 해당하는 고대 중앙아시아 도시 파르가나 출신이다. 천문학자에 딱 어울리게도 알 파르가니는 중국의 서쪽 관문에 가까운 조로아스터교의 중심지에서 왔다. 세 명의 페르시아 왕들인 동방박사들이 반짝거리는 우주의 대사건에 이끌려 베들레헴을 향해 여행했던 이래로, 그곳 사람들은 의미와 메시지를 찾기 위해 하늘을 올려다보곤 한다. 페르시아계 아시아인들의 별에 대한 사랑은 인생과 우주의 신성한 비밀을 점치기 위한 필요도 있지만, 마법이나 연금술과도 맞물려 있었다. 중앙아시아의 평원엔 새롭게 떠오르는 천문학과 남아 있는 잔재인 점성술과 마법술 학파가 조화롭게 합쳐져 있었다. 그리고 많은 훌륭한 천문학자들을 배출한다. 과학이 발전함에도 불구하고, 점성술에 대한 애정은 계속된다. 많은 학자들과 지배자들이 코란은 인간의 운명에 신의 힘이 아닌 초자연적 힘의 영향력이 미치는 걸 부정한다고 지적해도 여전했다.

알 파르가니는 833년에 프톨레마이오스의 『알마게스트』를 아랍어로 잘 요약해냈다. 이 요약서는 무슬림 세계에 급속히 퍼진다. 그리고 300년 후에 세빌의 존과 크레모나의 제라드가 번역해 마침내 라틴어 개정판들이 나온다. 알 파르가니의 라틴 이름은 알프라가누스이다. 훗날 달의 한 분화구에 그의 이름을 붙인다.

유럽의 르네상스 바로 직전 무렵 13세기에 이탈리아 시인 단테 알리기에리는 라틴어가 아닌 일상 이탈리아어로 『신곡』을 발표한다. 천국의 다양한 영역권들을 통과하며 천상으로 올라가는 내용이다. 이런 천상 구조는 무함마드의 7개 천국 경험담(미라지)을 묘사한 아랍 문헌뿐만 아니라, 아랍 번역물 『알마게스트』의 라틴어 판과 대학 교육을 통해 얻은 것이다.

10세기 초반 지혜의 집의 수학자 알 바타니는 훗날 유럽인들에게 알바테그니우스로 알려진다. 그는 고유한 지즈를 만들어냈다. 개정된 이 천문학 차트는 12~13세기에 라틴어와 스페인어로 번역된다. 무슬림 세계에서는 별 반응을 얻지 못했는데 그 이유는 알려져 있지 않다. 어쨌든 유럽에서는 박수갈채를 받는다. 이 책이 나온 지 700년 후, 코페르니쿠스는 저서 『천체의 회전에 관하여』에서 알 바타니의 지즈를 23번이나 언급한다.

한편 바그다드의 아바스조가 이집트 파티마조의 등장으로 11세기에 흔들리기 시작하면서 무슬림 천문학의 중심지는 카이로로 바뀐다. 지금이나 그때나 극히 운 좋은 소수만 볼 수 있는 천체현상이 발생한다. 너무 거대하고 이상해서 길운이 아니라 장차 닥칠 불운의 징조로 여길 정도였다.

1006년에 변덕스럽긴 해도 미래에 대한 통찰력을 지닌 파티마조의 지배자 알 하킴은 겨우 스물한 살이었다. 지식의 집을 세운 지 일 년이 지났을 무렵 반짝거리는 새로운 별이 남쪽 밤하늘에 나타났다. 알 아자르 대학 담장과 하킴 사원의 광탑 위로, 나일 강의 넓은 적갈색 물줄기 위로, 도시 남부 기자의 피라미드 위로 비쳤다. 한 젊은 아마추어 천문학자 이븐 리드완은 이렇게 묘사했다.

그날 태양은 황소자리에서 15도 각도에서 보였고, 빛나는 그 물체는 전갈자리에서 15도 각도에서 보였다. 빛나는 물체는 거대한 둥근 몸체로 거의 금성의 2.5~3배 정도였다. 그 빛으로 하늘은 빛나고 있었다. 빛의 강도는 달빛의 사분의 일 이상이었다. 그 자리에 그대로 머물러 있더니 날마다 태양과의 거리 각도가 60도가 될 때까지 황도 12궁을 따라 조금씩 움직였다. 그러더니 어느 순간에 사라졌다.

이 사건은 스위스와 중국을 비롯해 중간 지점에서도 관찰되었으며 기록도 남아 있다. 당시 누구도 그 현상을 정확히 이해하지 못했다. 천 년 후 우주여행 시대의 천문학자들은 이븐 리드완이 목격한 것은 초신성, 즉 별의 폭발이라는 걸 알게 된다.

많은 관찰자들이 이 천체 사건을 기록했다. 하지만 오직 이븐 리드완만이 위치와 지속 기간을 정확히 기록해, 천 년 후의 학자들이 이용할 수 있었다. 이븐 리드완의 자료를 통해 훗날 미국 과학자들은 이븐 리드완이 본 폭발한 별의 잔재 위치를 파악하기 시작한다. 그리고 발견된 해를 따 슈퍼노바 1006이라고 이름을 붙였다. 그 별은 지구에서 1700광년 떨어진 거리에 있다. 내부 플라스마(원자핵과 전자가 분리된 가스—역자)는 여전히 타고 있어 21세기에도 섭씨 백만 도이다. 1006년 당시의 밝기를 계산해 봤더니 -7.5 밝기였다. 역사상 기록된 것들 가운데 가장 밝은 강도의 슈퍼노바로 목성보다 백 배나 더 밝다.

이븐 리드완은 SN 1006에 대한 기록을 18세 때에 쓸 정도로 젊은 시절 별들에 관심이 많았지만, 나중에는 의사의 길을 간다. 그럼에도 불구하고 파티마조의 카이로에는 여러 천문학 대가들이 나타난다. 『광학』을 남긴 이븐 알 하이삼도 그에 속한다. 그는 경험주의 과학, 시각, 빛, 천체에 대한 관심을 통합했다. 아마도 물질세계를 바라보는 가장 과학적이고 정확한 관점을 만들고자 했기 때문일 것이다. 그는 코페르니쿠스와 갈릴레이가 나타나기 전까지 최고라 불릴 것이다. 카이로의 또 다른 별 관측자로는 이븐 유너스가 있다. 알 하킴의 후원 아래 별자리표를 만드는데, 이 표는 하키미 지즈로 알려진다. 19세기까지도 유럽인들에게는 알려지지 않았지만, 그의 지즈는 거의 800년 동안 이슬람권에서 천체에 바탕을 둔 시간 기록의 핵심이다. 정확성도 뛰어나지만 행성들의 합(合)이나 일월식 같은 천체 현상을 설명하는 백 개의 주석을 달아둔 것도 매우 독특하다.

10세기에 이르자 바그다드의 아바스조는 카스피 해 남쪽의 페르시아 지역인 데이람에서 발생한 부와이조(朝)에 권력을 내준다. 단기간 통치했던 부와이조 칼리프 제국은 천문학과 과학을 계속 후원한다. 부와이조의 한 통치자는 아부 마흐무드 하미드 이븐 알 키드르 알 쿠잔디를 후원해주었다. 그는 현재의 타지키스탄 지역에서 태어난 귀족 가문이었다.

알 쿠잔디는 10세기에 천문학 도구를 테헤란에서 그리 멀지 않은 페르시아 레이의 산 정상에 설치한 인물로 아주 유명하다. 이 거대한 구조물은 육분의와 비슷한 것으로 무슬림의 또 다른 발명품이다. 당시 무슬림은 관측 장비가 더 클수록 측정이 정확하게 나오고, 결국 천문학적 계산도 정확해진다고 믿고 있었기에 이런 장비를 만든 것이다. 그의 관측 장비는 이븐 알 하이삼이 묘사한 것과 비슷한 거대한 카메라 옵스큐라처럼 보인다. 위쪽 틈으로 햇빛이 들어와 벽면을 가로지르게끔 된 구조다. 여름과 겨울의 최고점에서 햇빛 각도를 측정해 레이의 위도와 황도 각도를 계산할 수 있었다. 또한 초각을 측정한 최초의 천문학 장치이다. 초각이란 각과 분각보다 더 작은 측정 단위를 말한다.

바그다드의 천문학과 과학 지식은 널리 확산된다. 부와 세련됨의 전성기를 맞게 되는 11세기쯤에는 우마이야조의 코르도바 같은 먼 곳까지 퍼진다. 알 안달루스는 초창기 이백 년 동안은 큰 야망을 품고 멀리

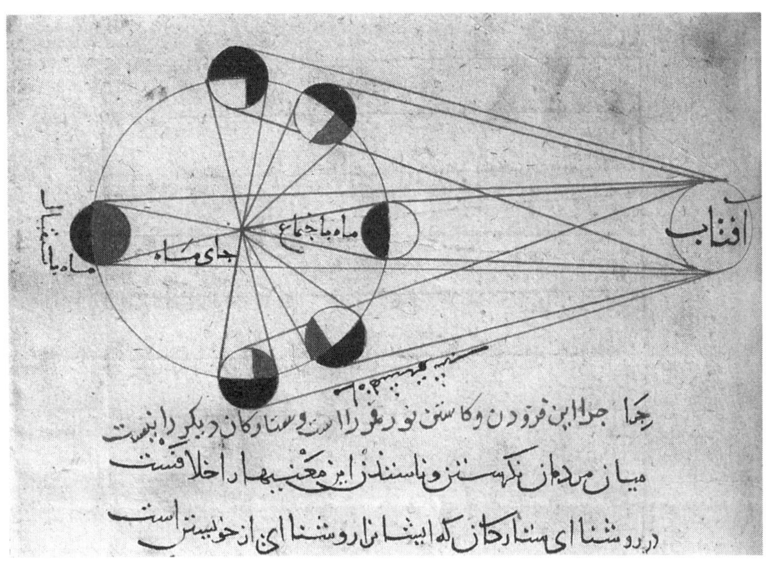

10세기 페르시안 과학자 알 비루니는 지구가 태양빛을 가려 달이 어두워질 때 어떤 식으로 월식이
생기는지 그림으로 보여주었다.

떨어진 바그다드를 따라잡으려는 시도를 했다. 10~11세기에 이르러 우마이야조는 코르도바를 라이벌인 바그다드 수준으로 높이기 위해 높은 봉급으로 많은 학자들과 사상가들을 불러 모았다. 서쪽의 천문학 지식을 가져온 외국인 천문학자들 가운데 바그다드에서 온 이븐 타이미야도 있었다. 그러나 알 안달루스의 첫 위대한 천문학자는 마스라마 알 마즈리티이다. 그는 코르도바가 아닌 다른 훌륭한 스페인 도시에서 칭송을 받는다. 마즈리트 또는 마드리드로 불리는 곳으로 훗날 가톨릭 군주들의 수도가 된다.

마즈리트는 스페인 북부 중심의 건조한 고원에 위치해 있다. 피레네 산맥이 벽처럼 습습한 북부의 겨울바람을 막아주는 도시다. 우마이야조의 아홉 번째 칼리프인 모하메드 1세가 세웠다. 그는 만자나레스 강 근처에 작은 궁궐들과 사원을 지을 것을 명령했다. 알 마즈리트는 아랍어로 '물이 나오는 곳'이라는 의미이다. 1065년 알폰소 6세가 이끄는 기독교인들이 재정복할 때까지 번성을 누린다. 정복 후 사원은 알무데나 성당으로 재건축되고, 에미르의 궁궐 대신 기독교 군주의 궁궐이 들어선다. 때문에 무슬림 건축 양식에 대한 기억은 현대의 마드리드에선 잃어버린 역사가 된다. 그러나 이사벨라 여왕 때까지는 무슬림과 가톨릭 지배를 겪으며 서로 어울려 사는 풍요로운 곳이었다. 10세기 마드리드에는 로마 제국과 서고트 왕국의 후손들로 아랍화된 기독교인이 살고 있었다. 그들은 스페인의 최신 언어를 배우고 있다. 또한 아랍어를 구사하는 유대인들과 각종 민족 출신의 무슬림들도 있다. 종교재판소가 설치되기 전에는 다양한 집단들이 비교적 평화롭게 공존하며 일하고 생활했다.

알 마즈리티는 소년 시절에 별들과 행성들을 보기 위해 카스티야(스페인의 옛 왕국)의 건조한 창공 위를 올려다보곤 했다. 먼 동방 하늘도 똑같은 모습일 것이다. 오직 파노라마나 움직임만이 먼 서쪽 여기와 다를 것이다. 그는 올리브와 오렌지와 레몬 숲에 둘러싸인 땅의 풍경과 하늘의 모습에 흥미를 가졌다. 들판과 보기 좋게 늘어선 과수원, 컴퍼스의 양 끝을 향한 도로들, 부자와 가난한 사람 또는 왕족들과 백성들의 구역을 나누는 담들을 보면서 그는 기하학을 떠올린다. 마치 마즈리트의 평원이 사각형과 원형과 직사각형으로 쪼개진 것과 같다. 더 불규칙적으로 나눠진 구획들도 있는데, 강 때문에 꺾여 평행사변형, 마름모, 오각형이 나타난다. 그는 이런 도형 모양들의 수학적 함의에 대해 생각해본다.

훗날 그는 우마이야조에서 일하며, 알콰리즈미가 번역한 『알마게스트』를 공부하고 분석할 것이다. 다른 아랍인들의 『알마게스트』 번역본도 참고해 더욱 자세한 주해를 첨가한다. 숫자들의 칼리프인 알콰리즈미가 죽은 지 150년이 지날 때쯤, 알 마즈리티는 알콰리즈미의 천문학

표를 다시 정정한다. 이슬람 제국의 서쪽 변방에서 오래된 페르시아 달력을 이슬람 날짜에 맞추는 획기적인 방법을 고안해낸다. 처음으로 이슬람 이전의 페르시아의 날짜와 사건들을 더 정확하게 계산하게 되었다.

하지만 이런 개인적인 놀라운 발명들과 공헌보다 더 대단한 건 인류 역사상 가장 위대한 이문화(異文化) 간의 사상 교류를 가져왔다는 점이다. 그가 모국과 피레네 산맥 북쪽에서 명성을 얻기 시작하면서부터다. 처음엔 그의 저술들이 번역되는 데서 출발했다. 유럽인들은 번역본을 통해 프톨레마이오스부터 알콰리즈미와 알 바타니에 이르는 그의 오래전 스승들과 전임자들에 대해 사상적 호기심을 품기 시작했다. 1006년 그가 사망한 이후 1세기가 흘렀다. 알 마즈리티에 매료된 호기심 많은 가톨릭 성직자들과 사상가들은 정기적으로 무슬림 스페인을 여행했다. 알 마즈리티의 책을 출발점으로 삼아 이슬람 천문학, 수학, 철학 세계로 들어오기 시작했다. 최초의 프랑스인 교황인 실베스터 2세는 스페인에서 공부했으며 알 마즈리티에 대해 배웠다. 바스의 아벨라드, 그레모나의 제라드, 체스터의 로버트, 티볼리의 플라토 등 많은 이들도 알 마즈리티라는 문을 통해 비밀의 세계로 들어온다.

알 마즈리티의 학문은 이슬람 역사를 유럽에 전달해주었을 뿐 아니라 토지 정리에도 큰 영향을 주었다. 그는 동쪽의 아랍인들이 더욱 개선시킨 아스트롤라베를 받아들여 소년 시절에 보았던 기하학 형태로 변형된 토지 구획들을 측정하는 데 사용하기 시작한다. 그와 동료 이븐 알 사파라는 아스트롤라베를 이용해 로마 시대 이래 내려온 유럽의 토지 측정 방식에 첫 진보를 가져온다. 아스트롤라베는 올리브, 오렌지, 레몬 숲의 구획 획정 용도뿐 아니라, 알 안달루스의 건조 지역에 물을 공급하는 시리아 방식의 관개운하를 설계하는 데도 쓰였다.

알 마즈리티의 창조적인 정신과 꿈은 이베리아 반도에 널리 퍼져나갔다. 1492년 강제 종족 축출과 도서관을 불태우는 일이 있기 전까지 계속 영향력을 발휘한다.

마드리드의 별 관측자 마즈리티가 죽은 지 이십 년이 지났을 때, 늘 별들과 시간에 대한 의문으로 가득 찬 새로운 소년이 태어난다. 이름은 아부 아새크 이브라함 이븐 야하 알 자르칼리이다. 라틴명으로는 아르차엘로 알려져 있는데, 타구스 강둑에 위치한 안달루시아의 철강 도시 톨레도에서 자라난다.

톨레도는 무슬림 역사보다 더 오래된 도시다. B.C. 6세기에 멀리 떨어진 레바논의 일부 페니키아 세력인 유대인 식민주의자들이 세웠다는 이야기가 있다. 유대인들은 도시 이름을 '사람들의 어머니'라는 의미의 톨레도크라고 지었다. 로마 시대에 벌써 아름다움과 무기 제조의 도시로 널리 알려졌다. 그리고 709년 로데릭 왕이 지배할 땐 서고트 왕국의 수도가 될 정도로 중요한 곳이 되었다.

무슬림 치하의 톨레도는 수도는 아니었지만 번영을 누렸다. 무슬림들은 툴라이툴라로 불렀다. 부유하고 생산적인 도시였다. 이곳 주조소에서는 세상에서 제일가는 검을 만들어냈다. 이곳을 사랑하는 사람들은 톨레도를 스페인의 문화적, 정신적, 지적 중심지로 여겼다. 훗날 현명한 군주 알폰소, 미구엘 드 세르반테스(『돈키호테』의 작가), 엘 그레코(종교화가)의 도시로도 불릴 것이다.

톨레도는 1029년 알 자르칼리가 태어난 곳이기도 하다. 그는 학자 집안이 아니라 장인이자 상인 가문에서 태어났다. 주로 학자들과 현자들이 요구하는 도구와 장비들을 만드는 일을 했다. 알 자르칼리는 학문 기관엔 가본 적이 없다. 그저 아버지와 삼촌의 수습생으로 일하며, 다양한 금속 제련 기술을 배웠다. 아랍인들이 그에게 붙여준 별명은 '철의 조각가'였다.

한 단골이 저명한 천문학자들이 사용할 천문학 도구를 주문했다. 알 자르칼리가 만든 물건이 너무 정교해서 천문학자들은 그에게 관심을 가졌다. 그들은 천문학이나 학문적 교육을 어느 정도 받았는지 물어보았다. 그는 웃으며 자신은 학자가 아니라 장인이며 책은 펼쳐본 적도 없다고 했다.

천문학자들은 그의 기술이 너무 훌륭해 분명 숨겨진 재능이 있을 거라고 생각했다. 그래서 당시 서른한 살인 그에게 학교에 가라고 권유했다. 그는 2년 후 공부를 마치고 돌아왔다. 천문학자들은 그의 진보된 모습에 감명을 받아 발명의 중심기관의 일원으로 받아들였다. 그는 나중에 총책임자 자리까지 오른다.

알 자르칼리는 정교한 아스트롤라베를 설계하고 만들었다. 더 중요한 업적은 아스트롤라베에 관한 에세이를 써서 아스트롤라베 저술이라는 하나의 장르를 만들었다는 점이다. 알 자르칼리가 죽고 20년이 지난 후, 카스티야의 군주 알폰소 10세는 알 자르칼리의 저술을 개인적으로 두 권이나 번역했다.

이제 알 자르칼리는 시간에 관련된 기계를 만드는 데에 전념한다. 1062년에 연구를 완성하고 천문학자들과 동참했다. 바로 그해에 그는 전설적이며 경이로운 톨레도 물시계를 설계해 만들어낸다. 낮과 밤의 시간만이 아니라 이슬람에게 아주 중요한 태음력 날짜까지 알려준다. 물시계를 본 사람이 이렇게 표현했다.

시계는 두 개의 물 양동이로 구성되어 있다. 달이 커지거나 줄어듦에 따라 물이 채워지거나 비워진다. 초승달이 지평선에 나타나는 순간이 되면 지하의 파이프를 통해 물이 양동이로 흐르기 시작한다. 새벽이면

28분의 1만큼 채워지고 하루가 끝날 무렵이면 14분의 1만큼 채워진다. 이런 비율로 물은 7일이 될 때까지 계속 흐르면서 두 양동이들의 물은 반 정도가 채워진다. 같은 과정이 그 다음 7일 동안의 낮과 밤 동안 계속되어 양동이들이 모두 다 채워진다. 동시에 달이 보름달이 된다. 그러나 15일쯤 되면 달이 기울기 시작하며, 양동이들은 매일 물이 흘러나가 밤쯤 되면 물의 14분의 1이 나간다. 그래서 21일이 지나면 양동이는 반쯤 비워진다. 그리고 29일 밤쯤 되면 물은 하나도 남아 있지 않게 된다. 아직 물이 채워질 때가 아닌데도 만약 누군가가 물을 부어 빨리 채워버리려고 한다면, 양동이들은 즉각 추가적인 물을 흡수해 필요한 양 이상은 받아들이지 않게 되어 있다는 사실도 주목해야 한다. 반대로 누군가가 거의 다 채워진 물의 일부나 전체를 빼려고 하면, 양동이들은 즉각적으로 공백을 메울 양을 쏟아 붓게 되어 있다.

이 신비한 기계는 12세기까지는 잘 작동했다. 그러다 한 재능이 부족한 무슬림 발명가가 알폰소 7세에게 물시계를 분해해서 작동원리를 알아내고 싶다고 요청한다. 톨레도를 재정복한 기독교 군주 알폰소 7세는 그의 요청을 허락했다. 하지만 그는 작동원리도 알아내지 못했으며 원래대로 맞추어놓지도 못했다.

알 자르칼리는 당시로 봤을 때 가장 정확한 천문학 자료 도표인 톨레도 표를 만들어내는 데 이바지한다. 그는 세계 최초의 연감(年鑑)들 가운데 하나인 『천문학 도표에 관한 책』을 쓴다(연감은 '기후'라는 아랍어에서 나온 단어다). 이 뛰어난 책에는 여러 도표들이 실려 있어 무슬림, 페르시안, 로마, 콥틱의 한 달이 시작되는 때를 알려준다. 또한 일월식을 예측하게 해주고 특정 날짜의 행성들 위치도 알 수 있다.

그는 학문적으론 절정에 달했지만, 기독교인들의 재정복으로 생긴

오마르 하이얌은 11세기 페르시안 시인이자 천문학자, 수학자였다. 그는 천문학 별자리표를 완성하고 달력을 개선했다.

불안과 폭력사태 때문에 사랑하는 톨레도를 뜬다. 알폰소 6세는 마드리드를 정복하고 곧 1085년 톨레도를 차지했다. 기독교인들이 다스리는 도시연합체의 초기 형태로 세 종교 간의 공존이 약해졌다. 그렇지만 400년 후에 나타날 이사벨라 여왕의 종교적 민족적 순수함을 강조하는 분위기는 아니었다. 기독교 타리파 시대의 무슬림 발명은 기독교인 후원자 아래에서도 일어났다.

톨레도의 시간 기록공 알 자르칼리가 죽은 지 십 년이 지났다. 그리고 근처 모로코에서 누르 알 딘 이븐 이사크 알 비트루지가 태어난다. 라틴어로는 알페트라기우스로 불린다. 그는 멋진 도시 세빌로 가서는 아랍인들에게 이시빌리야로 알려진다.

무슬림 세빌은 톨레도만큼이나 오래되고 역사상 유명한 곳이다. 과달키비르 강에 입지한 항구 도시로 페니키아 사람들이 세웠다. 그러다 그리스와 로마의 땅이 되었다. 우마이야조를 비롯한 무슬림과 이후 기독교 군주들에겐 스페인의 보석 같은 곳이다. 무슬림들은 아름다운 모스크를 건설해 도시를 꾸미는데, 훗날 기독교인들이 이를 부수고 다시 성당을 짓는다. 모스크의 뾰족한 모래 색깔의 첨탑은 관측소 역할도 했는데, 나중에는 히랄다라고 불리는 성당의 종탑이 된다. 알모하드조(朝)의 무어풍 궁궐과 정원이 중앙 광장을 마주보고 있다. 이것들도 역시 나중에 기독교 군주들의 성으로 바뀐다.

세빌은 우마이야조의 정치적 수도는 아니지만, 이슬람 이베리아에서 가장 부유하며 넓고 강력한 도시였다. 올리브와 감귤 수확과 해상무역으로 부를 축적했다.

알 비트루지는 뛰어난 동쪽의 기법을 이용해 구형 기하학과 삼각함수를 연구한다. 이븐 알 하이삼의 의견에 동조하며, 프톨레마이오스의 이론을 일부 반박한다. 주로 프톨레마이오스가 주장한 행성의 주전원설(周轉圓說)을 비판했다. 지구 중심설에는 별 이의를 제기하지 않았다. 훗날 그의 접근법 역시 프톨레마이오스 이론처럼 결함이 있는 걸로 밝혀지기는 했지만, 그의 이론은 프톨레마이오스의 수학적 문제점을 일부 제거해주었다. 알 비트루지의 주요 저서들은 무슬림 시칠리아의 스코틀랜드인 마이클 스콧이 번역한다. 또한 세빌의 유대인 지식층에서도 그의 저서에 관심을 보여 처음에는 보이시스 이븐 티본이, 나중에는 야유다 벤 솔로몬 코헨이 유대어로 번역했다.

알 비트루지는 12세기 후반에 많은 업적을 남겼다. 하지만 유럽에서는 13세기에 갑자기 알려졌다. 이후 유럽인들은 그의 이론을 계속 연구하고 적용하고 심지어 표절하기도 했다. 코페르니쿠스도 16세기에 혁명적인 태양중심설을 쓰면서 알 비트루지의 의견을 인용했다.

이제 안달루시아 천문학의 특징이 더욱 복잡해졌다. 이슬람 서쪽의 과학, 의학, 철학의 역사와 마찬가지로, 알 안달루스의 무슬림 천문학 역사는 유대인들의 역사이기도 하다. 9~10세기 코르도바, 세빌, 톨레도 같은 무슬림 스페인 지역에서 유대인들의 지성 사회와 경제는 전성기를 맞는다. 유대인들은 정계에서 제2인자의 자리에 오르기도 한다. 칼리프 압드 알 라흐만 3세를 위해 일하는 하스다이 이븐 샤프루트의 지도하에 유대인들은 고유하면서도 풍요로운 문학, 음악, 철학, 과학 사상을 창조했다. 때로는 개별적으로, 때로는 타 종교 신도들과 협동해서 이루어낸 결과다. 우마이야조 밑에서 유리한 위치를 차지한 유대인들은 훗날 알 모라비드조(朝)때 대규모 공동체로 북아프리카까지 진출해 화제가 된다. 10세기에 스페인으로 이민 온 유대인들은 칼리프 도시들을 더 부유하고 활기차게 만들었다.

스페인의 유대인 사상가들 중 가장 위대한 이는 무사 빈 마이문일 것이다. 유럽에는 마이모니데스로 알려진다. 그는 의학 업적과 철학으로 유명하며, 관용과 공공의 미덕을 중시했다. 그리고 우마이야조와 아바스조가 중시한 아리스토텔레스의 사상을 유대인 사상과 융합시켰다. 또한 천문학도 파고들었다. 그는 1135년 코르도바의 지적인 유대인 가문에서 태어났으며, 아랍어와 히브루어와 스페인어에 능통했다. 마이모니데스는 어린 시절을 이슬람 칼리프 하에서 전성기를 누린 스페인의 유대교 도시에서 보낸다. 관용과 창조성의 중심지인 그곳에서는 아브라함에서 나온 세 종교가 함께 공존하고 있었다. 그러나 원리주의자 알모하드조가 1148년 코르도바를 다스리게 되면서 그런 상황은 끝난다. 원리주의자들의 정책은 가톨릭 이사벨라 여왕의 1492년 정책과 섬뜩할 정도로 같았다. 독실한 유대인들은 이슬람으로 개종하든지 귀양을 가든지 죽음을 선택하는 수밖에 없었다.

당시 열세 살이었던 무사 빈 마이문은 가족들과 함께 떠돌아다니며 거의 십 년 동안 먼 스페인 남부에서 피난처를 찾아다녔다. 그러다 마침내 가족들은 북아프리카로 옮겨갔다. 마이모니데스는 모로코 페즈의 대학에서 의학을 공부한 후 카이로에서 삶을 시작한다. 그는 궁중에서 술탄과 수상을 돌보는 의사로 지낸다. 당시 술탄인 살라딘은 계몽적이었으며, 기독교 십자군에 대항한 무슬림 군대의 관용적인 지도자였다.

마이모니데스가 이슬람의 가혹한 구속을 피하기 위해 기독교 유럽이 아니라 무슬림 북아프리카에서 피난처를 찾은 건 우연이 아니다. 그와 가족들은 이슬람의 주요 도시인들이 12세기 유럽인들보다 더 관용적이며 지적으로 개방되어 있다는 걸 잘 알고 있었다.

당시 대다수 사람들처럼 마이모니데스는 천문학을 취미 삼아 연구했다. 그러다 프톨레마이오스의 계산이 맞아떨어지지 않는 데에 주목했다. 특히 프톨레마이오스가 제시한 토성의 평균점이라는 것에 의문을 품었다. 그가 보기엔 오류였다. 그것은 오히려 목성의 회전 궤도와 일치하기 때문이다. 평균점은 프톨레마이오스가 지구 주위 행성들의 불규칙적인 움직임을 설명하기 위해 만든 개념이다. 당시의 모형에 따르면, 토성의 평균점은 다른 천체의 평균점과 마찬가지로 행성이 도는 주위를 둘러싼 원 모양이었다.

행성과 별들의 움직임에 끌린 다재다능한 철학자는 단지 마이모니데스만이 아니었다. 이러한 행성의 궤도에 대해 의문을 갖고 있었던 안달루시아의 사상가가 또 있었다. 그는 아브라함에서 나온 세 종교의 학자들 모두에게 앞으로 수백 년 동안 많은 영향을 준다.

그는 이븐 루시드이며, 라틴명은 아베로즈이다. 격동의 12세기 코르도바에서 태어났으며, 천문학보다는 철학으로 더 잘 알려진다. 그는 이성주의자 아리스토텔레스에 근거한 자유로운 사고와 비전통적인 체계를 믿었다. 멀리 떨어진 동쪽의 대등한 학자 오마르 하이얌의 철학과 그다지 다르지 않다. 그리고 토마스 아퀴나스 같은 기독교 사상가들뿐만 아니라 유대인들과 마이모니데스에게도 커다란 영향을 미쳤다. 훗날 르네상스 시대의 화가 라파엘은 프레스코 벽화에 그를 '아테네 학파'로 묘사한다. 그가 가장 위대한 철학자들에 속함을 의미한다.

전통과 관습에 대항한 대담한 사상가들처럼, 이븐 루시드도 위험의 가장자리에서 춤을 추는 식이었다. 그의 자유로운 사고를 중시하는 이성주의는 코르도바의 보수주의적 성직자들에게 계속적인 위협이었다. 훗날 일부 사람들은 그가 무슬림보다는 불교 신자와 비슷했다는 이론을 제시하기도 한다. 어쨌든 그는 정치적으로 능수능란하게 처신해서 스페인에 보수주의를 강요한 금욕주의 왕조 알모하드의 지배자들로부터 확실한 후원을 받는다. 이븐 라시드는 너무 똑똑해서 보수주의자들의 설득력 떨어지는 주장들을 쉽게 무마시켰다. 그러다보니 정적들이 많아져서 결국 모로코로 추방되고, 거기서 글을 쓰고 성찰하다 생을 마친다. 그는 주위의 격변에도 불구하고 연구에 몰두한다. 이븐 루시드는 프톨레마이오스의 책들을 깊이 파고들다 오류를 발견했다.

그리고 점차 알렉산드리아의 고대 그리스 천문학자에 대해 가혹한 비판을 하기 시작한다. 그가 쓴 글을 읽어보자.

이심원설이나 주전원설을 주장하는 것은 자연현상에 위배된다. ……우리 시대의 천문학은 진실을 제시하지 않는다. 계산상으로만 맞을 뿐이지 실제 존재를 밝히지 못한다.

이븐 루시드는 프톨레마이오스의 수학공식을 상당 부분 반박하는 알 비트루지에 동참한다. 그는 지구 주위를 도는 행성들의 순환 모형을 지지했다.

안달루시아의 지적인 흥분과 의구심들과 정치적 불안정성 속에서 하위문화들은 서로 혼합되며 풍요로움을 낳았다. 무슬림 천문학과 다른 지식들이 피레네 산맥 너머 유럽으로 전달되었다. 13세기 현명한 군주 알폰소는 처음으로 이븐 알 하이삼의 주요 저서들을 카스티야어로 번역하라고 명령한다. 이 책들은 훗날 라틴어로 번역되었는데, 유럽 천문학자들과 수학자들은 너도나도 보려고 난리였다.

12세기 안달루시아의 고차원 사상과 천문학의 대가인 이들 세 명은, 한 명이 세상이 뜬 후 8년 내에 모두 세상을 떠난다. 이븐 루시드는 1198년에, 마이모니데스는 1204년에, 알 비트루지는 1206년에 사망했다.

이들의 죽음은 한 시대의 끝과 동시에 더욱 혼란스러운 시대의 시작을 알린다. 알 안달루스는 타이파라는 도시 연합 형태로 변한다. 수세기에 걸쳐 기독교와 북아프리카의 침입자들이 이곳을 차지하려고 분쟁을 거듭한다. 한편 먼 동쪽의 이슬람에서도 내부 갈등과 함께 새로운 천문학적 발명의 물결을 경험하고 있었다.

동쪽의 불안과 분열은 아시아 침입군 때문이었는데, 전 세계 대륙과 제국들과 사람들을 휩쓸 정도의 위력을 지녔다. 북아프리카의 알모하드나 알모라비드의 침입과는 비교도 안 될 정도였다.

◎ **1256년, 페르시아, 알라무트 요새**—그들이 오고 있다. 그들의 돌진력과 위력에 관한 소문들이 반세기 동안, 그러니까 거의 두 세대에 걸쳐 들려왔다. 그들은 장기간에 걸쳐 이동했다. 그래서 초창기 행동은 신화가 되었고, 수십 년 동안 일시적 소강상태가 있기도 했다. 그러다 최근에 다시 악몽 같은 이야기로 사람들을 자극하고 있다. 수천 명의 사람들이 한평생 그들의 침입을 피해 다녔다. 서쪽으로 남쪽으로 어디든지 발이 닿고 자원이 있다면 그리로 이동했다. 집과 농장을 팔고, 사업과 오래된 친구들도 포기했다. 비워둔 집은 그들이 도착하기 전에 이미 쥐가 들끓고 바람으로 닳았다.

그들의 이동 경로에 있던 도시들은 중국에서든 러시아에서든 트란속시아나에서든 페르시아에서든 모두 정복되었다. 생존자들의 얘기에 따르면 그 공격자들은 인간이 아닌 것 같다고 한다. 말과 사람의 혼혈 같은 살인자들로 거칠 것이 없다. 숫자도 대단해 마치 서쪽으로 물결쳐 몰려오는 멈출 수 없는 거대한 바다와도 같다. 바로 중국 북쪽의 초원에서 태어난 몽골인들이 전쟁에 나선 것이다.

파괴의 물결은 중국과 한국과 중앙아시아를 강타했고, 수천 명의 피난민들이 카이로, 모스크바, 터키, 인도의 도시들로 몰려들었다. 그 과정에서 피난민을 받아들인 사회는 풍요로워졌으며, 반대로 많은 사상가들이 있었던 중앙아시아의 지적 우물은 말라버렸다.

몽골의 어떤 점이 그렇게 두려웠던 걸까? 몽골은 이백만 명 남짓한 아시아 부족들의 연맹체였다. 그리고 종종 사람 숫자만큼이나 많은 시베리아산 말도 갖고 있었다. 세련된 도시 문명도 안정된 사회도 없었던 그들은 뛰어난 정복 기계였다. 몽골은 포로도 거의 두지 않았다.

뻗어나가는 몽골 제국의 본부에는 칭기즈칸의 기동력 있는 전투 진지와 가족들과 신하들이 있다. 중국인들은 그를 테무친이라고 부른다.

그는 네스토리우스교 소속의 기독교 성직자들과 학자들로 이루어진 핵심 그룹을 두었다.

이 무슨 모순인가? 몽골 유목민들이 그리스도교 성향을 가졌단 말인가? 잃어버린 역사에 따르면, 네스토리우스교 신자들은 중동과 페르시아에서 새로운 터전을 찾으면서 동쪽으로 이민을 계속했다. 그러다 7세기에 중국의 관문을 지나게 된다. 10세기 투르크계의 몽골 일부 부족들은 네스토리우스교를 국교로 받아들였다. 13세기 칭기즈칸은 아들 하나를 터키 아랍 출신인 네스토리우스교를 믿는 공주와 결혼시킨다. 그녀는 3명의 아들을 낳는다. 첫째는 훌라구 칸으로 훗날 바그다드를 침공한다. 둘째아들은 쿠빌라이 칸으로 중국을 지배하는 황제이다. 마지막으로 셋째아들이 있다. 쿠빌라이 칸은 네스토리우스교가 중국에 전래되는 걸 돕는다. 궁정에서도 믿게 되며, 도교와 불교와 함께 공존한다. 유럽에서 온 프란체스코 수도회 소속의 선교사들은 네스토리우스교의 강력한 정치적 힘 때문에 제대로 전도를 하지 못한다. 14세기 몽골 제국이 쇠퇴하고 명나라가 부상하면서 네스토리우스교는 권력에서 밀려났다. 이후 그리스도교는 19세기까지 중국에서 찾기 힘들게 되었다.

일부 역사가들은 몽골의 잔인한 이미지에 의구심을 나타내며, 오히려 몽고인들은 적에게 항복할 기회를 주고 평화롭게 떠났다고 말한다. 물론 칸에게 공물을 바칠 의무를 부여한 뒤 말이다.

몽골을 옹호하는 사람들은 또한 그들의 정복이 생존을 위한 불가피한 행동이었다고 말한다. 몽골인들은 말과 용기 외에는 가진 게 없었다. 도시, 항구, 주조소, 철광, 비옥한 농토, 좋은 강, 물 중 어느 것도 없었다. 굶어 죽지 않기 위해 정복에 나선 것이다.

만 명의 사람들과 말들이 널찍이 정렬된 부대는 투멘이라고 불린다. 말 그대로 만 명의 군대를 의미한다. 몽골인들은 말의 속도로 전진

하며, 미리 항복하지 않는 자에겐 전혀 자비를 보이지 않는다. 몽골의 전투 능력에 모두들 충격을 받고 경외심을 느낄 정도다. 공격 목표가 된 도시들은 파괴되고 불태워졌다. 몇몇 반역자 무리, 일부 장인들, 몽골에 협조해 길을 터준 이들을 제외하고는 모두 죽음을 당했다. 목격자들은 시체들이 잔뜩 쌓였고, 불에 탄 시체 냄새가 수킬로미터에 걸쳐 퍼졌으며, 시체들과 옷가지들의 연기가 높이 치솟았다고 진술했다.

역사가 이븐 알 아시르는 페르시아가 포위당한 운명적인 1221년에 대해 이렇게 기술했다.

몇 년 동안 나는 이 사건을 언급하기를 꺼렸다. 너무 끔찍스러워 차마 기록하지 못하고 한 발자국 나서려 할 때마다 그냥 뒷걸음치게 되었다. 무슬림이 죽음의 타격을 받았다는 걸 밝히는 일이 누군들 쉽겠는가? 대단치 않은 기억이라고 여길 사람 또한 누가 있겠는가?……그러나 친구들 몇 명이 나에게 글로 정리하라고 권유했다. 오랫동안 망설였지만 문제를 잊는 건 아무 도움이 되지 않는다는 결론을 내리게 되었다.

기독교를 박해하는 사람들도 자신들을 거역하는 무리는 파멸시켰다. 하지만 순응하는 무리들만큼은 살려두었다. 그러나 몽골인들은 누구도 봐주지 않았다. 남녀를 가리지 않고 어린애들까지 사정없이 살육했다. 심지어 임산부를 찢어죽여 아직 태어나지 않은 목숨까지 앗아갔다. 실로 우리는 신에게 속해 있으며 언젠가 다시 그에게로 돌아간다. 그러나 이러한 대재앙 앞에서는 신, 초월적 존재, 위대한 존재 그 어떤 것도 무기력했다. 불씨들이 멀리 날리고 온 천지가 상처를 입었다. 바람에 구름이 스쳐가듯이 이 땅 위를 지나갔다. 그들은 중국에서 나타나 카시가르와 발라사군 같은 투르케스탄 도시들을 공격했다. 그러고는 사마르칸트, 부하라 같은 트란속시아나 도시들로 진격했다. 물건들을 빼앗고 거주민들을 아까 언급했던 방식으로 처리했다. 그들의 일부 무리는 호라산을 지나갔다. 물건을 약탈한 뒤 파괴하고 살육하고 강탈하고 다시 레이, 하마단 같은 고지대로 갔다. 그 과정에 포함된 도시들 중엔 이라크 국경선 부근의 도시들도 있었다. 마을을 파괴하고 주민 대부분을 살육했다. 극소수를 빼고는 누구도 살아남지 못했다. 이 모든 것이 일 년도 채 안 되는 기간에 일어났다. ……진격을 계속하는 데 필요한 것 이외에는 어떤 것도 남겨두지 않았다.

앞으로 다가올 몽골과 중앙아시아인들의 침입 시대는 이슬람권을 심하게 흔들고 변형을 가져온다. 몽골 제국은 폴란드와 헝가리를 침공하고 프랑스까지 정찰병을 보내는데, 이를 본 유럽인들뿐만 아니라 인도인들까지 군사적 경계 태세에 나서게 된다. 그러나 이슬람권은 천문학을 포함해 조금도 위축되지 않고 무슬림 문명은 다시 번성한다. 어떻게 그럴 수 있었을까? 대답은 잃어버린 역사에서 찾아야 한다. 몽골 문화라는 또 다른 실타래가 전쟁광이라는 이미지에 가려져 있기 때문이다. 몽골이 아랍 땅에 도착했을 때 이미 그들은 잘 확립된 대제국을 이룬 상태였다. 그들은 중국, 티베트, 북인도, 중앙아시아, 페르시아의 수준 높은 문화를 포함해 세련된 도시들, 문화, 사상을 받아들였다. 예를 들면 칭기즈칸은 야사라고 불리는 몽골법 체계를 발전시켰다. 가혹할 때도 있지만, 종교적 관용, 평화, 무역, 도둑과 범죄로부터 공동체를 보호할 법규를 포함한 훌륭한 사상들을 담고 있었다.

더군다나 몽골 군대의 정벌은 이야기들에 나오는 것처럼 그렇게 막무가내 식은 아니었다. 중국 도시에 있는 귀족들과 지배자들의 회의체인 쿠릴타이가 몽골 제국을 다스렸다. 몽골 군대는 그들이 내린 계획에 따라 전략적으로 조심스럽게 움직였다. 몽골인들은 오래된 이슬람 무역

네트워크와 비슷한 외국과의 무역에 관련 체제를 정비하고, 여행하는 무역상들을 보호하는 법을 제정했다. 몽골인들은 학자들, 과학자들, 예술가들을 중시했으며 행정부 안으로 수용하기도 했다. 중요한 건 광대한 영토를 정복하는 과정에서 기독교인들, 불교인들, 무슬림들과 복잡하고도 효과적인 동맹을 맺었다는 점이다. 그들은 무슬림 세계를 정복하자마자 페르시아와 중앙아시아와 인도에 거대한 새로운 도시들을 세웠다. 이후 수세기에 걸쳐 이들 지역에 지적 르네상스를 불러일으킨다.

요컨대 몽골인들은 중국인, 이슬람, 유럽인의 사상과 문화를 바탕으로 풍요롭고도 역동적인 혼합체를 만들어냈다.

◉ **몽골인들의 정복과 융화라는 드라마**에는, 현명한 사상가 무함마드 이븐 알 하산 알 투시라는 행동가도 있다. 그는 1201년 페르시아 호라산의 고대 도시 투스에서 태어났다. 투스는 위대한 인물들의 도시다. 우선 셀주크의 수상이자 오마르 하이얌의 후원자인 니잠 알 물크가 이곳 출신이다. 많은 사랑을 받은 위대한 페르시아 시인 피르다우시도 11세기에 투시에 터전을 잡았다. 아바스 칼리프 하운 알 라시드의 무덤도 이곳에 있다.

알 투시는 이곳 주류 시아파 가문으로 아버지와 삼촌은 존경받는 시아파 교육자들이자 종교 법학 전문가들이다. 그는 투스에서 대수학, 기하학, 물리학과 신학의 기본을 배웠다.

그가 투스에서 13년을 보내는 동안 칭기즈칸은 동쪽으로 6,400km 떨어진 중국을 점령하느라 정신이 없었다. 1214년이 되자 칭기즈칸은 서쪽으로 되돌아왔다. 다시 중앙아시아의 피난민 행렬이 이어졌고, 몽골에 대한 끔찍한 이야기들이 계속 들렸다.

1220년 몽골은 투스에 도착해 도시를 파괴했다. 호라산 지역 상당

수가 피해를 입었다. 니샤푸르는 일시적이나마 화를 모면했다. 이쯤에
서 칭기즈칸은 동쪽으로의 정복을 재개하기로 결정하고, 서쪽 지역 정
복은 아들들과 일가친척에게 맡긴다. 그 결과는 혼란스러웠다. 정복이
중단되었다가 다시 재개되곤 했다. 그런 식으로 몽골의 공격이 수십 년
동안 계속되었다. 동쪽 무슬림 세계의 일부는 비교적 안전했지만 다른
지역들은 파괴되었다.

당시 알 투시는 니샤푸르의 사상가들과 학자들 사이에서 수학자로
서의 명성을 누리고 제자들을 거느렸다. 그의 명성은 점점 더 멀리 퍼졌
다. 하지만 한 세기 이전의 오마르 하이얌과 마찬가지로 그도 마음놓고
일할 수 있는 안전함을 제공해줄 후원자를 절실히 찾아야 했다. 그러나
13세기 이슬람권의 그 누구도 그런 안전을 제공해줄 수가 없었다. 멀리
서쪽의 알 안달루스도 격동을 겪고 있었다. 몽골인들은 이미 이라크 일
부까지 진입했다. 이집트는 상대적으로 평화로웠지만 역시 몽골의 공격
가능 거리에 있었다.

알 투시는 고향 근처에 머물겠다는 운명적인 결정을 내린다. 그러
곤 이스마일파 통치자 나시르 애드 딘 압드 알 라힘을 후원자로 받아들
인다. 알 투시는 충성심을 나타내고자 이스마일파 수도사가 되겠다고
청해 받아들여졌다. 훗날 사람들은 그런 개종을 기회주의적인 행동이라
고 비난하기도 한다. 그러나 분명한 진실은 잃어버린 역사 속에 있을 것
이다.

알 라힘은 산 정상에 있는 요새 알라무트의 궁궐에 젊은 사상가가
들어온 것을 환영했다. 아시아의 끝없는 초원과 사막이 고대 페르시아
와 교차하는 지역이다. 알 라힘은 알라무트만 통치한 것이 아니다. 평지
에 익숙한 몽골 제국을 막아주는 페르시아의 엘부르즈에 분산된 산속
요새들의 연결망도 갖고 있었다.

그는 몽골 침입에 대한 두려움으로 산 정상 요새에서 특이한 동맹을 맺는다. 덕분에 철학, 수학, 과학, 의학, 천문학 같은 많은 관심사를 추구할 재원과 안전함을 얻었다. 연구성과는 백 권 이상의 관련된 책으로 나타난다. 앞으로 25년 동안 알 투시는 알라무트에 머문다. 자료가 풍부한 도서관을 이용하며 과학과 철학에 관한 중요한 책들을 펴낸다. 저서 중엔 『천문학 비망록』이 있는데, 이슬람권과 외부 세계의 천문학 역사에 깊은 영향을 미친다. 행성의 움직임에 대한 그의 연구들은 프톨레마이오스 우주관을 뒤집어엎는 것이었다. 그는 코페르니쿠스가 주도한 혁명적 생각에 한 발자국 더 가까운 세상을 만든다. 알 투시는 평면과 구형 기하학에 관한 저명한 저술로도 유명하다. 삼각법을 수학의 독립된 한 분야로 정립하려 한 것도 잘 알려져 있다. 1232년에는 윤리 책을 저술해 이스마일파 후원자에게 헌정했다.

페르시아 평원을 지배하는 몽골과 산 정상의 이스마일파 난민정권 사이에는 불안정한 균형이 존재했다. 1228년 이스마일은 몽골에게 동맹을 제의하는 사절단을 보낸다. 전설에 따르면, 칭기즈칸은 이스마일파에 상당한 의심을 품고 있었다고 한다. 페르시아 전부를 지배하는 데 있어 장애물로 여겼다. 하지만 거의 삼십 년 동안은 사실상 평화 상태였다.

마침내 1256년 이스마일파 통치자와 수행원들과 신하들은 요새 아래의 계곡에 몽골 군대가 정렬되어 있는 걸 보고서야 최종 대답을 듣게 된다. 알라무트의 요새는 완전히 포위당한 것이다. 수세기 동안 난공불락이었던 요새가 최후의 결전을 앞두게 되었다. 생사를 가를 전투가 될 것이다.

이스마일파 통치자는 몽골의 침입을 보고받자 후계자를 탈출시켜 멀리 아나톨리아로 보냈다. 거기서 수세대 동안 숨어 지내며 간신히 이스마일파의 명맥을 유지한다.

요새로 접근해 오는 몽골 군대의 지휘관은 칭기즈칸의 손자인 훌라구이다. 그는 할아버지가 누렸던 칸 지위를 물려받았다. 훌라구는 '일한'이라는 명칭으로 불렸는데, 이는 대리 통치자라는 뜻이다. 1256년 칸들은 영토상으로 인류 역사상 가장 넓은 제국을 이루었다. 육지의 삼분의 이를 차지했으며, 최소한 일억 명의 인구가 살았던 걸로 추정된다. 훌라구는 할아버지만큼이나 무자비했다. 게다가 젊은 혈기마저 넘쳤다. 그는 무슬림과는 거리가 먼 사람이었지만, 무슬림과의 전투를 겪으면서 과학을 사랑하는 무슬림 방식을 수용했다. 그의 가족들은 50년 후 칭기즈칸이 채택한 종교로 개종한다. 훌라구는 전쟁광의 종교라고 보기 어려운 네스토리우스교파 그리스도교와 불교 사이를 왔다 갔다 했다.

종교적 성향이 있든 없든 간에 훌라구는 산 위의 이스마일을 치지 않고서는 페르시아를 완전히 정복할 수 없다는 타당한 결론을 내린다. 이스마일 요새는 전에도 몽골의 공격을 받았지만 이번에는 전혀 달랐다. 이스마일파 전사들은 죽음을 두려워하지 않았지만 운명적인 오늘 아침만큼은 공포로 전율을 느꼈다. 이 상황에서 벗어날 수는 없을지라도 산의 신령이 자신들을 보호해줄 거라고 믿었다. 한동안 정체 상태가 계속되는 것처럼 보였다. 이스마일파는 인질처럼 잡혀 있으면서 비축 식량과 물로 얼마나 오래 버틸 수 있을까 걱정했다.

이제부터는 두 방향으로 역사가 펼쳐진다. 우선 이스마일파 지배자 루큰 알 딘 후르샤가 평화롭게 알라무트를 넘겨주었다는 자료가 있다. 반면 또 다른 자료에 따르면, 신원이 확인되지 않은 누군가가 요새의 비밀통로를 누설해 정복당했다고 한다. 진실이야 어떻든 그 다음에 벌어진 일에 대해서는 둘 다 같은 의견이다. 이스마일파의 최후는 신속하고도 어떤 경고도 없이 이루어졌다. 꼼짝하지 않던 몽골 군대는 한순간에 요새 방어벽을 넘어오더니 곧 요새 깊숙이 침투했다.

몽골은 이스마일파 대다수를 순식간에 몰살했다. 이스마일파 지도자는 살해당했으며 궁궐 사람들도 거의 전부 죽음을 당했다. 그러나 늘 그렇듯 살아남은 소수도 있다. 첩자들과 도움을 줄 기술자들은 목숨을 유지했다.

알 투시도 살아남았다. 살게 된 명확한 이유는 역사에 전해지지 않는다. 하지만 곧 사람들은 이런저런 말들을 하기 시작했다. 구조를 받아들이고 훌라구를 만나고 싶다는 의사를 표하자 수군거림은 더 커졌다. 몽골의 지배자와 만남이 성사되었을 때 어떤 일이 일어났는가는 자료마다 다르다. 일부 자료를 보면, 알 투시는 이스마일파를 버렸다고 한다. 자신은 항상 신실한 주류 시아파였다고 맹세하면서 말이다. 얼마 후 그는 몽골 여자와 결혼한다.

알 투시의 참모습은 어떤 걸까? 이스마일파의 새로운 신도를 자청하고 지배자의 후원을 얻던 모습과 수백만 명의 생사를 결정할 정복자 몽골 군주의 지배를 받아들인 모습 중 어느 것이 본래 모습일까? 오직 알 투시만이 진실을 알고 있을 것이다. 그가 몽골 편에 서면서 받은 보상은 대단했다. 살상을 저지른 훌라구는 그를 수석 과학 조언자로 임명하고 종교 업무도 맡겼다.

일한국 훌라구의 군대는 먼 서쪽으로 진출해 바그다드 정벌을 나섰다. 그때 알 투시도 동행했다는 주장이 있다. 바그다드는 이슬람의 지적 중심지로 칼리프의 도시이자 지혜의 집이 설립된 곳이다. 알 투시는 훌라구와 동행해 이슬람의 지적 유산을 파괴했던 것이다.

1258년 몽골 군대는 티그리스 강의 거대한 도시를 빙 둘러쌌다. 훌라구와 측근들은 바그다드에 최종 진입하기 위해 모였다. 한때 수많은 지역을 통치했으며 500년의 위대함을 가진 바그다드는 지쳐 있었다. 아바스조는 오직 이름뿐이었다. 실제 권력은 부와이조, 셀주크조, 이전의 노예집단인 맘루크조가 갖고 있었다. 왕조들이 너무 많아 다 기억하기도 힘들 정도다. 알 마문의 자랑스러운 지위를 물려받은 허울뿐인 군주 알 무타심은 어리석은 데다 예술만 즐기는 퇴폐적인 사람이었다. 병사들과 전쟁에 신경을 쓰기보다는 시인들, 예술가들, 궁정 광대들과 어울렸다.

처음에 알 무타심은 전체 이슬람권이 자신을 도울 거라며 항복을 거부했다. 그러나 도시를 포위해 오는 잘 정비된 몽골 군대를 본 순간, 훌라구에게 바그다드의 술탄 칭호를 내리겠다고 제의했다. 하지만 때는 이미 늦었다.

몽골과의 전투 결과는 참담했다. 알 무타심의 군대는 순식간에 진압되었다. 그리고 300명의 궁정 신하들도 몰살당했다. 칼리프도 며칠 후 목이 매달린다. 일부 자료에 따르면, 몽골은 도시에 진입해 80만 명의 도시민들을 사막으로 끌고 나온다. 내리쬐는 이라크의 태양 아래에서 남녀를 비롯해 어린애들까지 처형되고, 시체들이 무더기로 쌓인다. 도시 건물들은 약탈되고 부서지고 불태워져 상당수가 산산조각이 났다. 도시는 완전히 파괴되어 다음 수세기에 걸쳐 재건하려고 해도, 20세기에 석유 때문에 생긴 돈으로 다시 태어나기 전까지는 세계사에서 위대함을 다시 누릴 수 없을 정도다.

바그다드의 몰락은 문화적 충격과 상징의 정도로 봤을 때, 다른 두 가지 몰락과 맞먹을 정도다. 하나는 산발적인 무슬림 공격이 있은 지 600년이 지난 1453년에 오토만 투르크에 의해 비잔틴 제국이 몰락한 것이며, 다른 하나는 1521년 스페인에 정복당한 멕시코의 몰락이다.

알 투시는 이러한 쇠퇴와 학살에 대해 어떤 생각을 했을까? 자신은 살아남아 정복자인 적의 편에 서서 다행이라고 생각했을까? 내가 만약 시체 더미에 던져졌으면 어찌할 뻔했나 생각했을까?

　그의 생각은 역사상 알려져 있지 않다. 우리가 아는 건 정복자 훌라구가 무슬림 저항의 상징물인 도시를 파괴한 것에 의기양양했다는 것이다. 그리고 명석한 알 투시가 제안하는 어떠한 프로젝트도 흔쾌히 개방적으로 들어주었다는 점이다.

　이런 재앙과 상징적인 순간 속에서도, 알 투시는 연구에 몰두할 준비가 되어 있었다. 철학자이자 수학자이며 의사인 그는 이제껏 세계가 보지 못했던 위대한 천문학 연구를 시작한다. 심지어 몽골이 낸 상처로 이슬람권이 피 흘리고 있을 때에도 새롭게 융합된 무슬림 과학 황금기의 씨를 뿌렸다.

　◉ **알 투시는 세계에서 가장 큰 천문대를 지을 계획을 세웠다.** 훌라구가 수도로 정한 마라게에 세우려고 했는데, 그곳은 현재 아제르바이잔에 속한다. 바그다드가 몰락한 다음 해인 1259년부터 건설되기 시작한 천문대는 마라게의 서쪽 산에 요새처럼 이중으로 세워진다. 최소한 1.8m의 두께에 가로 304m, 세로 121m로 추정된다.

　1262년에 완공되는 새로운 거대한 천체 관측소엔 이제껏 보지 못한 것들이 갖춰져 있다. 커다란 천문학 도구가 세워졌는데, 구리로 만든 3.6미터 벽면 사분의(四分儀)와 알 투시가 발명한 방위각 사분의이다. 방위각은 북쪽의 관측자 지평선에서 오른쪽 시계 방향으로 측정된다. 그래서 정 북쪽에 위치한 물체는 방위각 0도이다. 정 동쪽에 위치하면 90도, 남쪽은 180도, 서쪽은 270도가 된다.

　알 마문과 지혜의 집이 인도, 페르시아, 그리스의 많은 지혜를 수용한 것처럼, 알 투시는 세계 문명의 또 다른 중심지인 중국의 천문학 지식을 자유롭게 접했다.

　중국인들의 지식은 지난 천 년 동안 서쪽으로 흘러들어왔다. 하지만 지속적인 노력에 의해서가 아니라 실크로드나 인도양을 통해 마구잡이식으로 전해졌다.

홀라구의 형제인 쿠빌라이 칸은 중국의 황제이자 전체 몽골 제국의 칸이다. 때문에 중국 천문학의 지적 풍요로움이 서쪽 페르시아로 쏟아져 들어와서 하나의 시스템을 이루게 되었다. 모두 거대한 제국의 부분들이니 말이다.

지적 흐름은 양 방향으로 흐른다. 중국에서 이슬람으로, 또는 이슬람에서 중국으로 흘러들어간다. 하지만 많은 중국인들에게 이런 사실은 잃어버린 역사다. 수세기의 그리스와 아랍과 페르시아의 천문학 지식들이 마라게 천문대에서 몽골에 의해 집약된다. 무지개의 생성 원리를 처음으로 제대로 설명한 알 시라지 같은 이들이 더욱 발전시킨다. 행성 모형을 만든 시리아 천문학자 알 우르디, 마라게 도서관의 사서로 사십만 권의 책을 책임진 알 후티도 있다. 알 투시가 이끄는 연구소를 발전시키기 위해 이슬람권 곳곳에서 학자들이 몰려와 연구에 동참했다. 다마스쿠스, 앤티오치, 바그다드, 레이, 카이로, 페즈, 코르도바, 세빌, 톨레도에서 이루어졌던 활기찬 천문학 연구가 이제 마라게로 집중된다. 그리고 수세기의 이슬람 지식이 중국으로 전해진다.

1267년에 무슬림 학자 자말 알 딘은 만 년 동안 사용 가능한 페르시안 달력과 7개의 천문학 도구들을 쿠빌라이 칸의 궁전에 가져왔다. 그가 만들었을 것으로 추정되는 나무로 된 큰 지구본도 있었다. 이런 도구들은 왕실 기술자인 쿠오 수오 칭을 자극해 칸을 위해 비슷한 도구들을 만들게 된다. 1270년대 쿠빌라이 칸은 무슬림 기술자와 천문학자를 고용했다. 그리고 두 개의 천문학 위원회를 운영했다. 하나는 무슬림들로, 또 하나는 중국인들로 이루어져 있다. 이로 인해 베이징에서 천문대와 새로운 기술의 발전이 촉진된다. 정교한 지도 제작 기술도 나타난다.

덕택에 15세기 중국은 무슬림 장군 정화의 지휘 아래 항해에서 우위를 차지한다.

페르시아에 마라게 천문대가 만들어진 지 20년이 채 안 되어 베이징 왕실에도 천문대가 지어졌다. 페르시아 천문학자 자말 알 딘의 지휘 아래 건설되었으며, 기술자 쿠오가 설계한 것과 비슷한 장치들을 갖추었다. 여러 역사가들에 따르면, 13세기 이슬람의 천문대가 중국인들에게 영향을 준 것이 확실하다. 무슬림과 중국의 풍부한 지적 교류의 시기에, 자말 알 딘은 지도 제작을 목적으로 쿠빌라이 칸의 영토의 광범위한 측량조사에 앞장선다.

알 투시의 천문대에는 부속 도서관과 연구소가 딸려 있다. 중국인, 페르시아인, 아랍인 과학자들이 근무했다. 그는 설사 관련성이 적더라도 과학에 관한 건 뭐든지 연구하게끔 해주었다. 지혜의 집의 파괴를 목격한 그가 위대한 과학의 집을 만들어낸 셈이다.

이런 사상의 중심 기관에서 여러 논문들과 발견들이 나타난다. 알 투시는 방대한 항성 목록을 만든다. 또한 행성 움직임에 관한 가장 정교한 별자리표를 만든다. 일한 별자리표라고 불리는데, 후원자인 일한 훌라구를 기리기 위한 것으로 12년 동안 열심히 관찰하고 계산한 결과로 나온 것이다. 그는 『천문학 논문집』을 통해 프톨레마이오스의 행성 체계에 대한 가장 포괄적이고도 진보적인 개정 내용을 제시했다. 투시 연성(連星)이라는 천문학적 수학적 위대한 발견을 설명한다. 직선의 움직임을 두 개의 원 움직임의 총합으로 바꾼 것으로 이런 원리는 250년 후 코페르니쿠스가 다시 주장한다. 알 투시나 다른 자료를 통해 알게 된 것인지는 논쟁거리다.

알 투시는 세차운동(歲差運動)을 계산해낸다. 즉, 지구의 자전축은 매년 50.3초각씩 기울면서 회전한다. 그래서 25,700년마다 완전히 한 바퀴를 회전하게 된다. 또한 아스트롤라베에 대한 심도 깊은 논문을 작성한다. 그는 구와 원기둥을 비롯한 고차원 수학에 관한 주해서와 이론들을 쉴 새 없이 발표한다. 그리고 세계에서 최초로 삼각법을 수학의 독립적인 분야로 분리시켰다. 직각 구면삼각형의 6가지 경우를 모두 계산해 낸 첫 번째 학자이다. 또한 광물과 착색법(着色法)에 관해 여러 권의 책을 냈다. 의학, 윤리학, 철학 관련 저서도 있다. 바그다드는 사라지고, 카이로는 몽골의 공격이 언제 있을지 몰라 두려워하고, 알 안달루스는 기독교인들의 재정복으로 인해 쇠퇴하며, 페르시아는 몽골의 지배를 받고 있었다. 그런 상황에서도 알 투시는 이런 업적들을 통해 무슬림 과학을 부활시키고 유지하기 위해 많은 일을 했다고 일부 사람들은 평가를 내린다.

알 투시는 점차 늙어간다. 이븐 리드완이 1006년에 목격한 남쪽 지평선에서 폭발한 별처럼, 그는 불꽃을 터뜨린 뒤 사람들의 시야에서 사라졌다.

그러나 현재 SN 1006이라고 명명된 초신성의 내부 플라스마는 천 년이 지났는데도 여전히 섭씨 백만 도로 타고 있다. 마찬가지로 그들의 이름이 비록 유럽이나 중국 등지에서 잊혀졌다 할지라도, 알 투시와 무슬림 동료들의 불꽃은 계속될 것이다. 상당수가 라틴식 이름이 없지만 별 문제가 아니다. 역사에서 사라졌음에도 불구하고, 그들은 여전히 허블 우주 망원경이나 캘리포니아의 팔로마 천문대에 남아 있다. 무슬림의 천문학적 수학적 지식 덕택에 컴퓨터로 대량 계산을 하게 되었다. 그들이 없었다면 지금같이 천문학과 계산체계가 발전할 수 있었을까?

그들은 근대 천문학 지식과 기술 발전에 무수한 공헌을 했다. 천문학 분야만 놓고 봤을 때, 근대 천문학 이론, 근대적 기구, 국제적 천문대를 발전시키는 데 이바지했다. 또한 르네상스, 계몽시대, 심지어 21세기의 천문학에 있어서 귀감이 될 연구와 발견의 풍토를 조성했다. 별에 관한 이론에서, 그들은 프톨레마이오스에 대해 중요한 비판을 했다. 그리고 중요한 관측기구를 발전시켰다. 과학 분야 역사가 데이비드 킹은 이렇게 표현했다.

> 최근의 연구에 따르면, 사실상 1550년까지 유럽의 천문학 장비의 혁신은 직간접적으로 이슬람에서 왔다. 또는 일부 무슬림 천문학자들이 이전부터 생각했던 것들이다.

유럽식 장비 사용의 독자적 발전을 무시하는 게 아니라, 과학의 역사에 있어 이슬람식 장비 사용의 중요한 공헌을 보여주는 것이다.

무슬림은 막대한 예산을 들여 커다란 천문대를 지었다. 이슬람 천문대가 중국, 인도, 유럽에 끼친 영향은 광범위하게 문서화되어 있다. 1576년 덴마크의 타코 브라헤가 세운 천문대에는 몇 년 일찍 생긴 이스탄불의 타키 알빈 천문대에서 발견된 것과 비슷한 도구들이 있다. 중국의 왕실 베이징 천문대는 마라게 천문대와 닮았다. 인도에도 5개의 잔타르 만타르 천문대가 있다. 마라자흐 쟈이 싱이 18세기에 세운 것이다. 이는 15세기 사마르칸트에 세워진 티무르조(朝) 통치자 울루그 베그의 천문대들을 일부 재현한 것이다. 망원경이 나오기 전인 근대 초기까지는 수세기에 걸쳐 이슬람권에서 유럽, 중국, 인도로 전해진 정보들이 이런 천문대들의 밑바탕이었다.

수세기 동안 아랍 천문학은 세계 지식의 중심부가 되었다. 이슬람 과학자들에 의해 발전된 천문학은 이슬람 문화의 핵심 요소이다. 뿐만 아니라 오늘날 지구를 측정하고, 대륙과 영토를 지도로 나타내고, 해양을 항해하고, 시간을 계산하고, 일 년을 측정하고, 건축을 발전시키고,

기도 드리는 방향을 찾고, 도시의 위치를 정할 때 중요한 역할을 했다. 이슬람 천문학은 새로운 항로를 작성하고, 새로운 의문들을 야기하며, 새로운 기술을 발전시키고, 새로운 기준을 마련하고, 새로운 분야를 창조했다.

숫자 속의 신과 별들의 모습이라는 이중 출발점에서 시작한 무슬림 과학은 바깥으로 계속 물결을 일으킨다. 무슬림 공학, 화학, 건축, 의학은 모두 숫자와 별에 토대를 두었다. 무엇보다 이븐 알 하이삼 같은 학자들의 경험적 과학에 대한 사랑이 그 모든 걸 가능케 했다.

나머지는 잃어버린 역사에서 찾아야 할 것이다.

발명가들과 과학자들

오, 모든 정령들과 인간들이여,
만약 너희들이 천상과 지상의 모든 영역을 통찰할 능력이 있다면,
그렇다면 그것들을 꿰뚫어보라!
– 코란(55장 33절)

2007년, 카타르, 도하—위에서 멀리 내려다보면, 반도 국가 카타르는 끝없는 사막의 암갈색과 대양과 하늘의 혼합된 푸른색 사이에 있다. 한여름 습기에서 생긴 오렌지 빛 안개 사이로 높은 사무실 빌딩들과 쇼핑몰과 호화로운 호텔들로 가득한 수도 도하가 나타난다. 아라비안 반도의 끝 가장자리에는 대양과 텅 빈 고요함이 있을 뿐이다.

도하는 세계에서 가장 새로운 도시라고 말할 수 있다. 순수한 현대성과 문명의 미를 보여주는 격자무늬 거리와 고속도로들은 겨우 이십년 전에 깔린 것이다. 이곳에서 존 하스다는 과학 기술 공원을 건설할 프로젝트를 시작할 것이다. 카타르를 하이테크 발명의 중심지로 만들고, 다른 선진국으로 빠져나가는 고급 두뇌의 유출을 막기 위해서다. 거친 사막의 끝자락에 위치한 인구 백만 명이 채 안 되는 국가의 기술 능력을 증진시키려는 것이다. 반도 반대쪽으로 수천 킬로미터 가면 예언자가 신의 계시를 받았던 메카가 나타난다.

존 하스다는 유럽에 본사를 둔 세계에서 가장 큰 토건회사의 토목 공사 담당자다. 도하에서 일하며 생활한 지 5년이 되었다. 정치계 고위층을 비롯해 카타르에서 사업하는 국내 또는 국제 회사들과 관계를 맺으며, 아라비안 반도 해안을 이리저리 누비고 다녔다. 해외 파견 근무를 하는 동료들과 함께 북쪽의 쿠웨이트부터 남쪽의 바레인, 아부다비, 두바이, 그리고 리야드와 제다 같은 사우디아라비아의 대도시들까지 여행을 하기도 했다.

존은 도하의 전망 좋은 절벽 근처 도로에 위치한 사무실에서 바깥을 내다보고 있다. 오후의 어둑어둑함 속에서 벌써 교통 정체가 시작되었다. 회사가 페르시아 만에서 진행 중인 모든 건설 프로젝트를 찍은 커다란 사진들이 주위에 걸려 있다. 회사 중역들, 각국 정상들, 정부 수반들, 각계 각층의 고위 관리들과 찍은 사진도 있다. 회의나 기념행사에서 만난 사람들로 중요 거래 체결이나 새로운 건물 완공식에서 만나 찍은 것들이다.

예전의 여자 친구 사진도 있다. 그녀는 지금 말레이시아에 있는데, 거의 일 년 반 정도 서로 만나지 못하고 있다. 그녀는 결혼해 아이를 낳고 싶어 하지만, 그는 아직 준비가 되지 않았다.

아직 삼십대인 사람이 맡기엔 큰 업무였다. 그러나 현장에서 오래 일하다보니 직업적으로 현 상태에서 더 이상 올라가지 못하는 건 아닌지 두려움이 들기 시작한다. 이리저리 돌아다니는 것에 익숙했기 때문에 도하에서 기회가 주어졌을 때 매우 흥분했다. 하지만 5년이 지나자 의구심이 생겨난다.

도하, 두바이 같은 해안 도시들은 호기심을 불러일으키는 장소다.

고기를 잡고 배를 만드는 수준의 별 볼일 없는 상태에서 멋진 도시를 창조해냈다. 도하의 지도자들은 싱가포르와 홍콩을 경쟁 상대로 생각하고 있다. 도하를 세계로 들어오고 나가는 중동의 허브로 만들고 싶어 한다. 그 계획대로 카이로, 다마스쿠스와 같은 오래되고 국제적인 도시들을 제치고 부분적으로 성공을 거두기 시작했다. 5성급 호텔들 수십 개가 이미 완공됐거나 공사 중이다. 인도, 파키스탄, 아랍국들, 이란, 러시아, 유럽에서 몰려든 관광객들이 수입 면세점의 보석, 의류, 자동차, 콘도 등에 돈을 쓰고 있다. 해변 리조트와 골프 코스들은 먼 거리까지 뻗어 있는데, 동쪽의 아랍에미리트와 서쪽의 사우디아라비아 내부 텅 빈 공간까지 늘어서 있다. 도하는 거대한 비즈니스 도시이지만, 역사적 배경은 거의 없는 것처럼 보인다. 옛 도하의 작은 영토는 보존되고 발전되어 있어, 간단한 음료수나 저녁을 먹으러 가기 좋은 곳이다. 그러나 주변의 현대화 물결로 인해 왜소해 보인다. 도하의 분위기는 라스베가스와 마이애미 해변이 혼합된 것 같다. 전통 아랍 또는 남아시아 의상을 입은 사람들이 훨씬 더 많지만 모두 휴대폰으로 대화를 나누고 있다.

국경선 너머나 바다 건너 지역에서는 종교 색채가 강하지만, 여기서는 그저 배경에 불과하다. 몇 킬로미터 밖의 종교분쟁이 사업 발전에 지장을 주는 일이 없도록 도시 건립자들이 의도적으로 그렇게 한 것이다. 존 역시 그런 분위기가 편하다. 그다지 종교적인 사람이 아니기 때문이다.

여행을 다니거나 낯선 지역으로 발령 나는 건 존에게는 자연스런 일이다. 할아버지는 2차세계대전이 일어났을 때 네덜란드령 동인도제도에서 사업가로 일하고 있었다. 전쟁이 나자 가족들은 카리브 해로 떠났다. 이후 조부모님은 돌아가셨고, 부모님도 이혼 후 두 분 다 일찍 돌아가셨다. 그에겐 형제자매도 없다. 파리에 잠깐 있은 후 이젠 거의 중동인과 다를 바가 없다.

　　그러나 페르시아 만의 신도시들처럼 그의 가문은 생긴 지 얼마 되지 않았다. 사실 아주 신생 가문이다. 하스다라는 성은 1920년대에 암스테르담과 자카르타에서 갑자기 튀어나왔다. 자신의 성과 같은 철자를 쓰는 가문은 없는 걸로 알고 있다. 네덜란드인이 아닌 사람들은 항상 그의 성이 네덜란드 명칭일 거라고 여긴다. 그러나 네덜란드에는 하스다라는 가문이 없다.

　　가문에 대한 궁금증은 예전 여자 친구와 사귈 때도 있었다. 그녀의 이름은 야스민으로 아름다운 중국계 말레이시아 무슬림 여성이다. 둘은 두바이에서 처음 만났다. 당시 그녀는 아랍에미리트 항공사의 승무원 교육 과정을 받고 있었다. 그녀는 두바이에 일 년 정도 있었고 그동안 둘은 깊은 사이였다. 곧 그녀는 쿠알라룸푸르 지부로 발령이 났다. 그녀는 그를 방문하기도 하고, 그에게 공짜 항공표를 주어 말레이시아 해안의 아름다운 섬으로 오게도 했다. 그러나 그는 그만큼 해주지 못했고 결국 둘 사이는 멀어졌다. 그녀의 부모님들은 딸이 독립적인 삶을 사는 것에 불만이었고, 외국 남자와 섬에서 만나 밀회를 즐기는 것은 용납하기 힘들 정도였다.

　　여자 친구와 헤어진 뒤로는 도하의 바가 텅 빌 시간이면 외로운 밤이 되었다. 집으로 돌아가면 컴퓨터 앞에서 시간을 보내는 경우가 점차 늘었다. 원래는 인터넷으로 데이트 사이트나 검색할 생각이었는데, 어쩌다 다른 일을 하게 되었다. 하스다 가문에 대한 조사에 빠지게 된 것이다. 자신의 가문에 대해 어떤 역사적 기록이 있는지, 아니면 세상에 하나밖에 없는 고아 신세로 어떤 직원의 타이핑 실수로 생긴 이름인지를 찾아보았다.

　　그리 오래 검색할 필요가 없었다. 세상에는 하스다 성을 가진 사람들이 존재하고 있었다. 하스다는 더 크고 오래된 가문인 하스다이의 일가였다. 하스다이와 하스다라는 성을 쓰는 사람들은 원래 스페인의 유대인 가문이었다. 하스다의 한 그룹들은 몇 년 전에 플로리다 주의 올랜도에서 이미 대규모 종친회를 했다. 뉴욕과 상파울루, 부에노스아이레스, 이스탄불, 카사블랑카, 카이로, 아테네, 테헤란, 리스본, 로스앤젤레스, 텔아비브에서 하스다 성을 가진 사람들이 모였다. 모임에서 일부는 가문의 무용담을 늘어놓기도 했다.

하스다 가문은 스페인에서 천 년 이상 살고 있다가, 어느 날 이사벨라 여왕의 최종 경고를 받았다. 가톨릭으로 개종을 하든지 아니면 추방이나 죽음을 당할 것이라는 내용이었다. 그 결과 하스다 가문의 일부는 스페인에 그대로 남았고 자세한 얘기는 역사상 사라졌다. 그들은 성을 스페인 가톨릭 신부들의 이름으로 바꾸었다. 반면 소유품을 챙겨 이스탄불로 오라는 오토만 투르크의 제안을 받아들인 기술자 유대인 하스다들도 있었다. 그들은 여러 세대 동안 투르크족으로 살았다. 또한 몇몇 조상들은 동쪽에 있는 이란으로 향하거나 미국으로 건너가기도 했다. 그들 대부분은 여전히 스스로를 세파르디인으로 여긴다. 무슬림의 스페인 통치 시대의 스페인계 유대인을 뜻하는 말이다.

존은 이 모든 게 믿기지 않을 뿐이다. 그러나 일부는 근거가 있는 소리다. 할아버지가 전쟁을 피하기 위해 가족들을 이끌고 카리브 해로 갔다는 얘기를 들은 적이 있었다. 아마도 홀로코스트를 피하기 위해서였을 것이다.

네덜란드에서의 짧은 시기를 제외하면, 그의 조상들은 거의 1300년 동안 이슬람과 교류하면서 지낸 셈이다. 그는 이제 거의 무슬림과 사랑에 빠진 상태다.

아니면 이 모든 것이 단순히 실수에서 비롯되었을지도 모른다. 조상들이 성을 지어냈거나 또는 누군가가 부주의하게 철자를 잘못 쓴 채로 만들었을 것이다. 어찌 됐든 별로 중요한 것이 아니다. 다 옛날 얘기다. 그리고 이제 그만 해야겠다. 오늘 밤 두바이 버즈 알 아랍 호텔에서 열리는 리셉션에 참가하기 위해 그곳으로 떠나야 한다. 그 호텔은 배의 돛 모양으로 걸프 만 바다 쪽에 지어졌다. 오늘 리셉션에는 걸프 만 지역 국가들의 과학기술부 장관들이 한자리에 다 모일 것이다.

갑자기 야스민이 그리워진다. 부모님 생각도 나면서 정체를 알 수 없는 그리움이 몰려온다. 다시 유럽으로 전근 가야 할 것 같다. 뭔가를 잃어버린 기분이다.

 **A.D. 852, 알 안달루스, 꾸르투바**—무슬림 과학의 여러 측면에 관한 문서적 증거들이 역사상 소실되었지만, 일부 자료는 천 년에 걸쳐 이야기들로 전해져 내려온다.

그 중 한 이야기를 들어보자. 꾸르투바의 위대한 모스크 앞의 광장에 관중들이 몰려 있다. 한 남자가 죽음을 맞게 될지 아니면 역사적인 일을 벌이게 될지 지켜보기 위해 모인 것이다. 외팔보 타일 장식이 된 로마 시리아풍의 지붕 위로 높이 솟은 첨탑 난간의 작은 발코니에 한 남자가 올라가 있다. 모스크에서 하루에 5번 기도 시간을 알려주는 무에진의 자리이지만, 그는 분명 무에진이 아니다. 군중들은 웅성거리기 시작했고 몇 명은 소리쳤다. 격려를 보내는 사람도 있고 일부는 조롱하기도 했다.

"언제까지 거기 그렇게 서 있기만 할 거야." 누군가가 소리쳤다. "어서 뛰어내리라니까!" 몇몇 다른 이가 외쳤다.

"뛰어내리려면 이맘의 허락이라도 필요한 건가요?" 한 여성이 이렇게 묻자, 군중들 사이에서 웃음이 터져 나왔다.

"그가 이맘에게 뇌물을 썼다고 하던데요." 다른 이가 대꾸했다. 사람들은 킥킥대기 시작했다.

이곳은, 훗날 코르도바로 알려지는 꾸르투바이다. 우마이야조 스페인의 보석과도 같은 곳이다. 압드 알 라흐만 1세가 이전의 에미르에게서 이 도시를 빼앗은 지 거의 100년이 지났다. 우마이야를 재건했던 젊은 지배자는 이미 오래전에 세상을 떠났다. 지금은 압드 알 라흐만 2세가 도시를 다스린다. 다음 세기가 되면 우마이야조는 코르도바를 신성한 칼리프 제국의 보금자리로 선언할 것이다.

852년 스페인에 근거지를 세운 우마이야조는 중요성 면에서 바그다드를 급속히 따라잡고 있었다. 코르도바는 당시 유럽에서 가장 크고 기술적으로 진보한 도시였다. 9세기 중반 코르도바는 세련된 패션, 새로운 음악, 도시적 세련미가 나타나는 매력적인 도시이다. 이라크 음악가이자 뛰어난 감각의 소유자인 아부 알 하산 알리 이븐 나피 덕택이다. 그는 지랍으로도 불린다. 이 다재다능한 남자는 원래 하룬 알 라시드 궁에 있었는데, 안달루시아의 지배자가 높은 보수로 마음을 사로잡아 이곳으로 데려왔다. 그는 연봉 200디나르에 보너스로 1,000디나르를 받는다. 이슬람 국경일에는 추가 보너스를 또 받는다. 게다가 '멋진' 궁도 지어주고 코르도바 근처에 고급 주택도 제공해주었다. 그는 이라크 노예 음악가에서 부유한 안달루시아의 시민이 된 것이다. 지랍은 멋지게 옷 입는 법, 요리하는 법, 음악을 만드는 법을 가르쳐주었다. 또한 경쟁 도시 바그다드에 사는 사람들의 세련된 생활방식도 알려주었다. 코르도바 주민들을 비롯한 안달루시아인들은 지랍의 옷차림, 머리 모양, 화술을 모방했다. 지랍 덕택에 코르도바 여자들은 처음으로 미용실을 이용하게 되었다. 또한 그는 새로운 향수와 화장품을 소개했다. 남자들에게는 처음으로 치약을 선보였다. 악기 우드를 다루는 방법도 발전시켰다.

훗날 그 악기에 5줄을 더해 스페인식 기타가 만들어진다. 그는 무슬림들이 이곳에 온 이래 처음으로 일상생활을 진지하게 점검해 나가도록 자극했다. 이슬람의 서쪽 수도를 거친 서고트 왕국의 미성숙한 마을에서 패션과 예절과 스타일의 도시로 탈바꿈시킨 것이다.

"뛰어내리라고!" 누군가가 외쳤다. "당신은 겁쟁이야." 다른 이가 목청 높여 말한다. 군중들은 웃음을 터뜨렸다. 그러나 사실 이면에는 긴장감과 동정심이 흐르고 있었다. 저 위의 가난하면서도 무모한 남자를 동정하는 것이다.

그 남자의 이름은 아르멘 피르만으로 위험스런 일을 자청해서 생계를 유지한다. 내기를 걸어 때때로 운이 좋으면 돈을 챙기기도 한다. 무사히 살아서 목표한 위험스런 일을 수행하고 나면 다음 도전거리를 찾아 나선다.

관중들은 대개 코르도바 주민들이었는데, 그들 사이에 범상치 않은 관찰자가 한 명 있었다. 아바스 이븐 파르나스였다. 아르멘 피르만의 최신 곡예를 지켜보라는 에미르의 명에 따라 과학 연구를 중단하고 잠시 시간을 내어 나온 것이다.

이븐 피르나스는 원래 지랍의 감독하에 음악을 가르칠 목적으로 궁궐에 왔다. 그러나 지금 중년인 그는 분야를 바꾸어 기계 장비, 시계, 유리나 수정 같은 재료에 관심을 두었다. 또한 천문학자이기도 해서 에미르를 위해 천체 운행을 나타내는 기계인 플라네타리움을 만든다.

또한 수정과 광석과 모래에 관심을 가지던 중 모래를 녹여 유리를 만드는 방법을 알아낸다. 안달루시아의 유리잔, 렌즈와 확대 기능이 딸린 실험기구들, 그 밖의 유리로 된 모든 것들을 만들어내었다. 당시만 해도 스페인인들은 나무, 진흙, 금속, 짐승 뼈로 만든 잔으로 마셨다. 그는 심지어 인공 크리스털을 만드는 공식도 찾아낸다.

그러나 852년의 관심사는 더 고차원적인 것이었다. 그는 그리스 신화의 이카루스와 다이달로스에 대해 들은 적이 있다. 그리고 지금 그 신화를 그대로 재현하려는 누군가를 알게 되어 정말 흥분되었다.

탑 꼭대기에서 묘기꾼 아르멘 피르만은 진지하게 다시 한 번 생각해보기 시작한다. 아래를 내려다보니 까마득하다. 게다가 광장의 돌은 매우 딱딱할 것이다. 그는 날기 위해서 나무 지탱목에 실크를 붙인 이상한 옷을 만들었다. 새, 나뭇잎, 씨앗, 다람쥐처럼 자연스럽게 날 수 있는 자연의 작동 기제를 대충 보고 연구해 단기간에 만들었다. 과학자가 아니라 묘기 부리는 사람인 탓에 급조된 것이다.

이븐 파르나스는 아래에서 말없이 지켜보고 있었다. 신분을 노출하지 않기 위해 얼굴 일부는 겉옷으로 가렸다. 이제 일부 군중들은 자리를 뜨기도 했다. 내기꾼들은 아르멘 피르만이 돈을 잃게 되었다고 생각했다. 묘기꾼에게는 물러설 길이 없다. 먹고 살기를 원한다면 지금 뛰어내려야 했다. 지금이 아니면 영원히 기회는 없다. 마침내 그는 팔을 벌려 '날개'를 펼쳤다.

그는 허공으로 뛰어내렸다. 그러고는 바로 떨어지기 시작했다. 그러나 이상한 옷은 추락을 늦추어줄 정도로 부풀어올랐다. 그래서 땅에 도착했을 때는 전속력으로 낙하한 것이 아니라 잘 조정되어 착지할 수 있었다. 관중들은 놀랐다. 여자들은 비명을 지르고 남자들은 열렬한 응원을 보냈다. 코르도바의 많은 고관들과 상인들이 굉장한 광경의 결말을 보려고 창문을 탕 하고 열어젖혔다.

그는 땅에 떨어지면서 경미한 부상을 입었고 매우 놀란 상태였다. 그러나 절름거리지도 않았고 죽지도 않았다. 못 해낸다는 쪽에 돈을 건 사람들을 불러낼 정도로 정신이 말짱했다. 내기에서 이긴 것이다.

앞으로 천 년 동안은 단어조차 존재하지 않는 낙하산 점프를 세상에서 최초로 해낸 것이다. 하지만 그는 그런 사실에 별로 신경을 쓰지 않는다. 원하는 것은 오직 돈뿐이다.

아르멘 피르만의 착지 장소에서 그리 멀리 떨어져 있지 않았던 이 븐 피르나스는 자료를 수집하고 있었다. 그 옷은 조잡한 데다 무모한 시 도였다. 하지만 결과는 자신이 생각했던 것보다 훨씬 인상적이었다. 새 들이 나는 모습과 에게 해를 날던 이카루스와 다이달로스가 떠올랐다. 자신 같은 인간들이 신성한 공간을 나는 모습을 상상해보았다.

사람들이 아르멘 피르만 주위로 몰려들어 격려하기 시작했다. 이븐 피르나스는 중대한 결심을 한다. 유리, 음악 이론, 시계, 행성들 위주의 연구에서 범위를 확장시키기로 결심한다. 이제 비행술에 대해 진지하게 생각하기 시작할 것이다.

각종 시행착오와 방해 요소들을 겪은 데다 흘러가는 세월 탓 에, 계획을 완수하기까지 시간이 오래 걸렸다. 그는 점점 나이를 먹고 있었다.

아르멘 피르만의 묘기 이후로 23년이 흘러 875년이 되었다. 코르도 바의 어느 아름다운 날, 일흔 살의 이븐 피르나스는 확신을 가지고 궁궐 의 학자들과 친구들을 불러 모았다. 호기심에 찬 군중들도 그의 비행 시 도를 보기 위해 모였다. 그는 묘기꾼이 되기 위해서 오랫동안 민망함을 참고 노력했다. 이제 날 수 있다는 자신감이 생겼다. 아직 숨이 붙어 있 고 힘이 있을 때 꿈을 시도해보고 싶었다.

사람들에게 도시 서쪽 산의 낮은 산등성이로 오라고 했다. 칼리프 압드 알 라흐만 3세가 칼리프의 도시 메디나 아자하라를 짓기 시작한 곳이다. 햇빛이 강렬하고 숲으로 우거진 산이었다. 공기는 계곡 바닥에 서 위를 향해 불고 있었다. 이븐 피르나스는 하늘의 새들이 상승기류를 타고 위로 올라갔다 내려오고 다시 올라가는 모습을 보았다.

그동안 새들의 비행을 연구하며 시간을 보냈다. 그가 원하는 인간 비행에 가장 가까운 생명체이기 때문이다. 비단 천과 나무를 이용해 한 쌍의 날개를 만들었다. 비단 천에는 실제 새 깃털들을 붙였다. 혼자서 어느 정도 연습해왔다. 이제 대중에게 선보일 때가 된 것이다.

산꼭대기에 서자 바람이 몰아친다. 수년 전 광장의 군중들이 그랬던 것처럼 그의 친구들과 지인들은 멍한 상태로 의심스러운 듯 지켜보고 있다. 그는 약간 불안해졌다. 바람이 평소보다 더 심하게 분다. 바람은 비행을 도와주기도 하겠지만 또한 재해를 가할 수도 있기 때문이다. 잠시 후 비행을 시작할 수 있을 정도로 바람이 잠잠해졌다. 그는 천천히 달려 절벽에서 알 안달루스의 푸르른 창공으로 뛰어내렸다.

군중들은 경악했다. 아르멘 피르만과 달리 이븐 피르나스는 즉각 떨어지지 않았다. 모든 이들이 알고 있던 지식이나 경험과 반대로 새처럼 날고 있었다. 창공 속으로 미끄러져 갔다. 새처럼 회전해 내려오며 십 분이 채 안 되는 시간 동안 하늘을 날았다. 과달키비르 계곡 위로 날아갔다. 새와 사람이 혼합된 모습으로 오랜 시간처럼 느껴질 정도로 날았다.

이븐 피르나스는 창공에 떠 있었다. 도시와 강과 계곡이 아래에 펼쳐져 있다. 축복받은 순간이 끝없이 이어지며 마치 뭔가가 번쩍거리는 것 같았다. 이제 꿈을 이루었다. 속세의 구속에서 벗어나 자유롭게 천사들, 정령, 영혼들이 있는 신의 영역을 날고 있다. 얼마나 고요한 세상인가 하며 감탄한다. 바람이 귓가를 스쳐 간다. 태양은 머리 위에서 지글거리며 쭉 늘어선 올리브, 오렌지, 레몬 나무들 사이로 물을 대주는 운하 위를 비추고 있다. 안달루시아의 식탁을 더 풍성하고 다양하게 만들기 위해 지랍이 들여온 아스파라거스와 파슬리 밭이 보인다. "오, 신이

시여, 이런 경험을 할 수 있게 해주어서 감사합니다." 신께 기도를 올린다.

땅에 내려오기 시작하자 다시 현실 세계로 돌아왔다. 착륙에 대해서는 그다지 깊이 생각하지 않았다. 이륙과 비행에만 신경을 썼기 때문이다. 그러나 땅에 가까워지면서 엄청난 속력으로 돌진하기 시작했다. 돌, 나무 그루터기, 과수원 울타리들이 빙빙 돌기 시작하자, 실수했음을 깨달았다. 그는 중요한 것을 잊었다. "오, 신이시여." 그는 최후의 기도를 드린다. "저는 어리석은 인간에 불과합니다."

그는 땅에 너무 세게, 그것도 빠르게 부딪혀 바람 소리가 퍽 날 정도였다. 경사진 곳에 머리부터 거꾸로 떨어졌는데, 귀에 울리는 소리가 실제 충격보다 더 컸다. 뼈가 부서지고 살점이 찢겨나가면서 머리를 땅에 박았다. 엄청나고 고통스러운 충격으로 혼이 빠져나가 외부에서 탈골과 부서짐을 바라보는 것 같았다.

어둠 속에서 잠시 있었다. 자신의 어리석음에 대한 분노로 어둠 속에서 길을 잃었다. 정신이 들었을 때쯤 많은 사람들이 주위에 몰려들었다. 일부가 말을 타고 그를 쫓아왔다. 도움이 필요할 때를 대비해 산 아래에도 사람들이 모여 있었다.

"아부 아바스." 누군가가 울부짖었다. "살아 있는 건가요?"

"난 살아 있소." 그가 말한다. 목소리가 멀리서 희미하게 술 취한 소리처럼 들렸다.

"어디 다치셨어요?" 그들이 묻는다.

그러자 그는 고개를 끄덕인다. '그래요. 난 심하게 부상당했어요.'

등의 고통이 특히나 심했다. 남은 생애 동안 고통은 계속될 것이다. 그는 앞으로 12년 동안을 비참하게 보낸다. 여생을 잠깐 맛본 무아지경에 대해 벌과 대가를 치르며 지내는 것이다.

고통과 괴로움은 너무 컸다. 최고의 경지까지 갔다가 신에 의해 비참한 처지로 내쳐진 거라고 시림들은 수군거렸다. 사람은 분수를 지키고 살아야지, 그렇지 않고 신의 영역으로 올라가려고 하면 결국 제지를 당한다며 말이다.

이븐 피르나스는 남은 생애 동안 그런 수군거림과 비난을 듣게 된다. 그러나 에미르를 위해 행성들의 움직이는 모형을 만들 정도로 많이 회복되었다. 그리고 물시계와 다른 여러 시계들도 완성했고, 모래를 녹여 유리를 만들고 인공 크리스털 공식을 만들어냈다. 그렇지만 부상의 고통을 완화하기 위해 술과 담배 같은 안 좋은 것들에 의존해야 했다.

고통을 멈출 수 있는 안도감을 달라고 여러 차례 기도했다. 그리고 자신이 뭘 잘못했는지 여러 번 되짚어보았다. 결론은 너무 높이 올라가서 신의 노여움을 산 것은 아니라는 것이었다. 절대 아니다. 어리석은 실수는 새의 착륙 조절 방법을 알아내어 천천히 낙하할 수 있는 방법에 대한 연구를 소홀히 한 것이었다. 새들은 번개를 맞은 듯 전속력으로 땅에 떨어지지 않는다. 균형을 잡고 통제할 수 있는 꼬리라는 중요 부분이 있기 때문이다. 날개, 꼬리, 발을 다 같이 이용해 속도를 늦추고 땅 위로 천천히 내려오기 때문에 앞으로 계속 나가려는 힘의 영향을 받지 않고 착륙한다.

그는 꼬리를 만드는 걸 잊었다고 죽을 때까지 후회했을 것이다. 멍청하게도 꼬리를 만들지 않았다고 자책하면서 말이다.

A.D. 805년, 아바스조의 칼리프 제국, 바그다드 — 이라크의 도시 쿠파는 수도에서 144km 떨어져 있다. 이곳의 한 노인이 실험실에 앉아 있다. 주위에는 자료들과 도표들이 높이 쌓여 있고, 도구들, 접시들, 금속 장치들, 유리병, 흰 가루가 담긴 통들, 추출물, 쓴 약물, 여러

용액들이 널려 있다. 자신만 알아볼 정도의 어지러운 필체로 라벨들이
붙어 있다. 하지만 라벨을 실제로 읽을 필요는 없다. 이런 난장판 같은
일터에서도 어디에 뭐가 있는지 다 기억하기 때문이다.

그의 손은 많은 화학약품으로 인해 화상과 상처를 입어 흉터가 생기
고 변색되어 있다. 의도적으로 또는 사고로 우연히 들여마신 가스들, 혼
합물들, 증기들 탓인지 늘 기침을 한다. 눈은 피곤해 보이고, 눈썹은 12
번이나 폭발로 그을려 뒤쪽만 자란다. 그가 다시 기침을 하기 시작한다.

아바스조의 병사들이 밖에서 연구소 입구를 지키고 있다. 그러나
그를 보호하기 위해서가 아니라
감금하기 위해서다. 한평생에 걸
친 그의 연구 업적을 존중해준 덕
택에 겨우 목숨을 부지하고 있는
상태다.

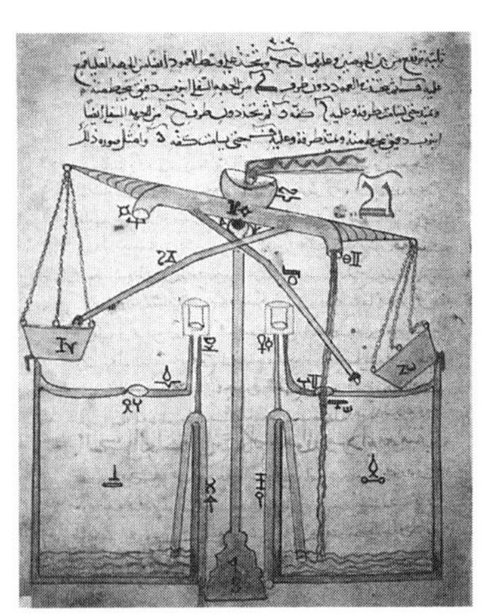

물 펌프는 13세기 발명가 알 자자리의 저서
『독창적인 기계 장치들에 관한 지식서』에 실
린 많은 기계들 중 하나다.

그는 81세의 나이에다 칼리프
하룬 알 라시드의 명령에 의해 가
택 연금된 정치범 신세다. 그에겐
더 이상 궁궐의 화려함과 시중은
필요 없다. 살아남아 안전한 것만
으로도 만족한다. 목숨을 부지하
고 연구할 장소가 있는 한 가루들
과 혼합물들을 가지고 연구를 계속할 것이다. 그것이 그의 인생의 목적
이다.

기침하는 이 노인은 자비르 이븐 하이얀이다. 유럽의 유명한 연금
술사들에게 게베르라고 알려진 인물로 연금술과 화학의 아버지이다. 연
금술과 화학 두 단어 모두 아랍어에서 기원해 나왔다. 그러나 쿠파의 오

래된 혼합 기술에서 내려온 두 지적 흐름인 연금술과 화학은 장차 매우 다른 길을 간다. 연금술은 변질되어 결국 마술이나 신비술로 전락한다. 반면에 화학은 훌륭한 과학 분야로 전 세계에 발견과 발명의 혁명을 풀어낸다. 하지만 자비르에겐 연금술과 화학은 하나이며 동일한 것이다. 후세 학자들이 인위적으로 구분해놓았을 뿐이다.

이 노인은 오랜 세월 고생을 많이 겪었다. 예멘 혈통의 아랍인으로 페르시아의 깊은 내지 호라산의 투스에서 약제상의 아들로 태어났다. 하지만 그의 아버지는 두통약이나 만드는 수준이 아니었다. 정계에도 발을 들여놓을 정도였다. 자비르가 태어나던 722년은 우마이야조가 다마스쿠스를 지배하던 시기였다. 하지만 고작 삼십 년 동안 더 지속될 뿐이다. 한편 새로운 무슬림 페르시아의 지적 중심지로 떠오르는 곳에서 페르시아인들이 메카의 불만 세력인 아바스조와 뜻을 같이 하고 있었다. 계략을 세워 몰래 진행시키면서 우마이야조의 소수 지배층에 대해 불만의 목소리를 내기 시작했다. 시리아의 동맹 세력들도 힘을 보태주었다. 페르시아인들은 칼리프 제국에서 지적 경제적 힘의 상당 부분을 제공했음에도 불구하고 2등 계급으로 취급되었다. 반면 아바스조는 칼리프 제국이 나아갈 미래상에 대해 잘 알고 있었고, 그 계획에 메카 부족들을 제외한 모두를 참여시킬 것이었다.

자비르의 아버지는 페르시아인들과 뜻을 함께했다. 특히 바르마크 가(家)와 동맹을 맺었다. 우마이야조가 물러나고, 아바스조와 바르마크 가문이 득세했다. 아바스조는 칼리프가 되고 바르마크 가문은 수상이 되었다. 자비르의 가족들은 지방에 살다가 새로운 칼리프 왕조의 궁궐로 단숨에 신분 상승하게 되었다.

자비르는 의사 자격으로 하룬 알 라시드의 궁에 들어갔지만, 장차 궁정 화학자의 길을 간다. 자비르 같은 야망 큰 학자에게 정치란 오직 세속적인 것에 불과했다. 화학자인 그의 마음과 애정은 모두 미스터리와 코드에 가 있었다. 초기 무슬림 수학자들이나 천문학자들과 마찬가지로 우주의 신비는 주변의 물리적 세계에 내재해 있다고 믿었다. 단지 그 코드를 푸는 게 관건이다. 다른 무슬림 학자들처럼 신성하게 창조된 비밀들은 오랜 탐구를 해온 사람들만이 풀 수 있다고 생각했다. 신이 보기에도 성공할 자격이 충분하다고 인정되는 소수의 사람들 말이다.

그는 약제상의 아들로 페르시아에서 자랐으며, 페르시아의 오래된 마법의 매력에 깊이 빠졌다. 이집트인 마법 사상가 헤르메스 트리스메기스투스를 비롯해 조로아스터교의 마법을 쓰는 사제 계급까지 연구하며 신비주의 지식에 몰두했다. 그는 한평생 한 손에는 마법과 신비술을 쥐고, 다른 한손에는 이성적 과학을 잡고 있었다. 그는 자신이 알아낸 지식을 숨기고 싶어 했기 때문에 저서들을 복잡하고 다층적인 암호로 써놓았다. 신비한 지식을 가질 의도가 있고 다룰 능력이 되는 선택된 소수들만이 지식을 얻을 수 있게 한 것이다.

자비르는 물질과 작용의 신비한 영성(靈性)뿐만 아니라 수피즘에도 관심을 기울였다. 수피즘은 일종의 도취 상태에서 최상의 경지를 추구하는 종교다. 이성을 통해서가 아니라 자아를 없애는 과정을 통해 궁극적인 진실을 찾아야 한다고 여긴다.

자비르의 신비주의적 과학적 측면은 연금술에서 나타난다. 자비르의 궁극적인 목표는 납을 금으로 바꾸는 것이 아니었다. 그는 타퀸을 추구했다. 그것은 실험실에서 인공적으로 생명을 창조하는 연구를 말한다. 그의 대담한 연구는 몇 세기 후 유럽에서 기이한 반향을 불러온다. 파우스트 전설에 따르면, 실험관의 인체 인형에 생명을 불어넣는 방법을 연구하는 중세 프라하의 외로운 과학자가 나온다. 더 노골적이고 대중적인 형태로는 메리 셸리의 프랑켄슈타인 이야기가 있다. 중세 중부 유럽의 파우스트 전설은 소설과 드라마와 철학에도 매우 중요한 영향을 미쳤다. 또한 크리스토퍼 말로와 요한 볼프강 폰 괴테에 의해 세계적인 작품으로 표현된다. 하지만 이런 모티브가 유럽에서 처음 생각해낸 것이 아니라는 점은 잃어버린 역사의 모순이다. 그것은 사실 고대 바그다드의 한 남자에게서 나온 생각이며, 페르시아와 이집트의 고대 마법에 기반을 둔 것이었다.

자비르가 정말로 실험을 통해 생명체를 만들어내려고 했는지, 아니면 신성한 지식에 접근하는 수피즘 신도의 은유법에서 나온 말인지는 누구도 정확히 모른다.

그를 신비스럽고 불명확하게 만드는 건 아랍어 자체의 영향도 있다. 신비한 시와 신성한 글에서 사물, 과정, 개념을 정의하는 아랍어 문자와 단어들은 모두 숫자와 관련되어 있다. 다시 말해 복잡한 우주를 움직이는 존재의 원천 코드와 관련된 것이다.

자비르의 개념을 기호화하는 방법은 실제로도 유용하게 쓰였다. 그는 당시의 한계를 뛰어넘는 과학적 철학적 개념을 주장하고 있었다. 따라서 이단으로 몰리는 걸 피하기 위해 그렇게 특이한 방식으로 썼다고 주장하는 사람들도 있다. 영문 모를 이상한 소리라는 뜻의 지버리시(gibberish)는 자비르에게서 나온 단어다.

자비르 시대에는 어떤 학문 분야든 숫자와 별들에 관한 학문과 연계되어 있었다. 그가 화학의 신비롭고 영적인 요소에 매료된 건 당시의 일원적인 전체론을 반영하는 것이다. 신의 세계에서 모든 것이 서로 딱 들어맞는다. 아무렇게나 나타나거나 목적 없는 것은 아무것도 없다. 때문에 영적인 화학과 순수성을 잃은 변종 학문 연금술이 완벽한 조화를 이룰 수 있었다.

그러나 이런 9세기의 모호한 뉘앙스는 역사상 사라졌고 번역에서도 사라졌다. 천 년 후 무슬림 과학을 격하하는 사람들은 무슬림 '연금술'을 야바위꾼들의 주문으로 전락시킨다. 반면에 유럽을 근대 경험주의적 '화학'의 탄생지로 묘사한다. 아이작 뉴턴 같은 유럽 과학의 아버지들이 자부심 강한 연금술사들이라는 사실은 모른 척한다. 지성을 천박하게 사용하는 사람들은 진정한 과학의 역사에 아무런 도움도 주지 못할 것이라고 경고한다. 납을 금으로 바꾸어 부자가 되려는 이기적 연구를 함으로써 숭고한 연금술 관행을 남용하는 사람들 말이다.

이 얼마나 지적 역사가 잘못되고 혼동되어 있는가? 자비르는 영적이며 신비로운 학자일 뿐만 아니라 세계 최초의 진정한 화학자였다. 그를 신비주의 측면에서만 기억하려는 사람들도 있을 것이다. 하지만 지적으로 명석한 사람이라면 위대한 과학적 업적을 남긴 사람으로 기억할 것이다.

후에 나타날 이븐 알 하이삼은 신앙이나 비현실적 이론 대신 경험적 방법을 중시했다. 자비르는 같은 길을 이백 년 앞서 걸었다. 자비르는 이렇게 말했다.

화학에서 첫 번째로 중요한 요소는 자신이 직접 실제로 연구와 실험을 해야 한다는 점이다. 실질적 연구나 실험을 하지 않는 사람은 절대로 전문적 지식을 얻을 수 없다. 실험을 통해 지식을 얻도록 하라. 과학자란 자료의 풍부함에 기뻐할 게 아니라 오직 실험 방법이 우수할 때만이 기쁨을 누릴 수 있다.

실험 방법과 경험주의에 대해 이보다 더 명확하게 표현할 수 있을까? 그는 이러한 연구 방법과 철학의 전제를 바탕으로 화학의 과학적 발견의 급류를 열었다. 마치 알콰리즈미의 통찰력이 근대 수학의 탄생에 중요한 역할을 했듯이 말이다. 아바스 칼리프들과 바르마크가(家) 수상들에 도움을 주면서 거의 이백 권 이상의 책을 썼다. 근대 화학의 길을 터준 수많은 혁신과 실험을 거듭했다.

처음으로 증류기를 만들었는데, 이는 1200년 후에 알코올을 증류하기 위해 사용되는 간단한 도구와 같다. 가장 강한 산이자 인간의 소화관의 중요 요소인 염화수소산을 발견했다. 또 다른 강력하고도 독성이 강한 질산도 발견한다. 그러곤 이 두 화학물질을 혼합해 훗날 왕수(王水)라고 불리는 물질을 만들어낸다. 금이나 백금 같은 여러 귀한 금속들을 녹이는 물질이다. 그 외에도 세 가지 다른 산을 감귤, 식초, 와인에서 찾아낸다.

그는 한가한 놀음처럼 실험을 하는 게 아니라 항상 발견을 실제 생활에 적용하는 방법을 찾아낸다. 철과 금속을 녹슬지 않게 하는 방법과 유리 제품에서 푸른빛을 제거하는 방법을 발견해냈다. 뿐만 아니라 천을 염색하거나 방수 처리하는 방법, 금에 조각을 새기는 방법도 개발했다. 끓인 와인으로 만들어진 가연성 수증기도 발견한다. 알 라지가 뒤를 이어 더욱 정교하게 발전시키는데, 훗날 세상 사람들은 이것을 에탄올이라 부른다. 에탄올은 당(糖)에서 추출한 대체 연료로 석유 제품을 대체할 수 있다.

산성 물질과 결합되었을 때 산을 중성화시키는 물질인 '알칼리'라는 단어와 개념도 만들어냈다.

또한 화학적 특성, 무게, 측정, 화학적 혼합물과 염료에 대한 책들을 출간한다. 정교한 실험실 저울도 만들었는데, 당시의 여러 저울 중 가장 정확한 저울이었다. 그리고 원자나 분자들을 직관적으로 어렴풋이 파악하게 된다. 그래서 화학물질들이 결합되었을 때, 미세한 수준의 작은 요소들이 본래 성질은 그대로 간직한 채 서로 결합된다는 가설을 세운다. 불에 잘 타지 않는 종이와 어두운 데서도 읽을 수 있는 일종의 형광 잉크도 만들 것이다.

자비르는 여기서 멈추지 않는다. 머리 염색약을 만들고, 황철석을 이용해 황금 글씨를 쓰는 방법도 찾아내며, 전기장도 진지하게 연구했다. 또한 기름, 도료(塗料), 염을 각각 분류했다. 이러한 놀라운 발견들은 훗날 주물 공장들과 도자기 유약에 쓰이게 된다.

그는 점점 나이가 들어간다. 모든 기록들과 기억들에 둘러싸여 눈과 폐가 허락하는 한 계속 연구할 것이다. 위대한 학자라면 다 그렇듯 이제껏 해놓은 일에도 불구하고 고작 겉만 살짝 훑은 것 같은 기분이다. 노년의 짓궂은 농담 삼아 이제 자기가 죽으면 누가 대신 이어나갈까 생각해본다. 죄수처럼 자신을 감금하고 있는 밖의 병사들을 바라본다. 그들 가운데 위대한 학자가 나올 것 같지는 않다. 누가 될까? 가르쳤던 학생들 가운데 누군가가 해줄까? 바그다드의 아바스조와 친분이 있는 사람일까, 아니면 바르마크가에 영향을 받지 않는 사람이 될까? 저 먼 호라산에 사는 사람일지도?

그는 얼마 후 감금된 집에서 숨을 거둔다. 그는 모르고 있겠지만 후계자는 이미 있다. 실험하는 동안 머릿속에 흐르던 질문들에 대한 답에 맞아떨어지는 인물은 아니다. 그의 후계자는 제자도 아니며, 페르시아인도 아니다. 그와 똑같은 아랍인이었다.

아직 어린 소년으로 막 읽기와 쓰기를 배우고 있다. 그리 멀지 않은 곳인 쿠파에 살고 있다. 눈 밖에 난 나이 든 화학자와는 비교도 할 수 없는 가문 출신이다. 아바스조의 통치 관리인 아버지를 둔 알 킨디이다.

알 킨디는 알 마문과 그 뒤를 이은 이성주의 후계자의 통치하에서 생의 대부분을 보내고 연구하는 행운을 누렸다. 알 킨디는 자비르의 업적을 바탕으로 더 많은 분야에 매진한다. 화학을 비롯해 음악, 의학, 철학, 수학, 천문학을 연구한다. 그리고 관련된 361권에 달하는 책을 내놓는다. 알 킨디는 물질, 물리학, 우주의 여러 난제들에 대한 대답을 향해 첫 걸음을 내디딘다. 앞으로 1200년에 걸쳐 위대한 학자들이 연구할 과제들이다.

그는 자비르의 과학을 이어받았음에도 불구하고 연금술에 철저히 반대했다. 당시에 비추어봤을 때 모순처럼 보일 수도 있다. 하지만 그는 사실 자비르를 비난한 게 아니라 금을 만들어내는 연금약액을 찾으러 다니며 사람을 현혹시키는 사기꾼들을 비판한 것이다.

알 킨디는 알 마문의 지혜의 집의 핵심 멤버이며, 아리스토텔레스를 상당히 신봉했다. 자비르의 말년과는 달리 그는 정치적, 학문적으로 높은 자리에 오른다. 그러나 시간이나 행운을 비롯한 어떤 것도 절대적이거나 영원한 건 없다는 생각을 갖고 있었고, 실제로 그런 일을 겪는다.

알 킨디는 화학 분야에서 일상적 목적의 연구와 숭고한 목적의 연구 모두에 매진했다. 실용적인 목적을 위해 향수, 향료, 오일, 고약, 로션에 관한 총서를 낸다. 그리고 물질과 살아 있는 유기체와의 상호작용을 연구하며 훗날 약학이 될 분야에 몰두한다. 고차원 측면에서는 약을 만들어내고 조합하는 복잡하고 다양한 체계를 생각해낸다. 그리고 실용적인 측면에서는 비싼 치료제를 대신할 저비용 약을 처음으로 만들어낸다.

그는 나뭇잎, 대추야자, 건설 현장의 석재, 책상 위의 펜 등 수많은 물체들이 지구에 떨어지는 걸 보면서 지구 중력에 대해 생각하기 시작한다.

그러나 가장 근본적이면서도 훌륭한 업적은 물질, 시간, 우주 사이의 관계에 대한 상대성 이론이다. 그는 심지어 아랍식의 '상대성' 이란 단어도 사용한다. 천 년 후 초야에 묻혀 연구하던 취리히의 한 젊은 유대인 수학자에 의해 유명해질 이론 말이다. 언어도 다르고 천 년이라는 세월의 간격을 둔 상태에서 같은 단어를 언급한 일이 우연처럼 보일 수도 있다. 하지만 이런 위대한 지성인들이 비슷하게 발전하는 것을 설명해줄 사상의 숨겨진 연결망이 있는 건 아닐까? 알 킨디는 이렇게 말한다.

> 시간은 오직 움직임과 함께 존재한다. 신체는 움직임과 함께, 움직임은 신체와 함께, ……움직임이 있다면 반드시 신체도 있게 마련이다. 마찬가지로 신체가 있다면 반드시 움직임이 있다.

시간, 공간, 물질에 대한 이런 반(反)직관적인 관점은 9세기 바그다드의 정황상 우연히 동시에 일어난 것일 수도 있다. 후세의 무슬림뿐만 아니라 뉴턴이나 데카르트도 이런 주장을 무시하거나 반박한다. 알 킨디는 자신의 이론을 수학적으로 증명할 방법을 찾지 못했다.

알 킨디는 암호 해독이라는 신비한 분야에도 진출했다. 알콰리즈미 이후 고차원 수학의 출현으로 비밀문서라는 단순한 형태는 수세기 동안 존재했었다. 하지만 암호 해독은 점차 더욱 정교해진다. 특히 알 마문 이후부터는 지도자나 정부와 스파이들이 중시했다.

알 킨디는 암호 해독에서 처음으로 빈도 분석을 시도한다.

> 암호화된 메시지를 푸는 한 가지 방법은, 우리가 그 언어를 안다면 한 장 분량의 같은 언어로 된 다른 평문을 찾는다. 그 뒤 각 철자의 출현 빈도를 세어본다. 가장 빈번하게 나타나는 철자를 '첫 번째'라고 부르자. 그 다음으로 자주 등장하는 철자를 '두 번째'라고 하자. 그 다음은 '세 번째'라고 부르며, 계속 이렇게 해보자. 마침내 평문의 모든 철자들

의 빈도수를 다 셀 것이다.

그러고 난 뒤 우리가 풀고자 하는 암호 문서를 보고 상징들을 분류해 보자. 가장 빈번하게 등장하는 상징을 발견하게 될 것이다. 그러면 그것을 평문 예시문의 '첫 번째' 철자로 바꾸어보자. 그 다음 자주 등장하는 상징은 '두 번째' 철자로 바꾼다. 그런 식으로 암호문에 나타나는 모든 상징들을 바꾸어보자.

그러나 모든 건 상대적이다. 알 킨디는 840년대 칼리프 알 무타와킬 통치하의 보수적 반(反)이성주의 반격을 받으며 미움을 샀다. 지혜의 집의 동료 학자들과 바누 무사 가문은 위대한 알 킨디를 시기하다 못해 비방하고 배신한다. 그는 심지어 얻어터지고, 개인 도서관을 잠정적으로 압수당했다. 하지만 노년에 또 다른 정치적 격변이 일어나 칼리프 알 무타미드의 총애를 받는다.

그러나 실제 세계의 운명은 알 킨디 같은 철학자이자 과학자에겐 영원한 것이 아니다. 상대적인 것으로 큰 의미가 없다. 그는 여러 번 운명이 바뀌면서 겪은 고통에 대해 이렇게 표현했다.

악한이 지배자가 될 때면 눈을 감고 아래를 내려다봐요. 실망감으로 손을 꽉 움켜쥐고는 집 한 귀퉁이에 외롭게 앉아 있지요. ……진정한 부는 사람의 마음속에 있습니다. 영혼 속에 영광이 있지요. 그래서 진정한 부자는 아무것도 소유하지 않은 사람들 가운데서 나온답니다. 물질적 부자는 가난뱅이인 셈이지요.

◎ IOI7년쯤 한 무슬림 정복 군대가 히말라야의 높은 길을 지나 부유한 인도의 도시들을 향해 바람처럼 몰려오고 있다. 대다수가 부와

향락과 전리품에 마음을 빼앗겼다. 그러나 아부 라이한 비루니는 다른 종류의 보물을 찾고 있었다.

그는 일종의 죄수와 마찬가지 신세다. 여기보다 더 나은 곳이 있거나 더 좋은 군주가 있거나 자유롭게 살 곳이 있다면 그리로 갔을 것이다. 그러나 여기도 그렇게 나쁜 건 아니다. 자유가 없지만 지금 같은 순간과 기회를 누리고 있으니 말이다. 그는 최대한 이용할 생각이다.

그는 카시미르의 멋진 계곡 위의 하늘에 닿을 것 같은 산 정상에서 술을 마시고 있다. 세상에서 가장 높은 산들이 꼭대기가 눈에 덮인 채 하늘로 치솟아 있다. 부푼 폭풍 구름들 속으로도 솟아 있다. 세계의 정상에서 산들과 하늘이 마치 정원, 숲, 공터, 꽃밭의 담과 지붕 같다.

녹은 눈에서 물이 쏟아져 내리고, 하늘은 신록과 생명과 향기와 부드러움을 준다. 인류의 시작까지 거슬러 올라가는 문명권이자 대륙인 인도라는 보물창고의 멋진 관문이다.

알 비루니는 동서로 쭉 뻗은 산들의 융기들이 희미한 그림자를 만들어 앞 전경보다 더 높고 멀리 퍼지는 걸 보고 있다. 빙하에서 생겨 퍼진 강물들이 깨진 틈과 협곡을 지난다. 강물이 합쳐지며 기세가 더 세진다.

거대한 강들이 산에서 흘러나와 뜨거운 평지로 들어가고 있다. 이제 강폭은 더 넓어지고 유속은 느려졌다. 거대한 평원들과 유수 퇴적물로 이루어진 삼각주도 보인다. 수천만 명의 남녀들이 살고 있는 삼각주는 평지의 흙을 비옥하게 하고 음식을 제공하고 지구상 가장 오래된 문명권을 지탱시켜준다.

신의 손에서 나온 어떤 과학적인 물리적 과정이 이런 모습을 만들어냈을까? 북쪽 산들의 융기의 원인은 무엇일까? 남쪽의 활기차고 강물이 퍼져 흐르는 평원의 원인은 무엇일까? 그리고 인도인의 정신과 삶에 어떤 영향을 주었을까?

알 비루니는 페르시아 히바에서 태어났다. 히바는 후에 우즈베키스탄 지역이 된다. 당시 많은 이들과 마찬가지로 그는 생존 욕구와 내부에서 솟구치는 지식과 발견에 대한 욕구를 모두 가졌다. 인도 여행은 그에게 새로운 시야를 열어주었다.

멀리 바다를 바라보다 산 정상에서 조개껍질들을 발견했다. 색은 하얗게 바랬고 부서지고 일부는 석회질로 변해버렸다. 그러나 인위적으로 이곳에 옮겨놓은 것은 분명 아니었다. 어떻게 조개껍질들이 이런 산 정상에 놓여 있을까?

그는 활기차고 혼란스러운 고대의 인도 땅과 사람들을 바라본다. 많은 종교, 전통, 엄청난 부, 극빈함이 나란히 함께 하는 곳이다. 갑자기 자신의 행성과 다양한 인종들이 아름답고 기이하다는 걸 깨닫는다. 그런 것을 연구하는 데 인도보다 더 나은 곳이 어디에 있겠는가?

알 비루니는 75년의 일생 동안 기억하기도 힘들 정도로 많은 지도자들과 왕조들에 충성을 바쳤다. 하지만 가자의 술탄 마흐무드에게 고용되어 1017년에 시작된 인도 원정에서 참가했을 때 가장 큰 영향을 받았다.

이런 소중한 인도 원정의 후원자가 잔인하고 악독한 지배자라는 것은 모순적인 느낌을 준다. 상황이 아주 나빴을 때도 있었다. 술탄 마흐무드는 원정에 왕실 교사와 조언자로 따라온 알 비루니를 무자비하게 고문하기도 했다. 마흐무드는 과학적 지혜와 점성술 지식을 얻고자 그를 고용했다.

솔직히 말하면 알 비루니는 점성술을 믿지 않는다. 그가 보기엔 과학이 아니라 미신적 믿음에 가깝기 때문이다. 알 킨디나 알 하이삼과 마찬가지로 그는 경험주의 과학의 열렬한 신봉자이다. 이론이 아무리 뛰어나도 반드시 관찰과 실험의 검증을 견뎌야 한다.

알 비루니는 역사상 사라진 많은 무슬림 사상가들과 마찬가지로 학문의 영역 구분이 없었던 시대에 살았다. 그리고 알 킨디를 비롯한 지혜의 집의 천문학자들과 나란히 설 정도로 수학과 천문학의 대가였다. 또한 이슬람 의학의 대가 이븐 시나와 함께 일했던 최고의 의학, 약학 실험가였다.

또한 최고의 무슬림 역사가이자 문화연구가였다. 힌두의 철학과 종교에도 심취했다. 입장을 바꾸어 힌두 학자들에게 무슬림과 그리스 사상가들의 지혜를 가르쳐주기도 했다. 그리고 거대한 갈망과 열정을 가진 선구자적 지리학자이자 지질학자였다. 오, 그러나 그를 먹여 살린 건 점성술이었다. 부유하고 막강한 고객들은 점성술을 사랑하고 믿었으며, 대가로 돈을 지불했다. 그는 그들이 원하는 것을 제공해주었다.

그의 지금 처지는 위대하고 강력한 가즈니 제국의 마흐무드의 신하이자 죄수인 셈이다. 마흐무드의 수도인 가즈니는 훗날 아프가니스탄에 속하게 된다. 천 년이 지나면 가즈니는 전쟁으로 시달린 나라에서 먼지만 자욱한 황량한 폐허로 변할 것이다. 그러나 알 비루니와 마흐무드의 가즈니조(朝) 시대에는 상당한 영향력을 행사하는 도시였다. 크고 부유하며 힘의 중심부에 있었다. 현재 파키스탄과 인도에 해당하는 지역까지 마음껏 진격했다.

그러나 알 비루니는 모든 것은 흥망성쇠의 과정을 겪는다고 보았다. 자신의 인생도 그렇고, 왕조의 흥함과 쇠퇴, 지구의 형성도 마찬가지이다. 여행을 하면서 신성한 강인 갠지스 강의 빙하 근처 상류에서부터 벵갈 만으로 흘러들어가는 하류까지 따라간다. 그 과정에서 중요한 걸 발견한다. 강의 침전물 입자의 크기가 강 유속과 직접적 관계가 있음을 알아차렸다. 상류나 강의 출발 지점에 가까울수록 강물은 빠르게 급속히 떨어지며, 침전물은 바위, 자갈돌, 큰 모래알 등 큰 입자이다. 때문에 상류 퇴적물은 덜 비옥한 편이다. 그러나 하류 쪽으로 내려가며 대양에 가까울수록 강물 흐름은 느려지고 작은 입자들이 가라앉는다. 짙고 풍부한 진흙들이 평지를 이루거나 쌀을 비롯한 곡물들이 잘 자라는 삼각주를 이룬다.

그는 지구의 넓은 평지부터 산에서 바다로 흐르는 물에 의해 둥글게 변한 돌들에 이르기까지 침식이 어떻게 땅의 모습을 바꾸는지도 알려줄 것이다.

여정을 통해 그는 바다의 조수는 달의 변화 단계와 관련되어 있다는 인도 이론을 접한다. 왜 그런지는 설명할 수 없었지만 그 이론에 매료되었다. 그는 산 정상에서 조개껍질을 발견했을 때부터 갠지스 계곡이 한때 바다 속이었을지도 모른다는 얘기를 하곤 했다.

이후론 땅속에서 발견되는 무한한 물질들로 관심을 돌린다. 노년 시절 가즈니조의 또 다른 술탄 밑에서 일하면서 보석에 대한 책을 썼다. 귀한 원석들이나 금속에 중점을 두었다. 그는 백여 개의 보석들과 금속들의 목록을 작성하고 분석했다. 보석의 가치, 만들어지거나 정제되는 방식, 단단함, 겉보기 색깔을 조사했다. 그의 광물 밀도 측정은 이후 700년 동안 가장 정확한 것으로 평가받는다. 이후 유럽인들의 기술이 발전하면서 따라잡게 된다.

그리고 자분정(自噴井)나 자연적 샘이 어떻게 물을 뿜어내는지를 설명했다. 또한 지구가 축을 중심으로 자전한다고 가정한 뒤 수백 개의 도시들의 위도와 경도를 계산해낸다.

그는 알 하이삼을 실제로 만난 적은 없지만, 빛과 시각의 특성에 매료된 알 하이삼과 비슷한 지적 성향을 보인다. 알 비루니는 빛의 부재로 생긴 어두운 공간을 조사할 것이다. 그 결과 백 권이 넘는 책들 가운데

『그림자』가 나오게 된다. 알 하이삼이 빛에 마음을 빼앗겼다면, 알 비루니는 어둠의 수학적, 시간적 흐름에 관심을 가졌다. 심지어 그림자의 각도를 이용해 무슬림의 기도 시간을 계산하기도 했다. 『그림자』에는 3차원 상에서 위치를 찾는 새로운 방법도 소개되어 있다.

다행히 건강과 시력이 떨어지는 말년에는 관대한 통치자 아래에서 일하게 된다. 그 통치자는 안락하고 안정된 거처를 제공했으며, 늙어가는 위대한 사상가를 곁에 둔 것에 만족해했다.

그는 많은 중세 무슬림 학자들과 달리 저서가 라틴어로 번역된 적도 없고, 라틴식 이름도 받지 못했다. 20세기에 역사가 조지 사턴이 그를 '지식인의 대가'라고 칭하고 나서야 유럽인들에게 이름이 알려졌다.

아나톨리아의 남쪽은 낮은 산들로 둘러싸여 있고, 동쪽에는 아라라트라는 단층지괴가 있다. 이곳은 정치적 경계선이 계속 바뀌는 장소다. 누구에게도 오랫동안 점유된 적은 없지만 여러 제국들, 에미르들, 칼리프들이 서로 자기 영역이라고 주장한다.

비잔틴, 투르크, 페르시아, 아랍들이 이곳에 왔다가 다시 사라졌다. 비잔틴, 아바스조, 시리아인들, 페르시아인들이 각자 자기 영토라고 주장하기도 했다. 시간이 지나면서 쿠르디스탄의 왕국이 세워질 뻔도 했지만 결국에는 탄생하지 못했다.

이 땅의 비공식적인 수도는 디야르바키르이다. 두꺼운 돌들과 벽돌 담이 건조하고 거친 아나톨리아 초원에 펼쳐져 있는 인상적인 장소다. 계곡물이 공급되는 조용한 내부 정원들과 셀주크 첨탑이 솟은 경건한 분위기의 모스크, 동서로 뻗은 실크로드로 이동하는 대상들의 쉼터인 도시다. 둥근 돔은 여기서 찾아볼 수 없다. 이곳은 약간 다른 미적 감각을 갖고 있다. 아름다운 사원보다는 요새의 필요성이 더 큰 곳이다. 과

연 이런 디야르바키르가 천재들의 중심부가 될까?

세계는 언젠가 대답을 알게 될 것이다. 오마르 하이얌 시대의 셀주크는 더 이상 절대 권력자가 아니라 여러 경쟁자들에 대항해 필사적 투쟁을 벌이는 처지로 전락했다. 디야르바키르는 한동안 누구의 수중에도 속하지 않는다. 그러다 1098년 십자군에 의해 예루살렘에서 축출된 말리크 샤의 해산된 군대에 있던 한 셀주크 장군이 정착할 곳을 찾게 된다. 그는 이곳을 근거지로 정한다.

이 직업도 없는 장군은 아르툭이다. 짧은 시간 지속되었던 그의 왕조는 아르툭조(朝)로 불린다. 이 왕조는 재능 있는 장인들과 설계사들을 많이 배출한 한 가문을 고용한다. 그들은 씻는 데 사용되고 삶의 편의를 도모해주는 소중한 물을 보호하고 통제하고 이동시키는 일과 시간을 측정하는 일을 맡는다. 수학자나 학자 집안은 아니지만 이 가문 사람들은 물건을 만들고 고치는 걸 좋아했다.

12세기에 이 가문에서 가문 사람들 가운데 최고의 인재가 될 한 남자아이가 태어난다. 그는 어린 시절 아르툭조의 작업장에서 아버지와 삼촌들의 견습공 노릇을 했다. 도구를 손에 익히고, 눈대중을 잡고, 측정하는 법을 알게 된다. 각종 작고 멋진 장치들과 부품들에 익숙해진다. 그것들은 서로 결합되면 멋진 것들이 만들어져 나온다.

그의 이름은 알 자자리이다. 잃어버린 역사 속에서는 레오나르도 다빈치만큼이나 유명한 이름이다.

작은 부품들과 부속물들이 궁정 작업장에서 합쳐져 새로운 기계로 만들어지는 걸 쳐다본다. 그러다 사람과는 전혀 다른 지적 기계장치들을 보게 된다. 활동범위와 유연성 면에서는 사람보다는 확실히 열등한 존재다. 창조성도 없고 자기 인식도 못한다. 그러나 이런 지적 장치들은 근력 면에서는 인간보다 더 오래 견딘다. 또한 오랜 시간 계속해서 공식을 적용하고 따를 수 있다. 이렇게 하려면 아마 인간의 정신은 마비되어 위축될 것이다. 금속관, 그릇, 파이프, 나무통, 버팀목, 틀, 가죽 끈, 벨트가 특정 방식으로 결합되면 지적인 기계장치로 변한다.

청소년기에 알 자자리의 머릿속에서는 재치가 번뜩이곤 했다. 그는 각종 멋진 장치들을 만들기 위한 기계적 지적 장치의 요소들을 인식하고 있었다. 그리고 재능을 마음껏 발휘했다. 이론과 공식들이 아닌 설계도와 원형과 실제로 업무를 수행하는 장치가 나왔다. 때로는 인간이 감독할 필요 없이 그저 수리하거나 작동만 시키면 되는 기계들도 만들었다.

모순되게도 많은 무슬림 발명가들과 장인들은 자신들의 기계장치나 발명품에 관한 중요한 특징이나 수치를 기록으로 남기지 않았다. 그들에겐 발명 그 자체가 존재를 알리는 기록이었기 때문이다. 그래서 후세 사람들을 위한 도표나 설계도를 남기는 경우는 거의 없었다. 하지만 알 자자리는 그들과 달랐다. 정확한 눈과 직관력에다 시행착오의 경험까지 더해 발명품을 만들어낸 뒤에는 기록으로 남겼다.

알 자자리는 최소한 한 권의 책을 후세에 남긴다. 바로 『독창적인 기계 장치에 관한 지식서』이다. 1206년에 나온 것으로 도표와 설계도가 완벽하게 들어 있다. 20세기에 가서야 이 책이 영어로 번역된다. 하지만 그 전에 일부 내용들이 디야르바키르에서 조금씩 새어나왔으며, 레반트에서 십자군을 통해 유럽에 전해졌을 것이다. 시칠리아나 스페인의 무슬림들에 의해 전해졌을 수도 있다.

이 책은 철학자들, 수학자들, 천문학자들의 저서 같은 문학적인 작품이 아니다. 먼 훗날에는 당연시 여겨지는 기계장치에 관한 삽화와 도면들로 가득하다. 이런 도면들은 문명화된 삶을 사는 데 너무 중요해서 처음 나왔을 때는 신성하기까지 한 경이로움의 대상이었을 것이다. 반대로 그것을 사탄 같은 존재로 본 사람도 있었을 것이다.

알 자자리는 오늘날 사람들은 거의 생각하기 힘든 초기 상태의 크랭크 축을 만들어냈다. 하지만 그것은 근대적 삶을 가능케 해줄 많은 기계들에 꼭 필요한 것이다. 그는 양수차나 물소의 도움 없이 물을 이동시키는 가장 독창적인 펌프를 고안해냈다. 구리 파이프, 세밀하게 만든 톱니바퀴 기어, 크랭크 축, 흡기 밸브, 아웃포트 등의 부품들이 각자의 역할을 다했다. 이 펌프는 수세기 동안 기술자들과 사상가들을 매료시킨다.

이 거대한 펌프엔 피스톤, 패들, 크랭크 축이 달려 있는데, 강의 흐름을 이용해 작동된다. 그리고 파이프를 통해 물을 올려 도시의 거리나 농부의 들판으로 내보낸다.

펌프의 삼분의 일은 독창적인 디자인을 사용했다. 매우 훌륭해서 아스트롤라베, 망원경과 더불어 멋진 기계 작품으로 간주될 정도다. 그는 또한 놀라울 정도로 정교한 '코끼리 시계'를 만들었다. 대략 가로 1.2m에 세로 1.8m의 규모이며, 중력으로 움직이는 정교한 제동기와 기어를 사용했다. 시간을 알려주는 코끼리 위의 지저귀는 새는 물의 흐름을 이용해 만들었다. 휴대용 물시계도 만들었는데, 테이블에 앉아 글을 쓰는 사람 모습이다. 글 쓰는 이의 펜이 시계 바늘처럼 시간을 알려준다.

이런 기술은 빠른 시간 내에 유럽에도 곧 등장한다. 역사가들은 우연히 비슷하게 발생한 건지, 아니면 알 자자리에게서 기원한 것인지 논쟁을 벌인다. 분명한 대답은 내리기 어렵다. 그러한 기계들은 유럽인들의 생활의 일부가 되고, 전 세계에게 널리 퍼진다. 사람들은 더 이상 논쟁에 대한 대답에 별로 관심을 가지지 않는다. 한때는 놀라운 기술이자 공예였던 것이 이제는 일상에서 흔히 보는 물건들이 되었다. 그러나 알 자자리의 정신만은 모든 기어와 크랭크 축에 여전히 살아 있을 것이다.

◎ **몽골인들이 무슬림 땅을 향해** 서쪽에서 밀려들었다. 엄청난 공포를 불러일으킨 그들의 무기 중에는 이슬람권에서 전혀 보지 못했던 것도 있었다. 괴성을 내며 불을 뿜는 긴 튜브처럼 생긴 것이 불타는 화살에 맞서 싸우고 있었다. 이 새로운 장치들은 엄청난 소리를 내며 연기와 불꽃 속에서 땅에서 발사된다. 그러고는 하늘 위로 솟구쳐 올라 공격하며 적들을 파괴했다.

이것들은 초기 로켓이었다. 고대 중국 사람이 축제 때 중국 신을 기리기 위해 만든 것으로 추정되지만, 누구도 발명한 사람의 이름은 알지 못한다. 중국 로켓들은 종교적 장식거리나 오락거리로 만들어졌다. 그러다 누군가가 전쟁에도 사용할 수 있음을 알게 된다. 몽골 시대가 오기 전에 중국인들은 몽골인들을 물리치기 위해 점점 로켓에 의존하게 되었다. 결국 중국은 패했고, 몽골인들은 새로운 무기를 전투용으로 받아들였다.

몽골 로켓은 화약 연료로 움직였다. 로켓의 크기에 따라 폭발에 대한 충격은 19km 밖에도 들릴 정도다. 근처 수미터의 땅을 불태우고 파괴한다.

1241년에 부다페스트 외곽에서 몽골 로켓이 두려움에 떨고 있는 헝가리 방어 부대를 향해 발사되었다. 저 멀리 남쪽의 바그다드의 불운한 거주자들도 몽골의 대포가 1258년에 비처럼 쏟아지는 걸 보게 된다. 살육하고 전멸시키러 그들이 온다는 예고인 셈이다.

732년 투르에서 압드 알 라흐만 알 가피키가 패배한 이후, 찰스 마텔은 쓰러진 무슬림 병사들에게서 벗겨낸 등자를 얻었다. 마찬가지로 일부 몽골 침입자들이 장비들을 남기고 가는 바람에 똑똑한 사람들이 그것을 발견해 연구를 통해 수용했다.

엔진 속의 화약은 무슬림 화학자들에게도 낯선 것은 아니었다. 수세기 동안 화약의 변형을 공식화했으며, 화약이 발화되는 것도 지켜보았다. 이제 눈썹을 태우거나 폐에 악영향을 주는 것 이외에 새로운 이용방법을 알아냈다.

13세기 시리아인 알 람마흐는 초석, 숯, 유황을 로켓에서 혼합하는 몽골 방법을 재빨리 받아들였다. 그러곤 그에 대한 글을 남겼는데 모두 경이로워했다. 순수한 과학적 이유만은 아니었다. 침입군이 몰려들고 하룻밤 사이에 국경이 무너지곤 하는 시대였기 때문에 많은 지배자들과 지휘관들이 이 새로운 방어 무기에 관심을 보였다.

알 람마흐는 촘촘히 채워진 화약에 대한 과학적 고찰뿐만 아니라 그림도 그려넣었다. 외국 함선에 대항해 바다 위에서 발사되는 일종의 탄두가 장착된 제트 엔진의 '투하 폭탄'도 기술했다. 훗날 분석가들은 이것을 최초의 어뢰로 결론 내린다. 이 문서는 재빨리 유럽에 전해졌다.

화약은 총알과 대포알의 발사에도 사용된다. 중국에 대포 같은 무기들이 있었다는 증거가 있기는 하다. 하지만 이슬람권에서 보다 뚜렷한 모습을 갖추었으며, 유럽 기독교인들과의 전쟁에서 종종 사용되었다. 십자군 전쟁에서 무슬림들이 대포를 사용했다는 자료도 있다.

7차 십자군 전쟁 자료에 따르면, 알 만수라 전투에서 무슬림들이 프랑스 군주 루이 9세의 유럽 군대에 대항해 대포를 사용했다고 한다. 바그다드가 몰락하기 8년 전의 일이다.

11세기부터 13세기 말에 이르는 오랜 십자군 전쟁은 무슬림의 최종 승리로 끝났다.

또한 13세기 스페인을 재정복하려는 기독교 군대와의 전투에서도 스페인 무슬림들은 기독교인들에 대항해서 대포를 사용했다. 승리를 거둔 기독교인들은 무슬림 무기들을 가져가 자신의 것으로 만들었다.

오토만 투르크는 대포와 로켓을 몽골과 아랍으로부터 받아들여,

1453년에 콘스탄티노플의 점령에 사용해 승리를 거두었다. 16세기와 17세기에 오스트리아와 헝가리를 공격할 때도 사용했다.

콘스탄티노플이 몰락하고 이스탄불이 새로 탄생하였다. 투르크는 아바스조의 오래전에 사라진 꿈을 실현하고, 지도상에서 비잔틴 왕국을 없애버렸다. 1453년에 콘스탄티노플 전투 전날의 비잔틴 제국을 살펴보자. 비잔틴 제국은 한때 아나톨리아와 레반트와 중동을 지배했었다. 하지만 이젠 오래된 수도와 서쪽의 작은 영지, 그리고 그리스, 아나톨리아 해변의 작은 영지들이 전부인 신세다. 비잔틴 제국은 격렬하게 저항했지만 적에 비해 상당히 열세였다. 약 만 명의 병사들로 십만 이상의 투르크 병사들을 상대해야 했다. 교황 니콜라스 5세에게 도움을 요청했지만 성과가 없었다. 유럽의 군주들은 투르크와 감히 맞서려고 하지 않았다. 스페인은 자국 내의 마지막 정복에 바빴고, 프랑스와 영국은 백년전쟁으로 기운이 다 소진된 상태였다.

비잔틴 제국의 종말을 알리는 각종 징조들이 나타나기 시작했다. 월식과 이상한 붉은 빛이 하기아 소피아 돔 위에 비치기 시작해 투르크 침입자들 머리 위로 쭉 뻗어 있다. 그것은 일부 기독교인들에겐 고대 교회로부터 성스러운 영혼이 왔다는 걸 상징한다. 알 마문을 비롯한 칼리프들과 술탄들이 그렇게 바랐던 비잔틴 제국의 심장부를 접수하려는 꿈이 실현되는 순간이다. 대포 공격과 로켓 섬광 속에서 말이다. 투르크 군대가 느꼈을 흥분과 유럽인들이 느꼈을 우울함을 상상해보라. 육백년 동안 점령하려고 시도했지만, 아랍이나 셀주크는 해내지 못했다. 비잔틴을 정복한 최후의 승리자는 오토만 투르크의 수장인 오스만의 후예들이었다.

콘스탄티노플을 둘러싼 이러한 천 년 동안의 투쟁의 원래 의미와 중요성은 오래전에 상실되었지만 누구도 개의치 않는다. 콘스탄티노플이 수세기 동안 죽어가고 있었으며, 위대하고 영광스런 시절이 그리스 신화 같은 오래전 얘기가 된 것도 마찬가지이다. 침입자 무슬림들이 오랫동안 공격해오는 바람에 사막에서 갑자기 나타난 이방인들이 아닌 껄끄러운 오랜 이웃 같았다는 점도 말이다.

이제 무슬림 황금기의 끝이 가까워져오고 있다. 하지만 오스만의 후손들은 그런 건 생각하지도 않는다. 종말을 향해 역사적 몰락의 그림자가 깊어지는 걸 보지 못하고 있다. 꿈이 사라지고 생명이 다하는 걸 말이다. 비잔틴 탑에 쏘아올린 로켓 섬광으로 어두운 그림자를 밝히며, 대포의 폭발음으로 의심의 속삭임들을 덮어버린다.

다시 돌아온 십자군들, 진격하는 투르크들, 스페인에서 후퇴하는 무슬림들을 통해, 이러한 가공할 만한 새로운 무기들은 프랑스, 이탈리아, 영국, 독일로 들어간다. 화력을 제공해주며 1860년에 시작되는 제국주의 시대를 맞게 해준다. 이후 수세기가 지나 유럽인 정복자들은 세계의 상당 지역을 점령하게 된다. 하지만 그 순간에도 이런 무기들은 잃어버린 역사의 기억들을 상기시키며 괴롭힐 것이다.

마지막으로 끔찍한 기억은 1799년 남인도 마이소어의 스리랑가파트남 요새에서 벌어진 영국과 인도 간의 전쟁이 될 것이다. 당시 인도인들은 침략군 영국인들에게 항복했지만, 무슬림 지도자 티푸 술탄의 지도하에 있던 인도인들만은 여전히 저항하고 있었다. 술탄의 아버지인 하이더 알리가 세운 전략은 가공할 만한 로켓의 위력이었다. 인도 부대마다 이백 개의 로켓포를 가지고 있었다. 914미터의 이동거리, 치명적인 탄두, 포격능력, 끝이 뾰족한 로켓들이 충분히 있었다. 일종의 회전하는 칼날도 있어 마치 고기 분쇄기처럼 모든 걸 베어버렸다. 유럽도 로켓을 가지고 있기는 했지만 이러한 로켓들만큼의 이동 범위와 위력을 갖추지는 못했다.

전투를 치르면서 인도의 로켓 수천 개가 영국군에게 쏟아져 진격을 늦추었다. 마침내 요새를 함락한 뒤 영국인들은 장착된 로켓 수백 개와 로켓포를 비롯해 불발 상태인 로켓 수천 개를 획득했다. 일부를 상자에 포장해 연구용으로 영국에 배편으로 보냈다. 왕실 소속 군사 전문가인 윌리엄 콩그리브가 관심을 가졌다. 그는 재빨리 인도 로켓 모형을 영국 군비에 통합시키는 작업을 시작했다.

그 뒤 14년 후 초창기 미국이 영국 제국의 공격을 받을 때, 인도 로켓에서 유래된 소위 콩그리브 로켓이 반란군 미국인들을 향해 발사되었다. 특히 미국 도시 볼티모어를 방어하는 맥헨리 요새를 공격하던 체서피크만(灣)의 군함들에서 발사되었다.

영국군에 포로로 잡힌 한 미국인 죄수는 영국군이 미국인들의 요새에 콩그리브 로켓을 계속해서 발사하는 걸 지켜보게 된다. 다음 날 아침 다 찢어진 미국 국기가 요새 위에 여전히 휘날리고 있는 모습에서 그는 영감을 얻어 '성조기'라 불리는 미국 국가를 쓴다.

대부분 미국인들은 프랜시스 스콧 키와 미국 국가에 대해 잘 알고 있다. 그러나 상실된 역사 때문에 노래에 영감을 준 로켓에 대해서는 모르고 있다. 멀리 중국에서 생겨나 바그다드 공격 시 몽골이 서쪽으로 가져오고, 이후 무슬림들이 다양한 전쟁 무기로 변모시켰다는 걸 말이다. 십자군 원정을 통해, 스페인의 재정복을 통해, 비엔나의 관문을 공격한 무슬림 침공에 의해 영국군에 대항한 최후의 무슬림 인도 저항군에 의해, 유럽인들에게 알려졌다는 사실도 모를 것이다.

이러한 로켓과 로켓포의 후속 무기들은 21세기에 이르러 소위 문명의 충돌이라는 새로운 유혈을 더 격렬하게 만든다. 잃어버린 역사 속의 전투처럼 지긋지긋한 분쟁이 바그다드, 이스라엘, 아프가니스탄처럼 예전과 같은 장소에서 일어난다.

◉ **1630년 한 터키 과학자가** 갈라타 탑 위에 높이 서서 보스포루스를 내려다보고 있다. 282년 된 이 탑은 콘스탄티노플을 보다 확고히 지배하기 위해 제노바인들이 지은 것이다. 한 무리의 구경꾼들이 아래에 몰려 있다. 보스포루스 강의 보트 위에도 사람들이 있다. 더 낙관적인 사람들은 위스키다르의 아시아 쪽에 가 있다.

이븐 피르나스가 코르도바 절벽 위에서 인생을 바꿀 비행을 시도한 지 755년이 지났다. 지금 이 터키인의 이름은 아메트 셀레비이다. 과학, 언어, 사상, 기계에 조예가 깊은 가문의 출신이다. 이븐 피르나스와 마찬가지로 항상 비행에 매력을 느꼈다. 많은 안달루시아의 자료들을 읽고 레오나르도 다빈치가 설계한 비행기구도 보았다. 그리고 하늘 높이 나는 독수리들도 지켜보았다. 그는 한 쌍의 인공 날개와 꼬리를 만들었다.

그는 이븐 피르나스가 느낀 두려움을 알고 있다. 하지만 자신은 떨어져도 최소한 물 위에 추락할 것이다. 물론 아주 높은 곳에서 빨리 추락하면 물도 화강암처럼 느껴지기는 하지만 말이다. 그리고 아메트 셀레비는 나이 든 사람이 아니다. 이제 이십대 후반으로 강하고 건강 상태도 좋다. 과학의 진보는 제쳐놓더라도 예전의 스페인 비행사에 비해 훨씬 유리한 입장이다.

지금 하지 않으면 결코 못 해볼 것이다. 그는 탑에서 뛰어내렸다. 바람이 그를 낚아채 확 솟구치게 만들었다. 그는 유럽에서 아시아 쪽으로 이동해 갔다. 보트 위의 친구들, 흑해와 지중해로 향하는 배들, 군함들, 무역선, 톱카프 궁의 탑들, 슐레마니에 사원, 오토만 제국의 수도인 이 도시의 다른 수십 개 사원들도 보인다. 이곳은 예전 아바스 칼리프 제국의 영토를 다시 수복해 세운 제국이다.

유럽에서 아시아 쪽으로 3km 정도 날아갔다. 그리고 하강하며 이븐 피르나스가 실패했던 착지를 준비했다. 천천히 내려오며 아시아 쪽 터키 땅에 무사히 착륙했다. 관중들은 환호를 보냈고 술탄 무라트 4세에게도 이 소식이 전해졌다. 셀레비는 '다방면의 대가'라는 뜻의 헤자르펜 칭호를 받는다.

술탄은 너무 감명을 받아 금 제품을 천 개나 하사했다. 젊고 용감한 비행사는 멋진 운명을 맞을 것처럼 보였다. 그러나 얼마 후 종교 지도자들이 불경스럽다고 비난하는 바람에 튀니지로 귀양을 가면서 인생 역전을 겪는다. 그는 그곳에서 31세의 나이로 사망한다.

하지만 이 사건이 투르크인의 마지막 비행은 아니다. 셀레비의 묘기 이후 2년이 지나서 같은 가문의 라가리 하산 셀레비가 제트 동력 장치가 달린 나는 기계를 만들어냈다. 로켓을 단 철로 된 기계였다. 왕실의 생일을 축하하기 위해 그는 스스로 어두운 밤에 마르마라 해 위로 발사되어 두 대륙을 분리하는 강 위로 솟구친다. 일부 자료에 따르면, 그는 보스포루스 강 위에 부드럽게 착륙했다고 한다. 술탄은 오토만 부대의 군인의 직급을 보상으로 내렸다고 전한다.

치료자들과 병원들

제가 아플 때 그가 저의 건강을 되찾아주었습니다.
- 코란(26장 80절)

2007년 코르도바 —안달루시아의 스페인 지역에 있는 코르도바는 '위대한 강' 이라는 뜻의 아랍어인 알 와디 알 키비르에서 유래한 과달키비르 강 옆에 위치해 있다. 한때는 세계에서 가장 큰 도시들 중 하나로 명성을 떨치기도 했다. 그러나 이제는 35만 정도의 인구가 사는 적당한 도시가 되었다. 조용하면서도 번영을 누리고 있다. 세계 상당수 지역에서 일어나고 있는 전쟁이나 분쟁도 다행히 이곳에는 없다. 현재 모습으로 판단하면 수도나 중심지가 아닌 단순한 지방 도시의 느낌이다. 유럽 대부분과 마찬가지로 항상 멋지고 평화로운 곳으로 보인다.

위에서 멀리 내려다봤을 때, 유럽의 지중해를 따라 배치되어 있는 아름답고도 풍요로운 수십 개의 도시들과 비교해서 더 중요하게 보일 건 없는 듯하다.

옛 로마 중심부, 아랍 중심지, 중세의 중심부였던 이곳에는 칼레 다마스코, 아베니다 알 나시르 같은 서로 조화되지 않는 명칭의 도로들이

얽혀 있다. 로마 시대의 다리도 있고, 알카자르로 불리는 무데하르 스타일의 왕궁도 있다. 오래전 사라진 종교의 신앙 공간에 지어진 장밋빛 토기 색깔의 가톨릭 성당도 보인다. 이 도시는 현대적인 스페인에 비하면 전통적인 곳이다. 대개 유럽 도시들처럼 실용적이며 특징 없는 교외의 모습도 인근에 보인다.

오래된 이 도시의 가장자리에 퀸 소피아 대학의 부속병원이 있다. 건축 스타일 면에서 별 특색은 없지만 규모가 크고 현대적인 건물이다. 병원은 번창하고 있으며, 21세기 대부분의 병원들처럼 주변이 교통 체증을 겪고 있다. 위에서 멀리 보면 코르도바가 아닌 캔자스시티, 싱가포르 등 어디에나 있는 병원들과 비슷하다. 이름 빼고는 이곳의 역사나 풍경과는 별 관련이 없어 보인다.

병원 이름은 스페인의 살아 있는 여왕 이름을 붙인 것이다. 그리스에서 태어난 왕족으로 영국의 작고한 빅토리아 여왕의 친척과 혈연관계이다. 그녀의 남편 후안 카를로스 왕은 군사 독재의 고통스런 시기로부터 스페인을 구해냈다. 왕족 부부는 누구에게나 사랑받고 존경을 받는다.

대학 병원의 의사 페트리시아 곤잘레스 드 메디나는 오늘 하루만해도 벌써 네 번째 아이를 받고 있다. 그녀는 상당히 지친 상태다. 멕시코 회의에 참석한 동료 몫까지 하면서 6일 연속으로 근무하고 있다. 휴가를 두 번이나 미루었다. 왜 자기 나이에 이렇게 일을 많이 해야 하는지 고민하고 있다.

스탠퍼드 대학에서 의학 공부를 하고 팔로 알토의 한 병원에서 인턴 생활을 하던 때가 떠오른다. 젊은 혈기가 넘치던 그때에는 연속으로 60시간을 일하기도 했다. 평상시에도 48시간씩 일하는 것이 보통이었다. 그리고 커피와 담배가 별 문제가 되지 않았을 때에는 늘 입에 달고 살았다. 그녀는 그런 끔찍한 일상생활의 속도를 사랑했다. 의학을 사랑한 데다 세계에서 가장 좋은 의과대학에 다닌다는 사실이 자랑스러웠기 때문이다. 대부분의 스페인 사람들처럼, 그녀도 유럽의 문화와는 다른 미국 문화에 냉담한 편이었다. 하지만 그녀는 의학연구 동향을 잘 알고 있었고, 좋든 싫든 간에 미국은 세계의 리더였다. 그녀는 거기에 동참하고 싶었다.

그러나 냉담함은 여전히 마음속에 남아 있었다. 그녀는 수련의 생활을 끝내면 미국에 머물지 않을 것을 알고 있었다. 모국인 스페인으로 돌아가거나 부에노스아이레스나 몬테비데오 같은 남미로 갈 생각이었다.

캘리포니아 생활은 그런대로 지낼 만했다. 시간이 지날수록 덜하기는 했지만 태양과 기후가 고향을 떠올리게 만들었다. 스탠퍼드 대학 교정의 스페인 건물 외관들과 아치들, 붉은 타일 지붕들은 다소나마 모국에 와 있는 느낌을 주었다. 장소 명칭이 모두 스페인 식이었다. 스페인어를 실제로 사용하는 사람은 없었지만 그런 명칭들이 그녀에게 편안함을 주었다.

오늘 같은 날은 정말 힘들다. 분만 시술은 계속해서 점점 힘들어지고 이전보다 할 것이 더 많아졌다. 마지막 분만은 태아가 거꾸로 자리 잡은 데다 산모가 갑자기 출혈을 하기 시작했다. 원래는 페트리시아의 환자가 아니지만 교대 시간 때문에 그녀에게 배정되었다. 모두를 겁나게 만드는 상황이다. 산모의 상태 때문에 페트리시아는 손쉬운 제왕절개술을 피할 수밖에 없었다. 그리고 분만용 도구인 겸자(鉗子)로 아이의 상태를 제대로 잡으려고 했다. 그녀는 겸자를 항상 마지막 수단으로 쓰곤 했다. 더 나은 방법이 있었으면 하고 바랐지만 다른 방도가 없었다.

페트리시아는 4층 라운지에서 커피를 마시며 저녁놀을 보면서 한숨 돌리고 있다. 앞으로 4시간이나 더 근무해야 한다. 집에 돌아가 와인 한 잔 할 시간이 한참 지났다. 비록 이혼 후의 아파트는 적막한 상태지만 말이다. 남편 로드리고는 세일즈 회사에서 만난 어떤 여자와 떠나버렸다. 그녀와 로드리고 사이에는 자녀가 없었다. 항상 뭔가 사정이 생겨 아이를 가지지 않았다.

그녀의 삶은 일과 몇 시간의 휴식, 그리고 휴가뿐이다. 마드리드 토박이인 그녀는 코르도바에 취직했다. 수도에서는 이미 오래 생활해봤기 때문이다. 여기가 훨씬 더 좋은 자리이며 책임감도 더 막중한 위치이다.

그러나 뭔가가 빠진 것 같다. 로드리고 때문은 아니다. 남편이 떠나버려서 차라리 기쁘다. 그녀가 한가로운 삶을 사는 것도 아니다. 그녀는 정말로 일을 즐긴다. 그리고 코르도바는 그녀에게 문제가 되지 않는다. 관광객이 몰려들고 박물관들과 좁은 거리들이 무데하르 건축물에 연결되어 있는 이 오래된 도시에 크게 신경 쓸 것도 없다.

바깥의 서쪽 지평선이 태양에 의해 어렴풋이 윤곽을 드러낸다. 그녀는 유적지를 볼 수 있겠다고 생각한다. 오래전 멸망한 왕실 도시인 메디나 아자하라는 천 년 전에 한 칼리프가 코르도바 서쪽에 지은 도시이다. 관광객들은 상당히 실망하곤 한다. 도시의 상당 부분이 파괴되어 있거나 사라져버렸기 때문이다. 도심의 오래된 사원들처럼 잘 보존된 곳이 아니다. 잔여물들은 시간이 지나면서 거의 파괴되고 붕괴되었다. 마치 예전에 본 폼페이처럼 말이다. 개발업자는 유적지 근처에 건물들을 짓고 있다. 요즘 젊은 연인들은 남아 있는 아치에서 결혼식 연회를 베푸는 걸 좋아한다.

사람들은 그녀와 유적지 사이에 뭔가 연관이 있을 거라 생각한다. 공통된 명칭이 들어 있기 때문이다. 그녀는 항상 우연의 일치일 뿐이라고 말한다. 메디나 가문 사람들은 가톨릭 신도들이며, 가르시아만큼이나 흔한 이름이다. 이름이 주는 함의는 그게 전부다. 그녀는 혈통 같은 건 따지지 않는다. 상당수 스페인 사람들과 달리 메디나 가문 사람들은 가문 혈통에 별 관심이 없다. 미국에 계속 남아 미국 남자랑 결혼해 거기서 아이를 낳고 살아야 했던 걸까? 남편이 떠난 이유가 그것 때문이었을까? 아이가 없어서?

바로 그 순간 간호사가 와서는 조금 전에 겸자 분만을 한 산모가 죽었다는 소식을 전해준다. 겸자 때문은 아니다. 산모는 중환자실로 이송되었을 때, 갑자기 쇼크를 일으켰으며 심박이 정지된 상태였다. 5분만에 그녀는 숨을 거두었다.

페트리시아는 이제껏 산모나 아이들이 죽는 경우를 여러 번 겪긴 했지만, 오늘은 받아들이기 힘들다. 냉정한 산부인과 전문의인 그녀는 마치 무너지는 느낌을 받았다. 유적지를 바라보며 그녀는 매우 좌절했다. 그녀가 잃은 건 무엇일까? 유년 시절? 꿈들? 그녀는 더 이상 창가에 서 있을 수가 없었다. 그녀는 계단을 쭉 내려가 응급실 출구로 나가버렸다. 밖에서 현재와 과거의 상실감에 울면서 어떻게 임무를 마치기 위해 안으로 다시 들어갈 수 있을까 고민하고 있다.

◉ **A.D. 865년, 바그다드** —많은 이슬람 학자들이 새벽부터 각지에서 모스크를 방문하고 있다. 칼리프 도시는 천천히 밝아오는 하늘 반대쪽으로 비추는 첨탑과 돔의 실루엣에서 깨어나고 있었다. 도시 성문으로 들어오는 먼지 낀 도로와 부교(浮橋) 위에서 말들과 낙타들의 점점 커지는 울음소리가 도시를 깨운다. 수천 명의 남녀들이 움직이고 있다. 보이지는 않지만 정원 쪽에서 웃음소리가 들린다. 비밀스런 속삭임 소리가 울창하면서도 웅장한 정원과 광장에서 들린다. 저택의 닫힌 창문에서는 논쟁하는 소리가 들린다. 부자들이나 현자들이 즐기고 토론하고 이야기를 하는 곳이다.

고함과 소음이 노동자들, 어부들, 부둣가 노동자들, 낙타 모는 사람들, 행상인들, 마술가들, 장사꾼들, 청소부들, 여자 세탁부들이 생활하며 잠을 자는 곳인 뒷골목에서 울려 퍼진다.

예언자가 죽은 지 230년이 지난 후, 위대한 무슬림 도시들로 사람들이 몰리는 현상이 빠르게 진행되고 있다. 수십만 명의 사람들이 사막이나 들판 또는 사라지기 시작하는 오래된 작은 마을에서의 예전 삶에서 탈피했다. 흥분감과 변화를 찾아 떠나고 있다.

도시가 출현한 데에는 공정하고 인간적인 사회를 요구한 예언자의 영향도 일부 있다. 그는 지식과 배움의 탐구를 고양시키라는 예언을 남겼다. 또한 예언자 자신이 상인이었으므로 상업을 중시하라고 했다. 그리고 깨끗하고 건강한 사회에 대한 미래상을 권고했다.

도시화라는 새로운 문화는 무슬림에게 어떤 의미를 가질까? 사상가들, 예술가들, 발명가들에게는 후원과 수입, 도서관, 학문과 토의의 중심지, 토론과 논쟁을 의미한다. 또한 보편타당한 답을 찾기 위해 수많은 지성인들이 찬성 또는 반박하면서 서로 교류하는 걸 의미한다. 그리고 멋진 취향, 세련됨, 많은 이들의 사상이 쌓여 결집되는 상상력 가득한 궁궐들을 의미한다. 생존을 위해 음식과 물과 살 곳을 찾아다니는 수준을 넘어서 위대한 질문들을 생각해볼 에너지와 시간을 갖는 걸 의미한다.

통치자들에겐 기념물, 기념비, 그리고 모스크와 궁궐들 같은 공공 건축을 의미한다. 이런 것들은 지배자들보다 더 오래 살아남아 이상향과 꿈을 자극하고 구체화시킬 것이다. 또한 최고 인재들이 항상 대기하며, 삶을 더욱 풍요롭고 흥미롭게 만들어주는 궁정 사회를 의미한다.

상업에 종사하는 가문들에겐 만남의 장소, 소비자와 생산자들이 연결되는 곳, 옷과 음식과 유흥거리를 원하는 많은 사람들을 의미한다.

여자들에겐 아이들의 생존에 더 나은 곳, 과거보다 더 밝은 미래의 가능성, 깨끗하고 풍부한 음식과 물을 의미한다. 아름다운 옷들, 보석

들, 입술과 눈과 머리카락에 사용할 다양한 색상의 용품들이 존재한다. 게다가 어느 정도의 자유와 익명성을 보장해준다.

도시를 관할하는 사람들에겐 세금을 거두어 용수공급, 시설과 도로 건설, 시장과 학교와 모스크에 쓰는 걸 의미한다. 그리고 공공 위생의 필요성을 제기한다. 만약 도시가 전염병, 감염, 더러움, 궁핍함으로 가득하다고 가정해보자. 수백만 명의 인구를 거느린 도시는 국가 중심부로서의 제 기능을 못할 것이다. 칼리프든 물 나르는 사람이든, 개인 구성원들이 건강해야 사회도 건강해질 수 있다.

865년, 이런 배경 속에서 희끗희끗한 수염을 가진 호리호리한 60대의 남자가 있다. 그는 아바스조에 고용되어 학생들을 가르치는 의사다. 바그다드의 지혜의 집 근처 자신의 정원에서 한낮의 휴식을 취한다. 아끼는 제자이자 비상한 두뇌를 가진 페르시아 소년과 조용히 점심을 먹고 있다. 소년은 많은 대가들로부터 최고의 교육을 받기 위해 레이에서 왔다. 둘은 해부용 시체에서 나온 노란 액체를 담은 병을 바라보고 있다.

"인간의 체액에 대한 갈레노스의 의견이 옳다고 생각하시나요?" 학생이 스승에게 묻는다. 스승은 아무 말이 없다. 우선 갈레노스의 의견에 대해 의문을 가진 사람은 거의 없었기 때문이다. 두 번째론 그가 스스로 생각하는 능력이 있음을 보여주었기 때문이다. "너와 나 둘이서 갈레노스에 관한 책에 대해 연구해봐야겠구나." 스승은 말한다. 그제야 학생의 굳어졌던 얼굴이 환해졌다. "그러나 미리 경고해둘 것이 있다. 그런 대가에게 의구심을 품은 것에 대해 많은 사람들이 화를 낼 거야."

스승은 이슬람으로 개종한 메브르의 오래된 유대인 가문인 샤 출신이다. 이름은 알리 이븐 샤 라반 알 타바리이다. 알 타바리는 페르시아와 그리스 방식으로 훈련받았다. 이는 그리스 사상가들과 600년 전 아나톨리아 페르가몬의 의사 갈레노스에 바탕을 둔 것이다.

페르시안 소년의 이름은 자카리아 알 라지이다. 그 역시 유대교에서 이슬람교로 개종한 가문일 것이다.

오래전에 죽은 갈레노스는 의학적 지혜에 도달하는 길을 보여주었다. 그가 죽은 지 1300년 이후의 비잔틴, 무슬림, 유럽인들에게 있어 갈레노스와 의학의 관계는 프톨레마이오스와 행성의 관계나 아리스토텔레스와 이성과의 관계나 마찬가지였다. 이용할 의학이 거의 없던 상황에서 갈레노스는 상당한 지식과 정보를 만들어냈다. 일부는 매우 통찰력 있는 의견이지만 상당수는 잘못된 것들이다. 그럼에도 불구하고 갈레노스는 신체 기관들의 관계, 영양상태, 환경, 질병, 부상, 약학, 수술을 이해하기 위해 처음으로 통합된 노력을 했다. 그는 이론적인 지식을 모았을 뿐만 아니라 자신의 생각을 직접 확인했다. 살아 있는 돼지를 해부해 내부 기관들이 멈추기 전까지 어떻게 작동하는지 알아보았다. 마비가 어떻게 시작되는지 보여주기 위해 돼지의 척추를 절단했다. 신장으로부터 오줌이 나온다는 걸 보여주기 위해 오줌관을 묶기도 했다. 살아 움직이는 심장, 피를 내뿜는 불룩거리는 폐, 신경 조직들을 보기도 했다.

갈레노스는 또한 살아 있는 사람을 수술하기도 했다. 백내장을 제거하기 위해 심장을 잠시 멈추는 기술을 사용하기도 했다. 그는 수정체 뒤의 안구에 바늘을 삽입해 백내장을 떼어내거나 추출해낸다. 손 끝 하나 잘못 놀리거나 재채기라도 했다간 환자가 장님이 되거나 더 끔찍한 일을 겪을 수 있는 수술이었다.

그는 A.D. 2세기 로마 제국의 전성기와 마르쿠스 아우렐리우스 황제 시대의 풍요로움을 누렸다. 나중에 나타날 기독교적 관념인 죄악과 불경이라는 제한을 받지 않았다. 마음껏 신체 기관의 작동원리를 알아내기 위해 노력했다. 그리고 B.C. 4세기의 의사 히포크라테스의 오래된 사상을 전해준 인물이었다.

알 타바리 같은 초기 무슬림은 갈레노스의 사상을 종교적으로 받아들인다. 왜냐하면 모든 신체 기관의 생명과 기능은 오직 자연에서 기원했다고 말했기 때문이다. 모든 생명이 신에게서 나왔다는 일신교 사상과 비슷하다.

그러나 현재 9세기에 들어서자 갈레노스의 진지한 경쟁자들이 나타나기 시작한다. 일부는 쇠퇴해가는 비잔틴 제국에서도 나타났다. 그러나 의학의 혁신자들은 알 타바리처럼 무슬림인 경우가 점차 많아졌다. 당시 유럽인들과는 달리 무슬림들은 미신이나 반이성주의에 별 제약을 받지 않았다. 신체적 고통을 참아내야 영혼이 정제되어 천국에 갈 수 있다고 믿는 스토아 철학파의 기독교인들도 없었다. 무슬림들은 신체가 부정과 죄의 온상이라는 생각을 별로 하지 않았다. 예언자는 의학적 문제에 대해 매우 실질적이고 현대적인 시각으로 신성한 지침을 내렸다. 그래서 무슬림들은 갈레노스가 멈추었던 지점에서 속력을 내기 시작한다.

"갈레노스가 말하는 체액은 사실은 히포크라테스가 주장한 체액이다." 알 타바리가 말한다. 어린 알 라지는 고개를 끄덕인다. "신체는 지구상에 존재하는 4가지 요소들인 불, 흙, 물, 공기 간의 균형으로 구성되어 있단다. 신체 속에선 노란색 담즙, 검은 담즙, 피, 점액으로 나타나지."

"체액 말고 신체에서 작용하는 다른 무언가가 더 있다면 어떨까?" 알 타바리는 어린 제자가 제시한 질문의 연장선을 따라가며 과감하게 묻는다. "이 병을 가져가렴. 우리가 분리시킬 수 없는 수많은 물질들이 있단다. 히포크라테스는 최선을 다했지만, 그건 천 년도 더 전의 지식들이지."

점심 후 그들은 신체 기관에 대한 연구로 다시 돌아갔다. 알 타바리는 이런 영리한 소년을 곁에 둔 것에 흡족해했다. 앞으로 몇 십 년 동안 둘이 협력해서 연구할 운명이라고 생각하며 기뻐했다. 그러나 현실은 그렇게 되지 않는다. 몇 년 안 되어 스승은 세상을 떠난다. 반면 제자는 고향인 레이로 여행을 갔다 온 뒤, 학생들을 가르치는 두 위대한 병원의 책임자로서 바그다드로 간다. 알 타바리가 거의 잊히는 반면, 알 라지는 라틴식 이름인 라제스로 기억된다. 백 년 후 유럽인들은 또 다른 페르시안 이븐 시나와 더불어 라제스를 가장 위대한 무슬림 내과의사로 인식한다.

알 라지는 철학, 연금술, 형이상학뿐만 아니라 의학이라고 알려진 거의 모든 분야에 관해 200권에 달하는 저서들을 남긴다. 천연두와 그보다는 덜 끔찍한 질병인 홍역의 고통을 임상학적, 과학적으로 묘사한 첫 내과의사이다. 그리고 두 질병이 별개의 것임을 처음으로 밝힌다. 그가 쓴 『천연두와 홍역에 관한 책』을 살펴보자.

천연두의 분출에 앞서 열이 계속 나고, 등 부위가 아프고, 콧속이 가렵고, 자는 동안 악몽을 꾸는 일이 일어난다. 천연두가 진행되면 더 극심한 증상들이 나타난다. 열이 나면서 등에 상당한 고통이 오고 몸 전체가 가렵기 시작한다. 얼굴에 물집이 사라졌다 다시 발생했다 한다. 양 볼과 두 눈 주위가 심하게 붉어진다. 몸이 무겁고 불안감이 몰려오며 계속 몸을 쭉 뻗거나 하품을 한다. 목구멍과 가슴에 통증이 생겨 숨을 쉬거나 기침하는 것이 힘들어진다. 추가적인 증상들은 다음과 같다. 호흡이 건조하고 침이 끈끈해진다. 쉰 목소리를 내며 머리가 아프거나 무겁게 느껴진다. 불안감과 메스꺼움과 초조함이 생긴다. (천연두와 홍역의 차이점이 있다. 불안함과 메스꺼움과 초조함은 홍역에서 더 자주 나타난다. 반면 등의 고통은 천연두에서 더 자주 나타나는 증상이다.) 몸 전체에 열이 나며

11세기 페르시아 의사인 이븐 시나는 당시 가장 영향력 있는 철학자이자 과학자로 간주된다. 그의 책들은 동서양에 널리 번역되었다.

붉어진다. 잇몸 역시 심하게 붉어진다.

알 라지의 관점에서 보면, 질병은 과학에 토대를 둔 실질적 원인이 있다. 단순히 신이 인간에게 내린 벌이 아니란 말이다.

그는 미신이나 원시적 믿음은 배척했다. 관찰 가능한 실질 세계에 기초한 것이 아니기 때문이다. 이런 철저한 이성주의는 오랜 스승이었던 알 타바리가 언급했던 프로젝트를 실행하게 만든다. 『갈레노스에 관한 의구심들』을 통해 갈레노스의 주장들 중 일부를 비판적으로 분석한다.

이 책을 쓰면서 진실에 접근하게끔 이끌어달라고 신에게 기도했다. 내가 공부했던 지식의 바다인 갈레노스에 대해 비판하고 반대 의견을 내는 건 마음 아픈 일이다. 실로 그는 대가이며 나는 문하생이다. 하지만 존경심과 감사를 느낀다고 해서 그의 이론적 오류에 대해 그냥 넘어가지는 않을 것이다. 그래서도 안 될 것이다. 때문에 이렇게 오류를 지적한다.

갈레노스가 그런 임무를 내게 맡겼다고 상상한다. 마음속 깊이 그렇게 느끼기도 한다. 그가 살아 있다면 내 행동을 축하해주었을 것이다. 갈레노스의 목표는 진실을 찾고 추구하며 어둠에서 벗어나 빛을 가져오려는 것이기 때문이다. 정말로 그가 살아서 내가 쓴 이 글들을 읽어봤으면 한다.

1200년쯤 지나서 알 라지가 갈레노스의 가정과 체액에 대한 이론에 깊이 의구심을 가지고 있었는지에 대해 논쟁이 일어난다. 회의적인 학자들은 알 라지가 갈레노스의 생각의 일부를 반박하기는 해도 체액 이론을 포함한 전반적인 틀은 받아들였다고 말한다. 그리고 갈레노스의 이론은 유럽 르네상스 때까지 확고했다고 한다. 반면에 알 라지의 저술에는 갈레노스의 기본 전제에 대한 심오하고도 통찰력 깊은 반박이 보인다고 말하는 이들도 있다. 『갈레노스에 관한 의구심들』에 따르면, 환자에게 뜨거운 음료를 주면 왜 액체 자체보다 더 높게 환자의 체온이 높아지는지를 체액이론으로 설명할 수 있을지 노골적으로 의심했다. 그러면서 체액으로는 설명할 수 없는 신체 안에 작동하는 다른 조절 과정이 있다고 주장했다.

알 라지는 또한 갈레노스의 불, 물, 흙, 공기 외에 다른 실질적 물질의 특성들이 있음을 보여주는 화학적 실험도 한다. 물질의 다른 특성으로 인화성, 소금, 기름기, 황을 구체화했다.

그의 풍성한 저작들을 통해 알레르기 천식과 일사병의 원인을 밝히고, 열이 몸의 자연적 방어기제라는 이론을 제시했다. 몸과 마음의 질병 연관성을 처음으로 언급하고, 개인들은 행동과 식이요법을 통해 자신의 건강에 책임져야 한다는 신념을 내보였다.

그는 생활 태도에 대해 스스로 책임을 지지 않는 환자를 치료해야 하는 의사를 동정했다. 약제용 절구와 주걱, 약제 유리병, 수은 연고를 발명해냈다. 변비, 두통, 감기, 기침, 우울증 같은 흔한 질병에 대한 치료법도 발명했다. 그의 우울증 치료법에는 자아도취적 마취 효과를 내기 위해 양귀비의 사용도 들어 있다.

그는 처방이나 치료에 대한 과학적 바탕 지식이 전혀 없는 돌팔이 의사를 냉혹하게 비난했다. 의사들에게 의학 발전에 뒤처지지 않기 위해 한평생 공부할 것을 촉구했다. 알 라지는 수은이 들어간 치료제를 사람에게 투여하기 전에 원숭이들에게 미리 테스트했다. 실험하는 동안 연금술에도 관심을 가지다가 눈에 화상을 입는다. 결국 시간이 지나면서 점차 시력을 잃게 된다. 말기 암이나 나병 같은 치명적인 질병을 치료할 가능성에 대해서는 운명론자처럼 포기했다. 의사들이 할 수 있는 것엔 한계가 있다며 말이다.

그는 일반 대중을 위한 첫 의학 안내서를 썼다. 또한 의학을 가르칠 때는 학생들에게 몇 명씩 원을 만들어 모이게 한다. 첫 번째 원의 학생들에게 질문을 던진 후 제대로 답하지 못하면 다음 원으로 이동하는 식이다.

그는 칼리프들과 그보다 세력이 좀 약한 통치자들의 총애와 후원을 받았다. 그러나 가난한 사람들을 무시하지 않았다. 무료로 가난한 이들을 치료해주었다. 이런 관대한 행동으로 인해 의심도 받곤 했다. 취미삼아 연금술을 하다가 금속을 금으로 바꾸는 방법을 알아내 부자가 된 거라고 말이다. 하지만 그는 그런 일은 해본 적도 없고, 그럴 수 있다고 믿지도 않는다고 대답했다.

훗날 그는 『철학적 접근법』이라는 책을 쓴다.

나는 지금껏 과학, 철학, 신학, 지혜에 관한 거의 200권의 책과 논문들을 써왔다. ……나는 군인이나 공무원으로 군주에게 봉사한 적은 한 번도 없다. 군주와 대화를 할 기회가 있으면 항상 의학적 책임과 조언 이상의 얘기는 하지 않는다. ……내가 과식하지 않고 음주나 안 좋은 행동을 하지 않는다는 걸 사람들은 알고 있다. 그리고 내가 어린 시절부터 한평생 얼마나 과학에 헌신해왔는지 사람들은 잘 알 것이며 눈으로 목격했을 것이다. 과학을 추구하는 데 있어서 나의 인내심과 근면함은 한 가지 주제에 대해 작은 활자체로 2만 페이지를 쓸 정도였다. 게다가 15년 동안 밤낮을 가리지 않고 노력해 『의학총서』라는 두꺼운 책을 썼다. 시력을 잃고 손에 마비가 온 것도 그때였다. 결국 이젠 읽지도 쓰지도 못하게 되었다. 그럼에도 불구하고 포기하고 않고 다른 사람의 도움을 받아 읽고 쓰는 활동을 계속하고 있다. 나를 반박하는 사람들의 의견을 받아들이고 일부 단점도 인정할 수 있다. 하지만 난 그들이 나의 과학적 업적에 대해 뭐라 말할지가 가장 궁금하다. 만약 내 접근방식이 옳지 않

다고 생각되면 자신들의 관점을 제시하고 명확하게 요점을 말하면 된
다. 그러면 난 다시 연구해보고 그들의 관점이 옳다는 판단이 들면 기꺼
이 인정하겠다. 반대로 그들의 의견에 동의할 수 없을 경우엔, 토론을
통해 내 관점이 옳음을 증명해 보일 것이다. 하지만 무작정 내 관점이나
생활방식에 반대하는 경우가 있는데, 그들은 그저 내가 쓴 지식을 이용
하는 데서 그치고 내 행동에 간섭하는 일은 관두면 고맙겠다.

르네상스 시대의 위대한 인물인 안드레아스 베살리우스는 의학의
새로운 길을 열어준 해부학 연구로 유명하다. 그는 알 라지의 의학사상
을 새로 공식화하고 주석을 단 박사논문을 쓴다. 말년의 베살리우스는
오래된 의학 체계를 뒤집으려 노력하는 과정에서 아랍 의학을 심하게
비판한다. 그러나 그가 의학을 배우며 아랍 의학에 몰두한 16세기 파리
에서 알 라지의 중요성을 언급한 건 흥미로운 일이다. 당시 유럽 의사들
이 아랍 의학 서적에서 주석을 다는 건 흔한 일이었다. 물론 완전히 동
의한 건 아니지만 말이다.

그리고 백 년 후 거의 수세기 동안 대적할 인물이 없었던 알 라지와
동급인 사람이 나타난다. 어쩌면 뛰어넘을지도 모른다. 그가 바로 이븐
시나이다. 그는 내과의사의 황태자로 알려져 있다. 그는 사백 년 동안
역사상 가장 위대한 의학자로 유럽인들에게 존경을 받는다.

오랜 세월 동안 너무 많은 전투가 있었다고, 한 기진맥진한
남자가 생각한다. 단지 몇 년 만이라도 평화로운 시간을 보내며 우아하
게 침대에서 잠들고 좋은 포도주를 충분히 먹을 순 없는 걸까? 적의 화
살보다 전쟁터의 좋지 않은 환경으로 인해 사람들이 더 많이 죽었을 것
이다.

전투는 현재, 계략, 생존, 적을 살해하는 것에만 집중하게 만든다. 전투 광경을 보고 전쟁에 다가간다는 느낌에 사람들은 자아성찰과는 거리가 멀어진다. 유럽인들이 아비센나로 부르는 그는 곧 본연의 임무로 다시 돌아간다.

1020년 페르시아의 황무지에서 제국의 잔치가 열렸다. 말에 올라타 흔들거리면서 잠시나마 어디로 가서 누구와 싸우게 될지를 잊은 채 즐기고 있다. 때때로 누구를 위해 일하고 있는지를 스스로 상기시켜야만 할 정도였다.

이븐 시나는 말을 타고 가면서 젊은 서기에게 의학과 철학에 관한 삼백여 권의 책을 받아쓰도록 불러주고 있다. 한평생에 걸쳐 완성할 책들이다. 그는 사상의 전달자인 셈이다. 이제 거의 인생의 후반에 다다랐다. 그는 전쟁터에 들락날락하면서 시대를 초월할 저서를 받아쓰게끔 불러주고 있었다. 직업상 부상자들을 치료하기 위해 전쟁터에 나가 있어야 한다. 부상자가 에미르든 낮은 계급의 병사든 간에 말이다.

젊은 서기를 쳐다보며, 이븐 시나는 어린 시절 신동이었던 때부터 시작해 과거의 삶들을 회상해본다. 그땐 모든 가능성이 열려 있는 듯했다. 그는 열 살 때 코란을 전부 암기했다. 열세 살의 나이에 의학 공부를 시작해, 열여섯 살에는 환자를 치료했다. 겨우 십대였음에도 불구하고 사만조(朝)의 지도자 누 이븐 만수르의 목숨을 구해냈다. 그리고 부하라의 왕립 도서관에 자유롭게 출입할 수 있는 허가를 받았다. 도서관 출입이 에미르가 제의한 일자리보다 더 좋아서 젊은 혈기에 일자리를 거절했다. 책들로 가득한 책장 선반들, 부드러운 종이의 사각거림, 가죽과 종이와 잉크 냄새, 모든 지식들, 모든 가능성들 속에서 지내는 걸 얼마나 사랑했던가.

그는 거기서 왕실 문서를 뒤적거리며 평생을 보낼 수도 있었다. 부

자 고객들을 치료해주고 자신을 숭배하는 의학생들을 가르치면서 말이다. 에미르의 끔찍한 농담에 웃기도 하고, 멋진 공짜 포도주를 마시고, 여자 댄서들과 흥을 돋우는 여인들의 행렬에 윙크를 보내면서 궁정에서 정해진 시간을 보낼 수도 있었다. 그는 정기적으로 에미르의 건강 상태를 살피고 숙취 해소와 우울증을 도와주었다. 부적절한 성관계를 통해 종종 발병하는 성병도 치료해 주었다.

십대 시절 밤마다 이븐 시나는 아리스토텔레스의 형이상학을 최소한 사십 번은 읽었을 것이다. 머리가 아플 때까지 읽고 또 읽었다. 그래도 여전히 이해가 되지 않았다. 코란을 외웠던 것처럼, 아리스토텔레스의 작품을 하나하나 다 외워버렸다.

그 그리스인은 무엇을 말하려고 했을까? 시장에서 한 초라한 남자가 알 파라비의 책을 3디르함에 팔고 있는 걸 보았다. 그날 그는 답을 찾았다. 그 책은 알 파라비가 아리스토텔레스에 대해 달아놓은 주해서였다. 그 작은 책을 통해 아리스토텔레스를 이해하는 단서를 발견했다. 그래서 신에게 감사를 드렸다.

"평화로운 삶과 학자의 삶을 살게 해주어서 감사합니다." 오래전 그렇게 평화롭던 시절 신에게 기도를 드렸다. 궁정 안에서 미를 감상하고, 봄에 피는 장미와 양귀비꽃 향기를 맡으며 보냈다. 베일 깊숙이 그를 바라보는 여인들의 시선도 느낄 수 있었다. 그리고 페르시아의 달콤한 포도주들도 있었다. 그리고 도서관도 있었다. ……그런 초창기 삶이 한평생 계속된다면, 아마 감사해서 무릎이라도 꿇었을 것이다. 하지만 999년 모든 것들이 산산조각나기 시작했다.

투르크족들이 사만조에 대한 계략을 꾸며 전복시켜버렸다. 아버지는 죽음을 당했고, 더 끔찍한 건 투르크족이 위대한 왕실 도서관에 불을 지른 것이다. 그 모든 책들, 그 모든 지식과 지혜가 쓰레기처럼 다 불태워졌다. 어떻게 그렇게 어리석을 수 있을까? 사상이 없는데 삶에 무슨 의미가 있단 말인가?

그때부터 도피하고, 신분을 숨기고, 구걸하고, 부탁하고, 두건과 터번을 두르고, 불한당과 깡패들에게 돈을 뜯기고, 한밤중에 마을을 떠나는 생활을 했다. 그는 안정적인 직업과 평화와 안락을 누리던 예전 삶을 되찾고 싶었다. 멋진 도서관이 있고 좋은 포도주를 한 잔 마시던 시절 말이다.

가즈니조의 가혹한 술탄 마흐무드가 그에게 일자리를 제안했다. 하지만 알 비루니 같은 감금된 생활을 원치 않았던 이븐 시나는 거절했다. 우르겐치의 또 다른 고관이 작은 후원금을 주었지만, 그것만으론 제대로 생활할 수 없었다. 다일람의 세 번째 지배자는 학자이자 시인이었다. 사상가들을 관대하게 후원해주는 사람이라는 소문이 돌았다. 그러나 이븐 시나가 거기에 도착했을 때는 이미 부하들에 의해 살해당한 뒤였다. 마침내 카스피 해 근처 고르간의 친구가 당분간 학생들을 가르칠 수 있는 작은 집을 사주었다.

그러나 페르시아 변방의 작은 집에 앉아서 평범한 시골 아이들에게 논리, 천문학, 의학을 가르치는 일이 위대한 사상가의 전성기라고 할 수 있을까? 그는 눈을 카스피 해 바깥으로 돌리고는 '더 큰 꿈들이 바다 건너편에 있는데.' 라고 생각하곤 했다.

이븐 시나는 뭔가 더 위대한 것을 갈망했다. 사마조 왕실 도서관에서 보냈던 십대 시절과 비슷한 삶 말이다. 그는 왕실 후원자를 찾아 고르간에서 레이로 떠났다. 다시 하마단으로 이동했다. 아주 짧은 기간 동안 하마단의 에미르가 이븐 시나를 수상으로 삼았다. 예전의 삶으로 돌아가게 된 걸까? 시련의 시기는 끝난 걸까? 그는 방에서든 궁에서든 도시에서든 항상 주변의 사람들보다 훨씬 똑똑했던 천재였다. 그리고 종종 자신의 생각을 직설적으로 말해버리곤 했다. 궁정에서 토론을 할 때면 사람들을 주눅 들게 만들면서 힘을 과시했다. 대개 그의 주장이 옳기는 했다. 하지만 정신적인 면에서는 똑똑할지 몰라도 정치, 외교, 책략에는 그다지 재주가 없었다. 그는 자신에 반대하는 사람들을 멍청이라고 불렀다. 자신과는 다른 의견이라도 그들 입장에서는 옳을 수 있다거나, 외교적으로 매끄럽게 승리를 거두어야 한다는 생각은 하지 않았다.

모욕과 폭력, 위협은 양쪽에서 어김없이 찾아왔다. 늘 꿈꾸던 전성기를 누리게 해줄 직업을 찾자마자, 이 천재적인 수상은 주위 사람들로부터 따돌림을 당한다. 군인들은 그가 하는 말을 거의 알아듣지 못했다. 그러나 자신들을 조롱하고 얕잡아보고 있음은 충분히 알아차렸다. 그의 오만함에 대한 불만으로 군인들이 폭동을 일으키는 바람에, 에미르는 이븐 시나를 감옥에 보낼 수밖에 없었다. 그러다 에미르가 병에 걸리자 위대한 의사를 감옥에서 나오게 했다. 이븐 시나는 에미르를 완치시키면서 다시 복귀한다. 그러나 지방 도시의 편협한 정신세계에 질렸다. 그는 몰래 이스파한의 통치자들과 연락을 취하기 시작했다. 더 멋진 도시에서 나은 후원자를 얻으려는 것이었다. 하마단의 에미르는 자신이 고용한 의사 수상이 다른 곳을 알아보고 있다는 사실에 분노했다. 그래서 이븐 시나는 한밤중에 도망나와 신분을 감춘 채 이스파한으로 향했다. 겨우 살아서 그곳에 도착할 수 있었다.

그는 전쟁터에서 에미르를 수행해야 하는 궁중의사라는 직업과 전쟁이 계속 이어진다는 사실에 별로 개의치 않는다. 그것은 기꺼이 지불해야 할 대가라고 여겼다. 원대한 정신과 야망에 어느 정도 들어맞는 생활과 터전을 가질 마지막 기회라는 걸 알기 때문이다.

이븐 시나는 30년에 가까운 혼란의 시기 속에서 중대한 결정을 내린다. 인간의 신체와 생명에 관한 지식을 밝히고자 한다. 서둘러 시작해야 할 것이다. 또한 집중력도 향상시켜야 한다. 생존세계와 정신세계라는 두 곳 모두에서 활동해야 한다. 이븐 시나는 각종 주제에 관한 수백 권의 책을 썼다. 수학부터 천문학과 광물학까지 포함되어 있다. 『광물들의 책』이라는 저서도 냈다. 지질학과 광물학에 관한 이 책의 번역본은 현대까지도 아리스토텔레스의 것으로 잘못 알려져 있다. 그의 가장 위대한 공헌은 의학에서 찾을 수 있다. 두 가지 중요한 책으로 『의학정전』과 『치유의 서』가 있다. 이 책들은 무슬림 세계뿐만 아니라 중세 유럽에까지 널리 번역되고 논의되었다. 알 라지의 책과 함께 『의학정전』은 유럽 의학의 발전에 그 어떤 사건이나 책보다 많은 영향을 주었다. 『의학정전』에서 이븐 시나는 이렇게 썼다.

의학은 인간의 몸을 치료가 가능한 또는 건강을 잃을 수도 있는 매체로 여긴다. 모든 것에는 원인이 있다. 때문에 원인이 알려질 때까지는 어떤 지식도 획득된 것이나 완전한 것이 아니다. 그러므로 우리는 의학을 연구함에 있어 질병과 건강의 원인을 알아내야만 한다. 그런 원인들은 분명히 드러나기도 하고 숨겨져 있기도 하다. 증상을 연구하는 것 외에는 알아낼 도리가 없으므로 반드시 건강과 질병의 증상들을 연구해야 한다. 원인과 시작이 있다면 그것을 연구하지 않고서는 어떤 지식도 얻을 수 없다는 건 과학계의 확립된 규칙이다. 사건들과 그에 수반하는 본질에 관한 지식이 있어야 완전해진다. 원인들에는 네 종류가 있다. 질료인(質料因), 형상인(形相因), 동력인(動力因), 목적인(目的因)이다.

이러한 네 가지 원인들은 아리스토텔레스에게서 나온 것이다. 하지만 이븐 시나가 처음으로 그것들을 의학용 논리적, 과학적 틀에 맞추어 놓았다. 갈레노스도 이러한 논리와 과학적 방법론을 사용하기는 했지만, 『의학정전』을 통해 의학에 정식으로 과학적 체계를 부여한 것은 이 븐 시나였다. 그의 천재성은 신체를 다른 물리적 현상과 마찬가지로 이 해 가능한 대상으로 바꾸어놓았다는 점이다. 우연한 일들이 계속 반복 되면서 다양한 건강 상태, 고통, 질병이 생기게 된다는 관점이다. 이러 한 의학적 지혜와 함께, 그는 세상에 무엇을 내놓았을까?

11세기 의학 지식의 많은 부분을 담은 두터운 책들을 내놓았을 뿐 아니라, 이븐 시나는 700가지 이상의 약을 세상에 알려준다. 또한 물에 의해 전염되거나 흙에서 발생하는 질병에 대해 얘기해준다. 그리고 비 록 전달 경로는 잘못 파악했지만, 결핵이 전염병이라는 결론을 내린다. 그는 결핵이 공기가 아니라 흙을 통해 전염된다고 보았다. 눈물샘에서 염증이 생겨 곪는 증상에 대한 치료법도 제시했다. 그리고 누관을 관찰 하는 기구를 발명했다. 그는 신체의 모든 작동기제를 알아내는 유일한 방법은 과학적으로 공정하게 실험하고 관찰하는 것이라고 말했다. 추정 과 이론은 증명되기 전까지는 가치가 없다고 했다.

그는 당시 카이로에서 연구하던 이븐 알 하이삼과 대등할 정도였 다. 그러나 보다 세밀한 해부학적, 의학적 관점에서 보면, 이븐 시나가 눈의 다양한 부분에 대해 더 깊이 연구했다. 그는 각막, 홍채, 망막, 안 구 수양액, 시신경을 연구했다. 그리고 갈레노스의 이론의 범위를 확대 해 시신경 교차점 같은 복잡한 시각 기관을 묘사했다. 시상하부의 아래 에서 시신경 섬유가 부분적으로 교차하는 지점을 말한다. 더 나아가 대 동맥이 작동하는 원리를 설명했다. 세 개의 판막이 심장이 수축한 뒤에 피가 다시 심장으로 역류하지 못하도록 막는다고 지적했다. 그리고 신 경이 특히 근육 수축을 비롯한 모든 신체 기능의 중요한 메시지 통로라 고 확인했다. 고통이 신경을 통해 전달된다는 결론을 내렸다.

그는 『의학정전』에서 장문에 걸쳐 미에 대해 자세히 설명했다. 신체의 겉모습에 대한 의학적 분석을 내려 외양이 미라고 인식되는 효과를 낸다고 했다. 머리카락, 머리숱, 피부의 색깔이나 밝기, 질병이 외모에 미치는 효과 등을 언급했다.

또한 『의학정전』은 여러 권에 걸쳐 뼈 골절을 설명하며 치료법에 혁신을 가져왔다. 그는 뇌막염의 증상과 그 원인을 설명하는 데 있어 선두 주자였다.

그는 아랍 무슬림의 식이요법에 몰두했다. 자연적인 재료와 접근법을 통해 치료 효과를 볼 수 있다는 생각이었다. 치과 수술이나 구강 수술 시 구강 부위를 마취시키는 법에 대해서도 연구한다. 그는 광견병, 유방암, 종양, 음낭 내의 고환 주위의 막강에 액체가 고이는 음낭수종의 원인에 대해 설명한다. 여러 독들과 해독제에 대한 정보도 제공한다. 궤양, 신장병, 안면 마비에 대해서도 설명한다. 그는 십이지장충이 장 질환을 일으킨다는 결론을 내렸다.

이븐 시나는 실험을 하거나 다양한 상태를 치료하는 약의 효능 정도를 매길 때 경험주의 과학 원칙을 분명히 적용했다. 이는 900년 후 임상학적 약품 실험의 근본 토대가 된다. 그는 신앙에서 약을 찾지 말고, 약의 순수성을 중시해야 한다고 말했다. 또한 약은 보편적으로 효과가 있어야 하며, 약 용량은 병의 중한 정도에 따라 지켜져야 한다. 마지막으로 엄밀히 관찰 가능하고 통제된 환경에서 사람에게 실험해야 한다고 말했다.

그는 많은 면에서 오류가 있긴 했지만 상당히 깊은 통찰력을 보여 주었다. 그가 받아들인 '체액'에 관한 그리스 이론의 기본 구조는 16세기에 와서 잘못된 것으로 판명된다. 레벤호크가 현미경을 사용해 핏방울 속에 돌아다니거나 피부 표면에 기어다니는 '작은 미생물'을 발견했다. 세균과 바이러스들은 체액이 아니라 감염의 원인이었다. 그럼에도 불구하고, 몇 가지에 대해서는 섬뜩할 정도로 정확했으며 21세기에도 여전히 타당한 논의들이었다.

결핵이 전염병이라는 그의 믿음은 옳은 것으로 판명되었다. 유럽인들은 사백 년 동안이나 그 사실을 부정했지만 말이다. 또 이븐 시나는 신체와 마음이 연결되어 있다는 생각을 가졌으며, 질병은 정서적 지적 문제에서 원인을 찾을 수 있다고 믿었다. 그런 믿음의 상당 부분이 지그문트 프로이트, 칼 융, 노르만 커즌스 같은 여러 사상가들에 의해 옳은 것으로 증명되었다.

마음의 병 또는 불건전한 생각의 결과로 생기는 병이 있음을 알 라지도 언급하기는 했다. 하지만 이븐 시나는 방대한 독서와 환자들을 통해 보다 완전하게 밝힌다. 알 라지는 이런 질병들을 '도덕적 질병'이라고 불렀지만, 이븐 시나는 도덕적 의미를 보다 축소시킨다.

마음과 영혼이 신체적 건강과 관련된다는 생각은 아시아의 불교나 힌두교에서 근원했다고 많이들 생각한다. 하지만 모든 신체 과정을 신과 우주와의 내부 연결로 보는 전인적(全人的) 이슬람 관점의 결과이기도 하다. 또한 마음을 신체와 분리하거나 물질을 영혼이나 정신과 분리한 그리스 철학을 수정한 데서도 기인한다.

이븐 시나는 신체와 마음을 한데 모으려 했다. 무슬림들은 아픈 것보다는 건강한 것이 더 자연스러운 것이기 때문에 질병은 자연 상태의 교란에서 왔다고 믿었다. 많은 경우에 안 좋은 물질적 환경이나 식사 습관에서 질병이 생겼을 것이다. 하지만 그는 그런 관점의 한계를 지적했다. 다시 말해 불건전한 생각, 감정, 마음이 신체에 영향을 끼칠 수 있다는 것이다.

마음에 관한 그의 이론은 상당히 통찰력 깊은 것으로 증명된다. 구백 년 후의 과학소설뿐만 아니라 현대 심리학에서도 그 표현을 찾을 수 있을 정도다. 그의 가장 훌륭한 철학 논문에 따르면, 독자들에게 생각 실험을 해보라고 요청한다. 유명한 '떠있는 남자' 혹은 '날고 있는 남자'에 대한 논쟁이다. "상상해보세요." 그가 말한다. "어떤 감각적 투입이 전혀 없고, 소리도 없고, 중력도 없고, 어떤 종류의 자극도 없는 방에 한 남자가 떠 있습니다. 완전한 어둠 속에서 떠 있죠. 신체 어떤 부분도 다른 부분을 만지지 못하기 때문에 육체적 감각도 없어요. 그런 식으로 계속 있다면, 그에게 생각하는 것이 가능할까요? 인간의 마음이 어떤 외부적 자극도 없는 상태에서 생각을 할 수 있을까요? 만약 그렇다면 그 남자는 무슨 생각을 할까요? 과연 인식이 가능할까요?"

이븐 시나의 유명한 대답은 바로 그렇다는 것이다. 주변 환경이나 외부의 것들은 인식하지 못하더라도, 최소한 자기 자신의 존재는 인식했을 것이다. 이 생각은 데카르트의 유명한 철학적 주장인 "나는 생각한다. 고로 나는 존재한다."의 전신이다.

이븐 시나는 단어나 사실들을 말하며 외부 자극을 준 뒤, 그에 반응하는 환자의 맥박을 어떤 식으로 관련지어 해석할지 알게 된다. 이러한 통찰력이 900년의 세월을 뛰어넘어 칼 융의 단어 연상 심리분석학이 된다고 주장하는 사람들도 있다.

어느 날 기이하면서도 알 수 없는 중병을 앓고 있는 한 젊은이가 찾아온다. 마음이나 영혼에 관련된 것이라 직감한 이븐 시나는 장소, 주소, 사건, 사람들의 목록을 소리 내어 읽기 시작했다. 환자의 맥박을 지켜보면서 추론한 결과 젊은이가 한 특정 마을의 여자와 사랑에 빠졌다는 결론을 내린다. 이븐 시나는 그 여자를 찾아가 그녀와 결혼하라는 처방을 내린다. 젊은이는 그렇게 했고 병은 치유되었다.

다른 무슬림 치료사들은 이븐 시나의 심리적, 정신적 치료법을 다양하게 변형해 사용한다. 때때로 지나쳐 문제가 될 정도로 치닫기도 한다. 걸을 수 없다고 생각되는 사람들에게 걸으라고 겁을 주거나 마비로 추정되는 여자에게 움직이라며 갑자기 옷을 들춰 충격을 주기도 한다.

마음과 육체적 건강과의 관계는 이렇듯 분명해 보이면서도 계량화하기 힘들다. 그래서 오랫동안 서양 의학에 편입되지 못했다. 유럽인들이 근대 의학의 틀을 잡기 시작할 때에도 실질적 물질을 통해 질병을 고치려는 기계론적 접근법이 중심이었다.

프로이트와 융이 출현하고 나서야 오래된 영적이며 전인적인 접근법이 서양 의학에 재출현하게 되었다. 특히 융이 나온 뒤에 그러했다. 그러다 노르만 커즌스라는 한 미국인이 20세기 미국 문화를 뒤집어놓게 된다. 〈새러데이 리뷰〉라는 잡지의 기고가이자 편집자인 그는 우연히 질병과 마음의 관계에 관한 이론을 접한다. 1990년 저서인 『헤드 퍼스트』에서 웃음을 통해 건강을 되찾은 여러 흥미로운 자료들을 제시하고 있다.

커즌스가 이븐 시나, 즉 아비센나의 책을 읽은 걸까? 이것 역시 잃어버린 역사다. 그러나 그런 사상들은 다른 언어와 다른 맥락 속에서 약간 다른 포장을 한 채 다시 나타날 것이다.

그다지 별 문제도 없다. 그는 안정적인 집과 직업도 없이 지낸 세월을 뒤로 하고 이스파한의 후원자를 통해 마음의 평화를 얻을 것이다. 그들은 계속해서 전투에 참가한다. 그러다 이븐 시나는 죽게 되었는데 전쟁 무기 때문이 아니었다. 상당한 장 스트레스, 위장염, 식중독, 그리고 설사를 동반한 유행성 감기 중 하나였을 것이다. 병사들을 끊임없이 괴롭히던 그런 질병에 처음 걸렸을 때는 곧 회복했다. 그러나 두 번째에는 거의 아무것도 못할 지경이 되어 자신을 치료할 수 없었다. 하마단에 가서 죽을 수 있게 해달라고 청해 거기에 묻혔다. 그는 57세의 나이로 숨을 거두었다.

안달루시아 왕실 도시인 메디나 아자하라에서 한 여성이 출산 중이다. 당시는 1005년이다. 그녀는 분만실 창문 밖 벽옥, 앨러배스터 기둥들, 분수들을 보고 있다. 대리석 테라스도 보이는데 너무 윤이 나서 마치 언덕 아래로 흐르는 검은 호수처럼 보인다. 저 멀리 코르도바의 윤곽이 여름 태양 아래 보인다.

그녀는 멋진 도시와 세상을 보는 게 이번이 마지막은 아닐지 두려워하고 있다. 그녀의 가슴이 뛰기 시작한다. 아기가 살아서 이 방을 나가지 못하는 건 아닌지 두렵다. 지난 이십 년 동안 자신이 경험한 걸 아기가 결코 경험해보지 못하게 되는 건 아닌가 하는 생각에 말이다. 그녀는 우마이야 칼리프 하심 2세의 왕실 아내들 중 하나다. 그녀는 여러 달 동안 태아가 남자아이일지 궁금했다. 만약 그렇다면 언젠가는 그 아이가 자라서 칼리프가 될까 하는 생각도 했었다.

산부인과 의사는 한창 일에 열중해 있다. 그의 이름은 알 자흐라위이다. 의학백과사전인 『필휴서(必携書)』가 라틴어로 번역되면서 백 년 후의 유럽인들에게는 알부카시스로 알려질 것이다.

산도를 통과하기 전에 아기가 뒤집어져야 한다. 의사는 몇 년 동안 의학 가방에 넣어 두었던 겸자를 사용한다. 그가 바로 겸자를 만든 사람이다. 50년 전 의사 생활을 막 시작했던 젊은 시절에 발명한 것이다.

선배 학자 격인 바그다드의 알 라지와 마찬가지로 알 자흐라위가 알코올로 겸자를 소독했다고 하는 자료도 있다. 하지만 그런 주장에 반론을 제기하는 전문가들도 있다. 이 의사는 많은 것을 처음으로 시도한 사람이다. 이 65세의 안달루시아 아랍 의사는 이븐 시나가 있는 곳에서 거의 4천 킬로미터 떨어진 곳에서 일하고 있다. 근대 수술의 아버지라 할 것이다.

그는 930년에 왕실 도시가 건설되고 난 뒤, 이 년 후 여기서 태어났다. 우마이야조의 압드 알 라흐만 3세가 자신의 통치권과 사회에 자신감을 가지고 스스로 이슬람권의 진정한 칼리프라고 선언하던 때였다. 아바스조는 명목상의 지도자일 뿐이었다. 파티마조는 중동과 북아프리카를 가로질러 제국을 건설 하는 중이었다.

"내 아기는 살아 있는 건가요?" 산모가 자궁을 수축하는 사이에 간신히 물어본다. "거의 그렇습니다." 의사 알 자흐라위가 대답한다. "건강한 사내아이입니다. 이제 곧 고통스런 순간이 올 겁니다."

그가 전해준 소식에 그녀는 안도했다. 아기는 살아날 것이다. 그리고 사내아이다. 자신도 살 수 있는 건지 물어보고 싶었다. 하지만 지금으로서는 그다지 중요하게 느껴지지 않았고 건방진 질문 같았다. 고통은 그가 경고한 대로였다. 그녀는 그대로 정신을 잃는다. 사랑하는 칼리프와 함께 하늘을 걷는 꿈을 꾸고 있다. 그들은 천국으로 갈 것이다. 천국으로 들어가는 순간 지상에 있는 그들의 아들이 이슬람권의 칼리프로 추대되고 있다. 둘은 지상을 내려다보고 있다. 건조한 땅을 관개해 풍성한 수확을 내는 오십만 인구의 도시와 시에라 모레나 산기슭을 따라 호화롭고 우아한 테라스가 층층이 세워진 왕실 영토가 보인다. 그녀는 연인에게 말한다. "이곳은 천국이에요. 어떻게 이보다 더 좋아질 수 있겠어요?"

칼리프가 그녀의 오만함에 놀라 쳐다본다. 마치 그녀가 불경스런 일을 저지른 것처럼 말이다. 그 순간 안달루시아의 태양 아래에서 울음을 터트리는 아들의 소리에 그녀는 깨어났다.

"감사합니다. 의사 선생님." 그녀는 잠에 빠져들기 전에 아기의 울음소리에 일그러진 얼굴과 꼼지락거리는 붉은 다리를 흘끗 본다. 그녀가 잠이 들자 간호사와 산파가 아이를 씻기고 몸무게를 재고 반응을 확인한다.

산모가 잠이 든 걸 확인한 뒤, 알 자흐라위는 수석 간호사에게 고백한다. "큰일 날 뻔했어." 간호사는 알고 있다는 듯이 고개를 끄덕인다. 그녀는 수년간 의사와 함께 해왔다. 그가 아이와 산모 중 택해야 하는 끔찍한 결정을 내리는 것도 보았다. 아이가 사산 또는 기형인 것을 발견하는 모습도 보았다. 새로 태어난 아이만을 남겨둔 채 산모가 죽음을 맞는 경우도 있는데, 그에겐 가장 힘든 순간일 것이다. 그는 한 명의 목숨을 앗아가는 대신 다른 한 명의 목숨을 가져오는 건 인류나 사회에 아무 이득도 없다고 느낀다. 다시 말해 실패라고 여긴다.

이 안달루시아의 훌륭한 의사는 산과(産科), 치의학, 약제학 분야에 관한 한 이슬람 최고의 권위자다. 30권의 개론서에 모든 지식들을 정리해놓았다. 복잡성과 세밀함 때문에 300년에 걸쳐 유럽의 번역가들이 라틴어와 유럽 언어로 부분별로 번역했다.

산모는 잠들었고 아이는 소리를 내며 잘 놀고 있다. 간호사와 산파가 그들 곁을 지키고 있다. 이제 알 자흐라위는 다른 곳으로 이동해야 한다.

정원의 물시계를 살펴보고는 또 다른 왕족의 집을 방문할 시간이 된다는 걸 안다. 한 귀부인의 가슴이 원인도 모르게 계속 커지고 있었다. 흥분되거나 아름답기는커녕 답답하고 부담스러울 정도다. 등까지 아픈 그녀는 당혹스러워했으며, 사람들의 시선과 수군거림을 피하고자 집 안에서만 생활했다.

대리석 테라스가 깔린 그녀의 집을 방문한 알 자흐라위는 농담을 주고받은 뒤 진찰을 시작했다. 그녀는 남편이 아닌 남자에게 몸을 보이는 것은 창피해했지만, 수많은 신체를 보아온 그의 무덤덤한 태도에 안도했다. 그에게는 그저 직업의 일환일 뿐이다. 그리고 인간의 몸은 많은 변형을 일으킬 수 있다. 간호사가 진정제와 마취제를 투여한 뒤 마취 효능이 나타나길 기다린다.

950년 동안 누구도 따라할 수 없을 정도의 성형 수술 기법으로, 알 자흐라위는 절개선을 검은 목탄으로 분명하게 그린다. 그러고는 자신이 발명한 외과용 메스로 절단하다. 과다한 지방 조직을 제거한 뒤 출혈을 줄이기 위해 국부 치료법을 사용한다. 그리고 재빨리 절개 부위를 봉합한다.

그는 이어서 칼리프의 조언자가 있는 궁궐로 향한다. 이 환자는 신장 담석으로 참을 수 없을 정도의 고통을 겪고 있다. 간호사 대신 남자 보조사를 데리고 갔다. 알 자흐라위는 환자에게 진정제를 투약하고 움직이지 못하게 꽉 묶어놓는다. 끝에 다이아몬드가 달린 가는 은 철사를 요도로 집어넣어 느낌으로 담석을 찾아낸다. 다이아몬드를 세게 여러 번 비벼 그것을 분해한다. 남자의 비명소리가 낮아진다. 아마 문제가 해결되었음을 깨달았나 보다. 환자는 의사에게 금제품을 선물로 내릴 것을 명한다.

시간을 확인해보니 벌써 아침이다. 점심 식사 전까지는 두 번의 진료가 남아 있다. 칼리프의 나이 든 하인을 방문해 뼈로 만든 틀니가 잘 작동하는지 확인해본다. 늙은 하인은 의사에게 의치에 대해 깊은 감사를 표한다. 덕분에 거의 정상적인 식사를 할 수 있기 때문이다.

마지막으로 칼리프의 경호원들 중 한 명을 방문했다. 그는 세빌에서 돌아오는 칼리프를 호위하다 낙마 사고를 당해 마비된 채로 왕실 근처 숙소에 누워 있다. 말이 갑작스럽게 겁을 먹고는 관개 수로 벽으로 능숙한 기수인 그를 던져버렸다. 더 이상 복무를 할 수 없어 궁궐 밖으로 이전하라는 지시를 받았지만, 칼리프가 더 나은 곳이 배정될 때까지 메디나 아자하라에 남아 있도록 해주었다.

"좋은 아침입니다." 한때 자부심 강했던 병사가 창백하고 우울한 모습으로 알 자흐라위에게 말한다.

의사는 고개를 끄덕인다. "그보다 더 중요한 건 기분이 좀 어떤가요?"

그 남자는 어떤 변화나 진전도 없다는 표시로 어깨를 으쓱한다. "다시 움직일 수 있을까요?" 경호원은 턱으로 하반신을 가리키며 말한다.

알 자흐라위는 질문과 대답의 중요성을 인식하며 잠시 가만히 있다. "신이라면 못해낼 것이 아무것도 없겠지요. 하지만 미천한 인간인 나는 이와 같은 부상이 저절로 회복되는 걸 본 적이 없소."

경호원은 잠시 침묵했다. 눈물이 눈에 가득 고였다. 아마 백 번째일 것이다. 그러나 차마 우는 모습을 보일 수는 없었다.

"이런 종류의 마비를 일으키는 두 가지 경우를 본 적이 있어요." 알 자흐라위는 얘기를 꺼낼 적절한 때라고 생각하며 말을 이어간다. "하나는 척추에 부상을 입은 경우죠. 갈레노스가 800년 전 돼지를 해부하면서 알아낸 겁니다. 척수를 절단하면 몸은 그 아래부터 마비됩니다. 그런 절단은 원상회복이 불가능해요. 좋은 소식은 당신의 척추에는 그런 손상이 없다는 겁니다. 당신의 낙마 정도를 고려해보면 대단한 것이지요. 모든 척추골을 확인해봤는데 어떤 손상도 없었어요. 대신에 척수가 두뇌로 들어가는 연수(延髓) 부근에서 심각한 타격을 발견했어요. 당신처럼 척추 부상은 없는데 마비가 된 사람들을 여러 차례 조사해보았지요. 두뇌의 기본이 되는 부위가 심각하게 부상당해 두뇌에서 척추로의 연결 흐름이 끊기거나 방해받고 있었어요. 이런 종류의 두뇌와 신경에 대한 손상은 봉합하고 치료하는 나의 미천한 능력을 벗어나는 겁니다. 지금으로서는 사람의 손으로 원상회복시킬 방도가 없어요."

경호원은 슬픔을 숨길 수가 없어 흐느껴 울고 있다. 알 자흐라위는 정중히 있었다. 간호사는 병사가 난처하지 않도록 자리를 피해주었다.

"만약 지구상에서 절 도와줄 누군가가 있다면 바로 당신이라고 생각했습니다." 경호원이 마침내 고백한다.

더 잘 치료해줄 사람이 다른 곳에 없다는 걸 둘 다 잘 알고 있다. 프랑스, 독일, 이탈리아 등지에서 몰려든 귀족들과 신하들, 성직자들, 수녀들이 알 안달루스와 왕실 도시의 발전상에 경외감을 표한다. 거대한 도서관들 앞에서, 음식과 의복의 질에, 더 뛰어난 생활방식을 보고서, 인간적인 땅에서 부유한 도시의 안락함에, 시계들과 해시계들이 정확한 시간을 알리는 걸 보고서 말문을 잊고 그저 감탄만 하고 있다.

"삶을 사는 건 물론이고 산도를 통과해 이 세상에 나오는 것 자체가 기적입니다." 알 자흐라위가 부드럽게 말한다. "난 그런 기적을 가능한 확대시키려고 평생 노력해왔소." 그 말이 진실임을 아는 병사는 고개를 끄덕인다. 이 사람은 지구상에서 가장 위대한 의사인 알 자흐라위이다.

"연구나 조사나 실험을 하는 일 외에 발견의 기록에 많은 시간을 보내는 이유도 그 때문이죠." 의사가 말을 이어간다. 환자뿐만 아니라 자신에게 하는 말이기도 하다. "기록해두면 후세 사람들이 그걸 이용해 더 향상시키고 확대시키며 수정할 겁니다. 그러면 상실되는 법도 없고요. 그렇게 하다보면 언젠가 후세 사람이 연수나 척수를 봉합할 방법을 찾아낼 겁니다. 하지만 그러려면 아주 작은 외과용 메스와 정교한 바늘과 봉합선이 필요할 겁니다. 수술로 인해 더 심각한 부상을 입히지 않기 위해서는 잡기도 힘들 정도로 작으면서 나 같은 늙은이의 눈으로는 보이지 않을 정도로 미세한 도구들이어야 합니다."

알 자흐라위는 잠시 밖의 왕실 도시를 바라본다. 궁궐에서 나와 시장 거리인 수크로 가는 장관의 행렬도 쳐다본다. 폭풍우 구름들이 남쪽에서 형성되고 있다. 비가 내릴지도 모르겠다. 아마 몇 주 만에 내리는 첫 비일 것이다.

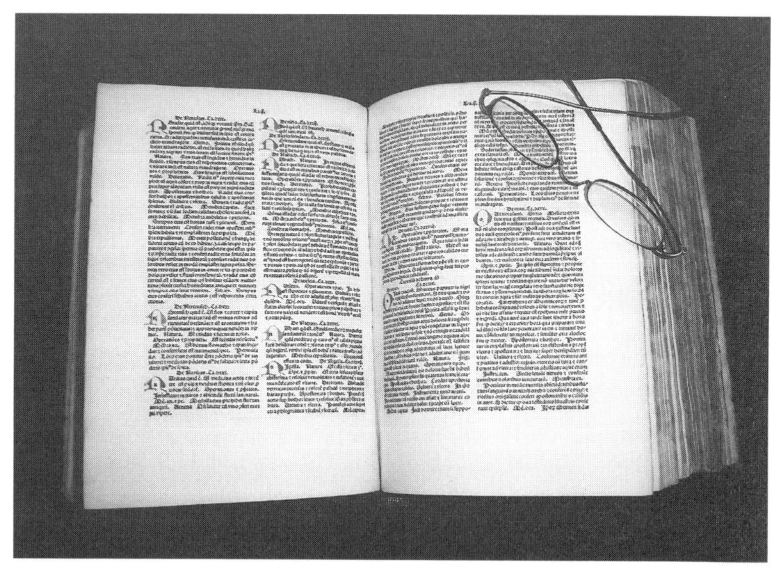

이븐 시나의 『의학정전』으로 라틴어 번역판이다. 의학의 기준을 세운 이 책은 유럽에서 700년 동안이나 사용되었다.

"매번 들이키는 호흡과 순간순간이 다 기적입니다." 알 자흐라위가 가방을 챙기며 떠날 준비를 하며 말한다. "철저히 예방을 하고 안전조치를 취해도 한순간에 낚아채질 수 있는 것들이지요. 우리가 할 일은 그저 최선을 다해 기적을 보호하고 확대하는 것입니다. 만약 실패하고 더 이상 시간이 없다면, 주어진 상황을 받아들일 수밖에요."

마지막 말을 하는 순간 그는 뭔가 잘못한 것처럼 느껴졌다. 오만하고 뻔뻔한 사람처럼 느껴지면서 자신이 부끄러워졌다. 해서는 안 될 말을 한 것이다. 이 경호원이 겪는 고통을 겪어본 적이 없는 자신은 그런 조언을 할 입장이 못 된다. 이 남자는 스스로 극복 방법을 찾아야 할 것이다.

알 자흐라위는 실패자 같은 기분이 들었다. 최초로 혈우병을 설명하고 뇌에 물이 차는 뇌수종의 병리학을 문서화한 이 의사는 여전히 부족함을 느낀다. 그는 최초로 심장질환, 변비, 성형, 다이어트, 약의 용량 측정에 대한 효과적인 치료학을 제시한다. 뜸을 뜨고, 상처 부위를 치료하고, 단순한 골절이든 복잡한 골절이든 간에 부러진 뼈를 맞추고, 화살을 비롯한 몸에 박힌 여러 무기들을 뽑아내는 방법에 대해서 자세히 기록했다. 그는 즉석에서 울이나 실크를 이용해 처음으로 봉합을 하고, 막힌 요도관을 넓혔으며, 원인 검사용 수술을 하기도 했다. 유방암 치료를 위한 유방절제 수술, 갑상선 낭 추출, 방광 담석을 부수는 혁신적인 수술을 시행했다.

그는 절단 수술 시에 사람을 죽이지 않고도 사지를 절단해 내는 방법을 제시했다. 치과 수술에도 대단히 뛰어났으며 현대적 치과 교정을 능가하는 일을 하기도 했다.

또한 특정 분만 자세를 기록하고 권장한 첫 의사이기도 하다. 그러나 그 분만 자세는 그의 이름이 아닌 19세기 독일 의사의 이름을 딴 '발허 자세'로 알려진다. 또한 200여 개의 의학 도구들을 스케치해 놓았다. 그것들 중 상당수는 직접 만든 것으로 변형을 거쳐 천 년 후에 사용되게 된다. 발명품들 가운데 네 가지를 들자면 산부인과용 겸자, 내이 검사 도구, 요도 검사 도구, 목구멍의 이물질 제거 도구가 대표적이다.

의사로서 인생의 황혼기에 도달한 이 남자는 여전히 부족함을 느낀다. 자신이 고칠 수 없다는 사실에 지치고 슬퍼하며 메디나 아자하라의 정오 햇살 아래로 나온다. 산 계곡물을 받아 만든 분수의 물줄기는 그가 종종 목격하는 인간의 육체적 고통을 비웃는 것 같다. 이 도시와 분수들은 그보다 겨우 2년 정도 오래되었을 뿐이지만 영원한 존재처럼 보인다. 인간의 생명은 너무 유동적이고 약하다. 이런 분수들이 자신이나 환자들보다 더 오래 지속될 거라고 생각한다. 지금 세대가 먼지로 사라지고 난 오랜 후에도 물줄기를 뿌리며 아름다움을 선사할 것이다.

하지만 십 년도 채 안 되어 그런 생각이 틀렸음을 알게 될 것이다. 그 순간이 오기 전에는 알 리가 없겠지만 말이다. 정치적 후계자 분쟁으로 베르베르인 용병들이 몰려오고, 거친 전투용 말들이 이곳 분수에서 물을 마시고 대리석 테라스에 배설물들을 떨어뜨려놓을 것이다. 우마이야조는 250년 이상 된 안정성과 위대함을 유지하지 못하고 1010년에 몰락한다.

불안정한 상황을 틈타 왕실 도시로 코르도바 도적 떼들이 계곡을 넘어 몰려올 것이다. 왕실 테라스로 진격해 외국 침입자들과 용병들에게 전리품들을 나누자고 요구한다. 테이블 식기들, 다마스크 천, 카펫, 커튼, 검은 거울 같은 대리석, 말들, 음식들, 포도주 등이 전리품들이다. 칼리프 가문 사람들은 뿔뿔이 흩어져 목숨만 겨우 부지한 채 다시는 이곳으로 돌아오지 못한다.

세계에서 가장 위대한 도서관들이 불태워질 것이다. 현재 칠십대인 알 자흐라위는 8년 후에 한평생 책들이 쌓이는 걸 지켜보았던 도서관들이 재로 사라지는 걸 보게 된다. 동시에 엄청난 비극이 몰아닥쳤다. 모든 걸 가능하게 해주었고 사랑하는 혈육 같았던 왕실 도시가 눈앞에서 붕괴된 것이다. 그는 극심한 고통 끝에 곧 세상을 떠난다.

구전되는 이야기들을 제외하면, 그의 인생이나 사랑에 대한 기록은 남아 있지 않다. 아내들 또는 자녀들이 있었는지, 어떻게 생긴 사람인지, 행여 여가 시간이 있다면 뭘 하며 보냈는지에 대한 기록도 없다. 친구들이나 소유물에 대한 내용도 없다. 위대한 칼리프 도시가 시에라 모레나의 산사태 흙이나 진흙 밑에 깔린 것처럼 말이다. 땅 위엔 몇 개의 돌들만 보일 뿐 대리석, 건물 초석, 한때 위대했던 역사, 많은 사상가들의 삶은 모두 숨겨져 있다.

이 남자에 관해 남아 있는 거라곤 『필휴서』라는 손으로 쓴 책이 있

을 뿐이다. 마치 잃어버린 시간의 보물마냥 이 책은 이리저리 숨겨지고 몰래 빼돌려지곤 한다. 그러다 백 년이 지난 어느 날, 한 이탈리아 수도사가 우연히 발견하고는 북쪽의 기독교인들에게 가치가 있을지도 모르겠다며 가져간다.

◎ **1120년 터번을 두른** 이븐 주흐르는 세빌의 알모라비드 왕조 에미르를 만나러 가는 길이다. 도중에 물 주전자를 들고 도로 한쪽에 앉아 있는 초라한 행색의 한 남자를 보게 된다. 남자의 배는 상당히 부풀어올라 보기에도 매우 불편해 보였다.

그러나 치료사는 약속에 늦은 상태라 걸음을 재촉했다. 다음 날에도 똑같은 가난한 남자가 여전히 불쌍한 상태로 있는 걸 보고서는 잠시 멈추었다. "이봐요, 당신 어디 아픈가요?" 그가 물어보자 그 남자는 고개를 끄덕인다. "뭘 먹은 거죠?"

"빵 부스러기 몇 조각이랑 이 물 주전자의 물이오."

"빵은 별 문제가 안 될 겁니다." 의사가 말한다. "분명 물이 문제일 거요. 어디서 난 물이었죠?"

"마을 우물에서 가져온 물인데요."

"그 우물은 깨끗한데? 그럼 그 물 주전자가 원인이겠군. 깨뜨려버리고 새 것을 찾아봐요."

"오, 치료사님 그렇게는 못해요. 하나밖에 없는 물 주전자인 걸요."

"그 부풀어오른 배도 당신에겐 하나밖에 없는 것이오. 새로운 배를 찾기보다는 새 물 주전자를 찾는 게 더 쉽지요."

그 아픈 남자의 동료들 중 하나가 돌을 가져와 아픈 남자의 항의에도 불구하고 물 주전자를 깨뜨렸다. 그러자 죽은 개구리 한 마리가 썩은 물과 함께 나왔다.

"거봐요." 의사가 말한다. "그 개구리가 당신을 죽게 만들었을 겁니다. 내가 돈을 줄 테니 새로 물 주전자를 사도록 해요."

의사가 다음번에 지나갈 때 보니 그 남자의 배는 홀쭉해져 있었다. 살도 찌고 혈색도 다시 돌아온 그는 의사를 칭찬하기에 여념이 없었다.

역사의 잃어버린 측면에 있는 사람들에겐 패배가 영원한 끝으로 보일 것이다. 그러나 패배와 죽음 속에서 새로운 재생과 부활이 종종 나타나곤 한다. 우마이야조의 안달루시아의 경우에도 마찬가지로 하나의 의식 체계와 사회가 소멸한 뒤 곧 새로운 것이 나타나게 된다.

알 자흐라위와 우마이야조는 사라졌다. 이슬람의 통치 아래 이베리아 반도를 다스리던 지혜롭고 풍요로운 알 안달루스를 꿈꾸던 우마이야조의 미래상은 영원히 사라진 것이다. 그러나 사라진 꿈의 자리에 1090년 알모라비드 왕조가 들어선다. 1145년에는 알모하드 왕조가 위대한 무슬림 도시의 주인 자리를 차지한다.

알 자흐라위가 죽은 지 백 년이 지난 뒤, 새로운 통치자는 남녀 가릴 것 없이 가문 전체가 위대한 치료자들로 구성된 한 가문을 고용한다. 그 가운데 가장 뛰어난 사람이 이븐 주흐르이다. 라틴명으로는 아벤조아르이다.

길가의 가난한 남자를 구해낸 그는 의학에만 연구 분야를 한정한 첫 무슬림 과학자다. 코르도바에 있는 의과대학을 졸업한 뒤 생애의 상당 부분을 세빌에서 보낸다. 칠십 평생을 살면서 알모라비드 왕조의 의사 노릇을 하다가 나중에는 감옥에 갇히기도 한다. 다시 풀려난 뒤에는 알모하드 왕조를 위해 일한다.

당시에 부검은 치욕스러운 것으로 인식되었음에도 불구하고 시체 해부를 통해 페르시아의 의사들과 알 자흐라위가 설명한 해부학 지식을 늘렸다는 이야기도 있다. 그는 식이요법과 생활습관을 통해 신장 담석

을 예방해 나중에 고통스럽고 어려운 치료과정을 피할 수 있는 방법에 대해 썼다. 동물들에게 새로운 치료법을 시험하는 알 라지의 관행을 이어받는다. 기생충들과 관련 질병에 대해 광범위하게 설명한 최초의 의사일 것이다. 기관지 절개술의 관행을 정식으로 인정해 목이 막혀 질식된 환자들을 살려낸다.

이븐 주흐르는 기관지 절개술을 사람에 앞서 염소에게 먼저 시술했다. 폐가 썩어가는 질병에 걸려 죽어가는 양을 해부하기도 했다. 정식 의과대학의 졸업생 출신답게 미래의 의사들을 위해 활기차고 잘 통제된 수련의 생활을 적극 지지했다. 오늘날의 인턴 체계와 그리 다르지 않다.

12세기 이븐 주흐르의 가문에서 두 명의 여자 의사가 나온다. 바로 그의 딸과 손녀딸이다. 비록 분야는 산과(産科)가 되기는 하겠지만, 현대까지도 남녀 구분이 심한 무슬림 사회에서 여자가 의사가 되는 걸 받아들이는 관례가 시작된다. 많은 이슬람 국가들의 경우 정치에서는 여성을 배제하지만, 여자 의사는 사회적으로 수용한다.

이븐 주흐르는 전임자들 못지않게 많은 책을 쓴다. 『치료법과 식이요법에 관한 책』을 냈는데, 가장 중요한 질병들과 부상들을 다루고 있다. 복부 부상에 대한 장도 있다.

철 조각이나 날카로운 작대기가 복부의 피부와 갈비뼈를 관통해 장기가 나오는 복부 부상을 입을 수 있다. 이런 일이 발생하면 손재주가 있는 누군가가 원상복구시켜야 한다. 만약 흙이나 먼지 또는 톱밥 같은 것에 감염되었다면 미지근한 물로 씻어 조심스럽게 원상복구시킨다. 일부분이 찢어지거나 검게 변했다면, 떨어지고 오염된 부분을 잘라낸 뒤 복부 안으로 다시 넣어 비단실로 상처 부위를 봉한다. 날렵하고 책임감 있는 사람이 치료해야 한다. 이론이 아닌 실제로 해본 사람이어야 한다.

상처가 아물게 도와줄 만한 걸 봉합 부위에 발라야 한다. 그리고 상처 때문에 음식을 조절하는 것이 필요하다. 체액이 흘러나오는 걸 줄이기 위한 조치도 필요하다. 출혈이 과다하지 않다면, 팔 중간 부위의 정맥에서 약간 방혈(피를 빼내는 것-역자)하는 것도 나쁘지 않다. 체액의 유출을 줄이기 위해 부상 시 일반적으로 쓰는 방법이다. 창자 일부가 밖으로 나올 수도 있다. 손상도 없고 창자가 밖으로 나온 것 외에는 별 문제가 없다. 염증이 생기지 않도록 서둘러 제자리에 위치시킨다. 만약 처치가 늦어 창자가 부어올라 원래대로 제자리에 넣을 수 없게 되었다면, 미지근한 물을 상처 부위에 부어 환자를 편안하게 해준다. 붓기가 빠질 때까지 부어오른 부위에도 물을 넣는다. 붓기가 다 사라지면 물의 양을 살며시 줄여야 한다. 복막과 피부의 찢어진 부위는 조심스럽게 비단실로 꿰맨다. 환자를 안심시키며 목소리를 높이지 말고 움직이지도 못하게 한다. 환자에게 음식이나 마실 것을 잔뜩 줘서는 안 된다. 소량의 영양가 있는 것으로 원기를 회복하게 한다.

이븐 주흐라와 가족들은 어쩌다 감옥에 갇히거나 유배를 떠나긴 했어도 알모라비드와 알모하드 왕조에서 번영을 누린다. 힘있는 후원자에게 의지하다 보면 자신의 운명이 지배자의 운명과 함께하는 위험을 안기도 한다. 어쨌든 이 가문은 5세대에 걸쳐 의사의 길을 간다.

그들 가문은 번영을 누렸다. 하지만 한 유대인 가문은 알 안달루스가 도시 연합체로 분열되면서 더 이상 좋은 장소가 아니라고 판단하게 된다. 무슬림과 유대인의 협동 전통이 예전만큼 강하지 않다. 특히 알모하드 왕조는 일부 기독교 세력과 동맹을 맺어 코르도바의 유대인들을 처형해 두렵게 만들었다. 이 유대인 가문은 카이로로 이동한다. 카이로는 파티마조 대신에 장군 살라딘이 통치하고 있었다.

●●● **1199년** 무사 반 마이문 또는 마이모니데스라는 천문학자이며 철학자이며 의사인 남자가 카펫 위에 앉아 있다. 실크 베개들이 놓인 왕의 침대에 비스듬히 누운 왕족 환자는 거품이 나는 음료를 마시면서 희망 사항을 계속 늘어놓고 있다.

"단도직입적으로 말하지. 아부 무사." 술탄이 말한다. "내가 원하는 건 정력을 강화시킬 수 있는 약이오. 하룻밤에도 대여섯 번은 할 수 있게끔 말이지. 그래서 여자들과 더 많이 즐거운 시간을 보낼 수 있었으면 하오."

그는 훌륭한 지도자 살라딘의 통치 시대가 끝난 이후 이 나라가 얼마나 퇴보하고 있는지 잠시 생각한다. 이 중요한 환자이자 고용주는 살라딘의 조카 알 말리크 아프달로 삼촌과는 전혀 딴판이다. 이 젊은이는 여자들을 정복하는 일과 포도주와 노름 친구들에 빠져 있다. 삼촌인 살라딘은 분열된 이슬람 군대를 재조직했다. 그리고 맹렬히 돌진하는 십자군과 화해를 모색하다 불가능해지자 전투를 통해 십자군을 패배시켰다. 승리를 거두었을 때는 적에게 관대함을 베풀었다.

현재 마이모니데스는 청구서 비용을 대고 가족들을 먹여 살리기 위해 왕실의 뚜쟁이 노릇을 하고 있다.

"전하." 일흔 살의 유대인이 아랍어로 과감히 말한다. 아랍어는 오래 전 코르도바에서 태어난 이래로 모국어였다. "자연의 한계를 받아들이고 밤에 어느 정도 휴식을 취하는 것이 더 현명하지 않을까요? 부부 생활의 힘은 병에 든 약물이 아니라 신의 뜻에 따를 때 가장 잘 나타날 겁니다."

젊은 바람둥이는 화난 얼굴로 의사를 쳐다본다.

"질투하고 있는 거군. 당신은 늙었으니까." 술탄이 말한다.

"당신은 밤의 즐거움을 다 잊어버렸겠지?"

무사 이븐 마이문은 잠시 가만히 있더니 곧 웃음 지었다. "오, 술탄이시여." 그가 말한다. "비록 제 육체적 능력이 전하의 그림자 정도이나 저는 매우 잘 기억하고 있습니다. 그리고 아직도 육체의 즐거움을 때때로 가지고요. 신은 적당하게도 오직 한 명의 아내로 축복내려 주셨고, 전 그걸로 충분합니다. 그렇지 않았다면 이렇게 일할 힘도 없었을 겁니다. 전하의 경우에 이 나라가 전하와 전하의 건강에 달려 있습니다. 그러니 많은 여자들을 상대하는 건 위험을 불러올 수 있습니다."

"난 그런 위험에 개의치 않아." 술탄이 말한다. "정력제를 만들어주게."

"분부대로 하겠습니다. 술탄." 마이모니데스는 이렇게 말하며 인사를 올린 뒤 떠난다.

칼리프의 궁궐 밖을 터벅터벅 걸어 나오면서 자신의 조제약 가운데 어떤 것이 이 난봉꾼 얼간이에게 가장 효과가 좋을지 고민한다. 확실히 의학 금고에 그런 약이 몇 개 있기는 하다. 사실 이 젊은 지배자 때문에 성에 미치는 건강의 영향력에 관한 책을 쓰게 되었다. 최음제에 관한 지식도 포함시켰다.

한편 그는 알 라지나 이븐 시나 같은 이전 학자들이 질병과 정신건강, 난잡한 질병들, 생활습관과 건강과의 관계, 예방의학에 대해 글을 썼던 것을 기억하고 있다. 그는 술탄이 자초한 각종 질병들, 우울증, 기력부진, 성병, 폐렴을 치료해주었다. 많은 자녀들과 조카들과 나이 든 이모들을 부양할 필요가 없다면, 마이모니데스는 이 일을 관두었을 것이다. 궁극적으로 자신을 치료할 수 있는 사람은 의사나 약물이 아닌 본인이라는 걸 술탄에게 말해주면서 말이다.

그러나 마이모니데스는 이집트에 거주하는 유대인들의 절반을 부양하는 것 같은 부담감 때문에 그런 자유를 누릴 수 없다. 나이 든 아버

지가 돌아가시자 어머니와 남자 형제들은 거의 굶어죽을 지경이었다. 독서하고 공부하던 행복했던 시절은 갑자기 끝나버렸다. 철학에 관한 글을 계속 쓰기는 했지만, 의사가 되어 당장 돈을 벌어야 했다.

살라딘이 기독교인과 싸우기 위해 나라를 비운 동안, 국가와 궁궐의 일을 책임지는 수상 알 파딜의 주치의가 되는 보상을 받았다. 그건 쉬운 일이 아니었으며 훨씬 심각한 문제들을 다루어야 했다. 하지만 자신이 중요한 일을 하는 사람이라고 느낄 수 있었다.

무사 이븐 마이문은 랍비 사무엘 이븐 티몬에게 보내는 편지에서 당시의 근무 시절을 묘사했다. 800년 후의 의사들이나 인턴들의 생활과 그리 다르지 않은 하루 일정이다.

> 매일 아침 일찍 칼리프를 찾아뵈어야 합니다. 칼리프, 자녀들, 아내들이 병이 나면 카이로를 떠나지 못하고 거의 종일 궁궐에 머물러야 하죠. 관리들이 한두 명 아픈 경우가 생겨도 치료하기 위해 자리를 지켜야 합니다. 그래서 별 이상이 없더라도 매일 아침 카이로에 가서 오후 늦게까지는 포스타트에 돌아오지 못한답니다. 일을 마치고 오면 사람들이 대기실에 가득하죠. 유대인들, 그리스도교들, 귀족들, 평민들, 판사들, 정치가들, 친구들, 적들처럼 각양각색의 사람들이 제가 돌아올 때만을 기다리고 있지요. 나는 말에서 내려 손을 씻고 곧장 환자들에게 갑니다. 양해를 구하고서는 간단한 요기를 합니다. 하루 동안 겨우 그때 밥을 먹는 겁니다. 그러고는 환자들을 진찰한 뒤 질병에 대한 처방전과 지시 사항을 적지요. 환자들은 해질 무렵까지 계속 몰려듭니다. 토라에 충실한 생활을 하려고 하지만, 때로는 해가 완전히 진 후 2시간이나 또는 그 이상도 진료를 보곤 합니다. 피로로 잠시 누워 있는 동안에도 환자들과 얘기를 나누고 처방을 내립니다. 밤이 되면 너무 지쳐서 말하기도 힘들 지

경이죠.

마이모니데스는 진료를 아주 잘 봐 점점 널리 명성을 떨치게 된다. 기독교 전사 사자왕 리처드로부터는 일해달라는 부탁을 받기도 했지만 거절했다.

그는 의학, 건강, 질병, 치료에 관한 10권의 책을 썼다. 갈레노스의 오류에서부터 뇌출혈, 중풍발작, 간 질환, 당뇨병, 성적 건강, 치질에 이르기까지 모든 내용을 다루었다.

간염 증상을 이렇게 설명했다.

간이 부은 증거는 다음의 8가지 증상으로 나타난다. 고열, 갈증, 심한 식욕 부진이 나타난다. 그리고 혀가 초기에는 붉어지다가 검게 변한다. 담즙이 섞인 구토를 하는데, 처음에는 계란 노른자 색이었다가 검은빛이 도는 녹색으로 바뀐다. 쇄골 아래 오른쪽에 통증이 온다. 종종 잔기침을 한다. 처음에는 오른쪽 부위에 묵직한 고통이 느껴지다가 점차 전체로 퍼진다.

마이모니데스는 뱀에게 물렸을 때의 치료 방법을 그림으로 설명했다. 이 내용은 약간 변형되어 20세기 보이스카우트 책자에도 나오게 된다.

뱀에게 물리면 즉각 조치가 취해져야 한다. 독이 몸 전체에 퍼지는 걸 막기 위해서 가능한 빨리 상처 부위 위를 꽉 묶어주어야 한다. 그러는 동안 다른 사람은 날카로운 걸로 상처 부위를 절개해 입으로 세게 빨아낸 다음 뱉는다. 그 전에 올리브 오일이나 알코올로 입안을 소독하는

296

것이 좋을 것이다. 독을 빼는 사람의 입 속에 상처가 있거나 충치가 있어서는 안 된다. 독을 빨아들일 사람이 없다면, 가열된 또는 가열되지 않은 컵으로 부항을 사용하라. 열처리가 된 것이 더 효과가 커서 빨아들이는 동시에 감염을 막아준다. 여러 약품에 벌꿀을 섞은 항독제를 발라라. 또는 몸에서 독을 빼줄 약품을 상처 부위에 발라라.

마이모니데스의 책이 의학 서적으로 기억되지 않음은 어찌 보면 모순이다. 대신에 그의 책들은 중세의 가장 위대한 유대인 철학자이자, 스페인에서 중동으로 온 유대인의 정신적 지주임을 보여주는 책들로 기억된다. 한평생 많은 무슬림들과 기독교인들과 함께 일하고 치료해준 그의 업적을 기리는 사람들은 대개 유대인들이다.

무사 이븐 마이문처럼 무슬림 사회에서 존경받는 높은 자리에 오른 유대인은 앞으로 800년 동안 나타나기 힘들 것이다. 그렇긴 해도 마이모니데스와 가족들이 스페인에서 탈출했을 당시에 유대인들이 무슬림 도시를 기회와 지적 피난처로 여겼음을 아는 무슬림이 거의 없다는 것은 또 다른 모순이다.

마지막 모순은 마이모니데스가 방탕한 사생활 때문에 생긴 술탄의 병을 치료하며 말년을 지냈다는 것이다.

◎ **위대한 무슬림 의사들이** 죽고 사라져도 그들의 의학적 지혜를 기리는 보다 오래 지속되는 기념 건물들이 도시 곳곳에 나타난다. 이 새로운 건물들은 앞으로 수세기 동안 세계 다른 곳에서는 찾아볼 수 없으며, 어떤 식으로든 모방하지도 못할 것이다. 이런 건물들의 상당수는 궁궐을 닮았다. 일부는 백성들이 더 오래 건강하고 인간답게 살도록 왕실의 후원자들이 기증한 진짜 궁궐이기도 하다. 가난하고 병들고 불운한

사람들을 돌볼 목적과 예언자의 평등주의 메시지에 자극받아 생겨났다.

이것이 바로 병원과 약국으로 불리는 건물들로 집에서 치료받는 걸 선호하는 부유층을 위한 것이 아니었다. 병원은 문으로 걸어 들어오는 모든 이에게 개방되었다. 혹 걷지 못하는 자가 있으면 들것에 들려 옮겨졌다.

무슬림 동쪽에서는 병원을 '아픈 사람들을 위한 장소'라는 뜻의 페르시아어 바마리스탄으로 부르다가 나중에는 '마리스탄'으로 줄여서 부른다. 그곳은 죽음을 맞이하기 위해 가는 곳이 아니라, 치료를 받고 정신 질환을 포함한 질병들과 부상에서 회복되기 위해 찾는 곳이다.

당시의 의료 기술로는 한계가 있기는 했지만, 약국에서는 환자들에게 긍정적 효과를 가져다주는 치료제를 조제해 주었다. 민간 치료법, 미신, 마술이 아니라 실험과 관찰의 결과에 근거한 처방전으로 동시대 유럽에 비해 몇 년 앞선 모습을 보여준다.

최초의 무슬림 병원으로 알려진 것은 다마스쿠스의 치료소로 대략 705~715년 사이에 우마이야조의 명령으로 지어졌다. 일반 대중과 나병 환자를 분리하기 위한 용도로 사용되었다.

수십 년이 지난 8세기 후반에 하룬 알 라시다는 페르시아의 군데샤푸르에 있는 한 의사를 초빙해 바그다드에 첫 바마리스탄을 만든다. 9세기에는 알 라지가 새로운 아우디디 병원을 바그다드에 연다. 그는 새로운 병원의 최적 입지를 찾기 위해 도시 곳곳에 날고기를 매달아두었다. 그러고는 가장 부패가 더딘 곳에 병원을 지을 것을 권고했다. 일단 병원이 지어지고 나자 새로운 병원에는 외과의사, 안과 전문의, 심리학자를 비롯한 24명의 의사들이 근무했다. 12세기에 이 병원을 방문한 사람들은 '커다란 성' 같다고 표현했다.

1000년 아바스조 바그다드에는 5개의 큰 병원들이 들어섰다. 병원들은 다양한 목적으로 쓰였다. 수술 센터, 외래진료실, 정신과 병동, 회복 센터, 요양원까지 갖추었다. 필요한 사람들에게 무료로 진료해주는 경우도 많았다.

13세기 이집트의 알 만수리 병원은 8천 개의 침상을 갖추고 매년 백만 디르함의 재정 규모로 운영된다. 빈부를 막론하고 병원에 온 자는 모두 치료해주는 정책으로 특이했다. 남녀가 분리되어 치료받았으며, 무슬림과 기독교인들이 분리되어 예배를 드렸다. 또한 강의실, 내부 약국, 수술과 열병과 눈 질환을 위한 별개의 분리된 병동이 있었다. 큰 규모로 세워진 병원에는 이렇게 적혀 있었다.

> 병원은 남녀를 가리지 않고 완전히 회복될 때까지 모든 환자들을 돌볼 것이다. 모든 비용은 병원이 부담한다. 거주민과 외국인, 약자와 강자, 신분의 높낮이, 부자와 빈자, 고용된 사람과 실업자, 장님이든 아니든, 육체적이든 정신적 질환이든, 배웠든 무식하든 간에 차이를 두지 않을 것이다. 사람을 가리지 않고 병원비 지불 여부를 따지지 않는다. 누구도 거부당하지 않고, 돈을 내지 않았다고 눈총받지도 않을 것이다. 모든 의료 서비스는 관대한 알라의 위대함 속에서 이루어질 것이다.

카이로에는 훗날 중요한 병원이 두 개 더 들어선다. 다마스쿠스에는 병원이 다섯 개나 된다. 아라비아의 메카와 메디나, 북아프리카의 여러 주요 도시들에는 그보다 더 많은 병원들이 생겨난다. 알 안달루스에는 다소 늦은 감이 있지만, 14세기 후반에 그라나다에 병원 하나가 생긴다. 오토만 투르크와 무굴 인도 역시 치료 센터를 여러 개 짓는다.

어떤 의학 역사 전문가가 무슬림의 진보적인 정신질환 치료법에 대해 이렇게 썼다.

모로코 페즈에 정신질환자들의 구호처가 8세기 초반에 지어졌다. 아랍인들도 정신병동을 지었다. A.D. 705년에는 바그다드에, A.D. 800년에는 카이로에……그리고 A.D. 1270년에는 다마스쿠스와 알레포에 지어졌다. 목욕과 약 외에도 친절하고 자비로운 치료가 정신질환자들에게 제공되었다. 음악 치료법과 건강 회복에 적당한 가벼운 작업을 시키는 요법도 행해졌다. 이런 치료법들은 상당히 발전된 것이었다. 특별 합창단과 라이브 음악 밴드가 날마다 환자들에게 노래로 즐거움을 선사했다. 뮤지컬 공연과 코믹한 공연도 곁들여진다.

다른 놀라운 혁신도 일어났다. 질병을 다루고 사람들을 보다 편하게 해주는 약을 조제하는 약국들은 규모가 커져갔다. 이런 약국을 아랍어로 세이달라라고 부른다. 약국이 수도의 하룬 알 라시드 병원에서 처음으로 문을 연 지 50년도 안 되어 바그다드와 다른 무슬림 도시들에 퍼져 나갔다. 훗날 왕실이 지어준 병원들은 각각 조제실을 갖추게 되는데, 커다란 내부 연구실에서 만들어진 시럽, 연고, 가루약과 같은 것을 나누어준다. 그리고 약의 순수성과 정확한 측정을 살피는 정부 감시관들이 조제 과정을 감독한다. 그들의 임무는 날짜가 지난 약을 사용하지 못하게 해 약국의 실수나 무능으로부터 백성들을 보호하는 것이다.

최고급 무슬림 의학 기관들이 기독교 유럽보다 발전하게 된 이유는 뭘까? 무슬림 세계는 그때나 지금이나 완전히 미신에서 자유롭지는 못하다. 그러나 황금기의 무슬림 사회에서는 의학적 시행착오와 관찰을 통해 증명된 효능 있는 약을 보다 많이 제공하게 되었다. 대중의 기대치 역시 사회의 의학기술 능력을 따라오기 시작한다. 게다가 의료 업무는 잘 정의되어 있으며, 실제 과학에 많은 기반을 두었다. 유럽의 많은 기독교 성직자들도 아프고 죽어가는 사람들에게 휴식처를 제공했지만 질병을 치료할 자원이나 기술은 가지지 못했다.

그러나 정교한 무슬림 의학 풍토는 효과적인 약, 병원, 정신병동 이상의 것을 가져온다. 이븐 알 나피스와 같은 의사를 배출해낸 것이다. 그는 근대 이전의 가장 위대한 심장 전문의였다. 이븐 알 나피스는 1213년 다마스쿠스 근처의 작은 마을에서 태어났다. 거기서 의학을 공부한 후에는 카이로에서 직장생활을 하면서 일생의 대부분을 보낸다. 알 만수리 병원의 초대 총책임자이자 부속 의과대학의 총장을 역임한다. 1284년 그곳에서 세계를 뒤흔들 굉장한 발견을 이루어내는데, 해부 기술과 심장 기능을 이해하게 된 것이다. 피가 심장을 지나 '공기와 섞여지는' 폐로 어떻게 이동하는지도 밝힌다.

당시만 해도 심장 작동기제에 대한 표준은 갈레노스의 이론이었다. 갈레노스는 피가 좌심실에서 우심실로 이동하는데, 둘 사이에는 일련의 구멍이나 통로가 있다고 했다. 누구도 그런 구멍을 발견하지 못했지만 말이다.

알 나피스는 많은 수술과정과 해부를 통해서 심장과 폐의 혈액 순환을 지켜본 후 그 이론에 종지부를 찍었다.

저서 『아비센나의 의학정전 해부학 주해서』에서 이렇게 밝히고 있다.

심장의 우심방에서 혈액은 반드시 좌심방에 도착해야 한다. 그러나 그 사이에 어떤 직접적인 통로는 없다. 심장의 두터운 격막은 관통되어 연결되어 있거나, 일부 사람들의 생각처럼 눈에 보이는 구멍이 나 있는 게 아니다. 갈레노스의 생각처럼 눈에 보이지 않는 구멍이 있는 것도 아니다. 우심방에서 나온 혈액은 폐동맥을 통해 폐로 전달된다. 그러다 공기와 합쳐지고 폐정맥을 통해 심장의 좌심방에 도달한다.

알 나피스의 발견이 근대 의학에서 차지하는 중요성은, 알콰리즈미의 영이 근대 수학에서 차지하는 위상과 같다. 그는 심장으로 피를 제공하는 혈관들의 네트워크를 도식화했다. 그러나 이런 기념비적인 업적이 아랍 외부에는 거의 알려지지 않았으니, 이 역시 잃어버린 역사라 하겠다. 1547년 이탈리아 벨루노의 안드리아 알파고가 저서 일부를 번역하면서 이러한 내용이 알려졌다. 그리고 불과 5년 후 스페인에서도 번역된다.

의심스럽게도 알파고의 번역본은 윌리엄 하비가 심장과 혈액 순환에 관한 갑작스런 대발견을 하기 60년 전에 나왔다. 윌리엄 하비는 영국의 제임스 1세와 찰스 1세를 보살핀 왕실 주치의이다. 그는 파두아 대학에서 공부했다. 이상하게도 알파고의 번역본에는 심장에서 폐로 이동하는 혈액 순환 부분이 없다. 알파고가 이탈리아 의학 당국에 의해 거부될까 하는 두려움에서 고의적으로 뺀 것이 아닌가 할 정도로 기이한 삭제였다. 하지만 신뢰하는 몇몇 지인들에겐 알 나피스의 놀라운 발견을 털어놓았을 것이다.

하비는 아마 파두아에서 아랍 학자의 저술을 접했을 것이다. 하비가 1628년에 자신의 이론을 상세히 설명하기 시작한 건 이븐 알 나피스의 대발견이 있은 지 350년이 지난 후였다. 심장에서 폐로의 혈액 순환에 그치지 않고, 신체 전반의 혈액 순환을 증명하기는 했지만 말이다. 알 나피스의 책이 번역되었을 때, 당시 르네상스 유럽은 더 이상 무슬림의 발견에 경외감을 표하지 않았다. 이는 잃어버린 역사의 비극이라 하겠다. 때문에 그는 라틴명도 없으며 상응하는 인정도 받지 못했다. 유럽인들이 아비센나, 라제스, 알부카시스를 존경하던 시절은 오래전에 사라졌다. 그리고 수세기 동안 묻혀버렸다. 유럽은 이제 깨어나기 시작했고 무슬림 세계는 그늘 속으로 떨어졌다. 사람들은 유럽이 진정한 중심지이며 새로운 아테네이자 로마라고 여기게 되었다.

　　◎　**위대한 무슬림 의사들과 여러 사상가들은** 르네상스 유럽인들의 마음속에서 희미해졌다. 하지만 운 좋게 읽고 쓰고 여행할 수 있었던 몇몇 가톨릭 번역가와 유대인 번역가들을 통해 중세 유럽에서 명성을 얻게 된다. 이러한 선구자적 번역가들은 수세기 전 알 마문이 바그다드에 세운 지혜의 집에 속한 번역가들과 같은 목적을 중세 유럽에서 이루어낸다. 그러나 유럽의 번역 과정은 훨씬 더 느렸다. 지식은 여전히 교회의 소유물로 남아 있었고, 극히 소수만이 교회 도서관의 비밀 서재에 접근할 수 있었기 때문이다.

　　이런 장벽에도 불구하고 무슬림 과학, 수학, 다른 지식들이 오랫동안 계속 북쪽으로 흘러들기 시작했다. 가장 빈번히 문물이 들어오는 통로는 스페인의 타이파를 통해서였다. 그곳은 15세기까지 유럽의 수용적, 다문화적, 지적 수도였다. 톨레도, 바르셀로나, 레온, 세고비아 도시들은 지적인 불빛으로 호기심 많은 이들을 끌어 모으는 등대와 같았다. 비슷한 문물 전래가 한때 무슬림의 손길이 닿았던 마르세유, 나르본, 툴루즈 같은 프랑스 남부 도시들에서도 일어났다. 시칠리아, 이탈리아 남부 살레르노, 몬테카시노 베네딕트 수도원, 팔레르모, 시러큐스도 또 다른 문화 전달 장소가 된다.

　　실베스터 2세는 초기 중세의 가톨릭 고위 성직자였다. 그는 수학과 과학에서의 무슬림 발전의 중요성을 인식한 첫 프랑스 교황으로서 1003년에 세상을 떠난다. 그는 죽기 전에 무슬림 천문학과 수학 방식을 채택했을 뿐 아니라 불편한 로마 숫자 체계를 더 효율적인 아랍 인도 숫자 체계로 바꾸도록 교회에 명했다. 유럽이 대부분 문맹 상태이며 봉건제 가난에 시달리고 있었기 때문에, 이런 혁신 조치들은 교회 학자들 중 일부 높은 사람들만 인식했을 것이다. 실제로 15세기 중반까지는 이러한 조치들이 거의 사용되지 않는다.

1065년 튀니지 출신의 아프리카인이 무슬림 서적들을 콘스탄티노플에서 살레르노에 있는 최초의 유럽 의대로 가져왔다. 그곳의 성직자들과 학자들은 아랍 의학 서적들을 라틴어로 번역했다.

한 세기가 지나 1100년대에 이르자 영국 체스터의 로버트가 알콰리즈미의 여러 작품을 아랍어에서 라틴어로 훌륭하게 번역해놓는다. 『복원(復元)과 대비의 계산』으로 알려진 대수학에 관련된 책과 알고리즘에 관한 『인도의 계산법』도 포함되어 있다. 로버트는 12세기 중반에 활동한 인물로 아랍어 작품들에 지대한 관심을 가지고 있었다. 그는 영국을 떠나 타이파 스페인과 문화적 혼용지대인 세고비아에서 거의 십 년을 보낸다. 세고비아의 가톨릭 통치자 페르디난드 1세는 아랍인들의 발전에 자극을 받아 그의 작업을 후원해주었다.

크레모나의 제라드는 12세기 이탈리아인이다. 그는 아랍어를 배워 무슬림 지식을 라틴어로 번역하겠다는 뚜렷한 목적을 갖고 스페인 이민을 떠났다. 그는 톨레도에 정착한다. 톨레도는 1085년에 이르러서야 무슬림 통치에서 벗어난 곳이다. 당시에는 무슬림 발전상에 매료된 프랑스 대주교 레이몬드가 다스리고 있었다. 제라드는 레이몬드의 후원으로 수학과 의학을 포함한 다양한 분야에 걸쳐 70권 이상을 번역한다. 그의 번역물들은 훗날 로저 베이컨, 알베르투스 마그누스, 토마스 아퀴나스와 코페르니쿠스의 저술들의 토대가 된다. 존이라는 유대인 학자도 세빌에서 번역을 계속한다.

영국 바스의 아벨라드도 번역자들 대열에 동참한다. 그는 때로 아델라드로 불리기도 했다. 그가 12세기 초반 스페인에서 스페인계 무슬림 지도자의 관심을 얻기 위해 무슬림 행세를 했다는 풍문도 떠돈다. 그

지배자는 기독교 번역가들이 무슬림의 축적된 지혜와 지식을 '훔쳐' 가
서는 정보를 이해한 뒤 자기 것이라 주장하며 비기독교인에게 안 좋은
쪽으로 사용할 거라고 생각했다. 적법이든 아니든 간에 아벨라드는 안
전한 길을 택한 것이다. 그는 아랍어로 된 수많은 아랍책과 그리스 책들
을 번역했다. 하지만 유럽인들에겐 무엇보다도 유클리드의 아랍본에 손
을 댄 사람으로 가장 잘 알려질 것이다. 비교적 덜 알려진 번역가들로는
티볼리의 플라토, 카린시아의 헤르만, 브뤼주의 루돌프, 트리폴리의 마
이클 스콧과 필립, 루니스의 윌리엄, 스페인의 도미니쿠스 곤디살비, 산
탈라의 휴가 있다. 스페인계 유대인 번역가로는 페트루스 알폰시, 아브
라함 벤 에즈라, 세빌의 존, 사바소르다가 있다. 유럽인들은 무슬림 전
임자들의 풍부하고 다문화적인 과학 사상의 혼합물을 받아들였다. 심지
어 그리스 작품들도 이라크, 스페인, 이란, 이집트에서 수세기 동안 발
전한 이슬람 사상이라는 렌즈를 통해 이해했다.

이러한 '문화적 다리들'은 유럽의 차세대 수학과 과학자들의 지적
업적을 가능케 해준다. 알베르투스 마그누스는 13세기 도미니칸 성직자
이자 학자이다. 아리스토텔레스와 위대한 페르시아인 학자 이븐 시나의
저술을 아랍어에서 라틴어로 옮긴 제라드의 덕을 많이 봤다. 알베르투
스 마그누스는 이젠 입장이 바뀌어 성 토마스 아퀴나스의 스승이 된다.
아퀴나스는 무슬림과 그리스에 관한 깊은 철학적 고찰을 통해 그런 사
상들을 기독교를 위한 새로운 맥락으로 변모시킨다.

로저 베이컨은 13세기 영국의 프란체스코회 수사이다. 알베르투스
와 동시대에 살았던 대등한 인물이었다. 가톨릭 아랍 연구가들이 손으
로 쓴 번역본을 가져와서 수학, 화학, 천문학, 광학 등 광대한 분야를 연
구했다. 특히 이븐 알 하이삼의 천재성에 많은 영향을 받았다.

번역의 실제 방법은 번역가마다 다르다. 그러나 결코 쉬운 일이 아

니다. 많은 이들이 어려운 아랍어를 라틴어로 축어역(逐語譯)했다. 때로는 모르는 아랍 단어를 받아들여 라틴식의 비슷한 소리를 만들어 임시변통 식으로 하기도 했다. 해당 분야의 교육을 받은 번역가는 거의 없었다. 그래서 추측하거나, 중요한 단어나 구절의 해석은 전문가의 도움을 받기도 했다. 때때로 중간 매개체로 3개 국어를 하는 사람들을 이용하기도 했다. 아랍어, 라틴어, 본토 스페인어를 사용하는 스페인계 유대인 학자들이 대표적이다. 유대인들은 아랍어 저서를 스페인어로 바꾼 뒤 단어를 크게 소리 내어 읽는다. 그러면 최종 번역가들이 라틴어로 바꾼다.

그리고 번역가들은 무슬림 사상가들의 이름 자체를 라틴명으로 바꾸었다. 아랍어를 낯설어하고 아랍식 명칭을 발음하기 힘든 유럽인들을 돕기 위한 것이었다. 하지만 시간이 지나면서 무슬림 사상가들은 마치 라틴인이나 서양인으로 인식되어 정체성이 흐려졌다.

이런 식으로 무슬림 의학은 무슬림 수학, 과학, 사상과 마찬가지로 유럽에 흡수되었다. 각 학문들은 뚜렷하게 구분되지 않았다. 무슬림 학자들은 분야를 구분하지 않았고, 받아들이는 유럽인들도 마찬가지였기 때문이다. 무슬림 의학은 무슬림 수학, 과학의 쌍둥이나 마찬가지였다. 철학과 법학은 무슬림 음악과 예술의 사촌인 셈이었다.

꿈, 목소리, 요새

> 그들에겐 천국(영원한 정원)이 될 것이다.
> 아래에는 강이 흐른다. 그들은 금 목걸이로 장식을 하고,
> 두툼하고 멋진 초록 비단옷을 입고 있을 것이다.
> 높이 솟은 왕좌에 몸을 기댈 것이다.
> - 코란(18장 31절)

2007년, 이란, 마슈하드—마슈하드는 오렌지 빛 저녁놀 속에 놓여 있다. 도시의 먼지, 매연, 소음이 카샤프 강의 계곡을 가로지른다. 오래된 호라산의 심장부에 위치한 이곳에서 오천 년 동안 사람들은 무역하고 곡식을 재배했다. 지금은 무에진들, 소음, 장사하는 소리에 섞여 이백만 명 이상의 사람들이 내는 소음과 폐수가 깔려 있다.

지금 이곳은 이란에서 테헤란 다음으로 큰 도시다. 비즈니스 중심지 외에도 대학과 신성한 이맘 레자 사원이 있는 곳이다. 시아파들이 추종하는 이맘의 무덤이 있는 사원이다. 그 이맘은 칼리프 알 마문의 명령에 의해 바그다드에서 암살되었다고들 한다. 시아파의 순례지이기도 하다. 부자들은 메카로 순례를 가고, 가난한 이들은 마슈하드로 간다는 우스갯소리도 있다.

소련 침공과 그 뒤의 탈레반을 피해온 아프가니스탄 사람들의 피난 처이기도 하다. 그들 상당수가 수십 년째 이곳에 살고 있다. 고국을 떠 난 아프가니스탄 신세대들은 여기서 자라났다. 아프가니스탄의 전통을 유지하면서도 이란의 흐름에 맞추어 생활한다.

이곳 피르다우시 대학은 이란인들이 존경하는 13세기 시인의 이름 을 따서 지었다. 대학 도서관에서 아프가니스탄 망명 2세대 여성인 레 일라가 『천일야화』에 관한 여러 다른 번역본들을 읽고 있다. 그녀는 세 헤라자데라는 인물에 매료되었다. 물론 두툼한 문서적 증거를 통해 이 야기의 가장 유명한 번역판에 묘사된 그 화자가 실존 인물이 아니라 여 러 인물이 합성된 것임을 잘 알고 있다. 하지만 정서적인 측면에서 그런 용기와 총명함을 지닌 여성이 되고 싶다. 그녀는 수많은 문학적 결과물 을 만들어낸 이야기 속 화자이다.

레일라는 모국 아프가니스탄에 비해 여권이 보다 신장된 이란에서 자라면서 세헤라자데가 여성 시인으로 그려진 건 우연이 아니라고 믿게 되었다. 증명할 순 없지만 말이다. 여자들은 원래 남자들보다 더 시적이 며 위대한 시에 필요한 예민함과 관찰 능력을 천성적으로 더 많이 가지 고 있다고 생각하기 때문이다. 그렇다고 남자들은 감동적인 시를 쓸 수 없다는 말이 아니다. 단지 여자들만큼 본능적으로 시적인 요소를 인식 하지는 않는다.

레일라는 이야기를 풀어내는 재주에 매일 자신의 목숨을 건 멋진 여성의 모습을 마음속에 그렸다. 그녀는 시인이었던 지난 십 년 가까운 세월 동안 모험을 무릅쓰지 못했다. 하지만 목적대로 관철해 나가는 건 쉬운 일이 아니다. 그녀는 두 아이를 두고 있으며 남편은 대학에서 공학 을 가르친다. 그는 정말로 도와주려고 노력하는 편이지만, 레일라는 늘 해야 할 일로 시간이 빠듯하다. 그녀는 아프가니스탄 지역사회의 일부 남자들이 자신을 못마땅하게 여기고 있음을 잘 알고 있다. 때문에 다른 망명인 아프가니스탄 여성 작가들이나 동참한 이란 여성들과 교류하며 후원과 평안을 얻어왔다.

몇 주 후 그녀는 테헤란에서 아프가니스탄 난민 작가들의 전국 모임에서 낭송을 할 예정이다. 그녀에겐 아주 중요한 자리이다. 남편이 베이비시터와 수업을 대신해줄 사람을 찾을 수 있을지는 불확실하지만 말이다. 아니면 아이들을 데리고 혼자서 테헤란으로 긴 버스 여정에 나서야 할지도 모른다. 하지만 세헤라자데가 겪은 위험에 비하면 사소한 것이다. 그리고 아프가니스탄에서 계속 살았더라면 시적 이상을 추구하기 위해 더 심한 위험을 무릅써야 했을 것이다.

최근까지도 그녀는 자신이 아프가니스탄에서 자랐다면 지금의 모습은 없었을 거라고 스스로에게 말해왔다. 그곳에 있었다면 교육도 받지 못하고, 시를 배우지도 못하고, 시인이 되기 위한 허락도 받지 못했을 테니 말이다.

하지만 지금은 잘 모르겠다. 거기에 가본 적은 없다. 하지만 그곳에 대한 기억들을 전해 듣고 잃어버린 모국의 방식들이 너무 강렬해서 아프가니스탄을 잘 아는 것처럼 느껴진다. 여러 웹 사이트에서 찾을 수 있는 뉴스는 물론 친구들을 통해 얻은 새로운 정보는 뭐든지 다 읽었다.

때때로 내전이라는 안 좋은 때에 운 좋게 탈출한 부모님을 둔 자신의 행운에 죄책감을 느끼기도 한다.

마슈하드는 항상 그녀의 고향이었다. 이제껏 다른 곳이나 부모님의 고향인 발흐로 돌아가고 싶은 적이 없었다. 발흐는 고대 실크로드 도시로 13세기 수피즘 시인인 루미가 태어난 곳이다. 루미는 최근 서양에서 아주 유명해졌다. 심지어 지금도 발흐의 풍경과 돌과 공기 속에 그녀의 시적 감성을 풍부하게 해줄 뭔가가 있을까?

따뜻한 오후에 도서관에 앉아서 테이블의 다른 학생들이 읽거나 쓰는 모습을 지켜본다. 긴 의자에 앉아 조는 모습도 보인다. 자신이 망명자가 되는 바람에 많은 것을 잃은 건 아닌지 하는 생각에 잠긴다. 아프가니스탄에서 여성들을 위해 앞장서 싸우면서 세헤라자데처럼 되어야 했던 건 아닐까?

이런 생각은 잠시 중단된다. 알고 지내는 도서관 사서가 그녀의 어깨를 살짝 쳤다.

"당신이 신청했던 새로운 평론서가 선적 과정에서 분실됐어요."

"분실이요?" 레일라가 낙담한 채 나지막이 말한다. 파리의 한 단체가 쓴 책의 이란 번역본이다.

"한 달 전에 테헤란에서 실었다고는 하는데. 어쨌든 알아보고 있는 중이에요."

"찾을 수 있을까요?" 사서는 어깨를 으쓱한다.

"그럼 다시 재주문하면 안 될까요?"

"한 6개월 동안은 곤란해요. 주문할 새로운 목록들이 있거든요."

레일라는 실망감으로 한숨을 내쉰다. 비이성적일지는 몰라도 그 책이 사라져버린 세헤라자데에 대한 탐구에 더 많은 증거를 줄 거라고 믿었었다. 그런데 더 기다려야 한다니, 얼마나 될지 누가 알겠는가?

오후가 흘러가고 있다. 그녀는 읽을 수도 생각할 수도 없다. 오후 중간 기도하는 신도들이 왔다 가는 모습이 멀리서 보인다. 떼를 지어 다니는 건 아니지만, 학생들은 들락날락 한다. 아이들을 데려올 시간이라는 사실이 떠올랐다. 자기 연민으로 몇 시간이나 낭비했다.

자신이 내린 선택과 운명에 대한 불확실성과 이 순간 자신이 이기적이라는 생각이 엄습해 그녀는 노트북을 꽝 하고 닫았다. 벌떡 일어나 마슈하드의 밝은 햇살 아래로 걸어 나갔다. 장래 계획이나 뒷담화, 아르

바이트 일자리나 좋은 기회들, 휴가철 테헤란이나 카스피 해나 고향으로 가는 할인 항공요금을 얘기하는 여러 학생들 틈 사이로 지나간다.

이 길을 감으로써 그녀가 감당해야 할 위험은 무엇일까? 그녀가 잃어버린 건 무엇일까?

◎ **A.D. 691년, 예루살렘**—고대의 황금 돔이 아브라함의 세 종교가 교차하는 지점의 도시에서 빛나고 있다. 푸른색과 흰색의 타일로 된 8각형의 건물 위쪽은 반구 모양의 돔이다. 황금 돔 아래에는 바위가 놓여 있다. 유대인들에게는 세상의 근원이 되는 곳이다. 신이 아브라함의 신앙심을 시험했을 때, 아버지 아브라함이 아들인 이삭을 묶어놓은 장소다. 무슬림에겐 예언자가 천사 가브리엘과 함께 하늘로 올라간 곳이다.

바위의 돔은 우마이야조의 최초의 건축물이자 가장 오래 지속된 건물이기도 하다. 예언자가 죽은 지 거의 60년이 지난 691년에 칼리프 압드 알 말리크의 명으로 지어졌다. 두 줄의 기둥들과 원주들이 8각형의 건물을 받치고 있다. 예언자는 살아 있는 모든 것의 우상을 금했다는 전통 견해를 충실히 따랐다. 그래서 내부는 꽃문양으로 장식하고, 벽들은 다양한 색깔의 매끄러운 벽토로 처리했다.

황금으로 된 돔은 태양 광선을 받아 경외감을 주는 예루살렘 분위기에 한몫 한다. 예루살렘은 유대인들과 기독교인들에게 오랫동안 성지였다. 이제는 무슬림에게도 성지가 되었다. 많은 무슬림 건축물과 달리 이곳은 1300년 이상 보존될 것이다. 칼리프 압드 알 말리크는 자신이 건물의 후원자임을 알리는 기념비를 세웠다.

이러한 대칭적이며 조화로운 건축물이 버젓이 남아 있는데도 그 역사를 훔치려는 사람이 있었다. 150년이 지난 뒤 칼리프 알 마문은 압드 알 말리크의 이름을 기념비에서 지우고는 대신 자신의 이름을 새겨넣는다. 하지만 완공 날짜는 바꾸지 않았기 때문에 학자들은 그가 업적을 훔쳤다는 걸 알 수 있었다. 나중에 19세기에 들어서면 무슬림 칼리프들과 술탄들이 새로 개조하면서 수선 보수한다.

가장 오래 보존된 성스러운 무슬림 건축물이지만, 다른 두 종교에게도 중요한 의미를 지니기 때문에 그 역사와 의미는 사라지지 않을 것이다. 이런 장기간의 건축물 보존은 칼리프 제국이 몰락하면서 반복되지 못한다. 알 마문이 바위의 돔에 자신의 이름을 위조할 정도로 사랑했던 바그다드의 모습은 거의 보존되지 못한다. 앨러배스터 궁궐은 칭기즈칸 손자의 학살을 견뎌내지 못한 데다 수세기의 세월 동안 마모되어 버렸다.

전설 속의 다른 장소들과 역사는 보존 상태가 더 좋은 편이다. 하지만 돌에 기억과 사랑을 새겨두어도 시간이 흐르면 기억은 상당한 의미를 잃는다. 그리고 사랑은 돌이 사라지면 더 이상 오래가지 못하는 비극도 생긴다. 예를 들면 피라미드에 감탄하는 훗날 관광객들은 어떻게, 그리고 왜 이런 거대한 건축물들이 만들어졌는지 궁금해한다. 천 년 전에 만들어진 언덕 위 거대한 유적 도시는 한때 활기와 삶의 움직임으로 가득했지만 지금은 다 사라졌다. 그 이유는 잃어버린 역사에 있다. 먼 미래의 관광객들은 그저 추측할 뿐이다.

돌에 새겨진 사랑 이야기의 잔재는 시에라 모레나의 코르도바 가장자리 유적지에서 찾을 수 있다. 우마이야조는 알모라비드 왕조에 의해 몰락했다. 언덕 위의 왕실 도시는 조롱받고 잊히면서 점차 무너져갔다. 기둥과 돌은 닳아 없어지거나 세빌의 알카자나 산제로미모의 수도원 같은 새로운 건물을 짓기 위해 옮겨졌다. 사람들은 대리석 기둥을 훔쳐가 새로운 궁궐의 장식으로 쓰기도 했다. 분수대는 수세기 동안 먼지와 쓰

레기로 가득하다. 그러다 결국엔 침식으로 깎이고 흙이 되면서 황폐해진다.

이곳은 원래 이름도 잃는다. 자하라의 도시인 메디나 아자하라는 구 코르도바라는 의미의 코르도바 비에하로 알려지게 된다. 잊힌 이름 메디나 아자하라의 의미를 기억하는 사람이 있을까?

여기 그 이름의 의미를 아는 한 남자가 있다. 잃어버린 역사 속의 그는 가장 사랑하는 아내 자하라와 함께 산 정상에 서 있다. 그녀는 올리브 색깔의 피부에 갈색 눈동자를 하고 있다. 그는 아내가 자신만큼이나 현명하며, 칼의 힘보다 더 위대한 사랑의 힘을 가진 존재임을 알고 있으며, 늘 얘기해왔다.

가장 개인적인 순간엔 그녀에 대한 지나친 사랑으로 자신을 탓해야 할 정도였다. 그녀는 가장 사랑하는 아내이며, 다음 날의 약속과 정책을 밤늦게 결정할 때 옆에서 지적, 정치적 동반자 역할을 했다. 늘 자신감을 북돋워주었다. 특별한 지위를 부여해도 특권을 남용하지 않기 때문에 더욱 그녀에게 빠진다. 종종 그녀가 관여할 문제가 아니라 말해도, 칼리프는 그녀의 조언이 겸손함과 이해심에서 나온다는 걸 알고 있기 때문에 듣기를 고집한다.

시와 음악을 사랑하는 자하라 덕택에 그의 삶은 더욱 달콤해진다. 그리고 밤이 되면 그에게 즐거움을 선사해준다. 그의 하루는 통치, 정치, 전쟁, 임명 등의 일로 채워져 있다. 혼자서 처리해야 하는 그런 일들은 영혼을 황폐하게 만들 수도 있다. 막강한 권력을 가진 자리를 위해 많은 사람들이 목숨을 걸 정도이지만, 그는 그 모든 것들이 얼마나 덧없는 것인지 잘 알고 있다.

그는 자신은 실제 세상을 지배하고 아내는 영적인 세계를 다스리며 균형을 맞추어야 한다고 말한다. 그래야 자신도 살고 안달루시아도 살

수 있다며 말이다. 그녀는 전쟁과 권력의 거침을 부드러움과 우아함으로 바꾸어놓는 여신이 되는 걸 흡족해한다. 그런 거래가 마음에 든다. 또한 낮에는 그가 칼리프 제국을 다스리고, 밤이 되면 자신이 여제가 되는 걸 좋아했다.

그는 걷잡을 수 없는 수많은 분열과 코르도바의 폭도에서 벗어날 새로운 도시를 만들어야 한다는 걸 잘 알고 있다. 또한 유럽의 부러움을 사고 경외의 대상이 될 도시를 만들어내야 하는 숙명을 타고났음도 알고 있다. 외국 대사들은 도시 출입문에 들어오기 전에 수시간 동안 공중에 떠 있는 것 같은 도시를 보게 될 것이다. 우마이야조의 미와 예언자에 대한 사랑도 보여줄 수 있는 도시여야 한다. 또한 왕실 도시는 자하라에 대한 사랑도 담고 있어야 한다.

그는 칼리프 압드 알 라흐만 3세다. 그의 왕조는 250년 동안 알 안달루스를 지배했다. 이제 바그다드의 아바스조 대신에 자신이 모든 이슬람의 진정한 칼리프라고 선언할 정도로 강해졌다. 세계의 상당 부분을 다스리는 통치자다. 새로이 공언한 역할에 걸맞으면서 다스리는 세계만큼이나 위대하고 아름다운 도시를 만들어내야 한다.

무엇보다 도시의 돌, 분수, 궁궐, 사원, 테라스, 분수대에 자하라에 대한 사랑을 집어넣을 방법을 찾아야 한다.

한 여성의 사랑과 음악과 지성을 어떻게 건물, 거리, 궁궐, 분수 속으로 집어넣을 수 있을까? 최고의 건축가, 석공, 대리석 절단가, 조각가, 기술자들이 필요할 것이다. 백성들을 완전히 통제할 수 있는 지도자여야 할 수 있는 일이다. 사랑과 힘을 보여주는 건축물을 재정적으로 지원하려면 전체 국고의 삼분의 일이 소요될 것이다.

도시는 1.6km의 길이에 0.8km의 폭을 지녔다. 와디 알 키비르로 내려가는 세 개의 커다란 테라스가 있다. 왕실 도시에는 새 사육장과 동물원, 커다란 물고기 호수가 갖추어져 있고, 궁궐 안에만 300개의 욕실이 있다. 신하들의 숙소를 만들려면 400채의 집이 필요하다. 그들을 무장시키기 위해서 왕실 내부에 무기고가 필요하다.

내부는 우마이야조의 신하들, 고위 지휘관들, 재정 관리, 학자들만이 출입할 수 있다. 고개를 숙여 인사하고 공물을 바치는 외국의 사절단들도 포함해서 말이다. 햇빛이 비치면 실내 무지개를 만들 수 있도록 크리스털로 장식된 큰 홀은 내부 인테리어의 경이로움을 보여준다. 또 다른 방의 중앙에는 수은 그릇이 있는데, 외부에서 조명을 밝히면 내부의 빛을 광선처럼 줄무늬로 벽에 나타낸다.

칼리프와 그의 아들은 거대한 건설 계획을 계속 추진하느라 엄청난 양의 돈이 필요하게 되었다. 그래서 유대인 재산가 하스다이 이븐 샤프루트에게 의지한다. 그는 칼리프가 원하는 일을 하게끔 도와준다. 하스다이의 권력은 칼리프 제국의 모든 영역으로 확대된다. 유대인이며 정식 직위는 없었지만, 모두들 우마이야조의 유대인 수상으로 인식했다. 하스다이는 왕들과 술탄들만이 창조 가능한 예술 작품을 만들어냈다. 그리고 유대인들과 이슬람의 상호의존의 절정기에 둘 사이를 조화롭게 이끌어 나갔다.

콥트 교회의 역사가인 이집트인 알 마킨은 13세기에 안달루시아 칼리프의 하인이었던 이븐 하이얀의 자료에 근거해 이런 기록을 남겼다.

압드 알 라흐만 3세 통치 기간에 6천 개의 각종 돌들이 여러 모양으로 잘라져 매끄럽게 또는 무디게 다듬어져 매일 사용되었다. 잘리지 않은 돌들은 도로 포장에 쓰였다. 건설 자재를 운반하기 위해 날마다 동물들을 빌려 짐을 날랐다. 술탄 소유의 낙타 4백 마리를 제외하고도 노새 천 마리를 더 빌렸다. 마리당 한 달에 순금 4.25그람의 비용을 주었다.

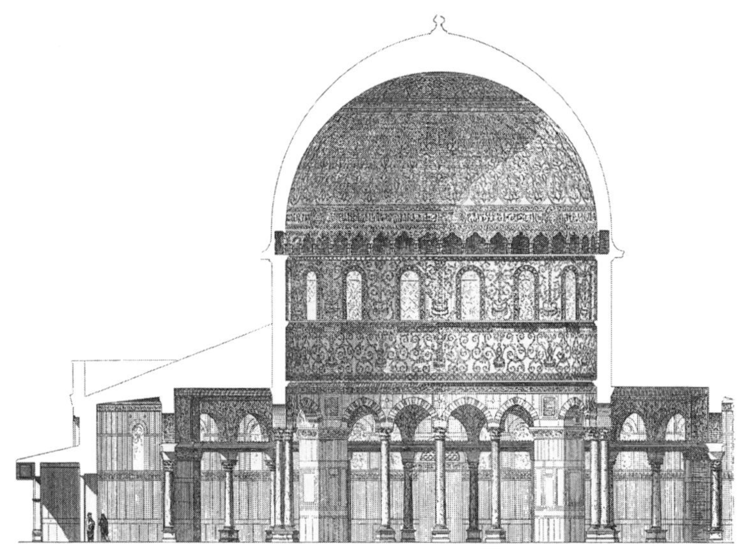

691년에 완공된 압드 알 말리크의 모스크로 예루살렘에 있다. 바위의 돔으로 불리기도 하며 가장 오랫동안 보존된 무슬림의 신성한 건축물이다.

더 많은 동물들이 있었다는 사람들도 있지만, 어쨌든 매달 4,250그람의 금이 나가는 것이다. 건설 기간에 1,100개의 석회와 석고 꾸러미가 3일마다 사용되었다.

기둥의 숫자는 크기나 지지대 여부에 관계 없이 총 4천 개가 건설에 사용되었다. 이보다 316개나 더 많은 숫자를 제시하는 사람들도 있다. 일부는 로마에서 가져왔다. 프랑크 왕국에서 19개, 콘스탄티노플의 황제가 선물해 준 140개도 있다. 푸르거나 장미색이 나는 대리석 기둥 1,013개는 카르타고, 튀니스, 스팍스, 북아프리카의 다른 곳들에서 가져왔다. 나머지는 안달루시아에서 채석되어 옮겨졌다. 한 예로 하얀 대리석은 알메리아에서 가져왔다. 줄무늬 대리석도 있었다.

이븐 하이얀은 아자하라의 경이로움에 대해 계속 말한다.

연못에는 두 개의 분수가 있는데 특이한 모양이다. 훌륭한 작품으로 매우 소중한 것이다. ……무엇보다 작은 것은 예술의 극치로 보인다.… 칼리프는 그것을 동쪽의 홀 알 무니스에 갖다 놓으라고 명했다. 붉은 금으로 된 12가지 조각을 부착한 뒤 진주 같은 귀한 보석으로 치장했다. 조각들은 모두 코르도바의 대장간에서 만들어졌는데 다양한 동물 모양이다. 사자를 닮은 조각도 있는데, 한쪽에는 영양이 다른 쪽에는 악어가 있다. 맞은편은 독수리와 용이 있다. 두 날개를 가진 동물상으로는 비둘기, 매, 공작, 암탉, 솔개, 대머리 독수리가 있다. 보석들로 치장되어 입에서 물이 뿜어져 나온다.

메디나 아자하라는 돌만큼이나 오랜 동안의 영원성을 나타내기 위해 지어졌다. 하지만 이런 눈부신 작품은 폐허로 변하면서 불과 65년 후에는 멸망하게 된다. 잃어버린 역사로 따지면 아주 짧은 시간에 불과하다. 오래전에 잊힌 지배자들과 소수 왕조들의 건축물들이 훨씬 더 오래 갈 것이다. 실용적 목적에서만 지어져 사랑이나 우아함은 찾아보기 어려운 미적으로 떨어지는 건축물들이 오히려 열 배는 더 오래 지속된다.

메디나 아자하라를 처음 공격한 것은 우마이야조를 전복하기 위해 알모라비드조가 보낸 북아프리카 용병들이었다. 그리고 알 안달루스의 납세자들인 폭도들도 있었다. 백성들은 두 세대 동안 이 건설을 도와주었다. 1010년 분노하고 착취당한 시민들과 코르도바의 정적들이 지배자의 거주지를 포위하고 불을 지른 뒤 소유물을 가져가려 했다.

이 궁전은 비난받으면서 거의 950년 동안 잊힌다. 그러다 드디어 학자들과 고고학자들이 폐허와 부식의 베일을 걷어올렸지만 가치 있는 것은 별로 발견하지 못했다. 반짝이는 대리석 테라스와 다채로운 내부 장식이 실제로 존재한 것인지에 대해 논쟁이 벌어진다.

살랑거리는 올리브 숲, 벽옥, 앨러배스터도 없었다. 기하학적인 벽에 박힌 다이아몬드, 루비, 진주도 찾지 못했다. 황동 그리핀이나 대리석 호수와 물을 내뿜는 사자나 말 조각들도 보지 못했다. 사이프러스 나무, 야자수 나무 그늘, 살아 있는 카펫을 만든 천국 같은 정원도 보이지 않았다. 은매화, 로즈마리, 협죽도, 달맞이꽃, 백합, 장미도 없었다.

심지어 자하라 왕비가 실제 존재하기나 한 건지, 어떤 사물이나 사람의 이름을 따서 도시 명칭을 지은 것인지에 대해서도 의문을 제기한다. 이 모든 것이 역사 속에서 사라져버렸다.

◉ **1492년, 스페인, 그라나다** —쾌청한 1월이다. 공기는 차갑고 건조하며 지는 태양이 붉은 타일 지붕들과 어두침침한 산들과 멀리 바다로 둘러싸인 산 위로 빛나고 있다. 새해가 막 시작됨과 동시에 새로운 세상이 열렸다. 그러나 당시 일부 사람들에게는 그 시간이 아마 세상의 끝이었을 것이다.

술탄과 에미르를 조상으로 둔 한 무슬림 군주가 테라스 아래의 군중들을 내려다본다. 가톨릭 왕과 여왕을 비롯한 왕족들, 부하들, 경호원들, 분홍색 푸른색 군대들의 무리가 보인다. 아주 오래전부터 북쪽으로부터 선조들을 침공했고, 또 현재 자신을 침공한 군대의 지휘관들 모습도 보인다. 적들이 승리를 거둔 것이다.

자신이 태어난 도시의 이 자리에 있을 시간도 얼마 남지 않았다. 그는 나스르조(朝)의 군주다. 오래전에 몰락한 우마이야조, 알모라비드조, 알모하드조의 뒤를 이었다. 스페인의 마지막 무슬림 왕조다. 산 위의 분수들, 정원들, 은신처와 깊게 연관된 왕조다. 그는 마치 선조들이 자신을 내려다보며 같이 눈물을 흘리고 있는 것 같은 기분이 들었다.

천국 같은 요새는 완전히 파괴되었다. 알 안달루스는 얼마 있어 사라질 것이다. 이 작은 남자는 타리크 이븐 지야드와 압드 알 라흐만이 700년 전 정복한 땅의 마지막 일부를 돌려줘야 하는 슬픈 운명에 처했다.

나스르조는 역사의 흐름과 싸우면서 스페인의 남부 구석의 작은 영토로 축소되었다. 그래도 예상보다 훨씬 오래 무슬림 꿈을 연장시켜왔다. 가톨릭에 의해서 코르도바로 한정된 후 오백 년 동안 스페인 무슬림은 여전히 소중하고도 마법 같은 영지를 지켜냈다.

그라나다는 최후의 무슬림 타이파로 마지막 저항 공간이었다. 지난 250년 동안 꿈의 마지막 부분을 지키기 위해 그라나다의 무슬림 군주들은 카스티야 왕국의 가톨릭 군주들의 속국으로 지냈다. 공납을 바치고 심지어 무슬림 반란 진압을 도와주기도 했는데, 그 보답이 바로 이것이다.

마지막 무슬림 군주 무함마드 12세는 기독교인들에게는 보압딜로 알려진다. 가톨릭 방문객들에게 최후의 전리품을 안겨주기 위해 기다리고 있다. 그는 잠시 주춤한다. 이것이 창공 위의 도시를 보는 마지막 순간이 될 것이다.

가족들이 수세대 동안 살았던 공중 요새를 바라본다. 탠 껍질과 사암과 크림색의 벽으로 된 건물은 거의 모든 외장이 아랍 글귀로 장식되어 있다. 코란의 일부 구절과 알제시라스에서 예전에 거둔 나스르조의 마지막 승리를 기리는 시이다. 모든 글귀들이 아랍어인 고리 모양의 서체로 씌어 있어 평평하고 차가운 느낌의 표면에 결을 생기게 하고 깊이를 준다. 그는 앞으로 오백 년간 새로운 스페인과 지중해 연안에서 모방될 건축물을 바라본다. 신기하고 멋지게 조각된 종유석 무카르나스가 천장에 매달려 있는데, 하나하나 독특한 모양이다. 반구형 끝의 기둥들,

홈이 있는 아치들, 정원들, 뒤뜰들, 보행로들도 바라본다. 사자들로 둘러싸인 분수가 있는 정원이 보인다. 다른 정원엔 반짝거리는 긴 호수가 있다.

이곳을 건설하면서 어떤 미래를 꿈꿨을까? 바그다드는 세계의 중심이 되고자 했다. 메디나 아자하라는 새로운 세상의 황제임을 나타내고 모든 걸 초월한 사랑을 보여주려고 했다. 반면에 아랍어로 알 함라 또는 알람브라, 즉 나스르조의 붉은 궁전은 최후의 보루를 상징한다. 알 안달루스에서 무슬림의 꿈이 얼마 안 남았으며 곧 끝날 거라는, 괴로운 지상의 현실로부터 도피한 은신처였다.

방들과 침실들은 높은 곳에 개방되어 있어 왕과 아내들과 선조들은 마치 공중에 떠 있는 기분이었다. 소년 시절 왕자 무함마드는 어떤 위험도 무릅쓸 필요 없이 이븐 피르나스처럼 나는 기분을 느꼈다. 꿈을 꾸며 속세와 천상에서 가장 좋은 걸 가질 수 있었다. 창공에서 태어나 자란 그가 몰락해가는 지상의 진실을 어떻게 받아들일 수 있을까?

이제 시간이 다가오고 있다. 이런 역사적 기이함은 끝났다고 결정한 사람들에게 내려가야 한다. 그들은 수세기 동안 근처에 있던 라이벌 종교가 사라져야 한다고 여겼다. 북쪽의 로맨스어(라틴어에서 유래한 언어들 총칭—역자) 사용자들은 이해할 수 없을 정도로 라틴어를 바꾸어놓은 셈족 언어와 동방의 생활방식이 더 이상 존재해서는 안 된다는 것이다. 그와 가족들과 백성들은 쫓겨났다.

마침내 최후의 순간이 왔다. 다음은 한 목격자가 레온 주교에게 보낸 편지이다.

왕실 깃발과 기독교의 십자가가 알람브라의 붉은 벽에 확연히 나타난다. ……말에 탄 매우 잘 차려입은 80~100명의 군사들과 무어인 군주

가 폐하의 손에 키스하기 위해 다가오고 있다. 폐하는 사랑과 경의를 표한 무어인 군주에게 인질이었던 그의 아들을 넘겨주었다. 십자가와 주를 찬양하는 노래를 부르는 진지한 행렬과 함께 영지에서 잡힌 사백 명의 포로가 나왔다. 산티아고의 군주와 추기경뿐만 아니라 카디즈의 공작과 다른 고관대작들과 귀족들과 사람들이 그 자리에 서 있었다. 모두들 신께 감사를 드리면서 기쁨으로 엉엉 울기 시작했다. 누구도 눈물을 자제할 수 없었다. 반면 기독교인들이 기뻐하는 모습에 무어인 군주와 무어인들은 슬픔과 고통을 숨길 수 없었다. 상실감이 가장 큰 이유일 것이다. 그라나다는 세상에서 가장 독특하고 귀한 것이기 때문이다.

군중 속에는 또 다른 남자도 있다. 한때 유대인이었지만 지금은 아니다. 앞으로 다가올 새로운 세상의 주역이다. 신세계를 발견할 그의 이름은 크리스토퍼 콜럼버스이다. 그의 일기를 살펴보자.

폐하가 유럽을 차지했던 무어인들과의 전쟁을 종결지었다. 그라나다라는 위대한 도시에 대한 전쟁을 끝냈다. 1492년 1월 2일 그라나다의 요새 알람브라 탑 위에는 폐하의 왕실 깃발이 걸려 있다. 무어인 군주가 도시의 문에서 나와 폐하의 손에 입맞춤하는 모습도 보았다.

모든 일이 끝나자 마지막 무어인 군주는 말을 타고 떠난다. 스페인 해안가의 일시적인 안전한 피난처로 갔다가 다시 북아프리카로 떠난다. 많은 스페인 유대인들과 무슬림들이 기독교인들의 침입을 피해 떠났던 곳이다.

그는 길의 높은 지점에서 다시 한 번 마지막으로 창공 속의 알람브라를 보고는 한숨을 내쉰다. 이 모든 것을 잃었다는 생각에 울기 시작한다. 꿈의 마지막 자락을 놓아버린 것이다. 그의 어머니는 이와 같은 상황에 익숙하지가 않다. 몸을 돌려 아들을 비난한다. "남자답게 지키지도 못해 놓고는 여자처럼 잘도 우는구나." 그는 생각하더니 답한다. "삶을 원한 것이 그렇게 겁쟁이 같은 건가요? 우린 여기서 천국처럼 살았어요. 죽는다고 뭐가 더 나아지나요?"

산 위의 도시는 당분간 텅 빈 상태일 것이다. 아래쪽 사분의 일은 다른 목적을 위해 거의 파괴된다. 가장 높은 곳에 위치한 침실과 분수대와 호수만 남을 것이다. 수세기 동안 뛰어난 대칭성과 우아함을 보인 알람브라는 오랫동안 누구도 기억하거나 인식하고 싶어 하지 않는 역사의 상징이 된다. 고의적으로 불필요하게 상실된 역사의 상징이다. 누구도 돌에 서체로 조각한 이런 궁궐의 목적을 기억하지 못할 것이다. 심지어 장소의 이름을 기억하는 사람도 드물다.

어느 날 이곳을 찾은 후세 사람들은 감탄할 것이다. "누가 이곳을 만들었을까? 무슨 이유로?" 하지만 대답할 수 있는 사람은 없다. 유일한 대답은 마치 탄식처럼 들리는 안달루시아의 차고 건조한 바람뿐이다.

◉ 1417~1660년, 우즈베키스탄, 사마르칸트─안달루시아의 무슬림 세계 정반대편에는 바람 불고 국경도 없는 지역이 있다. 거대한 푸른빛 도는 기둥들이 세 개 있다. 각각 독특한 모양의 높다란 아치를 세워 가운데가 뚫려 있다. 마치 이 세상 물건이 아닌 것처럼 보인다. 위에서 멀리 내다보면 선사시대 이전의 성지 같기도 하다. 또는 영국의 스톤헨지나 과테말라 티칼의 고대 관측소처럼 보이기도 한다.

가까이에서 보면 세 개의 기둥들은 광장을 가로질러 서로 마주보고 있다. 예술작품 느낌을 주기도 하고, 멋진 기술의 석판 같기도 하다. 마치 지상과 천상의 힘을 나타내는 듯하다. 거대한 정령 또는 요정들이 드

나드는 가장 멋진 돌과 타일로 세공한 세 개의 독특한 출입구처럼 보인
다.

　인간 세상 같지 않은 이곳은 모래터를 뜻하는 레기스탄으로 불린
다. 사마르칸트에 위치해 있다. 1370년 티무르는 사마르칸트를 수도로
삼았다. 사마르칸트는 B.C. 700년으로 거슬러 올라가는 오래된 도시다.
티무르는 중앙아시아에서 가장 거대하고 강력한 기념비적인 건축물의
토대를 제공할 것이다.

　몽골의 칸들이 멸망하자 모든 것들이 다시 안전하게 숨을 쉬게 되
었다. 그런데 난데없이 티무르가 나타나 세계를 정복했다. 광장에서 포
로들을 참수하고, 피 묻은 모래 위의 장대에 목을 높이 걸었다. 도시의
시장이 번성했던 이곳에서 황동 호른 주르키를 불며 새로운 왕조를 선
포했다. 바로 여기는 사마르칸트의 중심부이다.

　15세기 티무르의 손자 울루그 베그는 할아버지의 제국주의 전통을
이어가려는 목적에서 레기스탄에 3개의 건축물 중 첫 번째 것을 짓겠다
고 선포했다. 그 일은 건축가 카보미딘 세로지에게 맡겨진다. 세로지는
자신의 목숨을 쥐고 있는 절대자 밑에서 일하면서 개인적인 두려움과
경외심을 천상의 교문에 담아냈다. 천국으로 향하는 거대한 출입구처럼
보이지만 사실 거기에 딸린 건 종교 학교인 마드라사 건물이다.

　양쪽 첨탑으로 이루어진 아치들은 시간과 공간의 광대한 푸른 외관
을 바라보며 하늘을 향해 치솟은 거대한 기둥 같다. 아치 앞에 선 사람
을 초라하게 만들며 영혼과 천국의 위대함과 힘을 느낄 정도다. 앞으로
두 세기에 걸쳐 이런 건물들이 2개 더 지어진다. 그리하여 마드라사가
딸린 세 개의 독특한 출입구로 이루어진 삼각형이 만들어질 것이다. 두
개는 서로를 마주보고 세 번째 것은 멀리 뻗어 있는 정원을 가로질러 솟
아 있다.

세 개의 아치가 모이는 광활한 이곳을 방문하는 관광객들은 무슬림 이상향을 보여주는 이런 작품에 대해 궁금해한다. 메디나 아자하라와 알람브라와는 상당히 멀리 떨어져 있다. 하지만 사실 같은 세계에 속한다. 스페인의 건물들과 마찬가지로 레기스탄 건물들은 푸른색, 청록색, 황금색, 노란색 타일들이 대각선, 원형, 기하학 패턴을 이룬다. 수학적 천문학적 이론들을 담고 있는 우주의 축소판 같다. 타일들엔 별들과 행성들의 지도, 그리고 원자 반응과 화학 반응의 상징들이 새겨져 있다. 레기스탄은 차갑고 두려운 지성과 절대권력의 상징이다. 알람브라와 메디나 아자하라의 따뜻한 감성과 그리움을 주는 디자인과는 반대다. 그러나 이 세 건축물 모두 같은 형태를 이용해 오래전 사라져서 다시는 돌아오지 않을 것들의 기억을 돌에 새겨넣었다.

레기스탄의 건물들을 자세히 보면, 틸라 카리 마드라사의 내부 아치들은 인간이 만든 천장의 종유석들을 받치고 있다. 서쪽으로 4,800km 떨어진 알람브라에서 영감을 받은 것이다. 이 건물들은 학생들의 배움터와 숙소뿐만 아니라 거대한 사원이기도 했다. 티무르와 후계자들이 사라진 뒤 오랜 후에도 그대로 남아 있다. 그때나 지금이나 여전히 경외감을 불러일으킨다.

오래전에 죽은 티무르의 아들들은 돌에 감정을 불어넣는 데 누구보다 탁월했다. 그리움과 사랑으로 지어진 안달루시아의 건축물은 잃어버린 역사를 되찾아야만 완전히 이해될 수 있다. 반면 사마르칸트에 세워진 티무르조의 놀라운 상징적 권력은 육백 년 전과 마찬가지로 여전히 살아 있다.

 **1592년, 페르시아, 이스파한** ─ 16~17세기 페르시아에 한 야심찬 정치가이자 지도자가 있었다. 그의 이름은 샤 아바스이다. 아버지

를 전복해서 왕좌를 차지했으며 실크 로드 무역을 통해 부를 축적했다. 게다가 영국의 후원을 받았다. 영국은 오토만 투르크와 다른 유럽 제국 세력을 견제하려는 목적으로 그를 후원했다. 그는 페르시아를 이슬람 발생 이전의 명실상부한 중심부로 다시 되돌리려고 한다.

페르시아는 한때 세계의 중심부였다. 바그다드, 중앙아시아, 무굴 제국의 지적 재정적 예술적 발전소 역할을 했다. 그런 페르시아가 통일을 이루지 못해 힘을 마음껏 펼치지 못하고 제대로 인정받지 못하고 있다.

이제 그는 페르시아를 통합하고 힘을 결집했다. 결국 투르크족에 승리를 거두고 멀리 쫓아냈다. 코카서스 지역을 정복하고 포르투갈 해상 세력에도 승리를 거두었다. 유럽과 아시아의 중계무역으로 부가 재정 창고로 흘러들었다.

그는 이스파한을 수도로 정했다. 셀주크 시대부터 번창하고 아름다운 도시였지만, 그는 더 위대하게 만들 생각이다. 고대 페르시아 시대의 페르세폴리스만큼이나 위대한 도시로 만들 것이다.

그의 후원으로 건축가들과 설계사들과 예술가들은 돌로 웅장한 교향곡을 만들어낸다. 당시 사람들은 음악, 수학, 건축 분야가 모두 신의 창조물인데 매개체만 달리 해서 나타난 것이라고 여겼다. 음악은 기록 체계에 바탕을 둔다. 마찬가지로 건축은 정원, 연단, 지붕 딸린 현관, 출입문, 돔, 첨탑, 침실, 아치의 8가지 필수 요소가 기본이라고 생각했다.

이런 요소들을 이용해 아바스와 건축가들은 이스파한의 경관을 새로운 모스크와 궁궐들과 공공 건물로 풍요롭게 만들었다. 이스파한 무슬림 세계의 가장 기념비적인 도시일 뿐만 아니라 세계 곳곳에 영향을 끼친다. 16세기의 이 건축 양식은 17세기 베르니니가 건설한 열주로 이루어진 로마의 성 베드로 광장으로 이어진다. 그리고 랑팡의 18세기 워

타지마할은 17세기에 샤 자한이 죽은 연인을 기리기 위해 지었다.
무굴 제국 건축의 정점을 보여준다.

싱턴과 하우스만의 19세기 파리까지 연결된다.

샤 아바스의 새로운 도시는 샤 또는 이맘 광장으로 알려진 큰 광장 주위에 배치된다. 약 8만 평방미터로 모스크바 붉은 광장의 두 배이다. 제국주의 시절에는 왕실 폴로 경기장으로 쓰인다. 무함마드 레자 이븐 유스타드 호세인 반나 이스파하니라는 건축가가 만든 셰이크 로트폴라 사원도 있다. 3.2km 길이의 직사각형 광장을 마주보고 세워졌다. 푸른 색 출입구가 있으며, 측면에는 갈색 아케이드의 왕실 궁궐들, 관청들, 공동주택들이 있다.

로버트 바이런은 셰이크 로트폴라 사원을 이렇게 표현한다.

이런 아름다움을 이제껏 본 적이 없다. 비교할 만한 다른 실내 장식들로 베르사유 궁전, 쇤부른 궁전의 자기방, 베니스의 도지 궁전, 성 베드로 대성당을 떠올렸다. 그러나 이만큼 호화롭지는 못하다.

두 번째 작품은 알리 카푸 궁전 또는 숭고한 문의 궁전이라 불리는 건물이다. 궁정 화가 레자 압바시와 제자들이 벽을 자연스럽게 칠해 아름답다. 주로 꽃, 새, 다른 동물 문양을 이용했다. 수많은 서적과 연대기 속의 고급스런 무슬림 예술과 디자인에서 나온 오래된 상징들과 주제들도 사용한다. 페르시아인들의 상상력을 두꺼운 책 대신에 타일과 돌과 황금으로 나타냈다.

세 번째 걸작품은 샤 사원 또는 이맘 사원이다. 세이크 로트폴라 사원의 맞은편에 있다. 거대한 푸른 외관에다 솟은 첨탑이 있다.

모두 고유한 페르시아 건물들이다. 그럼에도 불구하고 이슬람의 양 끝을 모두 반영하고 있다. 눈부신 청록색과 푸른색 타일의 외관과 우주의 복잡함을 보여주는 난해한 디자인은 레기스탄을 닮았다. 천장에 문양을 새겨넣은 종유석들이 매달려 있는 건 알람브라를 닮았다. 동굴 같은 내부 장식은 인간이 만든 멋진 건물에서 공간의 무한성을 추구하려는, 어찌 보면 불가능해 보이는 시도를 보여준다.

이스파한의 돌과 타일로 이루어진 교향곡은 매우 크고 복잡하다. 때문에 어느 한 부분에만 시선을 고정할 수 없을 정도다. 이스파한과 이맘 광장은 인류 역사상 가장 눈부신 건축학적 예술품으로 전체 맥락에서 파악되어야 한다. 조각한 돔과 훌륭한 장식은 동양적인 모습을 보여준다. 그러나 광장의 틀과 아테이드와 궁궐과 저택을 측면에 배치한 디자인은 서구 유럽이 받아들인다. 프랑스, 영국, 오스트리아의 제국주의 시대 건축물에서 그 모습을 찾아볼 수 있다.

이스파한의 궁전은 화려함 그 자체다. 모스크와 첨탑이 페르시아 전체에 높이 솟아 있고, 궁전 깊숙이에서, 저택에서, 정원의 그늘 속에서 천국의 위대함을 나타내는 예술적 상징이 잘 꾸며져 있다. 이런 감각적 절정은 오직 절대권력과 무한한 부가 있을 때만 가능할 것이다.

이스파한과 이러한 예술적, 정치적, 감각적 영광은 다시 오지 않을 시대의 유산이다. 유럽과 아시아의 중계무역을 통해 얻은 부의 바탕 위에서 샤 아바스의 미래상과 권력은 독특한 결합을 이루었다. 하지만 곧 종말을 맞는다. 샤 아바스가 죽고 나자 후계자들은 사투를 벌인다.

유럽인들은 곧 무역로를 육지에서 해상으로 바꾼다. 배를 이용해 아프리카를 돌아 인도, 중국, 동인도 제도로 향한다. 이는 실크로드와 이스파한 같은 도시들에겐 치명타이다. 마치 수도꼭지를 잠가버리는 것과 같다.

그러나 말년에 샤 아바스는 광장을 둘러보며 생각한다. '사람들이여, 이스파한의 영원한 위대함을 보라. 마음이 자유롭고 개화된 미래상을 추구하는 페르시아인들의 예술적 창조적 권력을 인식하라.'

광장의 건물들은 현재 유네스코 세계 문화유산으로 지정되어 그 아름다움이 보존되고 있다.

◎ **1631년, 인도, 아그라**—인도 무굴 제국의 통치자는 샤부딘 모함마드 샤 자한이다. 여러 아내들을 두었지만 가장 가까이 한 아내는 뭄타즈이다. 어린 나이인 십대에 결혼해 거의 한평생을 함께 보냈다.

뭄타즈는 자한의 아이를 14명이나 낳는다. 다른 왕실 아내들과 달리 그녀는 전쟁터에도 그와 함께 갔다. 그녀는 거의 항상 그의 옆에 있었다. 그녀와 같이 있는 시간이 너무 많아서 그는 둘이 별개의 사람이라는 걸 인식하지 못할 정도다. 그의 사랑은 인식하거나 공존하는 차원을 넘어섰다. 둘은 한 몸의 일부이다.

그런 사랑을 곁에 둔 것 외에도, 이 인도의 지배자는 아주 운이 좋은 사람이다. 제국이자 그 자체가 세계일 정도로 큰 나라를 다스린다. 17세기 인도의 부는 지구상 어떤 나라보다도 컸다. 인도의 부를 몹시 탐내며 점차 커져가는 유럽의 제국주의 세력들과 비교해도 그러하다.

통치는 무슬림들이 했다. 하지만 다양한 많은 사람들, 종교, 언어가 서로 조화를 이루고 있었다. 인도의 무슬림은 평등하며 부유하고 오래된 창조품의 호화로운 외장에 불과하다.

모스크의 이맘들은 아랍어로 말하고 아랍어 문자를 쓴다. 무굴은 원래 중앙아시아에서 기원했지만, 페르시아의 형식과 스타일을 받아들였다. 그리고 제국을 완성하기 위해 인도를 정복했다.

이 인도 정복자의 조상들 중에는 무굴 제국을 세운 우즈베키스탄 출신의 대수장 바부르가 있다. 자한의 할아버지 아크바르 대제도 빼놓을 수 없다. 무슬림들과 힌두교들을 비롯한 모두에게 가장 뛰어난 인도 통치자로 평가받는다.

샤 자한에겐 바부르의 군사적 능력도 없고, 아크바르가 가졌던 미래상도 없다. 대신 그는 훌륭한 건축으로 이름을 알린다. 델리에 붉은 요새를 지었는데, 이는 무굴 디자인의 본질을 보여준다. 또한 궁전들과 정원들을 지었다. 그러나 그가 세운 가장 대단한 걸작품은 사랑에 영감을 받아 지어졌다.

1631년 전쟁터에 나가게 되었을 때, 14번째 아이를 임신한 뭄타즈도 동행했다. 바람직한 행동은 아니었지만, 전사인 남편을 따라 나서지 않는다는 것은 생각할 수도 없었다. 여러 번 동행했기 때문에 이번에도 역시 그러려는 생각이었다. 원정 전투 동안 뭄타즈는 딸 샤자디 가우하라 베굼을 낳는다. 모든 것이 좋았다. 그러나 시간과 운명의 끔찍한 조화 속에서 뭄타즈는 세상을 떠나고 만다.

그는 세상에서 가장 부유한 제국의 지배자다. 수천 년의 역사 속에서 소수 몇십 명만이 알고 있던 권력과 화려함을 누렸다. 그런데 지금은 심장과 폐가 찢겨나가는 고통을 느끼고 있었다. 뭄타즈는 그의 또 다른 자아였다. 뭄타즈 없는 삶은 진정한 삶이 아니었다. 심장이 멈춰버린 것처럼 생각도 할 수 없고 숨도 쉴 수 없었다.

그녀와 같이 죽음의 검은 회오리 속으로 들어가기를 기도했다. 자기 이름, 다른 아내들, 자녀들도 기억나지 않았다. 인도 통치자로서의 역할, 적들, 궁전들, 에메랄드와 황금과 루비들, 수만의 코끼리들도 잊었다. 일억 명의 백성들과 그들이 보내는 기도와 축복과 감사들과 공납들도 마음속에 존재하지 않았다. 그저 죽고 싶을 뿐이었다.

그의 영혼과 심장은 사라졌다. 하지만 육신은 계속 살아 있었다. 이맘들, 영적인 사람들, 친구들, 신하들은 아무 도움도 되지 못했다. 그들이 무슨 도움이 되겠는가? 뭄타즈를 되살릴 수 있단 말인가?

궁정 역사가 압드 알 하미드 라하리는 샤 자한의 근심이 "그의 산 같은 인내력을 무너뜨렸다."라고 썼다. 수염은 하룻밤 새에 하얗게 변했으며, 한 주 내내 대중들에게 모습을 드러내지 않았다고 한다.

17세기 프랑스 여행자 프랑수아 베르니에 역시 자한이 아름다운 아내와 너무 깊이 사랑에 빠졌다고 기록했다. "그는 한평생 그녀와 상의했으며, 그녀의 죽음에 너무 충격을 받아 따라 죽으려 할 정도였다."

이런 절망의 구렁텅이에서 끔찍한 슬픔을 조금이나마 완화하고 살 수 있는 희망을 주는 일에 몰두한다. 죽은 아내를 위해 모두가 멈춰서 쳐다볼 만한 멋진 건물을 짓기로 맹세한다. 인도만큼이나 위대한 사랑에 놀라 숨이 막혀 무릎을 꿇을 정도로 말이다. 그의 반쪽이었던 여인을 위해서, 아니, 다시 말하면 그녀가 죽는 순간 같이 사라진 두 생명을 기리기 위해서다.

명령이 떨어지자 건축가과 기술자, 재무가, 글씨체를 잘 쓰는 사람들이 모였다. 가장 위대한 사랑에 걸맞게 가장 위대한 건축물을 만들라고 지시했다. 그렇게 할 수 없다면 아예 지원하지도 말라고 했다.

수십 명씩 또는 백 명이나 천 명씩 인도, 페르시아, 오토만 투르크에서 몰려왔는데, 합하면 거의 이만 명 정도나 되었다. 유럽인들도 지원했다는 소문도 있다.

무굴 제국의 수많은 공식 궁정 문서가 다 소멸되긴 했어도, 역사가들은 우스타드 아마드 라호리라는 건축의 대가가 이끄는 무리가 공사를 맡았다는 결론을 내린다. 자한 자신도 이 일에 동참해서 직접 계획을 세우고 수정했다. 물론 여러 궁정 건축가들의 멋진 제안들을 받아들였을 것이다.

결국 천국 같은 아름다움과 힘을 아그라의 자무나 강둑에 세움으로써 죽음을 극복하려는 계획이 나타난다. 죽음과 이별이라는 끔찍한 슬픔에 젖은 사랑의 시를 돌 속에 집어넣어 만들어낼 것이다.

코끼리 떼들이 땅을 가로질러 울부짖는 라자스탄에서 투명한 흰 대리석 수톤을 옮긴다. 흰 대리석 바탕에 검은색으로 코란을 새기기 위해 펀자브에서 벽옥을 가져온다. 중국에서 가져온 비취와 수정은 장식과 조명에 쓰인다. 티베트의 터키옥, 아프가니스탄의 청금석, 스리랑카의 사파이어, 아라비아의 홍옥수도 가져온다. 대리석에 박아넣을 28개의 다른 보석들도 있다.

일부 자료에 따르면 재무관들의 노력으로 이 프로젝트는 시작부터 완공까지 22년 동안 계속된다. 5억 달러 상당의 자금이 들어갔다고 한다.

이 기념물은 타지마할이라 불린다.

네모난 대리석 바닥에는 흰색 대리석의 커다란 무덤이 들어선다.

네 귀퉁이에는 흰색 대리석 첨탑이 세워져 있다. 흰색 대리석 돔으로 둘러싸여 있으며, 위로 치솟은 이슬람의 초승달로 꼭대기를 장식했다. 이것은 인도 신 시바의 상징이기도 하다.

1653년 타지마할이 완공된 이후 5년이 지나도록 예전의 모습으로 돌아오지 못한 샤 자한은 아들 아우랑제브에 의해 물러나게 된다. 아들은 다시 세상을 다스리는 데 힘쓴다. 자한은 말년을 가택연금 상태에서 창문을 통해 사랑의 탑을 바라보았다. 자한이 사망하자 아들은 오래전에 죽은 뭄타즈 옆에 묻어주었다. 다시 함께하도록 해준 것이다.

자한은 마지막 코란 글자 아래로 흐르는 강의 반대편에 자신을 위해 검은 대리석으로 똑같은 건물을 지으려고 했었다. 뭄타즈가 죽은 이후 견뎌야 했던 근심과 상실감을 나타낼 목적이었다. 그러나 두 연인은 대리석 아래에서 하나가 되었다. 돔의 꼭대기 아래의 가운데에 뭄타즈가 있다. 자한은 그 옆자리로 중앙에서 약간 벗어나 있다.

얼마 후 이곳은 시련을 겪게 된다. 무굴이 쇠퇴하자 약탈자들이 몰려온 것이다. 영국 점령기에는 영국군과 인도인 용병들이 벽에서 보석들을 훔쳐간다. 그러나 먼 훗날 한 영국인 총독이 재건을 명할 것이다.

그리고 이곳을 두고 쑥덕쑥덕 말들이 나오면서 소문이 커져만 간다. 실제론 자한이 타지마할을 짓지 않았다는 소문도 떠돈다. 원래는 힌두 사원이라는 말도 나온다.

공원의 가장자리 너머로 호텔들이 들어서고, 손을 꼭 잡은 연인 관광객들은 자신들의 사랑도 타지마할 대리석 속에 담긴 사랑 정도가 될지 생각해본다.

 **600년, 아라비아, 메카**—이슬람에는 아주 예전부터 전해 내려온 사랑 노래가 있다. 이 노래는 세계로 퍼져나가서 새로운 악기를

파생시켰다. 또한 완전히 새로운 형태의 음악을 창조하며 다른 분야에까지 영향을 미친다. 너무 광범위하게 깊이 퍼져 오랫동안 많은 이들이 그 기원과 영향력에 대해 논쟁을 벌여왔다.

이 음악의 기원은 무슬림이 흡수해 확장시킨 비잔틴, 로마, 그리스, 전통 아랍, 유대인, 페르시아, 인도, 베르베르, 발칸, 몽골 같은 풍요롭고 오래된 문화의 노래들이다. 이 노래는 많은 것들을 다루고 있는 관계로 '문명의 노래'라고 칭하는 것이 가장 좋을 것이다. 여러 형식으로 발전해 나가지만 특히나 세속적인 사랑의 노래로 진화하면서 가장 폭넓은 영향력을 행사한다. 이 노래는 연인에 관한 노래다. 충실한 연인이든 배신한 연인이든, 현재 곁에 있든 없든, 만날 수 있든 영원히 상실했든, 신성한 연인이든 세속적 연인이든 간에 말이다.

문명의 노래의 배경에 깔린 건 신에 대한 사랑 노래다. 별을 측량하고 우주의 원천 코드의 숫자들을 풀어내는 많은 학자들은 자신의 이론과 연구를 음악으로 확대시킨다. 음악을 철학의 한 분파로 여기며 수학과도 직접 관련성이 있다고 본다. 수학, 철학, 의학 분야의 무슬림 대가들 중 상당수가 문명의 노래에 복잡성과 공식구조를 첨가한다. 알 킨디, 이븐 시나, 이븐 루시드 같은 학자들은 음악 이론에 깊이 빠졌으며, 알파벳 문자에 기초한 음악 악보를 사용하기 시작한다. 9세기 바그다드 음악가인 지랍은 바그다드 문화를 질투하던 코르도바의 우마이야조 궁정으로 간다. 그러곤 세계 최초로 바그다드에 음악 학교를 열 것이다. 물론 요리하고 옷을 재단하고 새로운 헤어스타일도 창조했다.

음악 이론의 또 다른 대가로는 이븐 알 파라비가 있다. 9세기 페르시아 사람으로 시리아의 궁전에서 활동했다. 그는 다음과 같이 자신의 이론을 밝히면서 음악에 관련된 5개의 논문을 남긴다.

사람과 동물은 기쁘거나 두려울 때 본능적으로 감정을 표현하는 소리를 낸다. 인간의 목소리는 슬픔, 부드러움, 분노의 다양한 감정을 표현한다. 음색의 다양성은 듣는 사람들의 내면에 감정이나 열정의 느낌을 불러일으키거나 통제하거나 차분하게 만든다.

알 파라비는 음조, 온음계 조율, 미분음, 중간 음정에 대해서도 글을 쓴다.

신학자이자 철학자인 알 가잘리는 12세기 학자다. 그는 전통적 이슬람에서 벗어나 보다 감동적이고 신비스런 성향을 만들어낸다. 신비한 신앙과 음악은 직접 연관성을 가진다고 여겼다. 그의 글을 읽어보자.

반드시 귀라는 대기실을 통해야만 인간의 마음속으로 들어갈 수 있다. 음악적인 주제들은 내면의 것을 강조하고 아름다움과 결점을 드러낸다.

이런 이론들은 차츰 번역되어 알 안달루스와 시칠리아에서 북쪽 유럽으로 전파된다. 십자군이나 다른 경로를 통해서 전해졌는데, 종종 수 세기의 시간 차가 나기도 했다.

역사가 H.G. 파르머에 따르면 무슬림에서 유럽으로 전달된 중요한 문물은 아랍 이슬람의 음악 표기법이다. 유럽 음악가들은 '도레미파솔라시' 라는 표기법이 11세기 이탈리아에서 시작되었다고 본다. 하지만 파르머의 견해는 다르다. 즉, 이탈리아인들은 단순히 9~10세기의 아랍 초기 표기법을 이용한 것이라고 주장한다. 명확한 증거도 있다고 하며, 그는『아랍의 음악적 영향력에 관한 역사적 사실들』에서 이탈리아와 아랍 표기법을 다음과 같이 비교해놓았다.

아랍 알파벳: 미 파 사 라 신 달 라

이탈리아 표기: 미 파 솔 라 시 도 레

또 다른 음악적 형식은 7세기 아랍의 시에서 기원을 찾을 수 있다. 메카의 가장 위대한 초기 시인으로는 우마르 아비 알비라 알 마흐주미가 있다. 그는 사랑시를 의미하는 가젤이라는 시 형식에 공헌했다. 자신이 메카를 방문했을 때 겪었던 귀족 여성들과의 사랑을 시로 썼다.

초창기 아랍 시에서 뭔가 대단한 것이 진화되어 나오기 시작했다. 바로 궁중 연애담이 나타난 것이다. 훗날 유럽의 기사도 연애의 선조 격인 아랍 시인으로는 자밀이 있다. 7세기 메디나의 시인이다. 그는 속세의 가장 고양된 감정인 사랑 때문에 죽음을 선택하는 사랑의 순교자들인 연인들에 대해 시를 썼다.

8세기 다마스쿠스의 우마이야조 지배자 알 왈리드 이븐 야지드는 사랑에 관한 시와 음주를 노래한 서정시를 썼다. 모두 훌륭한 작품들이다.

중세 알 안달루스와 시칠리아에서는 무슬림 시와 음악 형식이 여러 방향으로 세계에 퍼진다. 같은 후렴구를 가진 유절가곡인 알 안달루스의 음악 형식은 알 무화샷이라 불린다. 이는 전체 아랍 세계로 퍼져 자잘이라는 혼용 형식을 낳는다. 초기 형태의 음유시인들의 노래로 피레네 산맥 북쪽으로 파급된다. 9세기 무슬림들은 시인과 가수 사이를 오가며 여인에 대한 순수한 사랑을 노래했다. 여인의 이름이 신성함의 세속적인 상징인지, 아니면 그 자체로 신성함을 나타내는 건지는 잊혀졌다.

13세기 카스티야와 레온 왕국의 기독교 군주 알폰소는 400개 이상의 신성한 기독교 노래를 만드는 걸 후원한다. 그 가운데 삼백 개는 형식이나 내용 면에서 무슬림 무화샤핫의 복제판이다.

　스페인 북쪽의 기독교인들도 비슷한 노래시를 앞으로 여러 세기 동안 부르게 될 것이다. 원래는 성모 마리아에게 바치는 것이었지만, 이젠 훌륭한 숙녀들을 모두 포함하게 되었다. 이런 노래를 부르는 가수들은 프랑스에서는 트루바두르, 이탈리아에서는 트로바토레라고 한다. 이는 '환희'를 의미하는 아랍어인 타랍에서 기원했을 것이다. 사랑하는 이에게 시를 노래로 불러주는 건 유럽 문화에서 폭발적 인기를 끌었다. 그래서 사랑 노래라는 새로운 음악 장르를 낳는다. 사랑의 영원함을 증명해 보임으로 인해 여성들의 가치를 새롭게 인식하고 기사도와 명예의식이 생겨났다. 더 인간적이고 계몽된 유럽 사회의 기반을 세운 것이다.

　이런 음악적 문물 전래는 피레네 산맥 양쪽의 여행자들에 의해 일어나기도 한다. 일부 자료에 따르면, 그들 중에는 군사적 원정으로 스페인에서 7년을 꼬박 보낸 카를루스 대제도 있었다.

　북부 스페인의 여러 전투에서 많은 무슬림 여성들이 포로로 잡혀 기독교 유럽으로 이동했다. 일부 음악 역사가들은 그녀들이 음악적 전달자 역할을 했다고 본다. 수백 명의 여자들이 발바스트로 같은 곳이 함락될 때 포로로 잡혔다. 안달루시아의 집과 거리에서 어린 시절부터 음악을 배운 그녀들은 프랑스 또는 교황 알렉산더 2세 군대에 의해 이탈리아로 가게 된다.

　21세기 음악 역사가 라바 사오드 박사에 따르면 북쪽에 전해진 건 무슬림 음악 이론과 형식만이 아니었다. 8~9세기의 무슬림 악기들도 북쪽 기독교 국가인 스페인, 프랑스, 이탈리아에 퍼졌다. 무슬림 시인들과 연예인들이 전달자 역할을 했다. 우드라는 무슬림 악기는 유럽의 류트를 낳고 나중엔 기타와 만돌린으로 발전한다. 아랍의 가이타는 스코틀랜드의 백파이프로 발전되고, 스페인과 포르투갈의 가이타가 된다. 무슬림의 쾌눔은 영국의 하프와 독일의 치터를 낳는다. 페르시아의 카만차와 아랍의 라바브는 오보에로 발전된다. 페르시아의 산투르는 해머로 두들기는 타악기인 덜시머의 초기 형태다. 그러다 훗날 유럽의 건반 악기가 된다.

그리고 무슬림 음악 문화가 유럽 전체에 퍼졌다. 그러나 스페인에서는 계속 진화하고 있었다. 사랑 노래와 문명의 노래는 가톨릭 정복자들과 그라나다의 몰락 이후 사라진 것이 아니라 변형된다. 많은 스페인 무슬림들은 추방, 개종, 죽음에 직면했다. 냉혹한 모국에서 그들은 음지로 사라지게 된다. 일부는 마음대로 떠돌아다니고 흩어져 사는 집시에 합류한다. 이런 집시 무어인들은 플라멩고라는 새로운 음악 형식을 만들어낸다. 20세기 쿠바 소설가 가브리엘 카브레라 인판테에 따르면 플라멩고란 아랍 용어인 펠라 멘구에서 기원했다. '시골의 방랑자들'이라는 뜻이다.

오래전 죽은 지랍의 특징을 가진 서쪽의 무슬림 음악은 스페인, 포르투갈, 유럽에 국한되지 않는다. 스페인 정복자들과 식민주의자들이 아메리카를 점령하기 위해 서쪽으로 향할 때 같이 이동한다. 그리고 브라질의 삼바, 멕시코의 자라브, 칠레의 쿠에카, 아르헨티나와 우루과이의 엘 가토, 쿠바의 라 과히라가 된다.

음악 학자들은 심지어 미국 노예와 후손들이 만든 블루스도 신성한 사랑의 이슬람 노래에서 기원했다고 주장한다. 미국 노예들의 조상이 아프리카의 무슬림들이기 때문이다.

◉ **1228년, 아나톨리아, 코니아**—다른 종류의 음악을 듣는 특이한 페르시아 시인이자 성자가 있다. 1207년 지금의 아프가니스탄에서 태어난 자랄 압드 딘 알 루미이다. 그가 어렸을 때 그의 가족들은 몽골이 침입하기 전에 미리 서쪽으로 피난을 떠났다. 그러곤 아나톨리아의

셀주크 영토에 정착해 궁궐들과 첨탑들의 오래된 도시인 코니아에 살게
된다.

루미는 신비주의적 시 학파에 빠졌다. 시인의 목소리는 상징과 소
리의 음악성을 통해 마음과 영혼이 자유로워진다는 아라비아인과 페르
시아인과 이슬람의 전통 견해다. 고차원 세계의 문을 열고 신성함을 더
잘 이해할 수 있게끔 말이다.

수피즘 신비주의자였던 루미에겐 살아 있는 성인이라고 믿는 추종
자들이 평생 뒤따랐다. 추종자들 가운데는 같은 종파 사람들뿐만이 아
니라 무슬림과 기독교인들과 유대인들도 있었다. 그는 명칭이나 경향에
상관없이 모든 종교가 하나라고 쓰고 설교했다.

덕이 있는 사람들을 숭배하고 축복하면서

모든 예언자들에 대한 칭찬이 합쳐진다.

모든 찬사들은 하나의 흐름으로 어우러지고

모든 그릇들은 비워져 하나의 물병에 담긴다.

칭찬받는 이는 사실 단 한 명이기 때문이다.

이런 존경 속에서 모든 종교는 하나의 종교일 뿐이다.

모든 찬양들은 신의 영광을 향하고 있기 때문에

다양한 형태와 형상들은 다 거기서 차용된 것들이다.

루미는 경배와 순례의 장소인 코니아의 마드라사에서 학생들을 가
르친다. 그의 독특한 도취 철학과 신앙의 관용 정신이 숭배받는 곳이다.
출입문엔 이런 글귀가 있다.

오라, 오라, 누구든지.

방랑자, 소외된 자, 불을 숭배하는 자,

심지어 당신이 맹세를

천 번이나 어겼다 할지라도 오라.

오라, 다시 오라.

우린 절망에 찬 여행자 무리가 아니라네.

　루미의 추종자들은 신성함에 대한 신비주의적 추구뿐만 아니라 가죽세공과 옷감 짜기 같은 실용적인 일도 했다. 음식과 필수품을 기부해 가난하고 약한 이들을 도와줌으로써 지역사회에도 적극 참여했다.

　그는 집에서 종교적, 낭만적 도취 상태로 기둥 주위를 빙빙 도는 습관이 있었다. 이는 마울라위야 교단의 소중한 의식으로 빙빙 도는 수도승들의 의식으로 알려진다. 이런 의식은 800년 동안 계속 시행된다. 잘 통제된 회전 리듬을 통해 일상의 공식적이고 기계적인 생각에서 쉽게 벗어날 수 있게 된다고 그와 추종자들은 믿었다. 마음과 자아를 자유롭게 해 더 직접적으로 신에게 다가갈 수 있다는 것이다. 루미는 누구든지 신성한 것과 직접 관련을 맺을 수 있으니 어떤 매개체도 필요 없다고 설교했다.

　페르시아 시인 오마르 하이얌과 마찬가지로 루미는 로맨틱하고 감각적인 언어로 신에 관한 글을 쓰곤 했다. 일부 사람들은 이런 경향을 오해해 그의 글을 문학적으로 로맨틱한 시로 잘못 해석한다. 루미는 방랑하는 거리 설교자 샴스 압드 딘 타브리지와 집착에 가까운 강한 우정을 나누면서 더욱 논란을 일으킨다. 둘은 오랫동안 대화를 나누다가 루미의 숙소 안으로 함께 들어가곤 했다. 사람들은 이를 의아하게 생각하거나 이상한 소문을 퍼트렸다. 그러던 어느 날 샴스는 감쪽같이 사라졌다. 아마도 루미의 한 아들이 이끄는 무리가 살해했을 것이다. 샴스가 루미에 대해 행사하는 영향력을 질투한 것이다. 루미는 오랜 세월을 슬퍼했다. 마침내 사랑하는 신비주의 파트너 샴스가 자신의 반영물이라는 걸 깨닫게 된다.

> 왜 내가 찾으러 다녔던가? 나는 그와 똑같은데.
> 그의 본질은 바로 나였다.
> 나는 나 자신을 찾아다녔던 것이다!

샴스가 죽기 전에 다마스쿠스에서 아시시의 프랜시스를 만났다는 소문이 있다. 프랜시스는 십자군 원정에 파견된 젊은 이탈리아 귀족이었다. 루미의 중개인을 통해 프랜시스는 신비주의적 삶, 기사도, 세상과 부드럽게 소통하는 법에 대해 알게 된다.

당시 루미의 명성은 살던 지역을 넘어 널리 퍼졌다. 그의 시적 경향은 훗날 페르시아와 터키 문학에 깊은 영향을 준다. 그리고 700년이 지나 비무슬림 세계, 유럽, 미국 등지에서 새롭게 명성을 얻기 시작할 것이다. 20세기 중반에 이르러 서구인들은 오랫동안 잃어버렸던 시인 성자를 발견하게 된다. 그리고 시인을 그다지 인정해주지 않는 21세기 미국 사회에서 가장 인기 있는 시인이 된다.

> 우리 모두 사랑 실랑이로 무기력해지죠.
> 어찌하여 당신은 우리가
> 신중하게 처신하고 행동하기를 기대하나요?
> 어찌하여 당신은 우리가
> 착한 어린 소년들처럼 집에 머무르기를 기대하나요?
> 어찌하여 당신은 우리가

미치광이마냥 노예가 되는 걸 즐기기를 기대하나요?

오, 사랑하는 사람이여, 당신은 우리를 매일 밤 볼 겁니다.

오, 당신이 사는 거리에서

우리의 눈은 당신의 창문에 고정되어 있어요.

당신의 빛나는 얼굴을 힐끗이나마 보길 기다리면서요.

무슬림 세계와 외부에 널리 퍼진 인상적인 설화들도 있는데, 노래들과 같이 전해지거나 또는 혼합된 형태를 띠고 시와 산문으로 나타난다.

아랍인들, 페르시아인들, 인도인들은 시를 대중 토론의 중심 화제로 삼았다. 시가 훗날 나타날 저널리즘, 정책 논쟁, 오락거리의 역할을 해준 것이다. 인도인들은 대규모 시 경연대회를 열곤 했는데, 수천 명이 모여 며칠 밤낮 동안 공개적으로 시 낭송 경쟁을 벌인다.

아라비아의 모래 평지에서 시작되어 부족 간의 시 경연대회에서 사랑받던 아랍 시는 콰시다스라는 운율을 가진 서정시로 전성기를 맞는다. 대개 연인의 고결함이나 사막 전투의 승리를 찬양하는 내용이다. 부족들 모임이나 정치적 회합을 할 때면 최고의 시인들을 불러다 시 낭송으로 축하하곤 했다. 아랍 시인들은 시로 인해 부자가 되기도 하고 목숨을 잃기도 한다. 후원자나 적들에 의해서, 또는 어떤 내용을 얼마나 잘 썼는지에 따라서 말이다.

그러나 아랍의 전통시는 몇 가지 이유로 인해 번역하기가 힘들다. 우선 아랍어는 상징에 상당히 많이 의존한다. 말과 글자들과 소리들이 모두 문학적 의미나 내재적 의미를 갖고 있거나 파악하기 힘든 의미를 지닌다. 그래서 많은 주석과 주해를 달지 않고서는 다른 언어로 바꾸기가 힘들다. 그런 부담으로 인해 번역이 제한된다. 두 번째 장애물은 고정된 리듬 체계다. 아랍어로는 별 문제가 없지만 다른 언어로 바꾸면 과장되거나 이상하게 들린다. 엄격한 리듬 규제로 인해 음악성이 손상되는 것이다.

칼리프 제국의 지식인층을 위해 쓴 이런 우화들과 시들은 대중문화에는 깊이 파고들지 못한다. 우선 많은 무슬림들이 고대 아랍어를 어려워했기 때문이다. 또 즐거움을 주고 교육적 요소도 있는 다른 대중적 이야기들이 나타났기 때문이기도 하다.

무슬림을 비롯한 각종 종교와 문화권의 다양한 삶을 다룬 이야기들도 있다. 대부분 사랑, 정욕, 전쟁에 관한 시와 이야기들이다. 우화들, 도덕적 가르침을 주는 이야기들, 위인들 또는 일반 사람들의 이야기, 왕실 관련 이야기, 정치적 논쟁, 지혜를 주는 교훈들, 역사, 역사 관련 기록들도 있다. 이것들은 주로 인도, 페르시아, 아프리카, 중앙아시아, 이베리아 반도, 비잔틴에서 나왔다.

아랍어로 된 대중 이야기는 사람들에게 깊은 영향을 끼친다. 비록 문학적 언어와 지방 방언과 주제들이 뒤죽박죽 섞여 있어 왕실로부터 무시당하고 조롱받기는 해도 말이다. 이런 이야기들은 이슬람 이전 시대의 샤 아타세르세스 2세의 딸인 페르시아 공주 아프사나가 만든 전집에서 영감을 받았다. 이 전집은 하자르 아프사나로 불리는데, 천 가지 이야기라는 뜻이다.

10세기 바그다드의 알 자흐시야리가 이런 이야기들을 지역 이야기꾼들의 설화와 혼합했다. 그것은 곧 이집트와 시리아를 통해 퍼져 나갔고 천일야화로 불리게 된다.

이런 이야기들은 인도계 페르시아 왕 샤흐르야르와 아내 세헤라자데의 이야기 안에 내부 이야기로 들어 있다. 외부 이야기는 세헤라자데가 왕인 남편을 매일 밤 재미난 이야기로 즐겁게 해주지 못한다면 죽음

을 당하게 될 거라는 내용이다. 그녀는 살아남기 위해 알라딘, 알리바바, 하룬 알 라시드의 궁전, 바다 선원 신밧드 이야기를 지어내 계속 왕을 매료시킨다.

11~12세기에 신성한 땅을 수복하기 위해 파견된 기독교 십자군의 병사들은 이런 이야기들을 접하게 된다. 기독교 성경에 익숙한 사람들이라서 그와 비슷한 유럽의 서사시와 시가를 들어본 적이 있었을 것이다. 그럼에도 불구하고 아랍 이야기들에 감명을 받는다. 생존해 고국으로 돌아간 병사들은 그 이야기를 유럽에 퍼뜨린다.

이탈리아 작가 지오바니 보카치오도 이런 이야기들을 듣는다. 이후 영향을 받아 『데카메론』을 쓴다. 백 가지 놀라운 이야기들의 전집이다. 영국 작가인 제프리 초서는 『캔터베리 이야기』라는 각색본을 내놓는다.

13세기 이탈리아 시인 단테 알리기에리는 무슬림의 이야기와 시와 노래를 듣기 위해 굳이 십자군 원정군이 될 필요가 없었다. 무슬림과 기독교 문화가 혼합된 시칠리아에서 살았기 때문이다. 대중적인 이야기만 들은 것이 아니다. 코란을 비롯해 바그다드의 지혜의 집에 속한 위대한 사상가들의 과학 저술도 접하게 된다. 최신 무슬림 사상가들도 접하게 됨은 물론이다.

16세기 스페인 작가인 미구엘 드 세르반테스는 무어인의 통치에서 벗어난 지 겨우 수십 년 된 지역 출신이다. 게다가 북아프리카에서도 상당한 시간을 보낸다. 때문에 아랍을 매우 잘 이해하고 있는 편이다. 그가 쓴 기사도의 여러 측면을 다룬 『돈키호테』는 안달루시아 유산의 산물이다.

영국인 극작가 크리스토퍼 말로는 2부작 『탬벌레인』이라는 연극 작품을 썼다. 가장 위대한 무슬림 중앙아시아 정복자인 티무르를 주인공으로 한 작품이다.

16세기의 극작가 윌리엄 셰익스피어는 여러 편의 희극과 비극을 썼다. 눈길을 끄는 비극의 주인공은 무어인 오델로이다. 그는 이아고의 간언에 속아 잘못된 살인을 저지르는 비극을 경험하게 된다.

마지막으로 18세기 프랑스인 앙투안 갈랑이 있다. 그는 『천일야화』의 상당 부분을 프랑스어와 기타 유럽어로 번역한 최초의 인물이다. 그 번역물은 갑작스럽게 동방 열풍을 불러일으켰다. 그리고 그 열풍은 오랫동안 지속된다. 장 오귀스트 도미니크 앵그르와 외젠 들라크루아 같은 예술가, 더 나아가 앙리 마티스, 오귀스트 르느와르의 작품들로 이어진다. 알제리를 여행하고 아랍의 장식 예술과 여자들에 매료된 비슷한 부류들도 있다. 동방 열풍으로 독일의 거대한 사유지에 모스크 같은 건물들이 세워지기도 한다. 괴테, 로드 바이런, 볼테르 같은 작가들도 이슬람 문화에 관심을 보였다. 차이코프스키는 동방 음악과 움직임을 발레에 도입한다. 그리고 세헤라자데는 19세기 림스키 코르사코프의 음악에 영감을 준다.

615년에 페르시아의 샤 아바스 1세는 페르시아 제국의 권력을 되찾았으며, 티그리스 강에서부터 인더스 강에 이르는 영토를 다스리게 된다.

한때 무시되었던 인도와 페르시아와 아랍의 사랑, 정욕, 마법, 배신에 대한 토속 설화들이 21세기에 들어서면서 책과 영화들을 자극한다. 너무 자주 반복되어 나중엔 진부한 것이 될 정도다. 그럼에도 불구하고 『천일야화』는 계속해서 세계적 인기를 얻는다.

죽음의 위협을 계속 받지만, 이야기의 화자인 세헤라자데는 1,001번째 밤에 행복한 결말을 맞는다.

그동안 세헤라자데는 왕의 세 아이를 낳았다. 그녀는 이야기의 끝을 들려준 뒤 일어서서 왕 앞의 바닥에 입을 맞추면서 말했다.

"오, 시간의 왕이자 시대와 흥망성쇠를 관장하는 왕이시여, 저는 당신의 것입니다. 천일하고도 하룻밤 동안, 오래전 사라진 민담과 옛날 사람들의 교훈적인 일화로 당신을 즐겁게 해드렸습니다. 제가 감히 전하께 부탁을 드려도 될까요?" 그는 대답했다. "말하라, 세헤라자데. 들어줄 것이다." 그녀는 울면서 환관과 간호사들에게 말했다. "내 아이들을 데려와 주세요." 그들은 그녀에게 아이들을 데려다 주었다. 세 명의 아들이었다. 하나는 걸어 다니고, 하나는 기어 다니며, 하나는 젖먹이 아이였다. 그녀는 아이들을 데려다 왕 앞에 놓았다. 그러고는 다시 바닥에 입을 맞춘 후 말했다. "오, 시대의 왕이시여, 이 애들은 당신의 아이들입니다. 당신이 죽음의 운명에서 저를 풀어주셨으면 합니다. 이 아이들을 위해서 말입니다. 저를 죽인다면 이 아이들은 엄마를 잃게 될 것이며, 저와 같이 길러줄 여인을 찾지도 못할 겁니다."

왕이 이 말을 듣고 눈물을 흘리며 아이들을 품으로 끌어당기며 말했다. "오, 세헤라자데, 알라의 이름을 걸고 난 이 아이들을 낳기도 전에 이미 당신을 용서했소. 순결함, 순수함, 솔직함, 경건함을 발견했기 때문이오. 알라가 당신과 당신의 부모와 가문과 친족들에게 축복을 내려주실 것이오! 나는 용기를 내어 이전의 말을 부정할 것이오. 또한 어떤 위험으로부터든 당신을 구해낼 것이오." 그녀는 그의 손과 발에 입을 맞추고 주체할 수 없는 기쁨을 느끼며 말했다. "신이 당신을 오래 살게 해주시고, 당신의 존엄과 위엄을 더욱 위대하게 하실 것입니다!"

Chapter 08

계몽된 리더십

오, 다윗! 당신을 이 땅의 지도자로 추대하니
사람들 사이의 일을 정의롭게 재판하시오.
그리고 신의 뜻에 충실하려면 결코 욕망을 따라선 안 될 것이오.
- 코란(38장 26절)

2007년, 워싱턴 D.C.—눈을 비비면서 미 하원 롱워스 빌딩 사무실의 창밖을 내다보는 이 미국 국회의원은 지치고 골치가 아픈 상태다. 그는 불과 몇 달 전에 거의 23만 명이 투표한 가운데 611표 차이로 간신히 이겼다. 인생에서 가장 힘들었던 정치 선거였다. 하지만 지금은 차라리 졌다면 더 편히 살지 않았겠나 하는 생각을 해본다. 해결할 안건들과 선택할 문제들로 조금도 편히 쉬지 못하기 때문이다.

국가와 마찬가지로 자신의 지역구도 전쟁과 평화, 경제, 의료 혜택, 이민과 테러 대책을 비롯한 모든 일에 양극으로 의견이 나뉘어 있다. 한쪽 주장이 매우 훌륭해도 정반대 의견 역시 마찬가지로 설득력이 있다. 정적들은 그가 너무 우유부단하다며 공세를 퍼붓는다. 사실 그들의 주장은 일리가 있다.

오늘 아침 찾아온 방문객을 생각해보자. 그는 항구 안전에 관련된 사절단의 방문을 받았다. 크고 잘 연계된 그 집단은 개인 면담을 요구했다. 받아들이는 수밖에 없었다. 지역구에서 가장 큰 사업의 대표자들이기 때문이다.

그들은 적절한 조치가 취해지지 않고 있다고 주장했다. 미국은 지금 전쟁 중이라고 했다. 또한 흩어져 있기는 해도 적들은 심각하고 치명적인 상대이기 때문에 맞서 싸워야 한다고 주장했다. 이 나라는 표시가 불명확한 컨테이너를 통해 들어올 수 있는 화학적 생물학적 무기나 핵무기에는 취약하다. 어떤 조치가 필요한 걸까?

그는 고개를 끄덕이며 회의가 끝날 쯤 그들의 우려와 제안을 진지하게 생각해보겠다고 말한다. 완벽한 상황 보고서를 위해 미 국토안보부에도 물어보겠다고 말한다. 그들은 빠른 답변을 주지 않으면 2008년 선거에서 책임을 물을 것이라고 응답했다.

그것만으로는 충분하지 못한지 무슬림 선거구민 단체가 뒤를 이어 방문했다. 두 단체는 대기실에서 서로를 노려보다가 홀 쪽으로 나갔다. 일단 안에 들어오자 무슬림들은 불만을 터놓았다. 테러와의 전쟁에서 억류자들의 처우에 관한 의회와 행정부의 결정에 우려를 표했다. 대통령과 의회가 헌법을 비롯해 미국의 법과 정의에 관한 전통을 위반하고 있다는 것이다. 무슬림 친척들과 친구들이 실수로 체포되어 끌려가고 고문과 학대를 받은 후 풀려났다고 주장했다. 아예 다시는 소식을 듣지 못한 경우도 있다고 했다. 그들은 관련된 편지들, 진술서, 청원서를 전해주었다.

또한 대법원에 있는 예언자 무함마드의 조각상을 제거해줄 법안을 넣어달라고 요구했다. 그 조각은 예술로써 예언자를 표현한 것이 아니며, 예언자의 전통에도 어긋난다고 말했다.

의원은 개인적으로 당황했다. 왜냐하면 미국 대법원의 프리즈(건물 벽면에 장식용으로 두르는 긴 수평판-역자)에 이슬람 예언자를 두는 건 영광일 거라고 생각했기 때문이다. 모세와 함무라비를 비롯한 다른 17명의 역사상 위대한 입법자들도 같이 진열되어 있다. 그 문제에 대해 생각해보고 다른 의견들도 들어본 뒤 모두의 권리를 대표할 수 있는 올바른 결정을 내리도록 하겠다고 말한다.

사무실 밖에는 날마다 산더미처럼 우편물이 쌓여 꽉 찬 우편함을 직원들이 분류한다. 이민법 개정, 약품 수입, 동성 결혼, 줄기세포 연구, 이라크 전쟁, 재정 적자, 사생활 감시와 도청, 조세 감면, 교육 정책, 최소월급, 외국 정책, 약물 남용, 군비 개혁, 일자리 창출, 미성년자에게 담배를 판매하는 것에 대한 선거구민의 의견 등으로 구분해서 분류한다. 단지 한두 현안의 정책을 조율하는 데도 하루가 후딱 지나간다. 그런데도 모든 걸 빨리 처리해달라고 요구한다.

이익집단들, 로비스트, 무역협회, 기업, 좌우익 시민단체가 보낸 요구서가 산더미 같다. 특별 청원, 부탁들, 분실된 사회보장 수표들 처리, 웨스트포인트 방문 약속, 저녁 식사, 퍼레이드, 로터리 클럽의 초대도 있다.

그는 잠시 휴식을 취했다. 이제 그만 쉬어야 할 때인가 보다. 정적들의 말이 옳을지도 모른다. 지난번 선거에서 지는 편이 더 나았을 것이다. 의회에 몸담은 지 십년 째다. 상원이 되겠다는 꿈은 사라진 지 오래되었다. 하원 선거에 당선되기 위해 2년마다 너무 많은 돈을 모금했다. 더구나 개인적 희생까지 치렀다. 한 번의 이혼을 겪었고, 자녀 한 명은 알코올 중독 치료 중이다. 이제 건강도 좋지 않다. 갑자기 당뇨에 걸려버렸다. 의회 헬스장의 운동기구 위에서 땀을 흘리며 살을 빼기 위해 노력한다.

머리를 맑게 하기 위해 점심시간을 이용해 산보를 하기로 한다. 외모가 평범해 알아보는 사람은 거의 없다. 문 앞에는 팬클럽이 아니라 로비스트들과 직원들만이 시간을 내달라고 할 뿐이다. 본국에 갔다 온 선거구민들도 있을 것이다. 그는 옆문으로 슬쩍 빠져나간다.

이 세상의 이런 체제 속에서 어떻게 좋은 지도자가 될 수 있을까? 가능하기는 한 건지? 끔찍한 실수를 피하고 단지 조용히 안정만 추구하는 것이 리더의 현실적인 목표인 걸까?

여름의 무거운 공기가 오후의 소나기구름을 만들고 있다. 그는 대법원 동쪽의 국회의사당에 새로 지은 방문객 센터의 건설 현장을 지나간다. 주위의 하얀 화강암과 대리석을 바라보니 마치 고대 그리스와 로마의 모습 같다. 무엇보다도 고대 그리스 로마 사상이 미국의 정부와 리더십의 미래상을 만들어내지 않았던가? 페리클레스, 플라톤, 소크라테스, 시저, 마르쿠스 아우렐리우스가 미국 민주주의의 고대 선조들이며, 훗날 르네상스와 계몽시대를 거쳐 워싱턴과 제퍼슨과 링컨에게 전달되지 않았던가? 역사적 이야기와 정치적 전통이 그렇게 내려오지 않았던가?

이런 현안들과 이익집단들 앞에서 그들은 어떻게 행동했을까? 정말로 어떻게 행동했을까?

이렇게 궁금해하며 무함마드 조각상이 놓인 프리즈를 확인하러 대법원 쪽 길을 가로지른다. 이슬람의 예언자 조각상이 국회의사당 어디에 있는지 모르겠다.

의원 신분증으로 정문을 통과해 법정으로 갈 수 있었다. 소규모 단체 관광객들과 청소부들밖에 없어 조용하다. 프리즈는 여기에 있었다. 약간 당혹감을 느끼며 미국 땅에서 최고의 법이 집행되는 방을 내려다보고 있는 코란과 검을 든 예언자를 찾아냈다.

의원은 잠시 이 유럽적 계몽 국가에 무슬림의 정부, 정치가들, 리더십에 관한 것이 뭐가 있는지 궁금해한다. 아니면 역사 속으로 다 사라진 걸까?

◉ **대답은 고대 이야기와 노래 속에 있다.** 제대로 인정받지 못한 이상형, 그리고 신화가 되어버린 사람들에게서 찾을 수 있다.

제국 초기의 계몽된 무슬림 리더십은 여러 황금기를 가져왔다. 리더십이 추구한 미래상은 인간의 욕심, 제도적 실패, 불운, 부패로 인해 타협하기도 했다. 하지만 8백 년에 걸쳐 혁신의 분위기와 지적 흥분을 자극해 유럽을 비롯한 비이슬람 세계에 근대적인 리더십의 미래상을 정립하는 데 도움을 주었다.

그 결과 수학, 과학, 의학, 예술 분야에서 지적 발전을 이루어냈다. 최초의 근대적 도서관들과 대학들 같은 새로운 기관들의 등장, 사회적 공정성과 정의의 확산, 대중 건강의 개선, 신앙과 국적과 민족성 측면에서의 다양성 포용이 가능했다.

이런 계몽적 태도는 민주주의적 행동, 합의 도출, 갈등 해결, 여론 반영의 일화로도 나타난다.

하지만 어디서나 그렇듯 자만, 야망, 편협, 무지, 편견, 오해 같은 반작용도 있었다. 때론 이런 반작용의 힘이 우세한 적도 있다. 그러나 7~15세기에 압도적이었던 계몽주의적 이상형은 역사 속으로 사라지거나 드러나진 않더라도 항상 그 자리를 지킬 것이다.

이런 리더십의 미래상은 코란과 예언자의 행동에서도 나타난다. 하지만 고대 문서를 살펴보면 실제로 실천한 무슬림 지도자들은 초창기 칼리프들이었다. 특히 무함마드의 첫 후계자인 아부 바크르, 그리고 예언자의 사촌이자 사위인 알리가 대표적이다.

아부 바크르가 생각한 리더십의 예는 칼리프로 선출된 첫 설교에서 명백히 드러난다(1장 참고). 말로 표현한 자료는 그다지 많이 남아 있지는 않지만 말이다.

그는 대신 행동으로 보여주었다. 그러한 내용이 무슬림과 비무슬림 출처의 다양한 자료에 기록되어 있다. 기록에 따르면 아브 바크르는 칼리프 직책을 원하지 않았다. 신흥 무슬림 지역사회의 경쟁적인 부족들이나 개인들 사이의 다리 역할을 할 명망 있는 후보자로 지명되기까지 한사코 거절했다.

그는 매우 겸손하고 성실한 사람이었다. 임기 동안 자신을 위한 전략을 도모한 것이 아니라 예언자가 했었을 행동을 생각해보았다. 칼리프 자리를 받아들인 이후 아랍 제국은 계속 번영을 누리고 세력을 키워갔다. 하지만 그는 예전과 같은 검소한 집에서 노예 한 명만 두었을 뿐이었다.

그는 이슬람권에서 최초로 종교적 신념에 따라 노예들을 해방시켰다. 또한 예언자 무함마드 사후에 모스크를 지은 최초의 무슬림이었다. 전 재산인 4만 디르함을 이슬람의 발전을 도모하기 위해 썼다. 국고의 세금과 전리품의 일부를 챙기거나 유용한 적도 없었다.

영국 역사가 에드워드 기본은 『사라센의 역사』에서 이런 기록을 남겼다.

아브 바크르는 칼리프의 지위를 받아들이면서 딸 에이샤에게 전 재산을 엄격히 계산하라고 명했다. 이후 그가 부자가 되었는지 가난해졌는지는 알 수 없다. 하지만 매주 금요일마다 자신의 잔여 재산과 공금을 가장 덕망 있는 사람들에게 나누어주고, 다음으로는 가장 빈곤한 무슬림들에게 분배해준 것은 분명하다. 재산 중 남은 초라한 의복과 금으로 된 물건 5개는 후계자에게 전해졌다. 그리고 후계자는 그에 미치지 못하는 자신의 부족함을 한숨 지으며 탄식했다.

즉, 아브 바크르의 리더십은 겸손하고 양보하며 청렴한 모습을 보였다. 그리고 자선과 공공복지에 힘쓴 본보기를 보였다. 인간의 천박한 본성과 반대되는 오래 남을 이상적인 지도자의 모습을 무슬림 세계와 외부에 보여준다. 그는 21세기 이슬람 정치계에서 여전히 지지받는 이상적인 본보기이다.

제4대 칼리프 알리는 자신이 추구한 리더십을 보다 분명히 밝혔으며 진술한 내용 중 상당수가 남아 있다.

알리는 계몽된 리더십에 필요한 세부 사항을 글로 쓰기 시작했다. 이러한 리더십은 훗날 우마이야조, 아바스 칼리프 제국, 파티마조, 수니파 이집트, 셀주크 페르시아, 아나톨리아, 델리 술탄 제국, 무굴 인도 제국, 오토만 제국에서 찾을 수 있다.

칼리프 알리가 충성스런 신하 말리크 알 아시타르에게 보낸 리더십에 관련된 장문의 편지가 그 증거다. 말리크를 이집트의 새로운 통치자로 임명하면서 보낸 편지다.

말리크, 너를 한 나라의 통치자로 보내려고 하노라. 그 나라는 여러 체제를 겪은 나라다. 예전 통치자들 가운데는 친절하고 착하며 좋은 성품을 가진 이도 있었을 것이다. 반면에 전제적이고 압제적이며 잔인한 정권도 있었을 것이다. 네가 다른 정권들의 업적을 연구한 것처럼, 사람들은 너의 정권을 판단할 것이다. 네가 다른 통치자들을 혹평하거나 인정해주는 것과 마찬가지로 그들은 너를 비평할 것이다…….

말리크, 백성들은 두 부류임을 기억해라. 너와 같은 종교를 가진 혈

육과 마찬가지인 사람들이 있다. 반면에 너와 다른 종교에다 같은 인간
이라는 공통점만 지닌 사람들도 있다. ……네가 알라에게 바라는 자비
와 용서의 수준과 방식으로 그들을 구하고 자비심과 연민을 보이며 도
와주라…….

자신에게 "나는 왕이자 통치자이며 백성들보다 소중한 존재다. 그러
니 내게 순종적으로 겸허히 복종해야 한다."라고 말하지 말라. 그런 생
각은 마음의 균형을 깨뜨리고 허영심으로 교만하게 만든다. 또한 종교
적 신념을 흔들고 알라 외의 권력에 의지하게 만들 것이다…….

항상 지나치게 가혹하지도 관대하지도 않은 정책을 높이 평가하고
채택해야 한다. 평등에 기초한 정책이 대개 인정받는다. 지체 높은 사람
들의 승인보다 백성들과 가난한 자들과 좌절한 사람들의 고통을 더 중
요시해라. 소수 상류층들의 고통이 있다 할지라도 일반 백성들 다수가
너로 인해 행복을 느낀다면, 신은 기꺼이 용서하실 것이다.

말리크, 백성들이 계층과 등급으로 나누어져 있음을 알아야 한다. 사
회 각 계층의 개별적, 총체적 번영과 부는 다른 계층들의 복지와 상호
연관되어 있다. 전체 사회구조는 잘 짜인 그물과 마찬가지로 상호 호혜
적이다. 어떤 계층도 다른 계층의 지원과 축복 없이는 평화롭게 존재할
수도, 행복하게 살거나 일을 할 수도 없다.

말리크, 기억해라. ……통치자를 가장 기쁘게 해주는 건 나라가 평등
과 정의의 원칙에 의해 통치되고 백성들의 사랑을 받는 것이다. 백성들
의 불평이 없어야 사랑받을 것이다. 정부를 후원해줄 백성들의 진심과
충성심을 얻으려면, 백성들이 너의 권위를 부담 없이 받아들일 수 있게
해야 한다. 또한 네 정권이 끝나기를 백성들이 바라지 않도록 해야 한
다. 가능한 한 너에게 많은 희망을 품도록 해주어라. 그리고 합리적으로
가능한 한 실현시켜주어라. 칭찬을 받을 이들에게는 좋은 말을 해 주고,

그들의 좋은 행동을 인정해주고 공개적으로 널리 알려라.

◎ **후계자 경쟁은** 수니파와 시아파로 나뉜 이슬람에서 단순히 큰 갈등을 불러오는 정도가 아니었다. 진보적인 통치자 모델과 합의에 기초한 통치자 선출 과정을 일시적으로 중단시켜버릴 정도였다.

초기 네 명의 칼리프들인 아부 바크르, 우마르, 우스만, 알리는 사람들의 환호와 중간 정도의 선거 과정을 통해 선출되었다. 알리의 추종자들은 리더십을 혈연관계에 의해 계승하는 걸 더 선호하긴 했다. 그런 이유도 일부 작용해 분파가 나뉘게 된다. 초기 지도자 선출 과정은 예언자가 만든 가르침과 예시를 바탕으로 했다. 예언자가 죽고 난 후 정치적으로 즉석에서 만들어진 탓에, 그런 초기 선출 제도는 29년 동안만 지속된다. 하지만 협의와 합의라는 무슬림 성향에 대한 기억은 1400년 동안 계속 지속된다. 그리고 20세기 이슬람 민주주의의 궁극적 발전에 영향을 끼치게 될 것이다.

그러나 18세기까지는 이런 무슬림의 정치적 모델은 왕조 계승과 맞물려 군사적 힘을 바탕으로 한 신정주의에 더 가까웠을 것이다. 셀주크 같은 강력한 군사 세력이 명목상의 아바스조 하에서 권력을 잡았을 때는 퇴색되기도 했다.

힘으로 권력을 잡은 첫 칼리프는 661년 우마이야조의 무아위야였다. 그의 후계자들은 750년 아바스조에 의해 전복되기 전까지 다스린다. 아바스조는 1258년 몽골에 의해 멸망한다. 스페인에 다시 세워진 우마이야조는 이런 왕조 모델을 그대로 따랐다. 이집트의 파티마조, 맘루크조, 페르시아의 셀주크, 중동, 인도의 무굴 제국도 마찬가지이다. 이슬람의 칼리프라는 칭호를 받아들인 마지막 무슬림 통치자는 이스탄불의 오토만 투르크이다.

이런 정치적 리더십은 전통적인 왕조 통치와 닮았다. 그리고 세계 어디에서나 마찬가지로 절대 권력을 남용하는 통치자들이 나타나기도 했다. 그러나 중요한 것은 각종 진보적 방식과 정책이 계속 존재했다는 점이다.

다마스쿠스의 우마이야조는 공공 기반시설 확충, 경제적 부, 통일된 제국 건설에 많은 신경을 쏟았다. 바그다드에서 정권을 갈취한 아바스조는 정치적, 예술적, 경제적, 지적 세계의 중심지를 만들기 위해 최선을 다한다. 통치자들은 힘과 상속을 통해 다스렸지만 자비롭고 계몽된 통치 방식을 간과하지 않았다. 아바스조의 계몽된 업적을 우마이야조는 스페인에서 바라본다. 안달루시아의 우마이야조는 모든 분야에서 바그다드와 경쟁하려 했다.

⊙ **81년 바그다드의 늦은 밤이었다.** 사막의 대상 차림의 두 남자가 거리를 빠져나오고 있다. 보름달이 도시 위에 걸려 있고, 더운 여름밤의 미풍을 타고 강의 냄새가 다가온다. 두 남자가 지나갈 때쯤 부자들의 저녁 식사가 한창이다. 경호원들과 마부들은 닫힌 문 바깥에서 기다리고 있다. 이야기 집들은 신분의 높낮이에 상관없이 관중들로 가득 차 있다. 음탕한 얘기에는 크게 웃고, 종교적인 얘기를 들을 때는 조용히 눈물을 훔친다. 대상들이 몰려들고, 큰 웃음소리와 고함 소리가 내부에서 흘러나온다. 종종 취객이 비틀거리며 거리로 걸어 나오기도 한다.

고함치며 언성 높인 정치적 주장들이 들려오자 두 남자 중 한 명이 관심을 가진다. 대화 속에 자신의 이름이 언급되자 그는 불빛 비치는 현관에서 잠시 멈추어 안에서 나는 소리에 귀를 기울인다.

"우리 나라는 페르시아인들에게 넘어갔어." 한 술꾼이 소리친다. "그들이 왕실뿐만 아니라 나라까지 다스리지."

"페르시아 사람들은 똑똑하잖아." 반대자가 이렇게 외쳤다. "우리에겐 그들이 필요하단 말이야."

"우리가 그들에게 더 필요한 존재지." 먼저 말을 꺼낸 사람이 대꾸한다. "위대한 아랍 군대들이 그들을 정복했으니 말이야. 그들에게 그걸 똑바로 알려줘야 해."

어두운 밖에서 처음 듣던 이가 두 번째 남자에게 몸을 돌리더니 눈짓을 한다.

그 둘은 강둑과 중앙 시장 길로 향한다. 평민 차림으로 얼굴을 거의 가린 첫 번째 남자는 , 칼리프 하룬 알 라시드이다. 변장한 다른 남자는 죽마고우 자파르로 바르마크가(家) 수상의 아들이다.

시장 가장자리로 내려가자 많은 점원들이 촛불과 기름 램프로 불을 밝힌 채 매장을 지키고 있었다. 향료와 향수와 천, 향신료, 보석, 가벼운 시집이나 우화집을 팔고 있었다. 변장한 칼리프는 한 가게 앞에 멈추었다. 눈이 움푹 들어간 한 아랍 행상인이 시리아에서 가져온 번쩍거리는 검들 사이에 서 있다.

"그건 얼마요?" 변장한 하룬 알 라시드가 검은 가죽 칼집에 꽂힌 검을 가리키며 묻는다.

"1디르함입니다." 행상이 말한다.

"세상에……" 칼리프가 말한다. "그렇게 많이 받나?"

"이 근처 사람인가요?"

"우리는…… 메디나에서 왔소."

행상은 천천히 고개를 끄덕였다. 그러나 그 말을 완전히 믿지는 않는다.

"그럼 당신은 잘 모를 거요." 그가 말한다. "나는 계속 오르기만 하는 세금을 내야 해요. 경찰이나 장관들에게도 세금을 내야 합니다. 지주에게는 가게 세도 내죠. 그는 자꾸 세를 올린답니다. 그러니 1디르함도 거저 드리는 겁니다."

"세금이 그렇게 많소?"

"하!" 행상이 머리를 흔들며 감정을 억누른다. "저 멋진 다리들과 벽들과 궁궐들이 보입니까? 칼리프는 금은으로 된 또 다른 건물을 짓고 있어요. 할아버지 알 만수르의 궁궐에 무슨 문제라도 있답니까? 그것만으로는 충분하지 않다는 건가요? 도대체 그 세금은 누가 내는 겁니까?"

칼리프는 가만히 듣고 있다. 그의 친구 역시 마찬가지다.

"경찰에게도 세금을 바쳐야 하나요?" 칼리프가 묻는다.

"경찰만이 아니에요. 아사드 재판관부터 각 부서의 모든 말단 직원들이 전부 그런답니다. 그들 때문에 죽을 지경이에요. 죽을 것 같다고요!"

"어떤 조치가 필요하다고 생각하나요?" 하룬 알 하시드가 묻는다.

"내 생각엔 왕이 자리에서 일어나 우리 같은 백성들이 있는 이곳으로 나와 직접 봐야죠. 그의 이름하에 어떤 일이 자행되고 있는지 직접 봐야 합니다. 사람들 얘기에 귀를 기울이고요. 최소한 얼굴은 비춰야죠. 이 나라가 아첨꾼들에 의해 다스려진다는 걸 누구나 알고 있으니까요."

"칼리프에 대해서는 어떻게 생각하오?"

"내가 어떻게 알겠소? 그와 눈을 마주쳐본 적도 없는데. 그러나 여자들이랑 술에 푹 빠져 산다는 소리는 들었소. 당신도 알다시피 와인을 잔뜩 마신 채로 말이오."

그는 술에 취해 눈을 두리번거리는 흉내를 낸다. 입은 크게 벌린 채로 말이다. 그 모습에 셋은 전부 웃음을 터뜨렸다.

칼리프는 며칠 전에 만들어진 금 동전을 꺼내 그 남자에게 건넨다. 그 남자는 번쩍거리는 동전에 놀라 깨물어보더니 불빛에 비추어 본다.

“정말 좋은 거네요.” 그가 말한다. 두 남자는 밤의 어둠 속으로 다시 돌아간다.

아침에 궁궐에 돌아온 칼리프는 옆의 자파르와 함께 수상을 부른다.

“시장을 다스리는 경찰관원이 누구인가?”

“알아보겠습니다. 칼리프.”

“아사드부터 시작해서 그 구역의 관리들 이름을 전부 말해주게. 그들이 뇌물을 받는다고 들었네.”

“분부대로 하겠습니다.”

“그리고 세금 구조 말이야. 마지막으로 개정한 것이 언제지?”

“작년입니다. 초과 지출, 새 궁궐 비용, 병원 건설 비용을 대기 위해서요.”

“다시 살펴봐야겠어.”

오전의 밝은 빛 속에서 칼리프 복장을 한 채 벨트에는 왕실 검을 찬 알 라시드가 서 있다. 그는 자파르와 함께 정원으로 가서 말들과 경호원들을 부르라고 명령한다. 흰색 아라비아 암말에 올라탄 칼리프는 일행을 이끌고 시장으로 간다. 훤한 대낮에 바그다드의 대중 거리를 걷는 건 거의 일 년 만이다. 거리의 군중들은 길에서 물러서며 몇몇 시민들은 위의 창문에서 소리를 지른다. 칼리프는 그들에게 손을 흔들어준다.

칼리프는 칼 상점 앞에서 멈추었다. 어두운 눈동자의 행상은 너무 놀라 의자에서 일어나지도 못하고 찻잔을 입에서 반쯤 뗀 채로 그냥 앉아 있다.

“칼리프가 전혀 얼굴을 내비치지도 않고, 당신이 한번도 그의 눈을 쳐다본 적이 없다는 게 사실인가?” 알 라시드가 묻는다. 남자는 불경스런 행동으로 목이 잘릴 거라고 생각하면서 컵을 떨어뜨리고는 그 자리에 엎드린다. 그러나 칼리프는 그를 혼내는 대신 안장에 손을 뻗어 황금 동전을 꺼내 던져준다. 전날 주었던 것의 백 배나 되는 값어치이다. 남자는 고개를 들지도 못한다.

"칼리프에게 진실을 말하는 걸 두려워하지 말라." 알 라시드가 웃으며 말한다. 그러고는 칼리프와 일행들은 최근의 다리 건설 상황을 살피기 위해 강둑을 계속 따라간다.

칼을 파는 상인은 일어나서 새로 얻은 부를 계산하기는커녕 제대로 숨을 쉬는 데도 족히 십 분은 걸렸다. 이웃들이 건너오고 군중들이 주위에 몰려든다.

◎ **하룬 알 라시드의 성격은** 전설 속에서 상당히 낭만적으로 그려진다. 심지어 훗날 『천일 야화』에 나오는 많은 이야기들의 주인공이 되기도 한다. 그런 것을 제외하고도 잃어버린 역사는 그가 진보적인 이슬람 지도자의 본보기로 가장 잘 기억된다는 걸 보여준다. 그는 군사적으로 막강하고 카리스마가 있으며 현명했을 뿐만 아니라 현명하고 지적 호기심이 넘쳤다. 예술과 과학적, 수학적 연구의 후원자였다. 그리고 많은 번역 프로젝트를 후원했다. 그의 아들 알 마문은 지혜의 집을 통해 연구의 후원을 제도화시킨다. 또한 바그다드에 처음으로 병원을 짓는다. 연금술사 자비르 이븐 하이얀의 연구를 후원한다. 인도와 그리스의 철학과 과학 문헌을 처음으로 번역하게 하고, 인도의 수학 논문을 포함한 외국 문헌들의 수집도 후원해주었다. 인도의 수학 문헌은 훗날 알 콰리즈미에게 자극을 준다.

알 라시드는 개인적으로 음악, 시, 예술에 관심을 가졌다. 비잔틴을 포함한 여러 지역들과 적들로부터 받는 엄청난 공물로 바그다드의 황금기의 토대를 놓는다.

한 세기 반이 지나 글을 쓰면서, 바그다드의 역사가 알 마수디는 『황금초원』에서 알 라시드에 관한 일화를 들려준다.

하루는 칼리프가 아름답게 장식된 홀에서 연회를 열었다. 연회를 여는 동안, 그는 시인 아불 아타히야를 데리고 온 뒤 멋진 광경을 시로 읊으라고 명령했다. 시인은 말문을 연다. "오, 칼리프. 당신의 모든 욕구를 충족시키며 사십시오. 당신의 고귀한 궁궐의 안식처에서요!" "아주 좋구나!" 라시드가 환호한다. "나머지 부분도 들어보자꾸나."

시인은 계속 이어 나간다. "여명과 저녁이 당신의 명을 받드는 민첩한 하인이 될 것입니다." "아주 훌륭해!" 칼리프가 말한다. "계속해라!" 시인이 응답한다. "그러나 임종 시 가래 끓는 소리가 당신의 숨을 막히게 합니다. 소멸해가는 당신은 깨달을 겁니다. 알라여! 모든 기쁨은 한낱 그림자였다는 걸." 라시드는 눈물을 흘린다. 야히아(라시드의 수상)의 아들인 파들은 모습을 보고 시인에게 말한다. "칼리프는 즐겁게 해달라고 널 데려온 거야. 헌데 너는 그를 우울하게 하고 있구나." "그냥 두어라." 알 라시드가 말한다. "그는 어둠과 같은 상태에 있는 우리를 본 거야. 그리고 우리의 눈을 뜨게 해주려고 한 걸세."

통치자는 학식 있는 사람들을 깍듯이 대했다. 아보우 모와위아는 당시 가장 학식 있는 사람이었다. 그는 다음과 같은 이야기를 들려주었다. 어느 날 칼리프와 앉아서 음식을 먹는데 식사 후 칼리프가 그의 손에 물을 부었다. 그러고는 이렇게 말했다. "아보우 모와위아, 누가 당신의 손을 씻겨주었는지 아는가?" 그는 대답했다. "아뇨." 라시드가 자신이 그랬다는 걸 알려주자, 아보우 모와위아는 대답했다. "통치자여, 당신은 배움에 존경을 표하고자 이렇게 행동했음이 분명합니다." "진실로 그렇소." 라시드가 대답했다.

알 라시드의 궁정의 위대함과 지성에 관한 이야기들은 당시에 널리 알려졌다. 그는 중국이나 샤를마뉴 대제의 궁궐 같은 먼 곳과도 외교 관계를 맺었다. 그리고 샤를마뉴 대제와 장문의 장거리 대화를 나누기 시작했다. 이것은 아랍에 준 영향보다 프랑크 왕국에 더 많은 영향을 주었다.

바그다드의 외교관들은 프랑크 왕국 황제에게 보내는 칼리프의 서신을 작성하고 있다. 그들은 자신의 강력한 통치자는 많이 배웠으며 시인인 반면에, 샤를마뉴 대제는 과연 읽고 쓰기는 할 수 있는 걸까 하며 비웃는다. 하지만 진실은 흑백처럼 명확한 것이 아니다. 샤를마뉴 대제는 실제로 문맹이었지만 학자들을 지원했으며 가정교사들을 고용했다.

두 궁정은 9세기 초반 정상 회담을 계획하기도 했다. 그러나 실제로 이루어지지는 못했다. 그 다음으로 가장 멋진 일은 801년의 선물 교환이었다. 알 라시드는 유럽에서는 볼 수 없을 물건들을 샤를마뉴 대제에게 보냈다. 알 라시드는 아불 아바스라는 이름의 코끼리 한 마리를 주었다. 그 커다란 동물은 샤를마뉴 대제의 수도인 엑스 라 샤펠의 거리를 행진했다. 엄청난 난리법석이 일어났다. 천 년 전에 한니발이 알프스를 넘어간 이래 유럽에는 코끼리가 없었다.

알 라시드는 또한 잘 조각된 아이보리색 호른, 접시, 단단한 금으로 된 물 주전자, 장기판, 왕실 텐트, 한 쌍의 황동 촛대를 보냈다. 보는 이들을 모두 매료시킬 정교한 물시계도 보냈다. 이런 기술적 경이로움은 당시 유럽인들 사이에서 상당한 토론을 불러일으켰다. 시계의 12개의 황동 공이 매 시간마다 심벌즈 위로 떨어진다. 그리고 12개의 승마 기수 조각상이 작은 창문에서 나와 퍼레이드를 펼친다.

샤를마뉴 대제가 강력하고도 계몽된 통치자와 사귀면서 유럽 어디에도 존재하지 않았던 이상적인 리더십을 인식하게 된 건 의심의 여지가 거의 없다. 고대 그리스와 로마의 역사적 자료를 빼고는 말이다. 비록 샤를마뉴 대제는 군대의 힘을 빌려 무슬림 세력을 스페인 구석으로 몰아내느라 고군분투하고 있었지만, 무슬림의 기술적, 사회적 발전상에 매료되었다.

자유주의적 무슬림 통치의 모델과 대등할 만한 것이 알 안달루스에서 나타나고 있었다. 안달루시아의 종교적 관용과 백성들에게 자비로운 권위주의의 예는 스페인에 우마이야조를 설립한 압드 알 라흐만 1세까지 거슬러간다. 그러나 그러한 관념은 796년에 보다 분명해졌다. 우마이야조의 나이 든 에미르 하셈이 아들 알 하켐에게 왕위를 물려주며 신하들에게 충성을 맹세할 것을 요구했다. 그는 아들에게 이런 훈시를 내린다.

가난한 자와 부자를 구별하지 말고 정의를 실현해라. 너에게 의지하는 자들을 친절하고 정중하게 대하라. 모두 다 같은 신의 창조물이기 때문이다. 도시들과 지방을 유지하는 일은 왕실과 경험 많은 족장들에게 맡겨라. 백성들을 억누르는 관리들에게는 동정의 여지 없이 벌을 내려라. 병사들을 중용과 단호함으로 다스려라. 무기는 병사들에게 방어용으로 주어진 것이지 나라를 황폐화시키기 위함이 아님을 기억해라. 또한 그들이 제대로 월급을 받는지, 너의 약속에 의지하고 있는지 늘 주의깊게 살펴라. 백성들에게 사랑받는 사람이 되도록 노력하라. 그들의 애정이 있어야 나라가 보장된다. 만약 그들이 두려워하면 나라는 위험해진다. 그들의 증오 속에는 확실히 파멸이 있을 것이다. 땅을 경작하고 빵을 만들어 우리를 부양하는 사람들을 보호하라. 추수 수확물이 손상을 입지 않도록 하며 숲이 파괴되지 않도록 하라. 항상 존경심을 갖고 행동해 백성들이 너를 축복하고 보호받으며 행복하게 살게 하라. 그러면 분명 가장 영광스러운 군주라는 명성을 얻을 것이다.

불행히도 알 하켐은 권좌에 올라 하렘과 와인 창고에서 시간을 보내며 아버지의 가르침을 잊어버린다. 그는 짧고도 퇴폐적인 삶을 살았다. 한편 책임감 있고 진보적이었던 그의 아버지의 통치방식은 장차 안달루시아의 통치자들이 다시 되살린다.

그러나 권위주의 모델과 제국주의 권력에 대한 견제 장치 부족은 광폭한 지배자를 낳기도 했다. 특히 칼리프와 지배층의 엄청난 부와 맞물려서 더욱 그랬다. 법과 백성들을 위하기보다는 자기 자신에게 명예롭고 관대한 군주인 셈이다. 때때로 그런 방식이 효과를 거두기도 했고 때로는 그렇지 않기도 했다. 그러나 공정하고 인정 많은 리더십의 이상형은 항상 후세의 좋은 지도자들을 위해 여전히 남아 있었다.

좋은 정부라는 이상형을 지지한 건 우마이야조와 아바스조만이 아니다. 10세기 약해진 아바스조 하에서 정치적 권력을 잡은 셀주크 투르크가 전통을 계속 이어간다. 모범적인 정치적 사상가로는 수상 니잠 알 물크가 있다. 오마르 하이얌의 친구이자 훗날 술탄 말리크 샤의 수상이 된다.

니잠 알 물크는 좋은 정부와 건강한 사회의 핵심 요소가 지식과 교육이라는 걸 확신했다. 그의 이름을 딴 종교 대학인 니자마야가 페르시아의 셀주크 영토와 중동에 세워진다. 많은 학자들에 따르면 상당히 느슨한 종교적 배경 속에서 연구하고 토의하는 나자마야는 근대 서구 대학의 전신이다. 11세기 초반 이후 성지로 진입한 기독교 십자군들은 니자마야를 보게 된다. 당시 유럽은 여전히 폐쇄적인 수도원 계층에 교육을 의존하고 있었으며 니자마야와 같은 기관이 없었다.

술탄은 그렇게 많은 대학들을 후원하는 비용을 물어보며, 요새 건

설이나 더 많은 병사들을 고용하는 데 그 돈을 쓰는 게 낫지 않나 생각했다. 그러나 알 물크의 대답은 이러했다.

> 제가 당신을 위해 지은 교육 요새는 시간이 지나도 파괴되지 않으며 난공불락으로 있을 겁니다. 병사들의 화살은 92미터도 넘지 못합니다. 하지만 제가 만든 군대의 화살은 천국을 넘어 당신의 이름을 길이 남길 겁니다.

학리적인 측면에서, 알 물크는 좋은 리더십과 정부에 관한 또 다른 공헌을 한 것이다. 제국을 여행하면서 술탄을 대신해 시민들과 관리들의 의견에 귀를 기울였다. 그는 올바른 통치에 관한 방대한 책을 쓰기 시작한다. 시야사트나마 혹은 『정치의 서』로 불리는데 모국어인 페르시아어로 씌어 있다. 50개의 장으로 나누어 좋은 정부에 관련된 많은 요소들과 격언들을 담고 있다.

> 왕국은 신앙이 없어도 지속될 수 있다. 그러나 압제가 있으면 견뎌내지 못한다.
>
> 왕이 문, 성문, 수문, 대기실, 휘장, 시종들로 둘러싸인 곳에 있다면, 자기 이득만 챙기고 억압적인 사람들이 백성들을 가두어 왕 앞에 나서지 못하게 할 것이다.
>
> 반드시 예의 바르고 정중한 태도로 적절한 양만 거두라고 세금 징수 관리들을 교육시켜야 한다. 그리고 때가 되기 전에 거두어서는 안 된다.
>
> 가장 좋은 통치자는 학식 있는 자들을 곁에 두는 사람이다. 그리고 가장 나쁜 지식인은 왕권 사회를 추구하는 자다.
>
> 지식은 부유함보다 낫다. 왜냐하면 부는 당신이 돌봐야 하지만, 지식

은 오히려 당신을 보살펴 주기 때문이다.

◉ **좋은 정부에 관한** 알 물크의 연구서적에 잉크가 마르기도 전에, 이슬람권에 전쟁이 일어난다. 말리크 샤가 지출하고자 했던 곳에 돈을 썼어야 했던 것이다. 사실 11세기 무슬림에겐 많은 교육과 좋은 정부가 아니라 더 많은 군대와 요새가 있어야 했다.

터키에서 시리아와 이집트에 이르는 모든 지역에 걸쳐 3세기 동안 일어난 충격적인 폭력의 시작이었다. 이는 십자군으로 알려져 있다. 높은 곳에서 멀리 내다보면, 십자군들은 예전 8세기 투르에서 보여준 최초의 군사적, 종교적 전투의 재현 같다.

11세기 후반부터 13세기 초반까지 200년 동안 십자군들은 9번의 대규모 기독교 원정을 나섰다. 소규모의 전투도 여러 차례 있었다. 이런 군사 원정은 '실패한 성전'으로 묘사된다. 예루살렘과 초기 기독교 근원지에서 무슬림을 축출하려는 기독교인들의 시도였다. 그곳은 7세기에 첫 칼리프가 나온 이후로 무슬림 치하였으며, 4백 년의 시간을 무슬림이 다스렸다. 아브라함의 세 종교인들이 공존하며 20세대에 걸쳐 살아왔고, 기독교인들은 항상 예루살렘으로 순례를 왔으며, 유대인들이 도처에 있었다.

그러나 이제 시대가 바뀌고 있다. 셀주크, 아이유브조, 파티마조는 전체 이슬람권을 차지하려고 책략을 쓰고 있었다. 비잔틴은 아나톨리아 해안의 작은 영지로 축소된 상태였다. 이제 유럽인들은 기회가 왔음을 알아차렸다.

스페인에서 일어난 기독교의 점진적인 재정복에 용기를 얻었다. 그리고 파티마 술탄 알 하킴의 이해 불가능한 행동이 자극이 되었다. 예루살렘의 성묘 교회를 파괴하라는 명을 내린 것이다. 그곳은 예수가 십자가에 못 박혔던 언덕과 무덤을 기리고자 330년 콘스탄티노플 황제가 지은 교회다.

새로운 성전의 기독교 변형판은 마침내 서방 교회의 허락을 받아낸다. 로마에서는 예수의 평화주의 가르침에 어긋나는 건 아닌지에 대해 격렬한 논쟁이 벌어졌다.

그러나 좀 더 가까이 잃어버린 역사의 렌즈를 통해 보자. 정치색이 짙은 이 종교 전쟁은 훨씬 더 많은 의미가 있다. 1054년 기독교 교회가 로마의 가톨릭과 콘스탄티노플의 동방 정교회로 분열된 복잡한 측면이 있다. 로마 가톨릭은 성지에서 무슬림뿐만 아니라 비잔틴 정교 역시 몰아내고 싶었다.

상황은 기이한 동맹 관계로 인해 더욱 복잡해진다. 십자군들은 무슬림에 대항하는 몽골과 목적이 같았다. 비잔틴은 오랜 정적인 이슬람과 함께한다. 기독교 템플 기사단은 시리아의 이스마일파와 뜻을 같이한다.

십자군의 상당수가 초기 전투에서 승리를 거두어 예루살렘과 팔레스타인과 시리아 도시들을 탈환했다. 하지만 그런 경험을 통해 십자군들이 변화되면서 상황은 점점 더 복잡해진다. 많은 유럽 병사들이 레반트에 정착해 일부는 큰 사유지를 받기도 했다. 그들은 따뜻하고 건조한 날씨를 마음에 들어하며 세련되고 이국적인 안락한 생활방식에 흠뻑 빠졌다.

초기 십자군은 1099년 기독교인들의 예루살렘 획득, 그리고 기독교인의 군사적 침입과 승리로 나타낼 수 있다. 자세한 내용들은 유감스럽게도 역사 속에서 소실되었다. 하지만 예루살렘에서 거둔 유럽인의 승리는 예루살렘 거주자들을 직접 학살하면서 그 가치가 손상된다. 무슬림들, 유대인들, 심지어 기독교인들마저 적으로 간주했다. 기독교인들은 중동 원정길에서 주기적으로 유대인 학살을 저지르기도 했다.

1099년 십자군이 예루살렘 사람들을 학살하는 모습을 묘사한 프랑크 왕국의 자료를 보자.

백작 레이몬드와 부하들은 반대편 성벽을 공격하고 있었다. 사라센들이 바로 눈앞에서 성벽에서 뛰어내리는 걸 보았다. 그들은 즉시 힘차게 도시로 돌진했고, 이미 시작한 지휘관들에 동참해 불손한 적들을 찾아내 죽인다. 사라센인들, 아랍인들, 이디오피아인들은 다윗탑으로 피신했다. 신의 사원이나 솔로몬 사원으로 대피한 사람들도 있다. 궁전과 사원의 정문에서 치열한 전투가 벌어졌다. 그들은 우리 전사로부터 달아나지 못했다. 수많은 사람들이 솔로몬 사원의 지붕으로 대피했으며 화살에 맞아 땅에 추락해 죽었다. 여기서 만 명 정도가 죽음을 당했다. 당신이 그 자리에 있었다면 살해된 사람들의 피로 발목까지 흥건히 물들었을 것이다. 뭘 더 얘기하겠는가? 누구도 살아남지 못했다. 여자와 아이들까지 모두 죽었다.

또 다른 프랑스 자료는 더 생생하게 보여준다.

1099년 기독교인들이 예루살렘을 정복하면서 사라센인들은 거리와 집에서 학살당했다. 예루살렘에는 멸망해가는 사람들이 피신할 곳이 없었다. 일부는 성벽에서 뛰어내려 죽음을 모면하기도 했다. 다른 사람들은 궁전과 탑 안으로 숨어들었다. 특히 모스크 안으로 도망갔지만, 기독교인들을 피할 수는 없었다. 한동안 사라센인들이 방어했던 우마르 사원을 지배하게 된 십자군들은 티투스의 정복을 불명예스럽게 할 끔찍한 참상을 저질렀다. 보병들과 기병들이 피난민들 사이로 마구 돌진했다.

끔찍한 격동 속에는 죽음의 신음소리와 울부짖음 외에는 어떤 소리도 들리지 않았다. 부질없이 도망치려는 사람들을 쫓아가며 시체들 사이로 마구 유린했다. 당시의 목격자 아퀼러의 레이몬드에 따르면, 모스크의 주랑(柱廊) 현관에 피가 무릎까지 차더니 곧 말 재갈까지 올라왔다.

쟁취한 승리에 대해 감사 기도를 올리기 위해 십자군들이 집합하면서 학살은 잠시 중단되었다. 그러나 곧 잔인한 살육이 재개되었다. 미쇼에 따르면, 인질 몸값을 많이 받을 생각으로 살려둔 포로들 모두 냉혹하게 처단되었다. 사라센인들은 탑이나 집의 꼭대기에서 내던져졌다. 산 채로 불태워지기도 했다. 지하 은신처에서 끌려나와 공공장소로 연행되었다. 그리고 시체더미로 희생되었다. 여자들의 눈물과 아이들의 울음소리도 승리자의 흥분을 누그러뜨릴 수는 없었다. 심지어 그리스도가 자신의 사형집행인을 용서한 장소에서도 말이다. ……학살은 일주일 내내 계속되었다. 탈출한 극소수는 끔찍한 강제 노역을 해야 했다.

학살 이외에도 기독교인들의 정복은 구식의 약탈과 강간을 일삼았다. 유럽인들은 심지어 부유한 기독교 교회들을 털기도 했다. 승리에 찬 유럽 지휘관들은 전리품을 놓고 서로 다투기도 한다.

예루살렘의 각종 신앙인들인 무고한 시민들과 비전투원들을 고의적으로 살해한 것이 수천에 달한다. 그 일이 중동에 널리 알려져 저항의 지를 되찾은 무슬림에 불을 지핀다. 무슬림 세력을 재건하는 데는 거의 한 세기가 걸린다.

한편 기독교인들은 예루살렘에 라틴 왕국을 세우고, 시리아와 팔레스타인에 요새를 건설한다. 이제 국경선이 불명확해지면서 적들이 점차 불편한 이웃이 되어갔다.

이런 혼란한 시기에 새로운 무슬림 지도자가 나타난다. 꽤 종교적 성향을 가진 군인이었다. 그는 알 라시드나 알 마문의 지성도 없었고, 카이로의 알 하킴, 코르도바의 압드 알 라흐만 3세 같은 사람도 아니었다. 그러나 기사도적인 무슬림 명예를 몸소 보여줘 유럽인들을 놀라게 하고 부끄럽게 만들었다. 유럽인들은 그가 '유럽' 혈통이 있어서 그렇게 대단하고 훌륭한 것이라며 수군거렸다.

그의 이름은 살라딘이다. 알 라시드처럼 그와 관련된 이야기들은 주로 로맨스와 전설 속에서 전개된다. 그러나 많은 공격을 받으면서도 점잖은 태도로 인간적인 통치 방식을 펼친 그의 얘기는 실제 사실이며 훗날 귀감이 된다.

살라딘은 시리아에서 자라고 교육받은 쿠르드족이다. 아버지는 군인이었다. 이들 부자는 무슬림이 기독교 학살에 저항할 유일한 방법은 분열된 무슬림을 통합하는 것이라고 결론 내렸다. 살라딘은 그러한 묘기 같은 일을 해낸다.

1187년에 그는 복수할 기회를 얻는다. 전투로 많은 세월을 보낸 후, 예루살렘을 포위해 되찾고 기독교 왕국을 파괴한다. 승리의 순간이 다가오고, 초승달과 별이 다시 도시 벽 위로 떠오른다. 그가 철저하게 앙갚음을 해 적들의 머리가 뒹굴고 피가 흘러내리기를 모두들 바랐다.

예외인 사람들도 있었다. 이븐 알 아시르가 묘사한 예루살렘 전투 이후를 살펴보자.

프랑크인들은 격렬하게 공격해오는 무슬림, 계속 발사되는 발리스타, 저항을 받지 않고 성벽을 돌파해오는 공병들을 보고 있다. 그들은 다급해졌다. 지도자들이 상의하기 위해 모였다. 그들은 안전 통행증으로 도시를 빠져나가 예루살렘을 살라딘에게 넘겨주고 협상을 요청하기로 결정했다. 왕족과 귀족 대표단을 보냈지만 살라딘은 거절했다. "너희들과 협상을 하도록 하지." 그가 말했다. "1099년에 너희가 예루살렘을 차지했을 때 사람들을 다루었던 방식으로 말이지. 살인과 학살 같은 그런 잔인한 행동들 말이야."

그들은 빈손으로 돌아갈 수밖에 없었다. 그때 발리안 이븐 바르잔이 스스로 협상해보겠다며 안전 통행증을 부여해달라고 요청했다. 허락이 떨어지자, 그는 직접 나섰다. 항복할 테니 자비로운 사면을 베풀어 달라고 살라딘에게 부탁했다. 하지만 술탄은 그의 요구와 간청을 계속 거절했다. 마침내 좌절한 발리안은 말한다. "오, 술탄. 이 도시에 사는 우리의 인구가 상당함을 아셔야 할 겁니다. 얼마나 많은지는 오직 신만이 아실 겁니다. 지금까지는 생명을 부지할 수 있을 거라는 희망이 있었습니다. 다시 말해 다른 이들의 목숨을 살려준 것처럼 우리들도 살려주지 않을까 싶어 건성으로 싸웠습니다. 죽음에 대한 공포와 삶에 대한 애착의 본능 때문이지요. 그러나 이제 죽음을 피할 수 없다는 걸 알았으니, 맹세컨대 자식들과 아내를 죽이고 소유물을 불태울 겁니다. 당신에게 동전 한 닢, 노예로 삼을 사람 하나 남기지 않기 위해서죠. 그러곤 바위의 돔과 마스지드 알 아크사 사원 등의 성지를 은신처로 삼아 데리고 있는 오천 명의 무슬림 죄수들을 살해할 것입니다. 우리 소유의 말들을 비롯해 모든 동물들도 죽일 것입니다. 최후엔 밖에 나와 생사를 걸고 당신에 대항해 싸울 겁니다. 죽기 전에 적을 죽인다면 명예롭게 죽거나 아니면 숭고한 승리를 거둘 수도 있겠지요!"

그러자 살라딘은 조언자들과 회의를 열었다. 다들 프랑크인들의 요구를 들어주자는 데 찬성했다. 극단적인 행동을 유발해 예측할 수 없는 결말을 맞지 말자는 것이다. "그들이 이미 우리의 죄수임을 알게 하겠습니다. 그러니 합의 봤던 조건대로 몸값을 치르고 자유롭게 될 수 있도록 해주십시오." 술탄은 프랑크인들에게 안전을 보장해주기로 했다. 대

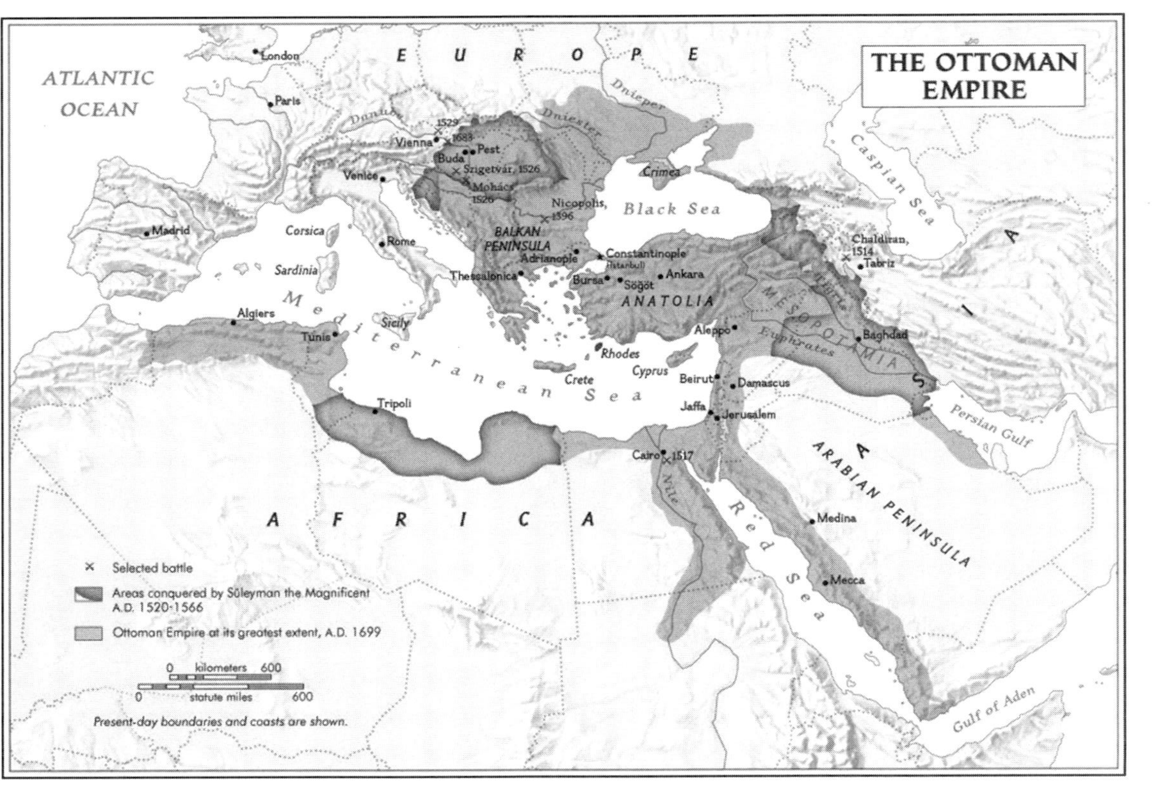

오토만 제국(1453~1922)은 초기 무슬림 제국 영토의 대부분을 획득한다. 비록 스페인과 모로코는 제외되었지만 대신 발칸 반도를 얻는다.

신 빈부에 상관없이 남자는 일인당 10디나르를, 아이들은 성별에 구분 없이 2디나르를, 여자들은 5디나르를 내야 한다는 조건이었다. 40일 내에 돈을 낸 사람은 누구나 자유롭게 될 것이다. 시한까지 돈을 지불하지 못한 사람은 노예로 삼을 것이다. 발리안 이븐 바르잔은 3만 디나르를 가난한 이들의 몸값으로 내놓겠다고 제안해 받아들여졌다. 도시는 1187년 10월 2일 금요일에 항복했다. 무슬림 깃발이 예루살렘 성벽에 높이 달린 기념비적인 날이었다.

프랑크인들의 대수장은 바위의 돔, 마스지드 알 아크사와 그 밖의 장소에서 보물을 챙겨 도시를 떠났다. 보물이 얼마나 되는지는 오직 신만이 알 것이다. 게다가 상당한 양의 돈도 챙겨갔다. 살라딘은 전혀 항의하지 않았다. 이슬람을 위해 모든 것을 몰수하라는 조언에도 불구하고 살라딘은 약속을 지켰다. 오직 10디나르만 받고 그를 보내주었다. 그리고 티레까지 삼엄한 호위를 해주었다.

도시를 수복하고 이교도들이 떠나자 살라딘은 사원들을 원래 상태로 복구하라는 명을 내렸다. 템플 기사단은 저장고, 화장실 등의 부속 건물이 딸린 숙소를 알 아크사를 등지고 지었는데, 알 아크사의 일부를 차지할 정도였다. 이것 역시 원상 복구되었다. 바위의 돔의 먼지를 제거하라는 술탄의 명도 실시되었다.

살라딘은 자신과 이슬람을 위해 예루살렘을 차지했지만 복수는 하지 않았다.

그는 정확하게 십만 명의 기독교인들에게 떠날 시간을 한 달 주었다. 그들은 세금을 내고 떠나야 했다. 개인 소유물은 갖고 떠날 수 있었다. 예술품과 보석들이 집에 가득한 부유한 왕족들도 마찬가지였다. 요컨대 1099년 학살을 저지른 사람들은 단지 추방당할 뿐이었다.

가난한 삼만 명의 기독교인들은 떠나기 위해 필요한 세금이 부족해 내지 못하고 있었다. 노예가 될 거라는 둥, 죽음을 당하거나 개종을 강요당할 것이라는 소문이 떠돌았다.

살라딘의 조언자들은 기독교 수장 헤라클리우스에게 남은 기독교인들의 몸값을 다 지불할 정도의 재산이 있다고 알려주었다. "왜 그에게 그들 몸값을 내라고 하지 않습니까?" 그러나 살라딘은 거절했다. 대신에 살라딘과 그의 남자 형제 그리고 여자 형제의 남편이 사비로 그 돈을 냈다. 그 덕에 헤라클리우스는 재산과 성상을 챙겨 떠날 수 있었다.

이런 행위들은 그 자체로 숭고한 것이었다. 그러나 1192년에 가장 유명한 십자군인 사자왕 리처드가 도시 수복을 위해 다시 돌아오면서 두 번째 전투가 시작되었다. 그는 용맹스럽게 돌진했지만 한동안 답보 상태였다. 그러다 전투 역사상 가장 예기치 못한 우정이 일어나기 시작했다. 알 라시드와 샤를마뉴 대제처럼, 살라딘과 리처드는 먼 거리에서 서로를 존경하기 시작했다. 전투로 불과 몇십 미터를 사이에 두고 대치하기는 했지만 실제로 만나지는 못했다. 그러나 그들은 관대하고 명예로운 방식으로 서로 경쟁했다.

1192년 아크리를 포위 공격하다가 리처드가 병에 걸렸을 때, 살라딘은 주치의 마이모니데스를 보내 치료해주었다. 뿐만 아니라 열이 나고생할 때는 얼음과 과일을 보내주었다. 전투 중 영국 왕 리처드의 말이 죽게 되어 그가 땅에 선 채로 무슬림 군대를 상대하게 되었다. 하지만 무슬림은 그를 공격하지 않고 팔랑크스로 걸어 나가게 해주었다. 게다가 살라딘은 그가 불리하지 않도록 새로운 말 두 마리를 보내준다.

마침내 리처드는 정복을 포기한다. 영국의 정적들이 그가 돌아오지 못하도록 계략을 꾸민다는 소문 때문이었다. 성지에 오래 머물수록 왕좌를 잃을 위험이 더 커진다. 살라딘은 그가 명예롭게 물러날 수 있게

해준다. 십자군은 몇십 년 후엔 완전히 사라진다. 몽골이 호라산과 바그다드를 제압했을 때이다.

이러한 행동들을 비롯해 여러 기사도적인 모습을 보인 지 오랜 후, 프랑스 역사가 르네 그루쎄는 살라딘에 대해 이렇게 기록했다.

> 그는 관대하고 경건하며 광적인 행동을 자제했다. 연대기 작성자들의 모델이 되어온 자유주의와 예의 바름의 꽃이다. 그런 이유로 이슬람에서만큼이나 프랑크 왕국의 시리아에서도 인기를 얻었다.

그러나 예루살렘에서 실패한 십자군 원정이 있은 지 몇십 년이 지난 13세기에 가장 훌륭한 영국 시인의 입에서 더한 찬사가 나온다. 단테는 열성적인 기독교인의 관점에서 『신곡』을 썼다. 그는 『신곡』을 통해 역사상 유명한 인물들을 평가하면서 기독교인들과 비기독교인들을 분명히 구별했다. 이교도들은 절대로 가장 높은 세계에 올라갈 수 없다. 때문에 호머, 플라톤, 시저 같은 이교도 그리스 로마인들은 지옥과 천국 사이에 놓일 것이다. 그러나 살라딘만은 "위대한 심성의 영혼들"이라 불리는 특별 영역에 들어간다고 했다. 중동에서 십자군 세력을 격퇴할 때 보여준 고귀한 행동과 정책 때문이다.

◎ **십자군이 몰락해 소멸함에 따라** 새로운 무슬림 제국은 보다 먼 남쪽에도 세워졌다. 인도로 돌진한 중앙아시아 투르크 전사들이 세운 델리의 술탄 왕국은 13세기 초반에 떠올라 1206~1526년에 걸쳐 지속된다. 술탄 제국은 나중에 몽골에 의해 인도의 이슬람 역사에서 쇠퇴한다. 그럼에도 불구하고 진보적이며 가장 독특한 지도자가 1236~1240년 초기 무슬림 델리에서 나타난다.

그녀의 이름은 라지아 술타나이다. 늙은 아버지인 술탄 일 투트미시는 장래의 후사에 대해 생각한다. 가장 재능 있는 아들은 이미 전투에서 죽었다. 다른 아들들은 잘 봐주려고 해도 무능할 뿐이다. 그리고 딸 라지아가 있다. 웬만한 남자들보다 똑똑하며 뛰어난 전사이다. 그는 전투에 나갈 때면 딸에게 궁정 일을 맡기고 떠나곤 했다. 아들들이 그런 일을 하는 건 생각해보지도 않았다. 교리에 어긋날 수도 있지만 무능한 아들들과 라지아 중에서 나라를 맡길 사람이라면 그녀를 선택할 것이다.

그러나 일 투트미시가 죽은 후, 야심 많은 남자 형제 피루즈가 권력을 잡으면서 라지아는 물러나야 했다. 7개월 동안 피루즈는 파티와 돈 쓰기에 정신이 없었다. 그 사이 술탄 제국은 표류하고 있었다. 마침내 델리 시민들이 봉기해 라지아가 다시 왕좌에 오를 것을 요구했다. 반란에 직면한 피루즈는 퇴위했다.

백성들의 지지를 받기는 했지만, 라지아는 사방이 적들이었다. 단지 여자라는 이유로 무시하는 사람들도 많았다. 권리를 박탈당한 투르크 왕족들은 그녀가 실수하기만을 기다리고 있었다. 그녀의 남자 형제들은 몰래 계략을 꾸미고 있었다. 때문에 통치에 관련해서는 가족들이나 왕족들을 신뢰할 수가 없었다. 그녀는 에티오피아인 노예 잘랄루드딘 야쿠트에게 의지했다. 가장 가까운 조언자였고 그 이상이었을지도 모른다.

그녀는 백성들과 유대를 돈독히 하기 위해 시민과의 공개 모임을 통해 불만사항과 청원을 직접 들었다. 남자처럼 옷을 입었으며 갑옷이나 튜닉 차림에다 남자들 머리 장식을 했다.

상업을 촉진하고, 도로나 우물 같은 기반 시설을 짓고, 숲의 푸름을 더하고 바람의 침식 작용을 막기 위해 나무들을 심었다.

그리고 힌두교 백성들에 대한 차별을 완화했다. 도리어 정적들은 같은 종교를 믿고 같은 민족인 사람들로서 모두들 기회만 노리고 있었다. 그러던 중 말리크 알투니아가 나타나 라지아의 군대를 물리쳤다. 에티오피아인 조언자는 죽음을 당했고, 라지아는 알투니아와 강제로 결혼했다. 그리고 그의 지시대로 통치했다. 하지만 얼마 후 그녀의 남자 형제가 반란을 일으켜 라지아와 남편 모두 죽음을 당했다. 당시 그녀는 35세였다. 짧은 생애와 통치기간 동안 잇따른 시련을 겪었다. 그녀의 통치는 한동안 이례적인 일로 여겨졌고, 두 번 다시 되풀이되지 않았다.

비록 그런 정치적 권력을 가진 여성들이 인도에서 나타나려면 앞으로 수세기는 있어야 하지만, 점차 권력을 가진 여성들이 인도 무슬림 사회에 나타나기 시작한다. 종종 이런 여성들은 왕실의 아내들이거나 딸들이긴 하지만, 권력에의 접근을 통해 간접적인 권력을 행사했다. 20세기에 이르러 두 명의 여성이 고대 인도에서 나온 나라를 다스린다. 인도에서는 힌두교인 인디라 간디가, 이슬람교 파키스탄에서는 무슬림인 베나지르 부토가 출현한다. 세 번째 여성으로 소니아 간디를 들 수 있다. 그녀는 인도에서 태어나지 않았음에도 인도의 유력한 대통령 후보에 오른다.

유명한 정치인들의 아내나 딸인 관계로 권력에 진입하긴 했어도 이제 직접 권력을 잡게 된 것이다. 이렇게 여성들에게 권력을 내준 인도 방식에는 과연 어떤 요소가 내재되어 있는 걸까?

◉ **1580년쯤** 무굴 제국 황제인 인도의 아크바르는 아그라의 왕좌에 앉아서 최근의 신학적 교리에 관한 연설을 듣고 있다. 인도 영토에서 태어난 첫 무굴 황제다. 어린애였을 때 왕좌에 올랐기에 통치할 나이가 될 때까지 여러 섭정에 의지했다. 그러나 이제는 군사적 정치적 우월

성을 확신하며, 자신의 권력을 이용해 더 부강하고 공정한 나라를 만들려고 한다. 백여 개의 언어, 천 개의 신들, 수천 년의 전통을 지닌 인도를 보다 통합된 나라로 만들고 싶어 한다.

쉰 살의 그는 단순히 통치만이 아니라 이론을 세우고 대규모 발명을 하며 역사상 가장 위대한 사회적 실험을 시도한다. 일억 사천만 명 이상의 인구를 통치하고 있다. 당시 영국 인구는 오백만이었고, 유럽 전체를 다 합쳐도 사천만 명 정도였다.

무슬림 지도자는 해안가 식민지인 고아의 포르투갈 예수회 신부들을 초대했다. 기독교에 대한 그들의 주장을 듣고자 함이다. 왕을 알현하는 방은 덥고 사람들로 붐볐다. 밖의 태양은 타는 듯하다. 황제는 공작 깃털 부채로 더위를 식히고 있다. 포르투갈인들이 단조롭게 말하는 가운데 청중들 사이에서는 소곤거림과 놀라는 소리가 들렸다.

예수회 성직자들은 기독교를 옹호하는 불가피한 결론의 박식한 주장을 펼친다. 아크바르는 잠자코 들으며 그들의 말을 분석한다. 조로아스터교, 시크교, 자이나교, 주류 힌두교 신학자들의 의견도 함께 들었다.

한 종교 집단만이 빠져 있다. 그가 믿는 수니파 무슬림 종교 학자들인 울레마이다. 그들은 분노하며 아크바르를 이단으로 선언하기에 이른다.

아크바르는 그들의 불만에 별 신경을 쓰지 않는다. 그는 보수적이며 신실한 무슬림으로 자처한다. 가장 가까운 조언자 아불 파즐은 시아파 역사가이다. 둘은 종교와 사회를 열린 마음으로 생각하고, 많은 이들이 지나가기 두려워하는 영역으로 들어가기도 한다.

시아파 아불 파즐은 수니파 무슬림이 다수인 나라에서 이맘 직책에 관한 독특한 시아파 사상을 제시한다. 그리스와 플라톤의 영향력을 보여주는 것이다. 즉, 올바르고 현명한 왕이 이맘이 되어 무슬림 세계를

올바르게 이끄는 미래상을 제시했다. 수니파 무슬림 학자들은 정치적 지도자에게 이런 엄청난 찬사를 붙이는 데 격분하며 이단이라고 생각했다. 어떻게 해야 할까?

그러나 아크바르는 신앙 문제에서도 변화의 주체가 되길 두려워하지 않는다. 무슬림 지배자들이 비무슬림들에게 투표세를 부과한 지 7세기가 지났다. 그는 타 종교에 대한 세금을 철폐한다. 힌두교도들이 자유롭게 사원에 가게 해주고 순례 세금도 폐지했다. 수입 격차를 줄이기 위해 가난하고 권력 없는 사람들의 생산물에 세금을 매기지 않고, 왕족을 포함한 모두에게 세금을 거두기 시작했다. 왕족들은 경악했다. 그러나 아크바르에 대한 대중적 지지가 커서 따를 수밖에 없었다.

아크바르는 더 많은 일을 했다. 대다수가 힌두교도인 나라를 통합시키기 위해 거의 모든 점령지의 왕들, 또는 군주들, 술탄의 딸들과 결혼했다. 그의 아내는 오천 명이나 되었는데 각종 종교집단과 민족 출신들이다. 가장 사랑하는 아내는 앰버다. 라자스탄의 공주로 힌두교도이다. 그는 그녀의 종교를 그대로 믿도록 해주었을 뿐 아니라 아그라의 무굴 궁전에서 종교 의식을 허락해주었다.

아크바르는 비무슬림에게도 칭호와 작위를 내려준 첫 무굴 황제였다. 귀족으로 선언해준 사람들의 삼분의 일이 힌두교도들이었다. 그는 다양한 비무슬림 신앙들과 백성들의 의식에 푹 빠진 첫 무굴 황제였다. 그 모든 것에 상당한 매력을 느꼈다.

찌는 오후 포르투갈인들의 얘기를 들으면서, 그는 여러 달째 마음속에서 계속 생겨나는 생각에 빠졌다. 종교는 종종 사회갈등의 원인이 된다. 만약 모든 종교를 하나로 합하면 어떨까? 어차피 모두 같은 신을 숭배하는 것처럼 보이니 말이다. 또한 사랑과 자비라는 같은 비슷한 정신을 가지고 있다. 표현방식이 다를 뿐이다. 왜 다른 점에만 주목하는 걸까? 왜 이슬람이라는 일반 체계 아래에서 하나로 통합시키지 못하는 걸까? 조로아스터교의 태양 숭배 같은 건 빼고 말이다.

이 새로운 종교를 성스러운 신앙이라는 뜻의 딘 이 일라히라고 부를 것이다. 이렇게 파즐에게 속삭이자 그의 조언자는 고개를 끄덕인다.

그리고 몇 가지 지시가 내려졌다. 딘 이 일라히는 인도의 새로운 종교가 될 것이다. 무슬림에 기초한 새로운 종교는 타 종교 신도들에게도 공감을 얻을 것이다. 그리고 궁전들과 새로운 종교의 사원들이 딸린 새로운 수도 파테푸르 시크리에서 숭배될 것이다.

조언자 아불 파즐은 아크바르가 새로운 수도에 들어오던 1571년에 대해 이렇게 썼다.

파테푸르에서 기쁨의 산들바람이 불어온다. 나의 왕이 오랜 여정에서 돌아왔기 때문이다. 그의 출현은 축복으로 수천 명이 기쁨을 나타냈다. 이런 기쁜 날 높은 관리들과 왕실 시종들을 비롯한 수많은 이들이 도시로부터 10킬로미터에 걸쳐 양쪽 길에 늘어섰다. 거대한 코끼리들이 전하 앞에 서 있었다. 이집트 총독이 코끼리에 탄 채 신성한 후광을 보여주는 "저리 물렀거라."라는 소리와 함께 행진해 들어왔다. 충직한 영주들은 질서정연하게 들어왔다. 많은 고관들은 권표(權標)를 받드는 사람 앞에서 행진했다. 멋진 행렬이 화려하게 펼쳐지고 여러 관리들이 뒤따랐다. 북소리와 마법사 같은 음악가들의 멜로디 소리가 즐거운 소식을 널리 알렸다. 그날의 끝 무렵, 그는 화려한 홀의 통치자의 왕좌에 앉았다. 충성한 이들에게는 보상을 내리고 사악한 이들에게는 벌을 내려서 정의를 실행했다. 영토를 확장하고, 새로운 종교를 만드는 데 성공했다.

더운 그날 오후부터 종파를 초월한 종교적 개종 운동이 제국 전체에서 시작된다. 이론상 1억 4천만 명이 믿는 각 종교들을 합친다면 모든 갈등은 사라질 것이다.

단 예외적으로 개종 운동 창시자들은 빼고 말이다. 딘 이 일라히를 믿으려면 정확히 무엇을 해야 할까? 의식, 교리 같은 세부사항이 없어서 그들 간에 상당한 논쟁과 갈등이 일어났다.

그 신앙의 본질은 확대된 이슬람이었다. 하지만 전통 수니파는 그것을 끔찍한 이단으로 여겼다. 상당수가 반대자들과 불복종 운동을 후원했다. 인도의 타 종교 신도들은 그냥 듣고 앉아 있을 뿐이었다. 아크바르는 위대한 통치자였다. 그는 인도를 하나로 통합하고 군림하는 무슬림 이미지를 없애려고 많은 노력을 했다. 그러나 새로운 종교는 도무지 알 수가 없다. 그가 다시 한 번 설명해줄 수 있을까?

새로운 종교는 광대한 인도 어딘가에서 흐지부지해졌다. 아크바르의 생존 시절에 이미 소멸하고 있었다. 그가 죽은 이후에는 추억으로 남게 될 것이다. 전체 통틀어 실제로 18명이 새로운 종교로 개종했다. 모두 아크바르의 궁정 사람들이라고 기록은 전한다.

아불 파즐은 죽어가는 아크바르에 대해 이렇게 썼다.

그는 정말 뛰어난 인격을 지닌 사람이었다! 흠 하나 없이 순수하고 완벽함을 갖추었다. 결점 하나 없는 보석이며 완전한 순수함이여! 고귀한 위엄을 가지고 행복한 점쾌에다 멋진 운명을 타고났다. 완벽한 행운의 소유자로 날마다 영토는 증가하며, 위대한 승리를 거두고, 유쾌한 우정에다 신하들의 사랑도 있다. 친구는 늘어나고 적은 멸망해 사라졌다. 관대함, 적들을 압도하는 힘, 세계를 포용하는 위엄, 세계를 정복할 결단력이 있다. 단호함과 진지함을 모두 가져 놀라운 기적을 만들어냈다.

고상한 말, 계몽된 마음, 신이 내린 이해력, 밝게 빛나는 영혼, 지식 추구 성향, 미스터리의 설명자, 미스터리를 여는 사람이자 모든 역경을 극복한 사람이다. 그 외에도 끝이 없다. 이 모든 것들이 고매한 인격 속에 있었다. 통찰력 있는 군주들 중에서도 가장 놀라운 업적을 남겼다.

사람들은 그에게 시대의 이맘이라는 칭호를 붙였다. 그는 영적인 사람인 동시에 속세의 군주였다. 독보적인 아크바르 샤는 가난한 이들을 행운의 주인들로 만들었다.

그의 정신을 통해 사람들은 영원한 진실을 얻었는데, 그러한 그가 이제 세상을 뜨고 있다.

신앙을 통합하려는 그의 숭고한 생각은 실패로 돌아갔다. 수도 파테푸르 시크리는 그가 죽고 나서 몇 년 내에 사막처럼 변한다. 아크바르의 강력한 에너지와 미래 지향적인 카리스마는 세상에서 사라져버린다. 파테푸르 시크리는 생활을 유지할 정도의 물이 충분하지 못했다. 말 그대로 말라버려 잊힌 사원이 되었다.

몇 세기 동안 보수주의자들은 아크바르가 가장 야심찬 시도를 했지만 실패했다고 말할 것이다. 인도의 제왕인 그는 여러 얼굴을 가진 인도인의 영혼을 지배하지 못했다. 수세기 동안 아크바르의 전면적인 개혁과 지적 연구소는 신비스런 고대 역사처럼 보일 것이다. 영국의 지배를 받게 되면서 인도의 부는 대영제국의 세계적 우위를 재정적으로 뒷받침하는 데 사용되었다.

그러나 4세기 후의 세속적이면서도 민주적인 인도는 아크바르의 포괄적인 꿈의 근대적 변형으로 보인다. 여자 술탄 라지아의 관용적인 꿈도 담고 있다. 인도의 많은 신앙들은 통합되지도, 갈등을 피하지도 못할 것이다. 그러나 그들은 공존해 나간다. 아크바르 치하의 힌두교도들처럼, 인도에서 소수 무슬림이 높은 위치를 차지할 것이다. 개인적인 신앙을 존중하는 한편 공적 영역에서는 종교를 따지지 않는 국가에서 함께 살아갈 것이다.

한 시대를 앞서가는 건 어렵다. 그러나 그렇다고 영원히 역사 속에서 사라지는 건 아니다.

15~16세기에 고전 무슬림 역사는 오후와 밤으로 가고 있다. 그림자를 깊이 드리웠으며 침울한 상황이다. 앞으로의 미래는 과거의 영광을 뛰어넘지 못할 것처럼 보인다.

다마스쿠스, 바그다드, 알 안달루스, 호라산의 권력은 오래전에 사라져서 다시 되돌아오지 않는다. 시간의 흐름과 문명의 쇠퇴를 무시할 수는 없지만, 한 무슬림 집단이 적극적으로 마지막 노력을 시도한다.

그들은 오토만 투르크이다. 세계의 상당수가 오토만 투르크의 힘에 떨게 될 것이다. 아랍 군대가 처음으로 세계를 정복한 지 천 년이 지난 후, 오토만 투르크는 그것을 능가한다. 바그다드와 코르도바의 몰락 후에 투르크족은 완전한 아랍 제국을 재건한다. 알 안달루스는 빼고 말이다. 대신 발칸과 폴란드 남쪽 경계선의 루마니아를 차지해 스페인의 손실을 보상받는다. 수도는 바그다드가 아니라 이스탄불이다. 그들은 한때 자부심 넘치던 비잔틴 제국을 지도상에서 영구히 제거한다.

투르크들은 수도 보스포루스에서 세 개 대륙을 포용하면서 먼 시베리아 유역에서 출발해 터키에 도착한다. 그동안 고대 중국의 관문에서 시작해 한 세기 동안 원정과 약탈을 거쳤다. 중국에서는 중국식 이름 투쿠로 알려졌다. 이 명칭은 시대, 장소, 언어가 변해도 그대로다.

투르크들은 단지 권력만을 쟁취한 것이 아니다. 20세기에 이르기까지 거의 600년에 달하는 제국을 만들었다는 점으로 가장 잘 알려져 있다. 하지만 그들의 특징으로는 종교적 관용성, 포용성, 특권 대신 공적을 우선하는 태도, 공정함이 가장 잘 어울릴 것이다.

콘스탄티노플이 투르크에 점령된 지 불과 40년이 지나 1492년이 되었다. 이스탄불의 항구 부두로 작은 외국 선박이 들어오고 있다.

술탄 바예지드 2세의 대표단이 환영하기 위해 부두에 나가 있다. 수상이 이끄는 대표단에는 술탄 궁전의 다른 대표자들도 포함되어 있다. 동맹국이나 우호국 또는 중요한 국가에서 파견된 외국 사절단이 오는 것 같다. 도대체 이 방문객들은 누구일까?

그러나 배가 시야에 나타나고 곧 배에 탄 사람들이 부둣가에 내려서자 좀 더 정체가 명확히 보인다. 외국 대사들이 아님은 분명하다. 그들은 테두리 없는 모자를 쓰고 짙은 수염에다 고대 현자들임을 보여주는 성경에 따른 옷차림을 하고 있다. 얼굴은 햇볕에 그을렸지만 슬픈 표정은 확연히 드러난다. 다시는 되찾지 못할 잃어버린 것들을 생각하고 있는 것이다.

도착한 이들은 피난민들로 많은 걸 잃은 사람들이다. 나라를 잃고 역사 전체를 잃어버렸다. 그러곤 보호해주겠다는 터키의 초대를 받아들였다.

이들은 알 안달루스의 세파르디 유대인들이다. 세 종교가 어우러진 국가의 심장부이자 마음이었던 그라나다, 코르도바, 세빌, 톨레도, 마드리드에서 이사벨라 여왕의 배신으로 쫓겨난 마지막 유대인들이다. 사라져가는 세파르디 유대인의 마지막 일원들인 것이다. 가톨릭으로 개종을 하거나 죽음을 택하는 대신에 새로운 터전을 마련하기 위해 술탄의 초대를 받아들여 이리로 왔다.

유대인들의 새로운 터전인 이스탄불은 비록 무슬림 치하이지만, 정통 기독교인들이 수만 명이나 살고 있었다. 사실 정통 기독교의 창시자들이 있던 곳이기도 하다. 이스탄불은 일찍부터 유대인 이민을 받아들였고 이슬람의 많은 분파들도 계속 유지되었다. 오토만 터키는 무슬림 세계에서 번영했던 많은 신앙들이 행복하게 공존하는 마지막 실질적 모습을 보여준다.

터키는 무슬림에게만 관용의 땅인 것은 아니다. 15~16세기 유대인들과 기독교인들 역시 무슬림 세계에서 살고 있었다. 대규모 기독교인 집단 거주지가 이집트, 이라크, 시리아, 인도에 남아 있다. 대규모 유대인 지역사회는 이집트와 이란에서 북아프리카를 거쳐 모로코의 도시들에서 번성했다.

오토만 터키의 관용과 공존은 조용한 비공식적 정책이 아니라 명확히 공개적으로 드러났다. 술탄의 명에 따라 터키의 통치 관리들은 "유대인의 입국을 거부하거나 어려움을 부과해서는 안 되며 친절하게 받아주어야 한다."

◉ **이스탄불에 유대인들이 온 지** 불과 육십 년이 지날 때쯤, 오토만 제국은 정치군사적 전성기를 누린다. 투르크들과 관료집단은 오백만 평방킬로미터의 영토를 관할한다. 그리고 근처의 종속 영토도 상당한 규모다. 투르크들은 먼 서남아시아의 인도양과 오만에서부터 북아프리카를 지나 모로코까지 펼쳐지는 땅과 사람들의 집합체를 갖고 있었다. 투르크의 선박들은 주기적으로 지중해를 장악하고 이탈리아 도시 연합의 선박들을 공격했다. 그들은 오트란토의 해군 기지에 병력을 상륙시켰다. 투르크의 지도 제작자들은 경쟁 상대인 스페인이 아메리카에서 찾고 있는 것과 같은 세계적 모험을 진지하게 고려하고 있었다.

이 제국은 그 자체로 하나의 세계였다. 스페인에서 모든 걸 뺏긴 유대인들을 왜 환영하지 않겠는가? 터키 영토 내에는 아랍인, 비잔틴인, 그리스인, 세르비아인, 보스니아인, 크로아티아인, 폴란드인, 우크라이나인, 체코인, 슬로바키아인, 헝가리인, 오스트리아인, 루마니아인, 페르시아인, 카프카스에서 온 사람, 베르베르인, 아제르바이잔인, 아르메니아인, 그루지야 사람, 소말리아인, 에티오피아인이 있다. 언어와 방언은 너무 많아 셀 수 없을 정도다.

투르크 영토에는 종교 또한 다양하게 많다. 알 안달루스와 바그다드 칼리프 제국의 관례를 따라 무슬림이 우세하기는 해도 타 종교 신도들의 협력과 지원에 많이 의지했다. 오토만 술탄의 엘리트 친위대인 예니체리 군단과 데브쉬르메 요원들은 모두 발칸 출신의 기독교 소년들로 구성되어 있었다. 이들은 종교 때문에 뽑힌 것이었다. 친위대는 결혼도 할 수 없고 가정을 꾸릴 수도 없다. 그래서 전 생애와 에너지를 술탄과 나라에 바친다. 결과적으로 일부 기독교인들은 대륙 간 제국에서 두 번째로 높은 지위인 수상이 될 정도로 세력이 커진다. 보스니아 세르비아 출신 메메트 소콜루 파샤는 술레이만과 그의 아들과 손자 때까지 수상이었다.

놀랍게도 이 거대한 제국은 혈연적인 왕족 가문에 의해 지배되는 많은 제국들과는 달랐다. 가장 강력한 이 제국은 직업적 고위 관료들이 운영했다. 이들은 학교를 마치고 시험을 거쳐 실습훈련을 받아 뽑힌 젊은 관료들로서 제국의 고위 관료가 되기 위해 채용된 것이다. 기이한 반전이기는 하나 이런 공무원들의 대부분은 비무슬림들이었다.

오직 오스만의 궁궐만이 유전적으로 술탄의 혈통을 물려받은 사람이 다스린다.

사회적 관용을 베풀면서 오토만 술탄은 남쪽으로 2,400km 떨어진 메카와 메디나 성지들의 수호자 역할을 했다. 또한 그는 이슬람 세계의 칼리프이기도 하다. '지구상의 신의 그림자'인 그는 이슬람 법 샤리아의 적용을 받지 않는다. 투르크는 왕족으로 무슬림들이었다. 하지만 샤리아, 해당 공동체를 다스리는 유대교와 정통 기독교 법, 기타 종교 집단 거주지에 관한 법 등 다양하고 관용적인 법 체계를 만들었다. 술탄에 의해 관장되는 시민법도 있었다. 이는 다른 법 체계가 확대되지 않는 비즈니스 영역에 적용되었다.

이런 상대주의적 다양성과 관용은 여러 원천에서 나온다. 부분적으론 투르크의 유목민 기원도 있다. 유라시아의 평원지대를 이동하던 생활에 익숙한 무슬림 이전의 투르크들은 다른 문화의 영향을 받아들이곤 했다. 이런 자유주의적 관점은 또한 예언자의 관용적 가르침과 초기 이슬람 시절의 훌륭한 칼리프들 같은 사상가에게서도 나왔다. 공정함과 다양성이 잘 섞인 독특한 권력의 융합은 투르크를 더 위대하게 만들었다. 투르크의 위대한 특징들을 모두 실현한 사람은 술탄 술레이만 1세이다. 1526~1566년 동안 통치했다.

◉ **노년에 들어선 술레이만은** 1566년 이른 가을 톱카프 궁전의 발코니에 앉아 있다. 공기는 여전히 여름 같다. 술탄의 목욕 욕조가 가득 찼다. 밤의 차가움을 쫓기 위한 불은 아직 지펴지지 않았다. 바깥 보스포루스에는 노을이 낀 안개가 걷히고 있다. 그리고 가을 달이 차가운 물 위에 비쳐 퍼진다. 꺾여서 넘실거리는 물살엔 희미한 별들도 보인다.

일흔한 살의 노인은 지구상에서 가장 강력한 통치자이지만 외로운 신세다. 사랑하는 우크라이나인 아내 후렘은 1558년에 세상을 떠났고, 가장 아끼는 아들들은 내전과 질병으로 사망했다. 헝가리가 다시 문제를 일으켰다는 보고를 막 들었다. 1526년에 처음으로 왕좌에 올랐을 때에도 다루기 힘든 지역이었다. 이후 6번이나 진압했다. 이 나이에 고독한 상태에서 다시 전쟁터로 나서야 할까? 지난 십 년 동안 전쟁터에 나가지 않았다. 이미 백성들을 위해 많은 걸 한 사람에겐 너무 지나친 요구 같다. 그는 성경에 나오는 솔로몬을 그대로 재현했다고 해도 과언이 아닌 지도자다. 항상 더 큰 공공선을 기득권들의 이익보다 우선했으며 조언자들을 신뢰했다. 공공선을 파괴했다는 판단이 들면 아들들과 친척들이라 해도 해고, 귀양, 또는 더 심한 벌도 내렸다.

오토만의 궁전에 파견된 합스부르크가의 대사 바론 드 뷔스베크는 1555년에 술레이만을 만난다. 오토만 제국은 당시 오스트리아에게 가장 심각한 위협이었다. 그는 예순 살인 술레이만을 이렇게 표현했다.

그의 표정은 절대 웃는 법이 없는 엄한 모습이었다. 슬프기는 하나 위엄으로 가득 차 있었다. ……그는 세월의 무게를 느끼고 있었다. 그러나 기품 있는 행동과 관대한 외양은 거대한 제국의 통치자다웠다.

많은 이들이 그가 프랑스 왕 프랜시스 1세와의 동맹을 통해 어떤 유럽 지도자보다도 유럽에서 신교도주의를 발전시키는 데 많은 걸 했다고 믿는다. 이슬람 제국의 칼리프로서는 모순일 것이다. 프랜시스 1세는 신교도들의 편이었다. 스페인의 찰스 5세가 이끄는 더 강력한 가톨릭 세력을 막기 위해서였다. 술레이만은 그런 생각이 들자 껄껄 웃는다. '내가 신교도라니!'

술레이만은 현명함과 공정성 외에도 전쟁을 수행하는 데 탁월한 능력을 발휘했다. 그는 군사라는 예술 분야의 예술가이자 무기와 명령의 시인이라 할 것이다. 전쟁에 대한 직관력으로 1521년에는 벨그레이드를, 1522년에는 지중해의 로도스 섬을 차지했다. 1526년에는 모하치에서 헝가리인들을 패배시켰다. 그리고 1529년에 중앙 유럽에서 원정을 멈추었다. 당시 9~10월에 오스트리아의 수도 비엔나를 봉쇄한 후 차지하려 했지만 실패했다. 1534년에 페르시아에 대항했을 때는 더 성공적이었다. 아랍 세계 원정에서 북아프리카 전부와 홍해 항구 아덴을 차지했다. 1565년에 발레타를 차지하려 했을 때, 오직 몰타의 기사단들만이 그의 군대와 선함에 심각한 피해를 입혔다.

또한 술레이만은 아라비안과 페르시아와 수피즘 전통을 따르는 시인이었다. 그는 이행 연구(聯句)시 가젤 넘버 6에서 이렇게 썼다.

외로운 지위인 나의 왕좌, 나의 부, 나의 사랑, 나의 달빛

나의 가장 진실한 친구, 나의 믿을 만한 친구, 나의 존재, 나의 술탄 제국

아름다운 것들 중에서도 가장 아름다운 것들……

나의 봄, 나의 행복한 얼굴의 사랑, 나의 낮, 나의 연인, 웃는 잎사귀들……

나의 식물들, 나의 달콤한 장미, 이 세상에서 나를 귀찮게 하지 않는 유일한 사람……

나의 이스탄불, 나의 카라만, 나의 아나톨리아의 땅

나의 바다크샨, 나의 바그다드, 나의 호라산

아름다운 머릿결을 가진 나의 여인, 그 기다란 갈색 눈을, 장난기 가득한 눈을 사랑하네…….

나는 항상 당신에 대한 칭송을 노래할 것이오.

나, 번뇌하는 마음을 사랑하고, 눈물로 가득한 눈의 무히비, 나는 행복하다네.

그러나 그에게 시는 날마다의 고통스런 정치적 결정 속에서 일시적인 피난처일 뿐이다. 한 예로 그는 두 명의 아들 바에지드와 무스타파를 처형해야 했다. 각자 반란을 도모해 그를 전복시키려 했다는 혐의였다.

어떤 기억들을 가져야 할까?

훗날 역사가들은 쿠데타, 형제 살해 같은 초기 오토만 관습들이 제국을 파괴한 가장 치명적인 결함이었다고 지적할 것이다. 1603년에는 다른 남자 경쟁자들을 모두 감금하는 카페스 체제가 이어진다. 투르크는 천 년 만에 위대한 지도자들을 배출해내고 뒷받침할 지혜로운 체제를 구축했다. 그러나 전성기인 가장 중요한 시점에서 리더십의 계승을 제도화할 방법을 찾지 못했다.

끔찍하게도 오토만 제국을 세운 사람들은 왕실 후계의 문제를 다루어본 적이 없었다. 경쟁 후계자들을 불구로 만드는 비잔틴 제국만큼이나 오토만 제국 역시 나쁜 대안을 시도한다. 원래 의도는 전제정이 아닌 능력 위주의 국가에 부응하려는 것이었다. 모든 아들들 가운데서 적자생존 경쟁을 시켜 가장 능력 있는 아들을 고른다. 장자에게 물려주지 않고, 술탄이 융통성 있게 여러 아들들 가운데 최고의 후계자를 고르게 하려 했을 것이다. 그러나 이유가 뭐든지 간에 경쟁관계인 하렘의 여자들, 아들들, 다양한 후원자들이 끝없는 모략과 계략을 꾸며 경쟁하는 결과를 낳았다. 주기적으로 폭력 사태가 벌어지고, 약하거나 불리한 경쟁자들은 죽음을 당했다. 수세기 동안 많은 남자 경쟁자들이 죽거나, 작은 감옥 같은 곳 또는 톱카프 궁전의 좀 더 큰 방에 감금되었다. 왕좌에 오를 때까지 곤경에 처하지 않도록 하기 위해서였다. 이러한 관습의 결과 정서적으로 손상되고 위축된 술탄들이 많이 권좌에 오른다. 정보도 제대로 받지 못하고, 제대로 교육을 받지도 못하며, 세상과 정신적으로 교감하지도 못했다. 우연, 음모, 또는 통치자의 자연사로 권력의 자리에 올랐을 때, 세상의 반을 다스리는 건 고사하고 말이다.

그 여름날 밤 헝가리를 공격할 것인가의 여부는 아들이나 형제를 죽여야 할지를 결정하는 것보다는 쉬운 결정이다.

다음 날 아침 술레이만은 가장 신임하는 조언자들, 고관 메메트 소콜루 파샤, 법률 자문위원 아부 수우드를 부른다. 대처방안을 술탄에게 권고하기 위해 헝가리에 관한 소식들을 들은 뒤 위스퍼스의 홀에 모였다.

술탄이 요구한 건 아니지만, 이들은 존경과 충성의 표시로 무릎을 굽힌 채 대기실에서 왕이 있는 곳으로 들어왔다. 첫 터키 군주가 천 년 전에 몽골의 초원에서 받았던 큰절의 재현이다.

술레이만을 앞에서 처음 본 사람은 우선 그 창백한 모습에 놀라곤 한다. 조언자들은 그런 모습에 익숙하긴 했지만, 그날만은 숨이 확 멈출 정도였다. 세월이 흐르면서 너무나 핏기 없는 모습으로 변했다. 회색빛의 잘 정돈된 수염, 시퍼런 입술, 눈 아래 깊은 그림자가 더욱 창백해 보인다. 그러나 깊이 팬 육체적 쇠퇴에도 불구하고 그는 못생긴 사람은 아니다. 외적으로 미남인데다 따뜻함을 지닌 것처럼 보인다. 그러나 고령과 높은 지위에 비추어봤을 때, 그것은 진정한 따뜻함이 아닐지도 모른다. 슬픔과 상실에서 나온 약한 모습이 아닐까? 가족이나 친구들을 잃었기 때문인지, 수백만 명의 운명을 손에 쥔 주인으로서의 부담감 때문에 잃은 자유 탓인지는 알 수 없다.

그는 전쟁을 제외한 모든 선택 방안을 먼저 고려하라고 부탁했다. 그런 뒤에 헝가리인들을 단번에 영원히 제압할 전쟁에 착수할 다양한 방안을 세우라고 말한다. 그들은 그가 단호하며 그들이 찾은 방안에 대해 재빠르고 냉정하게 명령을 내릴 걸 알고 있다.

"당신이 내린 임무를 완수하겠습니다. 전하." 그들은 말한다. 그리고 그들은 더 말하기를 원한다. 왜냐하면 그들과 국민들을 향상시킨 이 남자를 위해 지구 끝까지 갈 것이기 때문이다. 지구상에 이런 인물은 별로 없다. 현명하며 자비로우며 군사적 능력을 부여받은 사람이다. 개인

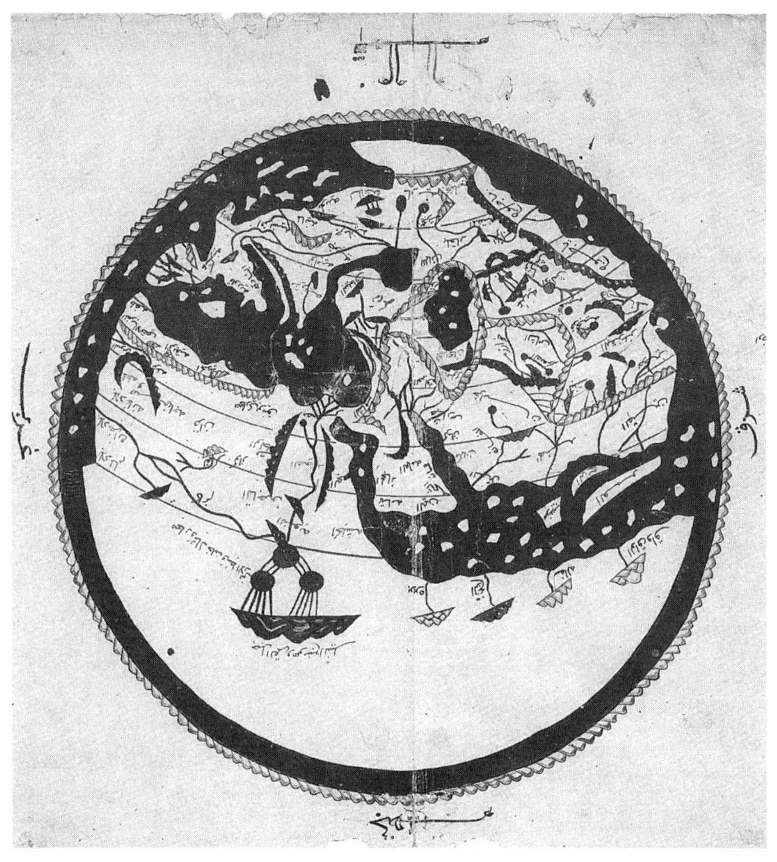

알 이드리시의 12세기 지도로 거꾸로 된 상태다. 지중해 분지, 중동, 아시아 지역을 나타낸다. 탐험 시대에 유럽 선원들이 이런 지도를 사용한다.

적인 능력 역시 축복받았다.

모든 정보를 고려해볼 때, 술레이만은 누구에게도 부당한 적이 없었다고 말한 건 투르크인이 아니었다. 베네치아인 베르나도 나바게로였다. 투르크를 '알 마그니피코', 즉 위대한 사람이라고 부른 또 다른 외국인도 그 자리에 있었다. 그런 이유 때문에 사람들은 술레이만이 요청하는 건 뭐든지 하려는 것이다. 또한 그것이 암살자의 검에 당하든, 아니면 노령이라는 낫에 쓰러지든, 그가 죽을지도 모른다는 가능성에 국가와 영토를 걱정하는 이유이기도 하다.

◎ **이제 두 달이 지나** 1566년 11월이다. 술레이만은 결정을 내렸다.

자신의 운명을 완성하기 위한 임무로 여기며 헝가리에서 전투를 치르기 위해 군대를 보낸다. 그리고 지금 그는 거기서 같이 싸우고 있다. 오스트리아와 기독교 국가들의 군대에 대항해 다시 습습하고 추운 북쪽 영토에 군대를 정렬시켰다. 그가 전에 수많은 군대를 이끌었던 곳이다. 그러나 이번엔 노령의 나이로 아프고 우울하며 가련한 상태로 출발했다. 그의 위대한 날들은 이미 지나갔다. 전쟁터로 떠난 행동은 위대하면서도 의무적인 것이지만 비극의 기미가 나타나고 있었다. 그는 몸이 약해져서 환호하는 군중 사이를 지나갈 때 말에서 떨어지지 않기 위해 말에 묶여 있다. 그럼에도 불구하고 이 병약한 노인은 유럽에서 전투를 하기 위해 먼 곳으로 떠났다.

그의 군대는 강했지만, 결국 그는 헝가리 작전 본부에서 죽음을 맞는다.

◎ **술레이만은 이제 영원히 사라졌다.** 역사가들은 그가 죽었을 당시를 터키 제국의 최고점으로 보았다. 그렇지만 그가 죽고 나서 이슬람 세계가 끝난 건 아니었다. 1세기 후에 또 다른 술탄이 비엔나를 포위하려 시도했는데, 그의 패배가 오토만 제국의 마지막 전환점이 된다. 그러나 아이들이 뛰어놀고, 생명 없는 겨울 나뭇가지에서 봄의 새싹이 돋아 나오고, 바다에서 잡은 것들로 선체가 넘실거리는 배가 보스포루스에서 들어오는 세상은 이후에도 계속된다.

투르크족들은 새로운 술탄을 맞는다. 그의 일은 왕실 방에 앉아 있는 게 전부다. 국가가 제대로 돌아가는지 지켜보는 것이다. 연인들이 결혼하고 아이들이 태어난다. 여름의 열기로 인해 소작농 가족들은 백성들을 즐겁게 해주기 위해 술레이만이 지은 정원으로 나온다. 모스크의 돔들과 첨탑들의 뾰족한 꼭대기가 점점 더 높이 솟으며 알라와 예언자의 영광을 증명해준다.

오토만 제국은 이슬람의 마지막 칼리프 제국이었다. 또한 유럽의 부상을 억누르고 도전할 수 있는 마지막 무슬림 국가였다. 오토만 제국은 앞으로 350년 더 지속되긴 하지만, 술레이만과 선조들이 통합시키기 위해 열심히 쟁취했던 조각들을 점차 잃기 시작한다. 개혁과 개선의 다양한 노력들이 펼쳐졌다. 또한 제국을 근대화시키고 유럽의 제국주의 국가들과 경쟁할 정도로 만들려고도 했다. 하지만 그런 노력들로는 하락 추세를 멈출 수가 없었다. 술레이만 같은 재능을 지닌 지도자가 없었던 것이 가장 큰 이유일 것이다. 너무 많은 사람들을 관할하는 부담감을 제국이 견뎌내지 못했기 때문일 수도 있다. 속주들은 이방인인 무슬림의 통치에서 벗어나면서 자유를 강력히 요구했다.

제국은 점차 분열되었고, 그리스가 1829년에 독립을 했다. 그리스 독립전쟁은 영국의 귀족들과 문학 엘리트들을 자극해 로드 바이런도 참가해 사망했다. 크리미아는 러시아의 차르가 차지했다. 이란, 아르메니아, 카르타야도 오토만 제국에서 벗어났다. 루마니아는 1877년에 떨어져 나갔다. 불가리아는 1908년에 독립을 선언했다. 알바니아는 1917년에 출범했다. 저 멀리 예멘은 1918년에 자유롭게 되었다.

몰락하는 오토만의 혼란 속에서 결국 터키와 아랍 땅만이 남았다. 이마저도 1차 세계대전 이후 종말을 맞는다. 로렌스가 이븐 사우드와 다른 부족장들과 함께 새로운 아랍국들을 세우기 위해 싸웠다.

오토만 붕괴의 여파는 백 년이 지나도 여전히 계속된다.

발칸인들은 종종 전쟁과 인종 청소에 휘말린다. 술탄이 감독하고 창립을 도왔던 다종교와 다민족의 조각보를 해체하려는 무익한 시도다. 때론 유혈 사태를 동반한다. 1차세계대전과 코소보와 보스니아에서의 무슬림과 기독교 간의 충돌 사태는 한때 오토만 제국하에서의 평화로운 공존을 난폭하게 훼손했다.

터키는 풍부한 무슬림 유산과 무스타파 케말 아타튀르크의 혁명 사이에서 갈기갈기 찢긴다. 마지막 술탄의 관리이기도 했던 무스타파는 신생 터키 공화국을 세운다. 불안한 균형이 계속될 것이다.

오토만의 붕괴 후 등장한 영국인들에 의해 이라크의 임의적인 국경선과 양립하기 힘든 시아파, 수니파 아랍, 쿠르드족의 공동체들의 구역이 짜였다. 장차 요르단, 사우디아라비아, 이스라엘과 팔레스타인의 기본 틀도 마찬가지이다. 오토만 체제하에서는 무슬림, 기독교, 유대교의 세 문화가 섞여 레바논, 시리아, 팔레스타인에서 서로 공존했었다. 그러나 오토만 제국이 사라진 후 달라졌다. 이제 신문 머리기사는 충돌이 또 일어났다거나 다양한 문화의 종말을 다시금 확인해주는 내용들로 가득 차 있다. 오토만 제국 초기 칼리프들의 다양한 다차원색의 통치가 아니라, 종교와 민족에 따라 분리 이주시킨 이사벨라 여왕의 절대주의를 추구하는 듯하다.

이 모든 게 잃어버린 역사의 비극이다. 새로운 것들을 발견한다 해도 잃어버린 것들을 생각하면 좌절감이 든다.

인류는 정말 배워 나가는 걸까? 아니면 사람들은 그저 잊고 살다가 다시 발견하는 걸까?

에필로그

◎ **2007년, 시간은 정말 빨리 지나갔다.** 시간에 탄력이 붙어 결코 멈추거나 정지하지 않는 것 같았다. 많은 사람들이 그렇게 느꼈을 것이다.

역사가 자신과는 별 관련이 없다고 생각하는 사람들이 있다. 역사의 끝을 이미 지나왔고, 이제는 스피드와 진보로 상징되는, 시대를 초월한 새로운 세계에 산다고 믿는다. 단순히 부, 권력, 기술로 역사의 깊은 체제를 제압할 수 있다고 생각한다. 역사를 기릴 필요도 없고 잘 몰라도 괜찮다고 여기는 경우가 많다.

반대로 과거는 조금 전 순간처럼 최근의 일이며, 심도 깊고 강력해서 삶의 모든 부분에 녹아 있다고 여기는 사람들도 있다. 그들은 현재의 힘에 농락당하지 않는다. 과거가 현재보다 더 위대하게 보일 수 있으며, 과거가 화, 분노, 오랜 복수의 원인이 될 수도 있다고 여긴다. 그들은 과거의 실질적 또는 가상적 오류나 잘못들을 제대로 고치지 않는 한 휴식을 취하지 못한다.

역사와 시간에 대해 이렇게 사람들의 태도가 나뉘어져 있는데, 미래가 무엇을 담을 수 있겠는가? 현재의 참모습과 과거의 가치를 확인하는 방법, 즉 미래를 세울 제3의 방식이 있을까?

다마스쿠스, 바그다드, 코르도바, 카이로, 사마르칸트, 이스파한, 아그라, 이스탄불의 황금기는 2007년을 사는 일부 사람들에게는 먼 옛날 기억이 되었다. 대개는 그런 기억을 되찾지 못하고 있다. 영국이 인도를 정복한 것, 나폴레옹이 이집트로 진출한 것, 아프리카와 중동과 아시아에서 많은 유럽인들이 제국주의 모험을 한 것, 1차세계대전이 끝날 무렵 오토만 제국이 분해된 것 등이 그러한 독특한 문화적 전성기의 종말을 알린다.

역사는 아마 다른 과정을 거쳤을지도 모른다. 15~16세기는 중국, 인도, 무슬림 세계, 유럽이 서로 균형을 이루던 매우 드문 시기였다. 당시 유럽의 경쟁국들도 스페인, 포르투갈, 영국이 탐험과 정복의 항해를 지원했듯 그런 운명적인 결정을 내릴 수도 있었다. 중국인들은 쉽게 태평양을 항해할 수 있었고, 오토만 투르크가 대서양을 장악했을 수도 있다.

아메리카와 동남아시아에서 식민지 경쟁을 했던 국가들이 유럽 국가들끼리가 아니었다면 어떠했을까? 다시 말해 유럽인들과 중국인들과 투르크인들 간의 식민지 경쟁이었다면 어떠했을까? 투르크인들과 중국인들이 식민지들을 건설하고 대양을 연결하는 새로운 제국을 건설하기 위해서 경제와 사회와 지적 분위기를 개혁했다면 어떠했을까? 더욱 널리 분산된 르네상스와 계몽 시대가 펼쳐지지 않았을까?

저자는 충분히 가능했을 일이라고 믿는다. 그랬다면 기독교인들은 반(反)물질주의와 열정을 더 많이 고수했을지도 모른다. 왕실 계승에서 몇몇 이변이 생겨 영국에 종교재판소가 생겼을 수도 있다. 존 로크가 아닌 올리버 크롬웰이 영국 정치 철학의 중요 후원자가 되었을 수도 있다.

그 같은 세상에서 이슬람권은 자신이 토대를 제공한 르네상스와 계몽 시대를 향유하고 혜택을 누렸을지도 모른다. 무슬림들이 기독교 유럽인 들 대신에 발견과 제국주의의 시대를 이끌었을 수도 있었다. 저자는 반 드시 서양이 상승해야 할 필연성이 있었다고 믿지 않는다.

이런 초기 발명적인 문화들의 쇠퇴는 역사적, 인류학적 측면에서 비극이다. 왜 수세기 동안 각 분야에서 세계를 이끌고, 유럽 사상과 과 학 발전의 토대를 놓았던 사회들이 처지게 된 걸까?

역사가들과 학자들은 이 질문을 놓고 끝없는 논쟁을 벌일 것이다. 대답은 단 하나가 아니다. 정체에는 수많은 요인이 있기 때문이다. 단순 한 불운, 또는 문화적 진화의 결과이기도 하다.

이슬람권의 지세는 풍부한 농경문화의 메소포타미아, 나일 강, 인 더스 강 같은 최초의 문화가 발생한 문명의 요람이었다. 천 년 후 이 지 역들은 경제적 기회가 별로 없는 황폐한 곳으로 변한다.

셀주크, 몽골, 오토만 같은 중앙아시아인들이 계속 침입해왔다. 그 로 인해 무슬림 중심부는 타격을 받고, 무슬림 발명의 중심지는 파괴되 었다. 중부 유럽과 서부 유럽은 그런 파괴와 혼란에서 벗어나 있었다. 중동, 이란, 터키가 재건에 힘쓰는 동안, 유럽은 발전을 계속 이어갈 수 있었다.

17세기 유럽 국가들은 아메리카 대륙을 식민지화했다. 해외에서 많 은 부가 유럽으로 쏟아져 들어왔고, 그들은 이슬람권에서 제국주의적 모험을 시도한다.

유럽 제국주의는 중동, 이란, 아프리카, 인도, 동남아시아의 이슬람 권에 가해진 최후의 치명타였다. 유럽 제국주의로 인해 무슬림 세계는 벗어나는 데만 수세기가 걸리는 퇴보를 경험한다.

과학과 진보는 국가 통치자의 재정 능력과 지원이 필요하다. 때문에 16세기 이후 국가 재정을 군사 방위비에 쓰면서 무슬림 과학은 퇴보한다. 유럽의 부상과 무슬림 세계의 하락은 동전의 양면과 같다.

21세기에 이르러 무슬림 발명 중심지들 가운데 일부는 가난, 경제적 정체, 정치적 불안의 문제들이 계속 발생하는 후진국이 되었다. 화려한 역사는 잃어버리고 폐허로 변한 유적지로 전락했다.

그러나 세계는 다시 변하고 있다. 무슬림 세계는 분쟁 지역에서 전망 밝은 혁신의 중심지로 탈바꿈하고 있다. 유럽과 미국의 무슬림 이민자 사회는 만남의 장소가 되고 있다. 때론 긴장을 유발하기도 하지만, 새로운 사상과 지식을 퍼트리는 문화의 교차로 역할을 한다.

첫 무슬림 황금기는 사라졌다. 그러나 새로운 황금기가 태동하고 있다. 오늘날 언론들의 머리기사 내용과는 정반대이지만 말이다.

과거를 되찾고 미래를 바라보는 데 있어 가장 좋은 지침은, 수학자이자 시인인 오마르 하이얌이 900년 전에 신앙을 고백하면서 말한 내용이다.

그대와 나는 똑같은 존재로 태어났습니다.

비록 누구는 가라앉고 누구는 떠오를지라도

우리 모두는 흙일 뿐 그 이상 아무것도 아니지요.

감사의 말

　　많은 사람들의 도움이 없었더라면 이런 분야의 연구는 불가능했을 것이다.

　　우선 내셔널 지오그래픽 협회에 감사드리고 싶다. 특히 혼란스러운 시대에 어려운 일을 수행할 자신감을 가진 케빈 뮬로이와 바바라 브로넬에게 고마움을 표한다.

　　편집자인 카린 킨니에게도 감사를 드린다. 다양한 언어들, 논쟁이 되는 자료들, 여러 방향으로 전개되는 복잡한 역사적 경로들 속에서 제대로 방향을 잡도록 시간과 인내심을 내어 도와주었다.

　　자문위원인 카이로의 아민 테즈파르도 빠뜨릴 수 없다. 역사적 문화적 지식과 비전통적인 관점을 공유해준 덕분에 『잃어버린 역사, 이슬람』은 진부한 오랜 전설들의 개작을 뛰어넘는 작품이 되었다.

　　그리고 이 책을 보증해준 그의 군주 요르단의 압둘라에게 감사드린다.

　　이 책의 메시지를 텔레비전으로 전달하게 도와준 알왈리드 빈 알사우드 왕자와 왕실협회에도 고마움을 표한다.

　　파미다 리아츠, 수잔 하젠 해먼드, 페트리시아 샤프, 베스 스트레인지, 엘리자베스 트릭키 글래스만 같은 작가들도 고마운 사람들이다. 원고를 읽고 바꾸어 쓸 중요한 내용들을 제시해주었다.

수많은 위대한 역사가들과 학자들, 무슬림, 다른 종교인들에게도 고마움을 느낀다. 지난 1400년간의 사건들에 대한, 다양하면서도 때로는 충돌을 빚기도 한 많은 자료들을 제공해주었다. 덕분에『잃어버린 역사, 이슬람』이라는 장식 융단을 만들어낼 수 있었다.

무엇보다도 그동안 잊히거나 무시되어진 모든 종교의 수많은 남녀 영웅들에게 고마움을 표시하고 싶다. 역사 속에서 상실되었지만 그들의 용기와 탁월함은 근대 문명의 토대를 놓는 데 큰 보탬이 되었다.

이 책을 통해 과거의 뛰어난 업적 덕택에 우리 모두가 얼마나 많은 혜택을 받고 사는지 대화를 시작했으면 한다. 그리고 지금부터 평화적으로 문제를 풀어가보자.

참고문헌

Armstrong, Karen, *Islam: A Short History*, Modern Library, 2002

Barks, Coleman, and John Moyne, A.J. Arberry, Reynold Nicholson, translators, *The Essential Rumi*, Harper San Francisco, 1997

Berggren, J.L., *Episodes in the Mathematics of Medieval Islam*, Springer Verlag, 1986

Darke, Hubert, *The Book of Government or Rules for Kings*, London, Routledge & Kegan Paul, 1978

Esposito, John L., *The Oxford History of Islam*, Oxford-University Press, 2000

Farmer, H.G., Historical Facts for the Arabian Musical Influence, Georg Olms Verlag, Hildesheim, New York, 1970

Gibbon, Edward, *The Decline and Fall of the Roman Empire*, Modern Library, New York, 2003

Gillispie, Charles Coulston (ed.), *Dictionary of Scinentific Biography*, New York, Scribner, 1970-1980

Gingerich, Owen, "Islamic Astronomy," Scientific American, April 1986 v254

Grousset, René, *Epic of the Crusades*, New York, Orion Press, 1970

Hamarneh, Sami K., *The Life and Ideas of Al-Kindi*, Hamdard Medicus, 1986

Al-Hasan, Ahmad Y. and Donald R. Hill, *Islamic Technology*, Cambridge University Press, 1986

Hayes, J.R., ed., *The Genius of Arab Civilization, Source of Renaissance*, MIT Press, Cambridge, Mass., 1978

Hill, Donald R., *Islamic Science and Engineering*, Edinburgh University Press, 1993

Hitti, P.K., *History of the Arabs*, Mac Millan St. Martin's Press, 1970

Holmyard, J.E., *The Makers of Chemistry*, Oxford, Clarenden Press, 1931

Horne, Charles F., ed., *The Sacred Books and Early Literature of the East*, New York: Parke, Austin & Lipscomb, 1917

Huff, Toby E., *The Rise of Early Modern Science: Islam, China, and the West*, Cambridge: Cambridge-University Press, 1993

Huntington, Samuel P., *The Clash of Civilizations and the Remaking of the World Order*, Simon & Schuster, New York, 1997

Al-Jazari, *The book of knowledge of Ingenious Mechanical Devices*, translated by Donald R. Hill, Dordrecht, 1974

King, David, *In Synchrony with the Heavens, Studies in Astronomical Timekeeping and Instrumentation in Medieval Islamic Civilization*, Leiden, Boston: Brill 2005; "Astronomical Instruments in the Islamic World," in Selin Helaine *Encyclopedia of the History of Science, Technology and Medicine in Non-Western Cultures*, Dordrecht: Kluwer Academic Publishers, 1997

Levi Provincal, E., *Historie de l'Espagne Musulmane*, Maison neuve,

Paris, 1950

Lewis, Bernard, *Middle East: A Brief History of the Last 2,000 Years,* Simon & Schuster, New York, 1997

Al-Masoudi, Abul Hasan Ali; Paul Lunde and Caroline Stone, translators, *The Book of Golden Meadows,* Keegan Paul, 1989

Menocal, Maria Rosa, *The Ornament of the World: How Muslims, Jews, and Christians Created a Culture of Tolerance in Medieval Spain,* Back Bay Books, 2003

Nasr, Seyyed Hossein, *Islamic Science, An Illustrated Study,* World of Islam Festival Publishing Company Ltd., 1976

Newby, P.H., *Saladin in his Time,* Boston: Faber and Faber, 1983

Ragep, Jamil, "Tusi and Copernicus: The Earth's Motion in Context," *Science in Context* 14(1/2), 2001

Rosner, Fred, *Medical Legacy of Moses Maimonides,* Ktav Publishing House, New Jersey, 1998; *The Medical Aphorisms of Moses Maimonides,* Maimonides Research Institute, Israel, 1989; and *Treatises on Poisons, Hemorrhoids and Co-habitation,* Maimonides Institute, Israel, 1984

Sabra, A.I., "Situating Arabic Science: Locality versus Essence," *Isis,* Vol.87, No.4(Dec., 1996)

Said, Edward W., *Orientalism,* Vintage, 1979

Saliba, George, "Greek astronomy and the medieval Arabic tradition," *American Scientist,* Research Triangle Park: July/Aug. 2002 Vol. 90, Issue 4, pg. 360; *Al-Biruni, Dictionary of the Middle Ages,* ed. Joseph Strayer, Charles Scribner's Sons, New York, 1980; *Whose Science is Arabic Science in Renaissance Europe?* Columbia

University, 1999

Sarton, George, *Introduction to the History of Science*, Williams and Wilkins, Baltimore, 1950-53

Singh, Simon, *The Code Book*, New York, Random House, 1999

Teres, Elias, *Abbas ibn Firnas*, Al-Andalus, 1960

Turner, Howard R., *Science in Medieval Islam*, University of Texas Press, Austin, 1995

Wiet, Gaston, *Baghdad: Metropolis of the Abbasid Caliphate*, Translated by Seymour Feiler, University of Oklahoma Press, 1971

Wightman, G.B.H., and A.Y. al-Udgari, *Birds Through a Ceiling of Alabaster*, Penguin 1975

http://198.65.147.194/english/Science/2001/02/article1.shtml

http://www.en.wikipedia.org

http://www.fordham.edu/halsall/sbook.html

http://www-history.mcs.st-andrews.ac.uk/history

http://www.iiim.org/islamed3.html

http://www.islamicity.com/forum/forum_posts.asp?TID=6717&PN=1

http://www.islamset.com/isc/zuhr/main.html

http://www.muslimheritage.com

잃어버린 역사, 이슬람
Lost History

초판 1쇄 발행 2009년 5월 29일
초판 2쇄 발행 2009년 11월 27일

지은이 마이클 모건
옮긴이 김소희
펴낸이 서정돈
출판부장 한상만
펴낸곳 성균관대학교 출판부
편 집 신철호 · 현상철 · 구남희
디자인 최세진
마케팅 장민석 · 송지혜
관 리 손호종 · 김지현

등록 1975년 5월 21일 제1975-9호
주소 110-745 서울특별시 종로구 명륜동 3가 53
대표전화 02)760-1252~4
팩시밀리 02)762-7452
홈페이지 press.skku.edu

ISBN 978-89-7986-790-9 03910